第三版前言

《调查研究中的统计分析法》在2005年再版之后,又过去了九年多的时间。在此期间,这本教材一直被全国不少高等学校相关专业用作本科生或研究生的教材或参考书,而且仍然被从事社会调查和市场调查的实际工作者所广泛使用,反映良好。

但是,我们在使用的过程中发现第二版有不少印刷错误;而且发现对于大多数文科院校的相关专业的读者来说,由于课时所限,他们大多只使用了这本教材中有关基础统计学的前半部分内容,而往往忽略后半部分内容;另一方面,对于从事社会调查和市场调查的实际工作者来说,他们更需要比较实用的有关抽样调查原理和多元统计分析等后半部分内容。

因此,当中国传媒大学出版社找到我们几位作者希望再次修订出版时,我们提出了将原教材分为上下册的建议:上册为"基础篇",主要涵盖第二版的第一和第二部分;下册为"高级篇",主要涵盖第二版的第三、第四和第五部分。出版社经过研究后同意了我们的建议。

在第三版的上册"基础篇"中,我们主要进行了以下的修订工作:

1.对第二版中约120处表述不够清晰之处和明显的印刷错误进行了补充或修改;

2.对第二版第二章和第七章中的应用实例进行了修改,把软件对话框各元素的中文翻译标注在截图上相应的位置,并删减和修改了有关SPSS的讲解,精简了文字内容;

3.删除了第二版中的第十一章(非参数统计方法简介)和第十二章(贝叶斯估计简介),主要是考虑到在社会调查和市场调查的数据分析中,这两部分的知识很少涉及;

4.增加了在社会调查和市场调查的数据分析中常用的"对应分析法"一章;

5.增加了近年来应用越来越广泛的"社会网分析法"一章;

在第三版的下册"高级篇"中,我们主要进行了以下的修订工作:

1.对第二版中约100处表述不够清晰之处和明显的印刷错误进行了补充或修改;

2.在第三部分(抽样调查原理)的应用实例中,增加了有关网络论坛言论流动研究中的抽样案例,这主要考虑到网络抽样越来越广泛应用的趋势;

3.在第十七章(多元线性回归分析)中,增加了"非线性回归"一节,包括了常用的Logistic回归的内容和应用案例等;

4.删除了第二版中有关"AMOS软件使用说明"的附录,将AMOS软件的使用说明结合在原第二十一章"因果关系模型的估计与检验"的讲述中；

5.增加了在市场调查的数据分析中常用的"结合分析法"一章；

此外，考虑到有些读者可能只使用上册或下册，因此我们在修订中对附录的内容作了以下处理：

1.将问卷的样例分别放在上、下册之中：上册附录中放置了"中美纯水调查问卷"和"青少年上网行为调查问卷"（新增）；下册放置了"互联网使用和影响调查问卷"和"2008年媒介传播效果调查问卷"（新增）；

2.只将"常用统计用表"放在了上册附录中，因为"常用统计用表"主要是在学习基础统计学的时候常用，所以下册中就不再重复放置；

3.将"参考答案"分成两部分，按照上、下两册的习题分别放置。

第三版教材适用的范围与第二版相同，可用作高等学校人文社会科学相关专业本科生和研究生的教材，也可用作各种社会调查和市场调查方面的参考书或培训教材。

课程的安排可以根据专业的实际和需要分为三个层次：

1.一学年课程：100～108学时，包括第一学期68～72学时（一学期、每周4学时）的课程学习，加上第二学期32～36学时（一学期、每周2学时）结合SPSS软件使用和实际调查数据处理分析的课程学习。内容：上、下册全部二十二章，包括应用实例和附录。目标：熟练掌握各种统计分析方法及相应的统计软件。

2.一学期课程：68～72学时（一学期、每周4学时）的课程学习。内容：上、下册大部分章节，不包括上机练习。目标：基本掌握各种常用统计方法及相应的统计软件。

3.半学期课程：32～36学时（半学期、每周4学时；或，一学期、每周2学时）的课程学习。内容：上册"基础篇"的大部分章节，不包括上机练习。目标：掌握基础统计学的基本概念和方法。

第三版修订的分工如下：我本人主要负责确定修订的方向和全书修订内容的审定；沈浩负责新增添的"对应分析法"、"社会网络分析法"和"结合分析法"三章的内容；北京大学教授刘德寰友情支援帮助补充"非线性回归"一节、包括Logistic回归和应用案例等内容；我的2008级博士生陈锐全面负责整个修订的进度、全书细节和印刷错误的修订以及第二章和第七章中应用实例的修订；我的2009级博士生黄可负责"抽样调查原理"应用实例的添补。非常感谢这几位老师和学生在修订工作中给予的大力支持和帮助。

此外，我还要特别感谢南开大学的年轻教师陈鹏，他原是中国传媒大学传媒经济方向2006级的博士生，在选修我讲授的几门课程中，非常细致地将他所看到的第二版中可能存在的问题和印刷错误整理出来，为我们日后的修订提供了宝贵的参考。

我的一些博士生和硕士研究生也在具体修订过程中提供了帮助，他们是2007级博士后王静，2007级博士研究生詹骞、姚紫虹、唐觐英，2008级博士研究生陈锐、田卉、陈旭辉，2009级博士研究生黄可、刘绩宏、王娟，2009级硕士研究生朱文琪、李佼佼、沈坤、周茉莉、赵璇。中国传媒大学出版社的编辑也为本书第三版的修订付出了努力！在此一并

Statistics in Survey Research

新闻传播专业"十二五"规划教材
教育部普通高等教育"十五"国家级规划教材
教育部研究生工作办公室推荐研究生教学用书
全国统计教材编委会推荐教材

调查研究中的统计分析法 基础篇
（第3版）

柯惠新 沈浩 编著

中国传媒大学出版社

表示衷心的感谢!

最后,感谢 SPSS 公司为我们提供了正版软件用于本教材的修订;感谢央视——索福瑞媒介研究公司(CSM)资助我们完成"2004 年雅典奥运会媒介传播效果研究"和"2008 年北京奥运会媒介传播效果研究"等课题,并得以将其用于本教材的案例中;感谢郑州中美纯水公司、《中国妇女报》、陕西人民广播电台、中国社会科学院哲学研究所等单位允许我们在本教材中使用他们的部分调研数据。同时,感谢所有在本教材所列参考书目中的作者,在本教材的编写和修订过程中,我们从他们的作品中吸取了不少的营养。

由于我们的水平有限,第三版的修订教材仍会有不少错误和不妥之处,恳请广大读者提出宝贵意见。希望这本教材能够一如既往地为培养我国的调查统计人才尽一份微薄之力。

柯惠新

2015 年 1 月 1 日

第二版前言

《调查研究中的统计分析法》自1992年出版至今,已经过去了十多个年头。其间被全国不少高等学校相关专业所采用,把它作为本科生或研究生的教材或参考书;也广泛地被从事市场调查和社会调查的研究者和实际工作者所使用,把它作为一本提供调查方法的主要参考书。对于这本书的框架、内容和风格,各方面使用者的反映良好。

在这十多年中,本书经由中国传媒大学出版社(原北京广播学院出版社)多次印刷,其间虽然封面变换了三次,个别内容也作过一些改动,但是由于我本人时间和精力所限,对它的内容却一直未能系统地进行修订。

2000年,本书被列为全国统计教材编委会第五轮推荐使用的教材(统编办字〔2000〕15号),2001年,被列为教育部研究生工作办公室推荐的研究生教学用书(教研厅〔2001〕1号),2002年被列为教育部"十五"规划国家级教材选题(教高函〔2002〕17号)。我所在学校中国传媒大学(原北京广播学院)有关的领导和学校出版社对本教材的再版也很重视。这些都促使我下决心对本教材进行一次系统的修订。

为了做好修订工作,我曾认真地向多位长期使用本教材的高校教师、学生和其他相关领域的研究人员征求意见,在此基础上,形成了本教材修订的基本思路。据我们的了解,被征询意见的使用者对本教材的框架、基本内容和风格都是充分肯定的,希望修订时能予以保留;同时认为书中所使用的部分案例和相应的软件版本已经陈旧,希望能进行更新。

综合国家教育部对规划教材的指导意见以及诸多读者、使用者的建议,我们为本教材的再版进行了以下的修订工作:

1. 保留原教材二十一章的框架、基本内容和风格,对原文中部分阐述不够准确之处和明显的印刷错误进行了修改;

2. 在第二章《描述性统计学》中增加了"其他描述分布的统计图和统计量"的内容;

3. 在第三章《概率分布》中增加了"正态分布的常用性质"的内容;

4. 将原附录Ⅱ《LISREL的使用说明》全部改写为目前更为常用的《AMOS5.0软件使用说明》;

5. 更换了大部分应用实例,同时充实了应用实例的内容,即,除了结合实例介绍软件SPSS 11.5 for Windows的使用说明之外,还对统计方法应用的注意点做了必要的说明;

6. 删除了原附录ⅠSPSS? PC+的软件介绍,将SPSS 11.5 for Windows 的使用说明

具体融合到各章的应用实例中;

7. 将贯穿原教材的《1990年亚运会广播电视宣传效果调查》的案例更新为《2004年雅典奥运会媒介传播效果研究》和《2000—2001北京奥运申办媒介传播效果研究》的调查案例;

8. 增加了关于市场调查研究方面的案例,其中《1998年郑州大瓶装水市场调查》的案例也贯穿了教材的多个章节;

9. 增加了有关新媒体研究、语言学等领域的例子;

10. 对大部分章节的习题进行了修订,更换了一些时效性较强的习题,但仍保留了那些虽然比较旧、但启发性较强的"经典"习题。所有的计算题都给出了参考答案;

11. 将原教材中手工绘制的图形全部更换成计算机软件绘制的图形。

修订后的再版教材适用的范围与原教材相同,可用作高等学校人文科学相关专业的本科生和研究生的教材,也可用作各种社会调查、受众调查、市场调查等方面的参考书或培训教材。课程的安排可根据专业的实际和需要分为三个层次:

1. 一学年课程:72学时(4/周一学期)的课程学习,加上36学时(2/周一学期)结合SPSS软件使用和实际调查数据处理分析的课程学习。内容:全部二十一章,包括应用实例和附录。目标:熟练掌握各种统计分析方法及相应的统计软件;

2. 一学期课程:72学时(4/周一学期)的课程学习。内容:二十一章的大部分章节,不包括上机练习。目标:基本掌握各种常用统计方法及相应的统计软件。

3. 半学期课程:36学时(4/周半学期或2/周一学期)的课程学习。内容:前十三章的大部分章节,不包括上机练习。目标:掌握统计学入门的基本概念和方法。

本教材修订的分工为:我本人负责全书第一章至第二十章正文的修订和全书终稿的审定;沈浩负责各章的应用实例、附录和二十一章的修订;我的研究生(01—04级)协助进行了原教材的扫描、电子版的整理、公式和图表的绘制以及各章习题和部分例题的修订。

具体帮助整理或录入原教材电子版的同学主要有:朱川燕、郑丽、田卉、南隽、陈洲、韩涛、黄刚、陈晓华、魏思华、崔蕴芳、曾兴、黄可、谢婷婷、王锡苓、姚逸晨、柴岳强、范欣珩、杨守睿。

具体帮助绘制电子版图表的同学主要有:黄鸣、范欣珩。

具体参与各章部分习题修订的同学主要有:齐之婷(第一章)、黄可(第二章)、范欣珩(第三、四章)、赵巍(第五章)、何业文(第六章)、王仕(第七章)、杨克清(第八、十二章)、王静(第九章)、黄鸣(第十章)、施德俊(第十一、十六章)、董瑞峰(第十四章)、李馨(第十五章)、秦福贵(第十七章)、吕飞(第十八章)、朱川燕(第十九章)。

具体参与各章应用实例修订的同学主要有:黄鸣(第九、十七章)、姚逸晨(第十八、二十章)、何业文(第六章)、刘文明(附录)。

具体参与部分例题修订的同学主要有:孙江华(第十六章),吕飞、王静、王宁(第二十章)。

具体帮助校对的同学主要有:范欣珩、吴志国、葛晶晶、李维、吴璟、蒲璐璐。

本教材的修订得到了中国传媒大学校领导、教务处、研究生处和新闻传播学院领导的大力支持和帮助;我的博士研究生肖明、马广斌、黄刚、孙江华对修订工作提供了具体的建议和素材;中国传媒大学出版社的闵惠泉主编、吴三军、杜丽华和欣雯老师为此书的修订付出了大量的努力。对于上述领导、老师和同学们的诚挚帮助,我们在此特表示衷心的谢意。

此外,还要特别感谢 SPSS 公司为我们提供了正版的 SPSS 11.5 for Windows 软件用于本教材的修订;感谢央视—索福瑞公司资助我们完成了"2004 年雅典奥运会媒介传播效果研究"的课题,并得以将其用于教材的案例中;感谢郑州市中美纯水公司、《中国妇女报》、陕西人民广播电台、中国社会科学院哲学研究所等单位允许我们在本教材的修订中使用他们的部分调研数据。同时,还要感谢所有在本教材所列参考书目中的作者,在本教材的编写和修订的过程中,从他们的著作吸取了不少的营养。

鉴于我们的水平所限,修订后的教材仍会有不少错误和不妥之处,恳请广大读者提出宝贵意见。希望这本教材能够继续为我国调查研究数据的统计分析水平的提高尽微薄之力。

柯惠新

2005 年 1 月 25 日

原版序言

半个世纪以来，统计学有了长足的进步。从描述到分析，从单项分析到多元分析，从手算到电子计算机的运用，使统计从一个不起眼的课题发展成为一门与多学科（尤其是应用科学、生物科学和人文科学）相互影响，以致内容深广的科学。它对许多实用科学和软科学的数量化起着中心的作用，所以统计方法对于现代社会的各个部门的管理、运筹和发展都是不可缺少的重要工具。

调查研究是工商、文教、卫生、经济、心理、传播等许多部门和学科的重要手段。而统计方法运用得好，可以使调查研究的设计与分析更科学、更深入并且更节约。

从需要到掌握，这中间还要有个过程。有人说"统计还不容易"，可能他只停留在（满足于）描述性统计的低阶段。更多的人说"统计不容易学"，这是因为他从未遇到一位好老师或一本好书。

本书著者柯惠新博士是位重视统计应用和普及的新秀，不仅在理论上有很好的素养，在应用上身体力行，而且在教学方面也很热心认真，她是在"跑遍书店也未找到合用教材"时下决心动笔的。

读了本书原稿，我为大家感到庆幸。因为本书不仅顾及了广大非数理专业读者当前的实际需要，而且注意到了扩大读者视野，并带向国际先进水平。"深入浅出，引人入胜"正是读完本书的第一印象。

汤旦林
1992 年 3 月 12 日
于北京

原版前言

各种类型的大规模调查研究的成败在很大程度上取决于问卷的设计是否科学、所抽取的样本是否有代表性、调查的实施是否可以信赖、数据的处理是否准确无误、数据中所包含的大量信息是否最大限度地得到了提炼和分析等等。针对社会科学、行为科学、管理科学特别是各类调查中所面临的种种挑战性问题,需要有一本既比较全面又针对性强的关于统计分析方法以及计算机统计软件使用方法的教材或工具书。目前,国内市面上出售的文科用统计学方面的教材远远不能满足这一要求;而理工科用的统计学教材虽然在统计方法上比较全面,但是没有很好地针对这些学科中许多复杂的实际问题,而且需要用到高等数学知识,使社会科学工作者、统计工作者和文科学生难以接受。为此我们下决心编写这本教材兼统计软件使用说明。本书主要根据我们多年来对中国传媒大学(原北京广播学院)新闻、广告、管理类的本科生和研究生讲授的统计学讲义、对广播电视受众调研工作者培训的讲义,以及近年来参加广播电视方面的受众调查研究的数据处理分析方面的实践体会,再加上参阅大量国内外有关教材和论著而编写的。

本书的特点是实用性强,内容广泛,并有所侧重,讲解深入浅出。对各种方法的理论背景进行通俗的、描述性的说明,不做严格的数学推导,强调对统计思想和方法的理解与应用,强调对使用现有统计软件能力的培养。即使读者一时还不能对软件运用自如,也可以学会如何从计算机的输出结果中找到自己所需的信息。读者只要具有高中程度,即可读懂本书。除最后一章(加 * 号)的内容有些难度外,其余各章都是不难学会应用的。从事数理统计研究和教学的同志从本书的应用实例和计算机统计方法中或许也能得到一些启迪。书中关于 LISREL 模型和方法的介绍与应用在国内出版物中还属首次。

本书分五大部分,共有二十一章。计算机统计软件 SPSS | PC＋和 LISREL 的使用说明在附录中给出。本书的前五部分由柯惠新编写,SPSS | PC＋的使用说明由黄京华编写,LISREL 的使用说明由沈浩编写。书中应用实例的计算机输出结果也全部由黄京华和沈浩核对后给出。

在本书的编写过程中,北京广播学院的赵玉明教授、王纪言副教授、甘章泉教授、李鉴增副教授等都曾给予各方面的鼓励和支持。原北京广播学院出版社在经费困难的情况下出版了本书。几年来,中国现场统计研究会的许多老师和同志们也一直在关心和支持着我们的工作。汤旦林教授在百忙之中审阅了全稿,提出了许多宝贵中肯的意见,谨此一并表示衷心的感谢。

限于编者的学识和水平,书中错误及不妥之处在所难免,恳请广大读者不吝赐教。

作者
1992 年 1 月 21 日

目　录

绪　言　统计学发展史简介　/1

第一部分　基础统计学

第一章　统计学的性质　/11
1.1　随机抽样　/11
1.2　随机化实验　/15
1.3　社会科学中的随机化实验　/18
本章小结　/19

第二章　描述性统计学　/20
2.1　几个基本概念　/20
2.2　频数表与直方图　/22
2.3　分布的中心　/26
2.4　分布的形状　/33
2.5　利用相对频率进行计算　/38
2.6　其他描述分布的统计图和统计量　/39
本章小结　/43
应用实例　/44

第三章　概率分布　/56
3.1　离散型随机变量的概率　/56
3.2　概率树　/60
3.3　总体的均值与方差　/64
3.4　离散型随机变量的概率　/67
3.5　连续型随机变量的概率分布　/72
3.6　正态分布　/73
本章小结　/79

第四章 抽样分布 /81

- 4.1 随机抽样 /81
- 4.2 蒙特卡罗法 /84
- 4.3 样本均值的抽样分布 /90
- 4.4 样本比例 P 的抽样分布 /95
- 本章小结 /100

第二部分 常用统计分析方法

第五章 置信区间 /105

- 5.1 演绎法与归纳法简介 /105
- 5.2 总体均值 μ 的置信区间 /106
- 5.3 两个总体均值之差 $(\mu_1 - \mu_2)$ 的置信区间 /113
- 5.4 总体比例的置信区间 /120
- 5.5 单侧置信区间 /123
- 本章小结 /125

第六章 假设检验 /128

- 6.1 利用置信区间进行假设检验 /128
- 6.2 概率值(单侧的) /131
- 6.3 经典的假设检验 /139
- 本章小结 /146
- 应用实例 /147

第七章 回归分析 /152

- 7.1 简单线性回归 /152
- 7.2 回归模型 /158
- 7.3 样本斜率的抽样分布 /161
- 7.4 总体斜率的置信区间和假设检验 /163
- 7.5 自变量为定类变量时的回归 /166
- 7.6 最简单的非线性回归 /169
- 本章小结 /171
- 应用实例 /172

第八章 方差分析 /179

- 8.1 单因素的方差分析 /179
- 8.2 双因素的方差分析简介 /187

本章小结　/191

　　应用实例　/191

第九章　相关分析　/197

　　9.1　简单（积矩）相关　/197

　　9.2　总体相关系数的检验　/200

　　9.3　相关和回归　/203

　　9.4　其他相关系数及相关测量法简介　/209

　　本章小结　/222

　　应用实例　/222

第十章　卡方检验和交互分析　/228

　　10.1　拟合优度的检验　/228

　　10.2　列联表及交互分析　/232

　　本章小结　/243

　　应用实例　/243

第十一章　对应分析　/249

　　11.1　对应分析的基本概念　/249

　　11.2　对应分析的基本原理　/252

　　11.3　对应分析的基本方法　/253

　　11.4　如何解读对应分析图　/258

　　本章小结　/258

　　应用实例　/258

第十二章　社会网分析　/266

　　12.1　什么是社会网络分析　/266

　　12.2　社会网络分析的步骤　/271

　　12.3　社会网络分析的基本方法　/276

　　本章小结　/282

　　应用实例　/282

附录一　纯净水市场调查问卷　/289

附录二　青少年上网行为调查问卷　/303

附录三　常用统计用表　/309

附录四　参考答案　/322

主要参考文献　/331

绪言　统计学发展史简介

此简介并非统计学发展的全貌,也不准备逐一介绍统计史上有关伟人的业绩。在此仅是向初次接触数理统计学的读者简单地就我们身边比较熟悉的事情,片断地说明有史以来到今天为止,统计学是沿着怎样的路径发展而来的,从而让读者有一个初步大概的印象。

一、统计学的起源

Statistics(统计学)一词起源于法语 Status(状态)。该词自中世纪以来逐渐演变成含政治意味的 State(国家、状态)。因此,统计学原来包含的意义是指对国家的状态进行调查研究。古代的中国和埃及都有过对国家的大事进行统计调查的历史。到了希腊、罗马时代,社会机构日益复杂化,对于从政者来说,掌握国家全面情况的统计知识就变得越来越重要了。亚里士多德所著《国家论》一书中,对很多国家的政治、学问、宗教、艺术和风俗等进行了详细的记述,该书可以认为是后来发展起来的所谓"国势学"的先驱之作。

二、国势学

创立国势学体系的可以说是德国的 H. Conring(1606~1681)。他对许多国家的状况进行了记述,并在各大学进行讲演。Conring 的国势学和我们现在所说的统计学是明显不同的。他虽然对人口、版图、政体、财政、军备等方面进行了文字性的记述,但几乎不用数字资料。到了 18 世纪,G. Achenwall(1719~1772)将统计学的性质、意义及范围明确定义为"把国家的显著事项全部记述下来的学科",并称此学科为 Statistik(德文:统计学)。他对 Conring 的业绩给予了很高的评价,称他为"统计学之父"。不过后人一般都称 Achenwall 为"统计学之父"。他的主要著作为《近代欧洲各国国势学概论》。Conring 和 Achenwall 都很少做数量方面的观察,没有触及统计资料的实质。十七八世纪,国势学派的学者们常常在各地的大学内进行讲演,因此又被称为"德国大学派统计学"。他们完全不用数量测定值,对图形表格、数字式子十分蔑视,这与英国的政治算术学派是很不相同的。

德国的地理学家 Büsching(1724~1793)把统计学看作是地理学的一部分。他收集了各国的资料,并对各国的资料进行了分类比较。丹麦的地理、历史、语言学家

Anchersen(1700～1765)将15个国家的状况进行了分类整理,给出了十分容易理解的一览表,他因此被称为"尚表学派之祖"。使用数字、图表的尚祖学派和Achenwall的后继者们之间发生了争论。此后,以Lüder(1760～1819)和Knies(1812～1898)为首的学者对Conring—Achenwall派的统计学进行了激烈的批判。对"统计学作为一门学科其意义到底何在"展开了热烈的讨论。Knies把当时已在英国发展起来的政治算术叫做统计学,认为它是收集、整理和表示资料的科学,即是一种方法论的科学,而把Conring—Achenwall派的统计学叫做国势学。

三、政治算术

17世纪,政治算术学派统计学在英国兴起,这完全是由于当时英国的社会形势影响所产生的结果。1348年、1563年、1592年、1603年和1665年鼠疫流行,伦敦市民对于死亡、出生、结婚、洗礼等含大量数字的报告变得关心起来。1662年,伦敦商人J. Graunt(1620～1674)撰写了《关于伦敦死亡表的观察》一书,成为政治算术学派的鼻祖。他利用寺院提供的有关死亡和洗礼的资料,首先制作了死亡表,并指出某些疾病的死亡人数占全部死亡人数的比例是稳定的。他还发现了不少规律性的现象,例如:男女人数占总人口数的比例大致相等;新生儿中男婴的比例稍高;婴幼儿的死亡率较大;都市的死亡率大于地方的死亡率等等。Graunt给出的各种结论在当时来说显得过于大胆和武断,但是20年后,关于人口方面的事实表明确实存在一些规律性的东西。认识到社会现象中存在规律性,这是Graunt的一个伟大功绩。他所制作的死亡表,直至18世纪末期都还被用于计算人类的死亡率。在法国、荷兰等国,考虑年金(抚恤金、养老金等)时也是以他的死亡表为基础的。

不过,政治算术学派的代表人物一般被认为是英国的经济学家配第(W. Petty,1623～1687)。他是Graunt的朋友,他继承和发展了Graunt的研究工作。根据对人口、土地、财政、经济等各方面的大量观察,配第完成了《政治算术》一书。在书中他第一次用计量和比较的方法,将英国的国力与法、意、荷等国进行了比较研究,目的是要论证英国比其他各国强大。他所感兴趣的是与政治有关的问题,只是从数量方面来处理分析。他提出了一套较为系统的方法,用于对社会经济现象进行数量性的描述和数量性的分析比较,创立了政治算术学派的统计学。这是与排斥数量只讲观念的国势学派的统计学很不相同的。

属政治算术学派的天文学家E. Halley(1656～1742)在配第的全球人口数目估算研究工作的基础上,进一步做了更合理、更精确的人口估算,这是在人口统计方面的极大贡献。特别是他通过对死亡率的研究制作了死亡表,并根据该死亡表对人寿保险年金进行了精确的计算,这是关于人寿保险理论的最早的科学研究。以后各国都仿照Halley的方法进行了这方面的研究,为人寿保险理论打下了基础。遗憾的是,虽然英国后来建立了人寿保险公司,但当时对Halley的计算法似乎不很理解。以Halley的死亡表为根据来计算保险金额的新的保险公司一直到 18 世纪中期才出现。

英国政治算术学派的影响传播到了整个欧洲大陆,此后涌现了一批(包括在德国的)学者,特别是在人口统计方面提出了一系列以大量观测数据为基础的研究方法。

下面再谈谈数理统计学的基础概率论的发展。

四、概率论的起源与发展

最早涉及原始概率论问题的数学著作的作者名叫 L. Pacioli(1445？~1510),他提出了赌博中的一个问题:假设力量不平均的两个竞争者进行比赛,但比赛中途停止,没有最后结果,这时,赌金应该如何分配才合理？ 这一类问题叫做得分问题(Problem of points)。在那以后的 200 年间,对得分问题的研究一直没有中断过。在三次方程式的解法上曾引起极大争议的 G. Cardano(1501~1576)是精通赌博的,为了防备当时在意大利赌场中流行的欺诈行为,他从数学上下功夫研究了各种赌博的方法,写出了一本《赌博者手册》。

不过概率论的真正历史被认为是从 17 世纪才开始的。在 17 世纪中期,B. Pascal(1623~1662)和 P. d. Fermat(1601~1665)就赌博中的得分问题经常通信交换意见,用数字方法处理这类问题的研究从此开始了。在当时的赌场中,常用投掷骰子、钱币或翻纸牌的办法进行赌博,有经验的赌博者可能知道某一种情况(事件)出现的可能性大一些或小一些。例如,把骰子连续扔三次,出现面朝上的点数之和为 10 的次数比 9 的次数要多些。Pascal 和 Fermat 提出了"概率"这一概念,用来描述某一事件发生的可能性。为了计算有关事件发生的可能次数,又发展了排列组合的理论以及集合论的理论。由此,种种的赌博问题也就迎刃而解了。C. Huygens(1629~1695)所著《骰子赌博的理论》一书,是当时最大的一部力作。

对概率论进行了重要的研究并使之成为数学的一个分支的,是瑞士的大数学家伯努利(J. Bernoulli,1654~1705)。在他所著的四部巨作《推论法》(在他去世后的 1713 年才出版)一书中,有以他自己的名字命名的法则——"伯努利大数法则":若在一试验中事件 A 发生的概率为 p,将此试验重复进行 n 次,设 A 发生的次数为 r_n,那么当 n 充分大时

$$\left|\frac{r_n}{n}-p\right|>\varepsilon \quad (\varepsilon \text{ 为任意指定的正数})$$

成立的概率可以任意小。例如在投掷骰子时,出现 1 点的概率 $P=\frac{1}{6}$。设投掷 n 次时 1 点出现 r_n 次,由于有偶然性,$\frac{r_n}{n}$ 不一定等于 $P=\frac{1}{6}$。但是随着 n 的逐渐增大,$\frac{r_n}{n}$ 与 P 的差可以越来越小,也即这个差大于 ε 的可能性越来越小。比较确切地说,当 n 趋于无穷大时,$\frac{r_n}{n}$(在统计意义上)趋近于 P。这是一个十分重要的法则。

进入 18 世纪后,de Moivre(1667~1754)所著《偶然论》一书出版,书中有类似于伯努

利法则的大数定律,还有更精确的关于概率的数值计算法。

如果上述关于概率问题的研究方法当时能在政治算术上得以利用的话,那么社会统计学的进步可能会早得多、快得多。遗憾的是,在法国出现的概率论和在英国出现的政治算术之间,可以说是什么交流都没有发生过。

此后,在 Monmort、Buffon、D. Bernoulli、Bayes、Legendre、Lagrange 等研究的基础上,19 世纪初,拉普拉斯(Laplace,1749～1827)一举完成了《解析概率论》(1812)这部大作,将概率的定义从有限的情形推广到了连续的情形,并将当时数学界发现的牛顿—莱布尼茨的微积分学应用到了概率的分析理论和计算方法上。虽然拉普拉斯还未给出严格的数学概念,但他很好地应用了高等数学的方法去研究与概率论有关的数学理论,这一点得到了高度的评价。他还将概率论应用于统计学,提出了由部分的调查资料去推断全体的抽样统计法,例如由一部分地区的人口和出生率来估计全国人口数。

18 世纪,人们注意到了概率论与自然科学特别是力学、天文学等学科的关系。例如在观测天体运动时会有误差产生,虽经多次测量,由于有误差,得到的总是和真值不同的值,因此产生了如何推断真值的问题。虽然在 18 世纪,Cotes、Simpson、Legendre、D. Bernoulli 等也对此进行了大量的研究,但真正解决问题的是高斯(Gauss,1777～1855)。根据大量的研究和经验,他提出误差值落在(a,b)区间的概率等于该区间上曲线 $f(x)=\frac{1}{\sqrt{2\pi}\sigma}e^{\frac{x^2}{2\sigma^2}}$ 下的面积,这时称误差服从正态分布或高斯分布。正态分布的发现,促使对实测值进行整理分析所用的最小二乘法方面的研究也得以开展,并被应用于实际的统计之中。

在以上这些一流数学家的努力下,概率论在理论、应用两方面都得到了很大的发展。

五、19 世纪的统计——凯特勒的功绩

19 世纪,德国大学派的统计学受到了批判和清算,人们认识到统计学的意义在于它是一门关于统计方法的方法论学科。比利时的凯特勒(A. Quetelet,1796～1874)对此观念的形成产生了很大的影响,他以机械的社会观对社会的各种现象进行数量性的分析,开创了社会统计的一个新纪元。这一时代是所谓统计万能的时代。在 1830 年以后的 20 年间,统计学唤起了社会的普遍关心,不少国家有了官方统计,开办了统计学的杂志,成立了各种统计协会等等,同时,国势调查也十分盛行。统计学是由德国大学派和英国政治算术派发展而来的,凯特勒的功绩在于把握住了这两者的本质,在发展政治算术、应用数量观察分析方法的同时,将统计方法应用于社会生活的所有方面,可以说是统计学的新纪元。他学习了数学、物理学、天文学,并将这些知识应用于社会学。他的代表作《社会物理学》"是要给政治科学和精神科学附加上一种以观察和计算为基础的方法,而支配着社会现象的法则和方法则是概率论"。他将道德统计加入到了统计学之中,强调犯罪现象的规律性。他提出了著名的所谓"平均人"的概念,即所有因素都取平均的"典型的"

人,有平均的身高、平均的体重、平均的智能、平均的道德观念等。他认为,"平均人"在社会中犹如物体的重心,各个社会成员都围绕着"平均人"摇摆波动。虽然他考虑社会问题的方法有些机械,论点也有不少是过头的,但是随着近代科学的潮流,他的研究却导致了"统计万能"时代的到来。他是第一个将作为数学分支的法国古典概率论引入社会统计研究的学者,因此常被认为是数理统计学的创始人。他对人体测量学也有很大的贡献,他指出人体的测量值是服从正态分布的,因此有时候也把正态分布叫做凯特勒分布。

六、描述性统计学的发展

近代统计学,一方面有和经济学结合以社会复杂的经济问题为研究对象的计量统计学,另一方面还有研究生物现象的生物统计学。对生物统计学做出重大贡献并由此创立了描述性统计学的主要有 F. Galton(1822～1911)和 K. Pearson(1857～1919)。Galton 是创作《物种起源》的达尔文的表弟,出生于知识之家,先在大学学习医学、植物学,后来在剑桥大学热衷于数学研究。他的研究十分广泛,涉及心理学、人类学、生物学、遗传学、指纹学等等,受其表兄《物种起源》大作的刺激,他全力投入到对遗传学的数理统计方法研究之中,终于取得了很大的成绩。他研究了平均值的偏差问题和回归问题,这在统计方法上是一大进步。

Pearson 继承和发展了 Galton 的统计思想。他一生致力于生物测量学、优生学和遗传学的统计方法研究,对一般生物现象进行数量描述,极大地丰富了统计学的概念。他创造了许多统计学用语,例如"频度分布"、"频度分布函数"、"回归"、"相关"、"拟合度"等等。可以说,今天的描述性统计学中大部分内容都是由 Pearson 整理出来的,大部分统计学用语也是他命名的。他与 Galton、Weldon 在 1901 年创办了 *Biometrika* 杂志。这是一本很有权威的学术杂志,直至今日也是世界上级别最高的统计学杂志之一。他所主办的研究所编制了很多数学用表,为从事统计调查、科学实验以及应用数学等领域的工作者提供了重要的工具。

七、推断统计学的诞生

1920 年前后,统计学有了重大的转机,这就是推断统计学的诞生。可以说是由 W. S. Gorsset(1876～1937)(笔名叫 Student)开始研究,最终由 R. A. Fisher(1890～1962)创立而成的。

当时在英国 Dublin 啤酒公司任技师的 Gorsset 想要解决啤酒质量的检验问题,可是对所涉及的研究对象(比如啤酒中酵母菌的含量、啤酒对小麦的比收获量等等)却很难获取大样本的数据。他苦心钻研统计理论,终于想出了一种小样本的检验方法——t 检验法,并于 1906 年以"Student"的笔名在 *Biometrika* 的杂志上发表了。虽然从量上看这是一件很小的工作,但在思想上却可以说是开创了一个新纪元。他的结果后来经 Fisher 从数学上进行了严格证明,由此诞生了小样本检验的理论。Fisher 是很有声望的统计学家、剑桥大学的名教授。起初他在英国 Rothamsted 试验农场当技师，对农业试验中如何应用数理统计方法的问题进行了深入的研究，导出了分布法则，提出了方差分析法以及各种检验法等。他的巨大贡献在于从统计的意义上明确了推断、检验的含意及其与数学的关系，创立了估计理论和检验理论等统计的理论体系，开拓了统计学的新领域，也就是创立了与过去的描述性统计学所不同的推断统计学。

第二次世界大战以后，推断统计学的研究成为数理统计学的主流，特别是在美国，在理论和应用两方面都有很大的成就。A. Wald 是这些研究者中的代表人物之一，《序贯分析》是他的代表作。

八、推断统计学的应用

近代统计学即推断统计学虽然起源于统计方法在农业试验中的应用，但其重要意义远远超出这一范围。在自然科学、管理、工农业生产、社会科学、医学、心理学、行为科学、商业、气象等几乎任何领域，推断统计学都是适用的。以下仅就其在管理部门和社会调查中的应用做一简要的介绍。

首先介绍在批量生产过程中的质量管理。当反复批量生产某种产品时，使用完全相同的原料、完全相同的工具和按照完全相同的生产过程实际上是不可能的，因此无法生产出完全相同的产品。对产品表现出的不均一性，有些原因是可以查明的，对这些影响均一性的因素一定要去掉。不过即使将查明了原因的影响因素全部排除掉，产品之间也还会残存差异。这种差异（变动）被认为是由偶然性（随机性）造成的。对这种偶然性的处置就成了我们统计学的研究对象。也就是说，首先要研究如何查找非偶然性的影响因素，如何制定产品的质量和形状等的规格；其次，要检验实际产品是否符合这些规格，在检验时要用什么样的方法等。以上问题的解决都要用到推断统计学，这样实行的管理就叫做统计质量管理（SQC）。这种管理最早由英国实行，二次世界大战期间，美国通过这种统计质量管理，提高了美国军工产品的质量，给厂家带来了巨额的利润。以后，一些工业发达国家纷纷仿效。20世纪60年代，日本在学习美国统计质量管理的基础上，结合日本的国情，进一步发展完善，发展出全面质量管理（TQC），从而对日本的国民经济发展起到了重要的推动作用。目前，日本的全面质量管理已引起世界上越来越多国家的重视，并在许多国家中得到了应用。我国也在试行全面质量管理。

其次介绍在社会调查中的应用。所谓社会调查，曾被认为是要对全部对象（总体）进行全面调查，从而为将来制订计划和决策准备基础资料。但是，全面调查从时间和经济上来说都是十分困难的。即使只对全面调查数据进行统计处理，等做出决策时总体中的某些因素也可能已经发生了变化。如果我们对总体的某些分布情况有一定的把握，就不必进行全面调查，可以进行部分调查即抽样调查，这从时间和经济上来说都是合算的。根据抽样调查的结果，可以对总体的状况进行估计和推断。由部分推断全部，概率论和数理统计理论起着重要的作用，这是近代统计学的主要特征。关于抽样调查，有很多方法,对此也在进行着大量的研究。实际上,各国在经济统计、国势调查、社会调查、收视率调查、民意测验上等等,采用的几乎都是抽样调查。

部分(抽样)调查的方法不仅在社会统计中应用,也在科学实验中应用,对所有的实验结果也是按部分资料来看待的,故在处理实验资料时要利用统计推断。一般情况下实验数据都不多,因此,要想从中得到一些结论,必须严格按概率论和数理统计理论的有关准则行事。

最后举一个选举预测的例子,从中我们可以体会到正确进行抽样调查的重要性。

美国的盖洛普(Gallup,1901~1984)是新闻学界所熟悉、毕生从事民意调查事业的人物。他在1935年创建了美国民意学会。20世纪30年代,美国的一些报纸杂志也开始纷纷成立专门的机构进行民意测验和选举预测。在1936年美国总统大选的预测中,《文学文摘》(*Literary Digest*)等杂志社由于预测结果与实际得票率相差太多而被迫停刊,而盖洛普的美国民意学会却由于预测成功而声名大振。《文学文摘》的失败主要是由于抽样的偏差,他们无视一般劳动阶层(上流阶层的人大多数投兰登的选票,而结果却是罗斯福当选);盖洛普却采用配额方法(Quota Method)来抽样,即考虑地区、年龄、性别、支持的党派、收入等种种情况,按一定的比例配额来决定抽样数。实际上,盖洛普的抽样法还不是我们所指的那种随机抽样,他们只是从比例上去控制,而调查员实际上还是根据自己的意愿怎么方便就怎么去调查的,即还是属于一种"有意选择法",还满足不了随机性的要求。因此,1936年盖洛普预测的成功还只是一种粗糙的结果。

在1948年总统大选的预测中,不但*Crossley*、*Roper*等杂志全部失败,就连盖洛普也失败了。据分析,其原因主要有抽样和访问调查中的问题以及浮动票的预测问题。由于这次失败,*Crossley*和*Roper*从此将力量转向市场调查。但盖洛普却对失败进行了认真的反省,根据概率论的原理全面研究了抽样的方法,终于在1950年的中期选举中获得了15年间全国选举预测的最佳结果。此后,盖洛普的名字便成了民意测验的同义词。

九、现代统计学

现代统计学无论是在数学理论还是在应用范围上,都得到了飞速的发展。特别是随着计算机的发展与普及,在应用上开拓了广泛的前景。无论是在自然科学、社会科学还是在医、农、林等各个领域,统计学都已经逐步成为不可缺少的工具。根据作者的理解和体会,现代统计学有以下几个特点:

第一,理论和方法不断完善和深化。

随着实际应用的需要,对数理统计理论和方法提出了越来越高的要求。从线性到非线性、从低维到高维、从显在到潜在、从连续到离散等等,现在基本上都有了相应的较为完备的理论和方法。新的课题和方向也在继续探索研究之中。

第二,计算机及其相应的统计软件已逐步成为统计工作者不可缺少的工具。

大量优秀统计软件的研制成功为统计的应用开拓了新的广阔前景。国外社会科学工作者常用的软件包如 SPSS、SAS、DATA-TEST、STATA 等等也已逐步引进我国,有些已经被汉化。与此同时,我国的统计工作者也开发研制了各种实用的统计软件。标准统计方法的应用使得计算量再大也变得简易可行,而复杂的、难于从理论上证明的新的统计方法也可以借助计算机模拟进行研究。统计和计算、统计和计算机已经成为不可分割的一体。作为统计学的一个新的分支,计算机统计学(在我国称概率统计计算)正在兴起。

第三,现代统计学正逐步成为一门通用的、研究如何合理有效获取、整理和分析数据的独立的交叉性学科。

我国统计学界在传统上将统计学派分成"社会统计学派"和"数理统计学派"。前者认为统计学是一门社会科学,后者则认为统计学是一门应用数学。我们认为两者都带有一定的片面性。按照目前国际上比较流行的看法,统计学是一门独立的学科,是一种方法论。它的原则既适用于自然科学,也适用于社会科学等诸多领域。因此在某种意义上,可以说现代统计学是一门独立的交叉性学科。

基于这样的认识,在我国统计教育学界两个学派的共同努力下,1998 年教育部对原有的本科专业目录进行调整修订时,终于将统计学设置为一级专业学科。而在 1998 年之前,我国高校本科的统计学专业一直是二级学科(设在经济学学科下的"统计专业"以及设在数学学科下的"概率论与数理统计专业")。统计学专业的升级,对促进统计学的专业教育,对培养既有数理统计理论基础又有实际应用能力的人才,起到了重要的作用。

可以说,社会科学工作者和数理统计工作者相结合,相互学习,探索社会科学研究领域中的新问题、新方向,无疑是一个可以大有作为的新天地。这也是我们近二十年来在教学和应用实践中的深切体会,在此献给读者,以结束这篇似乎过于冗长的绪言。

第一部分
基础统计学

这一部分将用比较简短的篇幅,向入门者介绍统计学的性质,描述性统计学的基本概念以及常用的统计量和统计图表。同时,为了引入本书后面的重点推断性统计学,本部分还将简要地介绍作为其数学基础的概率论、概率分布和抽样分布的最基本的概念和计算。

第一章 统计学的性质

统计学是一门关于方法论的学科,是关于如何从不确定性中做出明智决定的一门技术。许多人简单地以为统计就是收集数字,但正如我们在绪言中所介绍的,这仅仅是统计学的原始意义。统计学现在已经远远超出了这一范围,它已经发展成为广泛应用于经营管理、社会科学、自然科学等领域的科学分析方法。这是一门很有意思的学科,它将引起学习者的浓厚兴趣,它将告诉人们怎样通过打开几个窗口去描述一个未知的世界。通过这门课程的学习,人们将会发现用一种过去从来没有设想过的方式来考虑问题是何等的令人兴奋。为了对什么是统计学建立一些概念,让我们先来看两个典型的应用实例——广播电视受众调查以及一种实验性的外科技术。

1.1 随机抽样

为了科学地检验 2004 年 8 月雅典奥运会期间我国电视媒介的宣传效果,央视-索福瑞媒介研究公司委托中国传媒大学(原北京广播学院)调查统计研究所进行了"奥运会媒介宣传效果研究"。此项研究包括三个子课题,受众奥运意识和认知研究是子课题二"2004 雅典奥运会传播效果研究"中的一项研究课题(问卷参看本书高级篇附录,本书将自始至终引用这一实例,简称"雅典奥运调查")。我们想要了解的其中两个问题是:在雅典奥运会即将开始和刚刚结束之时,我国十城市①居民中,表示其"目前最关注的问题"是"2004 年雅典奥运会的举办"的居民所占的比例 P_1 和 P_2。很清楚,详细地调查每一个居民是不现实的,我们所能做到的就是抽取部分居民,也就是抽取一个样本,希望样本比例 P_1 和 P_2 能分别给出十城市全体居民(即总体)相应的比例 π_1 和 π_2。

那么,样本应该怎样选取? 历史上曾有过一些令人深思的教训。正如在绪言中所提到的,1936 年,民意测验在美国才刚刚起步,《文学文摘》试图预测美国总统选举的投票率,为此他们向 1000 万选民寄去了调查表,这些选民是从一些名单上挑选的,例如从电话簿、俱乐部名册等等。在这些名单中,倾向于支持共和党的比例大大超过了全体选民中倾向于共和党的比例。结果在寄出的 1000 万份调查表中,只有四分之一的选民做出

---

① 实施调查的十城市为:北京、上海、广州、济南、沈阳、长沙、重庆、西安、杭州、福州。

反应寄回了调查表;而在这四分之一中,倾向于共和党的比例又比没有反应的那四分之三占更大的比重,由于这个样本的偏向性太大,以致他们得出了共和党将得到半数以上选票的预测。但选举那天的结果完全出乎他们的意料之外,选民中只有40%投了共和党的票,而民主党的罗斯福却以多数票当选。

试想,如果雅典奥运会的调查按下面所说的几种方案去做,那么,也将可能得到有偏差的样本:在大街上非正式地进行调查(调查者可能下意识地选择那些看起来比较文明或穿戴整齐一些的人来问,而模样粗鲁的人或心烦意乱、抱孩子的母亲往往会被忽略);挑选各单位的先进工作者或人大代表;到某个学校去访问正在忙碌的教师,等等(想想为什么后两种情况也是有偏差的)。

我们应该理解,为了避免偏差,每个居民都必须有被选中的机会。而且,为了防止对任何居民的忽视(即使是无意识的),样本也应当随机选取。随机取样有几种方法,比较具体可行的是:把每个居民的名字或电话号码写在一张小纸条上,折叠成大约相同的形状放入一个大容器中,充分搅拌后从中抽取一个样本,比方说,抽取1000张小条。这就给出了1000名居民的名字或电话号码,他们就构成了大小为 $n=1000$ 的一个所谓"简单随机样本"。

遗憾的是,在实践中,抽取简单随机样本有时是十分费时耗财的。实际上,有一些更为有效的办法,例如"多级抽样":先从每市随机抽取几个区;在每个抽中的区中再随机抽取几个居民点;最后在每个居民点中随机抽取几位居民。关于抽样方法,我们将在本书的第三部分详细介绍。在此之前的两部分中,我们假定做的都是简单随机抽样。

当含量不大时,简单随机样本往往不会完美地反映总体。如果只是随机抽取几个选民,那么"中彩"的"幸运"将会是一个因素。例如在一个有100位居民的总体中,假定表示自己"目前最关注的问题"是"2004年雅典奥运会的举办"的居民恰好是50人,如果抽取一个 $n=10$ 的简单随机样本,那么结果会怎样?当然最大的可能是抽中5名表示自己"目前最关注的问题"是"2004年雅典奥运会的举办"的居民。但是由于"中彩"的"幸运",可能会抽中8个或9个这样的居民。这就如同向上抛掷一个钱币,抛10次可能会出现8次或9次国徽朝上一样。也就是说,表示"目前最关注的问题"是"2004年雅典奥运会的举办"的居民的样本比例 P 是80%或90%,这和总体中的比例 $\pi(50\%)$ 有很大的差距。

在大样本中,用样本比例 P 来估计总体比例 π 就可靠得多。事实上,要说明用 P 估计 π 的精确程度,最简单的办法就是用所谓的"置信区间"来表示,即

$$\pi = P \pm (\text{一个小误差}) \tag{1-1}$$

关键的问题是:"这一误差有多大?""我们有多大的把握说上式是对的?"这是本书将要讨论的主要内容之一。在第五章中将给出如下更精确的表达式:

对于简单随机抽样,置信度为95%的置信区间是

$$\pi = P \pm 1.96\sqrt{\frac{P(1-P)}{n}} \tag{1-2}$$

其中 π 和 P 分别表示总体和样本的比例,n 为样本量(大样本公式)。

例1-1 分别在2004年雅典奥运会即将开始和刚刚结束之时进行的我国十城市居民的两次电话调查,采用的都是按照性别和年龄配额下的随机抽样,它们所给出的精度和简单随机抽样差别不大。因此,在本书的前两部分中,假定它们实际上是简单随机样本,不会造成什么损失,这样在计算上可以简便得多。同样,对盖洛普的民意测验也将近似地按简单随机样本对待。

雅典奥运会即将开始(8月10日~13日)和刚刚结束(8月30日~9月4日)之时(以下简称"之前"和"之后"),在十城市分别电话抽取了1000位和1055位居民,最后的有效样本量分别是994和1000,其中分别有189位和203位居民表示其"目前最关注的问题"是"2004年雅典奥运会的举办"(以下简称"关注奥运")。分别求雅典奥运会"之前"和"之后",十城市居民中"关注奥运"的(总体)比例 π_1 和 π_2 的95%置信度的置信区间。

解: ① 样本量 $n_1 = 1994$,

奥运会"之前"表示"关注奥运"的样本比例 $P_1 = \frac{189}{994} = 0.190$,代入(1-2)式得

$$\pi_1 = 0.190 \pm 1.96\sqrt{\frac{0.190(0.810)}{994}}$$

因此 $\qquad\qquad\qquad \pi_1 = 0.190 \pm 0.024 \tag{1-3}$

或 $\qquad\qquad\qquad 0.166 \leqslant \pi_1 \leqslant 0.214$

② 样本量 $n_2 = 1000$

雅典奥运会"之后"表示"关注奥运"的样本比例 $P_2 = \frac{203}{1000} = 0.203$,代入(1-2)式得

$$\pi_2 = 0.203 \pm 1.96\sqrt{\frac{0.203(0.797)}{1000}} \tag{1-4}$$

因此 $\qquad\qquad\qquad \pi_2 = 0.203 \pm 0.025$

或 $\qquad\qquad\qquad 0.178 \leqslant \pi_2 \leqslant 0.228$

也就是说,在95%的置信度下,十城城市居民在雅典奥运会"之前"表示"关注奥运"的比例在16.6%与21.4%之间;在雅典奥运会"之后"表示"关注奥运"的比例在17.8%与22.8%之间。

本书的主要目标之一就是讨论(1-3)或(1-4)那样的置信区间,另一个与之有关的目标是"检验假设"。例如,假定有一断言(统计上叫假设):十城市居民中只有15%在雅典奥运会"之前"表示"关注奥运",根据(1-3)式给出的信息,我们当然将拒绝这一假设。一般来说,在置信区间和假设检验之间总是有这一类密切联系的。

我们再对(1-2)式做如下的小结:

1. 对的估计并不是确确切切地给出的,按(1-2)式计算的结果中,只有95%正确。我们必须承认,有5%的可能会抽到一个很偏的样本,这就好像将钱币投掷10次,也有可能9次会是国徽朝上那样。

2. 随着样本量 n 的增加,可以注意到(1-2)式的误差范围缩小了。例如,如果我们将例1中的样本含量增加到 $n_1=1000$,假定样本在雅典奥运会"之前"表示"关注奥运"的比例还是19.0%,那么在95%的置信度下,其置信区间就变窄,也就是更精确了:

$$\pi_1 = 0.190 \pm 0.008$$

这在直观上是正确的,因为更大的样本包含了更多的信息,因此会有更精确的结论。

总之,通过随机抽样,我们可以对未知的总体做一个"无偏的"估计,这是一个包含有不确定性的置信区间。

习 题

1-1 2004年夏天陕西人民广播电台收听状况调查中对陕西省12~74岁之间广播听众采用分层多阶段抽样进行专题调查,样本量 $n=800$(按前面所提到的,将该样本近似地按简单随机样本对待)。有关样本比例如下表:

调 查 项 目	样本比例
最近一个月听过陕西人民广播电台新闻广播的居民	0.615
最近一个月听过陕西人民广播电台财富广播的居民	0.339
最近一个月听过陕西人民广播电台生活广播的居民	0.173
最近一个月听过陕西人民广播电台交通广播的居民	0.169
最近一个月听过陕西人民广播电台文艺广播的居民	0.158
最近一个月听过陕西人民广播电台音乐广播的居民	0.211
最近一个月听过陕西人民广播电台农村广播的居民	0.196

试分别计算95%置信度下,最近一个月收听过陕西人民广播电台各个频道广播的居民的总体比例的置信区间。

1-2 1980年美国总统选举的前10天,盖洛普的一次民意测验给出了支持卡特的如下4组百分比:

男性　　　　　49%($n=600$)
女性　　　　　58%($n=600$)
30岁以下　　　48%($n=200$)
30岁以上　　　55%($n=1000$)

1) 对每一组,分别计算95%置信度下支持卡特的总体比例的置信区间;
2) 如果你能有95%的置信度认为某一组支持卡特的占多数,那么就在后面打上星号标志。

1—3 近年来,美国6次总统选举预测情况如下,其中括号内的数表示盖洛普在选举前对1500位选民的民意调查结果(略去了第三党候选人):

年度	民主党	共和党
1960	肯尼迪(51%)	尼克松(49%)
1964	约翰逊(64%)	戈德沃特(36%)
1968	汉弗莱(50%)	尼克松(50%)
1972	麦戈文(38%)	尼克松(62%)
1976	卡 特(51%)	福 特(49%)
1980	卡 特(48%)	里 根(52%)

1) 计算各年中民主党支持者总体比例的95%置信区间;
2) 对照下面所给出的真正选举结果,对错误的置信区间(即没能把真正的比例包括在内的)打上星号标志。

1960年	肯尼迪	50.1%
1964年	约翰逊	61.3%
1968年	汉弗莱	49.7%
1972年	麦戈文	38.2%
1976年	卡 特	51.1%
1980年	卡 特	44.7%

1—4 讨论下面的抽样计划,指出偏差所在,想想如何减少偏差:
1) 为了预测北京市居民对房改的态度,选择每条街道拐角处的住户,调查在家中的长者;
2) 某大学为了估计其女毕业生在毕业5年后的平均收入,就在回校参加第15届校友团聚会的全体女生中进行调查。

1.2 随机化实验

我们在前一节看到了如何采用随机抽样使样本去掉偏差,本节我们再来看看随机化怎样类似地使实验设计去掉偏差。我们从"科学的证据是如何构成的"开始考虑。

1. 对照组的使用

先看一个医学上的实例。1962年,美国的医学杂志刊登了一份关于胃溃疡治疗新技术的报告:患者吞入一只气球,内装冷冻液体,然后打气使胃冷冻。其目的是使胃消化过程暂时停止,以便使溃疡开始愈合。问题在于,这种冷冻治疗法在临床实践上效果如何?该技术的发明者 Wangensteen 对24位患者试用了冷冻法,而且全部都治愈了。

人们由此可能认为该治疗法是十分有效的。不过,也有人认为该治疗法可能是根本无效的,因为如果不接受这一治疗,患者也可能会恢复健康。那么,我们应当如何评价这两种不同的解释呢?应当比较"被治疗的"患者组和"未被治疗的"患者组,后者也叫做"对照组"(或"控制组"),如果"被治疗的"那组情况更好,就可以认为该治疗法是有效的。这就提出了一个在实验开始之前就必须考虑的重要问题:研究者面对一群患者,怎样决定将哪些人分配到"治疗组"、哪些人分配到"对照组"?

大家可能想到的一个办法是让医生来决定,但是医生有可能挑选那些身体素质较好、足以经受治疗压力的患者到"治疗组"。这就产生了一个实质性的问题:即使治疗法毫无价值,"治疗组"的情况也可能好些,因为这些患者本来就比较健壮。如此,治疗法的效果就无法根据所观察到的"治疗组"和"对照组"的差别来判断。也就是说,治疗前患者的身体素质是混淆治疗效果的一个外部影响因素。

那么,怎样才能去掉这些外部影响呢?回答是:要保证使对照组和处理组(即治疗组)中患者的身体素质处于同样水平;同时,还应该保证在其他方面这两组也是相近的。换句话说,对两组可能有的所有外部影响因素,平均来说都应该是相近的。为此,最好的办法就是通过随机化来实现。

2. 随机化

回想一下怎样通过随机化得到一个十城市居民的无偏样本。在实验设计中,需要的也是类似的方法:将每个患者的名字写在纸条上,在容器中充分搅拌后随机地(任意地)抽取其中的一半,将他们安排到处理组,而另一半则到对照组。这样,每一个比较健壮的患者将有同样的机会被分配到处理组或对照组,当然,每个体弱的患者分到这两个组的机会也是相同的。因此,平均地说,处理组和对照组在身体素质方面从一开始就是相同的。类似地,两个组在其他有关因素如年龄、性别、饮食习惯等方面,平均来说也是从一开始就是相同的。

3. 双盲实验

为了保证胃冷冻实验的公正性,两组患者不仅要在开始时各方面情况都相同,而且还必须一直保持相同(除了接受治疗和不接受治疗不同之外)。假定最后对患者的疗效做评价的医生知道哪些人接受了治疗、哪些人没有接受治疗,他就有可能自觉或不自觉地对治疗过的患者给予较好的评价(尤其是如果该治疗法是他发明的)。因此,即使是医生,也应让他自始至终都不知道谁接受了治疗。当然,患者本人也应该不知道。因为,患者为了让辛辛苦苦的医生高兴或出于礼貌,也可能夸大治疗的效果。所以,实验应该是"双盲"的。

为了不让患者觉察到真假,可以给对照组的患者进行一种和"真治疗"区别不出来的"假治疗"。根据 Ruffin 1969 年在《新英格兰医学》杂志上发表的论文,胃冷冻的假治疗设计得十分巧妙:对控制组的患者也安排做一次像胃冷冻那样的手术,所不同的只是在气球上装一旁路,让冷冻液在使胃冷冻之前就流回来,因此患者和医生都不知道真假。知道实际安排的只有一个人,他就是投掷钱币并因此而决定旁路开关的那位统计学家。

当 Ruffin 将胃冷冻治疗变成双盲的、随机化的实验后,结果变得十分有趣。该实验有 82 位患者在处理组,78 位在对照组,他发现:

这一研究的结果说明,在治疗十二指肠溃疡中,冷冻法并不比假冷冻治疗结果更好……以前的研究者所报告的关于疼痛症状减轻以及自感症状改善等,可以合理地假定为大概是由于(被动的、短期间的)心理上的治疗效果。

在医疗实验中,虽然反复地强调对患者的随机化安排以及双盲法的重要性,但这些还是常常被忽视。只有严格地遵循这些原则,而且在按这些苛刻的方法收集到所需的资料之前坚持不发表实验的结果,才能使假象保持最小,从而避免错误的结论。

聪明的读者现在可能会发现,在我们的周围,类似胃冷冻法那种由于没有科学地安排实验而可能得出错误甚至有害结论的"处理"实在太多了。各种化妆品、保健品的"奇效"、各种治癌新法的"治愈率"等等,是否也该考虑一下其得出的评价根据的是什么样的实验?

4. 小结

如果统计学家无法安排随机化实验,只是被动地观察医生对一部分患者的治疗,那么其结果就会渗进没有受控制的外部因素,我们称之为单纯观察。其结果往往是带有偏差的。

另一方面,如果对于谁接受什么治疗的决定是经过精心的随机化方式得到的(即按抽签或投掷钱币的方法决定的),那么对所有的外部因素就实行了很好的控制。如果再进一步,患者和医生对谁接受

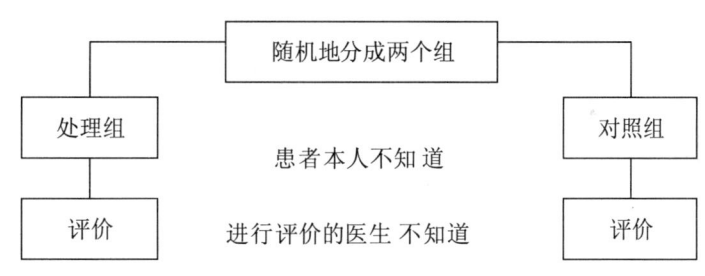

图 1-1 双盲随机实验的逻辑

了治疗、谁没接受治疗都不知道,那么结果就是一个双盲随机实验。正如图 1-1 所示,这样的实验在科学上是理想的,因为双盲随机实验保证了平均意义上两组不但在实验开始时平等,而且一直平等地接受治疗和观察,因此才可能进行公平的比较。

5. 伦理学上的一些问题

每当引进新的医学方法或社会计划时,在某一阶段必须先在人身上试用,也就是说做实验。那么用人来做实验是否道德?可是,如果不做实验就加以推广,又有可能给更多的人带来伤害。对于这个伦理学上的难题,我们不妨引用一位名叫 Peacock 的外科大夫 1972 年发表在《医学世界消息》中的一段话来做一个绝妙的小结:

当我还是一个医专的低年级学生时,有一天,一位十分显赫的波士顿外科医生访问了我们的学校。他宣读了一篇了不起的论文,内容是关于成功地接受过血管重造手术的一大批患者。讲演结束时,坐在最后面的一位青年学生胆怯地问道:"您安排了对照组没有?"好家伙!这位大人物挺直身躯敲着桌子说:"难道你的意思是说我应该只对一半的患者动手术吗?"大厅一下子变得鸦雀无声。后排的那个声音犹豫地答道:"是的,这正是我心里所想的。"来访者的拳头终于随着咆哮落了下来,"当然不行!否则会有一半患者注定要死掉了!"天哪,大厅里安静极了,几乎听不到那个微弱的声音还在问:"是哪一半?"

1.3 社会科学中的随机化实验

从前面的分析中我们看到了,在不受控制的观察研究与随机化实验中,我们肯定选择后者。但有时候,随机化实验又是不可能的,特别是在社会科学中。例如,假定我们想要确定性别是否影响工人的工资,并希望尽可能排除其他因素如工龄、学历、能力等对工资的影响。那么我们设想一下随机化实验(如果可能的话)应该如何安排?首先对于一个工人的样本,我们必须能随机地"分配"性别,然后观察此后 10 年或 20 年中两组工人的工资收入情况,这样当然排除了其他因素的影响。但是,我们显然是不可能随机地"分配"性别的,因此只能求助于单纯的观察研究,把样本中出现的工人的性别记录下来,是什么性别就记录什么性别。

有时候,随机化的安排尽管从理论上讲是可能的,但实际上根本行不通。例如,如果我们要想了解大学教育对人一生的影响,如果能够找到一个由高中毕业生自愿参加实验者组成的样本,并随机地将其中的一半送上大学,另一半当作对照组,若干年后这个问题肯定将得到回答。但是谁会自愿去冒这个险呢?

又比如,我们想要确定电视广告所能产生的经济效益。如果我们能从全国的所有企业中随机地取出一半,让它们都发布电视广告,余下的那一半就当作对照组,问题不就解决了吗?可是企业的领导者会因为随机化实验的缘故就轻易把发布广告的权力交出来吗?

有时候,随机化实验是可行的,但人们是否会接受并采用呢?比如有一个针对学龄前儿童智力开发的电视教育系列节目,想要对它作出正确的评价,我们可以在一些幼儿园中进行实验。随机地决定哪些儿童可以收看这个节目、哪些儿童到对照组,会是比较公正的办法,而且这也符合平衡有效地进行科学实验的需要。但遗憾的是,即使随机化实验行得通而且花费不大,在实际上也几乎不被采用。是研究者不欣赏它的重要性吗?还是因为某些行政管理人员无法承认就那么一个小小的钱币就会把分派工作做得比他们还好?考虑一下这个问题是很有意思的。

不管是什么原因,只要是可行的,就应该尽可能地采用随机化技术,因为随机化的分配才可能避免偏差。

但是在社会科学中,随机化往往十分困难,这常常意味着没有别的方法,只能抽取在样本中出现的个体来进行观察研究。那么在这样的观察研究中,怎样才能减少由于不受控制的外部因素所引起的偏差呢?一种补偿的方法叫做"多元回归分析",或简单地叫"回归",我们将在本书第四部分的第十七章重点讲述。

虽然在随机化实验不可能进行时采用回归分析的效果最好,但它也不是十分完美的,因为它不可能识别无穷多的外部影响。因此必须认识到,在分析一项观察研究时,没有什么办法可以完全补偿由于缺少随机控制所造成的损失。不过,不管是在随机化实验还是在观察研究中,回归都是十分有用的,它只用一个等式就可能很好地描述一个变量和其他几个变量的关系。

习　题

1-5　请说明由于"处理"不当而导致其尽管无用甚至有害,可是一直延续使用了多年的历史性例子。

1-6　举一些现代"处理"的例子,它们可能是无用或者有害的,但人们仍然在使用。因为它们没有很好地被评价,因此没有人知道它们的真实效果。

1-7　假定在一次社会调查中,重点高中的大学升学率平均为普通高中的10倍。那么下面的陈述是否准确,试说明理由:
"进入重点高中的学生其上大学的机会是进入普通高中学生的10倍。"

1-8　G. Box是世界上一流的统计学家之一,他曾经说过:"要想知道你准备推断的系统发生了什么,你必须实实在在地对它进行推断,而不只是被动地观察。"通过本章的学习,你认为这段话的含义是什么?

本章小结

1. 统计学是关于通过取自某总体的样本来描述和推断该总体的方法,为了避免偏差,样本必须是随机抽取的。因此,可以构造一个置信区间,它包含了一个表示抽样不确定性的误差范围。

2. 在确定某个处理是否有效的实验中,怎样避免偏差?必须采用随机方法来决定让谁去接受处理、让谁留下作为对照者。而且,对于任何有可能对结果产生偏见的人,都应该避免使他了解是谁接受了处理而谁没有。

3. 就像在生命科学中那样,在社会科学中随机化实验也变得越来越普通了。不过,还有许多可以做而没能做的事。

4. 当有许多影响因素存在时,采用回归方法是适当的。特别是在随机化实验不可能的情况下,回归方法就更有价值。这时我们不得不满足于观察研究。

第二章 描述性统计学

在上一章中,我们讨论了随机样本使得我们有可能对潜在的总体进行科学的推断。本章,我们将讨论如何对调查样本中所包含的大量数据资料进行整理、概括和计算。这就是所谓的描述性统计,它是推断性统计的基础。

2.1 几个基本概念

1. 变量及测量等级

各类调查一般多采用问卷的形式,我们把问卷中所提出的问题归结为变量(也叫指标)来进行统计分析。由于所提问题的性质不同,测量对应变量所用的工具即量表也不同。测量可以划分成四个等级:名称级、顺序级、间隔级和比例级。

名称级用于测量"定类变量"的"值",这是最低级别的测量等级。每个观测值只是对象所属类别的代码。例如对 D_2("2004 年雅典奥运会传播效果调查问卷〈事后问卷〉"中所用的变量,以下如没有特殊指明,举例所用变量都是该问卷中的,简称"奥运事后问卷",详见本书"高级篇"附录)中"职业"这个变量,按照 15 种职业分类,分别赋予 1~15 的代码。如果被调查者是工人,则对应的 $D_2=1$;如果是企业领导或管理人员,则 $D_2=5$,等等。对于定类变量,基本的统计工作是频数分析以及与其他变量的交互分析,等等。定类变量自身的大小及加、减、乘、除等运算都没有实际意义。

顺序级用于测量"定序变量"的值,这种变量是可以按某种特性将观测对象排序(排名次)的。例如变量 D "收听电台的体育节目的喜好程度",其赋值为:

$$D = \begin{cases} 1 & \text{很不喜欢} \\ 2 & \text{不喜欢} \\ 3 & \text{无所谓} \\ 4 & \text{喜欢} \\ 5 & \text{非常喜欢} \end{cases}$$

定序变量的值之间可以比较大小或强弱顺序,但两个值的差一般没有什么实际意义。

间隔级用于测量"定距变量"的值,这种变量的值之间不但可以比较大小顺序,还可以说明到底大多少或小多少,即两个值的差是有实际意义的。例如对于节目的"满意程度得分"(假定按照 0～100 分来评定),这个变量就是定距变量,95 分比 85 分大,而且可以算出是大 10 分(95－85＝10)。定距变量的零点是可以任意规定的,所以不一定有确定的意义。例如"温度"这个变量,华氏温度和摄氏温度的零点,其意义是不同的。

比例级用于测量"定比率变量",这是最高的测量级别。如果测量的零点有确定的实际意义,那么测量就达到了比例级。例如"收入"的测量值为零时,表示没有收入,收入就是一个"定比率变量"。

以上四类中,名称级的级别最低,比例级最高。不同级别的变量在进行统计分析时应注意使用相应的统计方法,有些方法是对各种级别变量都适用的,但有些则只适用于较高测量级别的变量。一般情况下,测量级别高的变量可以当作级别低的变量来分析,但反过来则是不可以的。不过在社会科学的研究中,由于定序变量可以赋给一定的得分值,习惯上也常常近似地把它当成定距变量来处理。因此,定类变量是属于定性型的(或非数值型的);定距和定比率变量是属于定量型的(或数值型的);而定序变量则根据具体情况,既可以看成是定性型的,也可以看成是定量型的。

数值型变量根据其取值是否具有连续性,又可以将变量分为离散型和连续型。例如调查居民基本情况时,常问到家庭的子女数,这个变量只可能取 0,1,2,3…等整数值,属离散型变量。如果问"你昨天看电视大约花了多少时间?",回答可以是 0 到 24 小时之间的任意一个值,因此时间是连续型变量。

2. 统计量

对于随机抽取的样本,我们常用 1 个或 2 个概括性的数量对它进行描述,这种概括性的量就是所谓的"统计量"。

例如在例 1－1 中,如果 994 人的样本中对 Q_1:"目前您最关注的问题是什么?"的回答是:1,2,19,5,7,6,2,…其中 $Q_1 = 1,2,3,4,5,…19$,分别表示"中国的国际形象和国际声望"、"国民经济发展/国有企业改革"、"国际形势"、"下岗职工/失业/就业问题"、"刚刚结束的雅典奥运会"、……"没有我最关注的问题"。对这个样本的一个适当的概括性数量便是统计量 P_1:雅典奥运会"之前"表示"关注奥运"的样本比例。用 P_1 可以对总体比例 π_1 进行推断。这个统计量 P_1 是很容易计算的,只需数一下 $Q_1 = 5$ 的个数,然后除以样本量,就得到 $P_1 = \dfrac{189}{994} = 0.190$。

需要注意的是,如果我们在十城市再次独立地抽取一个 $n = 994$ 的样本,调查同样的问题。由于抽样的不确定性,这时回答"关注奥运"的人数(即 $Q_1 = 5$ 的人数)可能就不再是 189 人了,因此"关注奥运"的比例也不再是 0.190。也就是说,统计量的值是随样本而变的,是样本的函数,而且其中不包含任何未知的参数。所以可以给统计量以一个描述性的定义:

统计量是一个不包含任何未知参数的样本函数。

在本章我们将要介绍几个常用的统计量。

2.2 频数表与直方图

一个调查样本所给出的数据资料表面上看往往是杂乱、没有规律的。为此首先要进行整理,以便对资料的全貌有个初步的了解。频数表和直方图是最常用的定量而直观地整理、描述数据的手段之一。

1. 离散变量的情形

在 1998 年 5～6 月的郑州市大瓶装纯水市场调查中(详见附录一,以下简称"纯水调查"),有一项是了解家庭的人口数 X($J1$ 请问您家里每周平均住在家里 5 天以上的人有几位?),显然这是一个离散的变量,因为它只可能取 $1,2,3,\cdots$ 这样的整数值。对于郑州市一个 $n=800$ 人的样本(每户调查一人),对应的 X 值为

$$1,\quad 2,\quad 6,\quad 3,\quad 5,\quad 4,\quad \cdots$$

如果采用手工整理的形式,我们可以用简单的记号来对某个 X 值记数,例如用"正"号。我们称表 2-1 为一张频数分布表。第一列表示 X 的可能取值;第二列表示某个 X 值出现的频数,例如家中有 3 口人的是 340 个;第三列表示相对频率(也叫百分比),例如家中有 3 口人的占样本人数 800 的 $340/800=0.425$(或 42.5%);第四列表示有效百分比,表示相对频率是按照有效的样本量来计算的。由于纯水调查中没有缺失的数据,所以第四列与第三列完全相同;最后一列表示累计百分比。

最后一行的总计可以用来检查计算是否准确。不过相对频率之和有时候与 100 可能不完全相等(例如相差 0.1),这是由于四舍五入引起的误差,是允许的。

表 2-1 的频数分布可以更直观地用如图 2-1 的所谓条线图来表示。其中横轴表示家庭人口数 X,左边的纵轴表示频数,也可以表示相对频率。一般情况只需画一根纵轴,习惯画在左边。根据需要,有时候也可以在左边和右边分别画两根纵轴,分别表示频数和相对频率。画两根纵轴时,务必注意对应单位的一致。

从图 2-1 中可以直观地看到样本数据中郑州市家庭人口 X 的分布状况。家庭人口为 3 的最多,其次是 4 和 2;而 1 或 6 以上的则很少。经过这样的整理,杂乱无章的数据就变得很有条理并便于进一步分析利用了。

表 2-1　家庭人口数(每周平均住在家里 5 天以上的人数)的频数分布表

(1998 年郑州市纯水调查,n＝800)

变量 X		频数 f Frequency	相对频率 f/n Percent (%)	有效百分比 Valid Percent	累计百分比 Cumulative Percent
家庭人口数	1	27	3.4	3.4	3.4
	2	130	16.3	16.3	19.6
	3	340	42.5	42.5	62.1
	4	154	19.3	19.3	81.4
	5	95	11.9	11.9	93.3
	6	30	3.8	3.8	97.0
	7	15	1.9	1.9	98.9
	8	6	.8	.8	99.6
	9	1	.1	.1	99.8
	11	1	.1	.1	99.9
	12	1	.1	.1	100.0
合计		800	100.0	100.0	

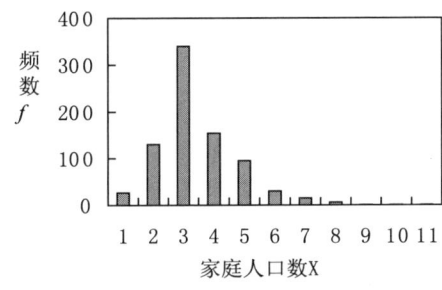
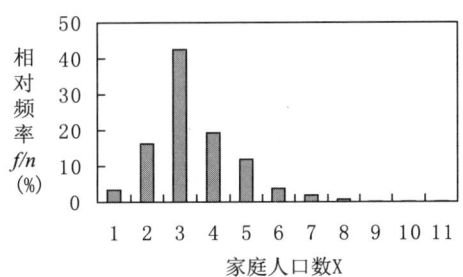

图 2-1　家庭人口数的条线图

(1998 年纯水调查,n＝800)

2. 连续变量的情形

假定我们取到一个样本,得到 $n＝200$ 名华南地区成年男子的身高。显然身高 X 是一个连续变量,因为它的可能取值是连续变化的。例如 X 的值可以是 165 厘米或 170 厘米,也可以是它们之间任意一个数值,例如 165.3 厘米。而且,实际上 165.3 也只是一个近似值,我们说某人的身高是 165.3 时,只是意味着测量结果是 165.3,而实际身高也许是 165.34 或 165.343……因此,对于连续变量 X,说它的某一特定值所对应的频数是多少就不再有意义了,因为我们不可能观测到谁的身高正好准确地就等于这个特定值,比如说 165.3 厘米。为此我们采用分组的形式来进行整理,如表 2-2 所示。

表 2-2　200 名成年男子身高的频数分布表（单位：厘米）

组（下、上）限	组中值	频数（f）	相对频率（f/n）	累计百分比（%）
148～154	151	4	0.02	2
154～160	157	12	0.06	8
160～166	163	44	0.22	30
166～172	169	64	0.32	62
172～178	175	56	0.28	90
178～184	181	16	0.08	98
184～190	187	4	0.02	100
合计		$n=200$	1.00	

作频数分布表的一般步骤如下：

1) 先找出数据的大致范围。例如上面男子的 200 个身高值中，最小的是 149 厘米，最大的是 189 厘米。那么数据的范围是 149～189，或说是全距（极差）＝189－149＝40（厘米）。

2) 决定分组数和组距。组数一般不要太多或太少，通常 5～15 组比较合适。比如在本例中，我们将 200 个身高分成 7 组。那么每一组的长度也即组距 $=\dfrac{\text{全距}}{\text{分组数}}=\dfrac{40}{7}\approx 6$（厘米）。组距一般取整数为好，而且一定要使全部数据都被包含在各组之中。

3) 决定组限（包括下限和上限）以及组中值。比如我们可以把第一组的下限和上限分别规定为是 148 和 154（154＝148＋6），那么组中值 $=\dfrac{\text{下限}+\text{上限}}{2}=\dfrac{148+154}{2}=151$；也可以规定为是 148.5 和 154.5，这时组中值＝151.5。一般原则是让组中值尽量取成便于计算的整数。如果组距是奇数，比如 5，那么组上、下限就最好不要取成整数，例如取为 148.5～153.5，这时组中值为 151 也正好是整数。以下各组的组限和组中值只要分别累加上组距 6 即可求得。

4) 统计观测数据落入各组的频数。由于每组的上限和下一组的下限是相同的，因此要事先约定各组中的上限（或下限）是不属于该组的。例如我们可以约定各组上限不属于对应组，那么对于身高等于 160 厘米的人，就应将他归入第三组而不是第二组。注意，每个具体数据应该归入也只能归入一个组。

下面我们将频数分布表以直方图的形式表示出来。和离散情况所不同的是，我们这里将横轴按对应组限来划分，并且用长方形的高度而不是线条的长度来表示频数或相对频率。这样可以提示我们想到观测数据不只是落在组中值上，而是分布在整个组内。图 2-2 给出了表 2-2 男子身高的直方图，从中可以发现，身高在 169 厘米左右的占绝大多数，特别矮或特别高的所占比例都很小。

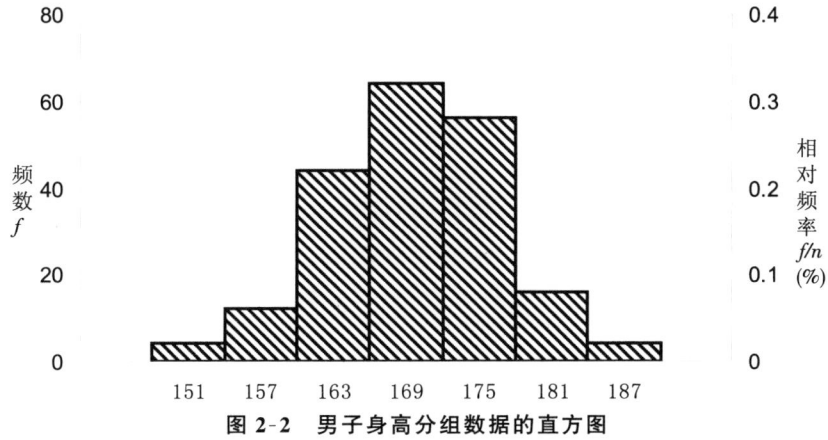

图 2-2　男子身高分组数据的直方图

频数分布表和直方图在表示相对频率上是很有用的。例如对于一个身高 160 厘米的男子,我们说他是比较矮的,因为比他更矮的不多。具体地说,比他矮的只占 8%(从表 2-2 的最后一列可以看出前 2 组的累计百分比,即 2% + 6%=8%)。因此可以说他的身高是在第 8 个百分位数上。类似地,可以说 178 厘米是比较高的,在第 90 个百分位数上。

下面我们讨论用几个描述分布的中心和分布的形状的统计量来概括频数分布(或频率分布)问题,我们仍以男子身高之类的连续分布的例子来说明。至于对离散的分布,这些概念是完全相同的。

习　题

2—1　1990 年 10 月举行的亚运会调查中,有一个针对北京地区大学生的专题调查。$n=483$ 人。其中问道:"你昨天收听广播了吗? 听的什么台?"要求在下面的 6 个代码中选择,没有听的不选,统计时按 0 处理:

　　1. 中央人民广播电台
　　2. 中央人民广播电台调频台
　　3. 中国国际广播电台
　　4. 北京人民广播电台
　　5. 北京人民广播电台调频台
　　6. 北京人民广播电台经济台

结果选择 1~6 项的人数分别为 147,97,94,57,13,69,没选的(即 0)为 6 人。用 X 表示所选电台的代码,问

1) X 是什么测量等级的变量?
2) X 是离散型的还是连续型的?
3) 作出 X 的频数分布表和频数分布条线图。

2—2　在我国台湾的一项"夫妻对电视传播媒介观念差距的研究"中,访问了 30 对夫妻,

其中丈夫所受教育 X(以年为单位)的数据如下：

18	20	16	6	16	17	12	14	16	18
14	14	16	9	20	18	12	15	13	16
16	21	21	9	16	20	14	14	16	16

1) 将数据分组，使组中值分别为 6,9,12,15,18,21，作出 X 的频数分布表；

2) 作出频数分布的直方图；

3) 问 10.5 年的教育在第几百分位数上？13 年呢？

2.3 分布的中心

定义分布的中心有许多不同的方式，我们在此介绍三种最常用的方式，即众数、中位数和平均数。

1. 众数

众数(Mode)表示流行、时兴之意，有众多的意思。因此一个分布的众数就定义为出现次数最多的变量值。在男子身高一例中，由表 2-2 可以看出众数近似为 169 厘米，因为在这一组中频数最高，这说明身高在 169 厘米左右的人最多；另外从图 2-2 中也可以看到 169 对应于最长的长条，即众数就是分布高峰所对应的观察值。此外，从图 2-1 中也可以看到家庭人口分布的众数是 3，即家中有 3 口人的最多。

众数很容易求得，一般只要看一眼即可。它特别适用于描述定类和定序变量的数据。定距变量的数据分组后，也可近似地用某个组的组中值来表示众数的大小。但是众数并不是一个描述中心的很好的统计量，它常常依赖于数据的分组情况，即分组数改变的话，众数可能就会有较大的变化。而且众数也可能不唯一，例如分布可能出现两个峰顶，还可能不存在，例如对于没有分组的连续变量的原始数据，或是对于分布频数都相等的情况。

2. 中位数

中位数(Median)就是第 50 百分位数点上的值，也就是说，有 50% 的观测点落在这个值之下，有 50% 的观测点落在这个值之上。更通俗地说，把样本的 n 个观测值 $X_1, X_2, \cdots X_n$ 重新由小到大(或由大到小)排序

$$X_{(1)} \leq X_{(2)} \leq \cdots \leq X_{(n)}$$

那么中间位置的那个值就叫做中位数。例如，有 $n=9$ 的一个身高样本：

163, 170, 176, 150, 168, 171, 170, 181, 179

按大小顺序重新排列后为

$$150,\ 163,\ 168,\ 170,\ 170,\ 171,\ 176,\ 179,\ 181$$

那么中间的那个值即第 5 个顺序量 $X_{(5)}=170$ 就是这组数据的中位数。它将分布划分成了频数相同的两半。如果观测值的个数是偶数，比如是 8 个，那么中位数就定义为是中间两个数即第 $X_{(4)}$ 和 $X_{(5)}$ 的平均：$\dfrac{X_{(4)}+X_{(5)}}{2}$。比如上面那组数若去掉一个 170，那么剩下 8 个数的中位数就是 170 和 171 的平均，即中位数 $=\dfrac{170+171}{2}=170.5$。

如果没有原始数据，仅有整理后的分组频数分布，中位数就不能按上面所说的方法准确地确定。一般情况下就是选择中间那一组内的某个适当的数来近似中位数，最简单的办法就是采用该组的组中值。例如由表 2-2 或图 2-2 中我们可以看到，第 50 百分位数点应该在第四组中（$2\%+6\%+22\%=30\%$，$30\%+32\%=62\%$，因此 166 和 172 分别是第 30 百分位数点和第 62 百分位数点，第 50 百分位数点在 166 和 172 之间），我们取其组中值 169 厘米近似地作为这一分布的中位数。当然求中位数还可以有更准确的办法，不过用复杂公式求出的中位数和这样近似求出的中位数一般不会有大的差别。

例如有一种求中位数或其他任何百分位数点的直观近似方法为：

以表 2-2 的数据为例（并参照图 2-2）。中位数应在第 4 组内，其下限是 166，它是第 30 百分位数点（$2\%+6\%+22\%=30\%$）。那么再加上第 4 组长度的 $\dfrac{50-30}{32}$，就是中位数点了，因此

$$中位数 = 166 + \dfrac{50-30}{32} \times 6 = 169.75$$

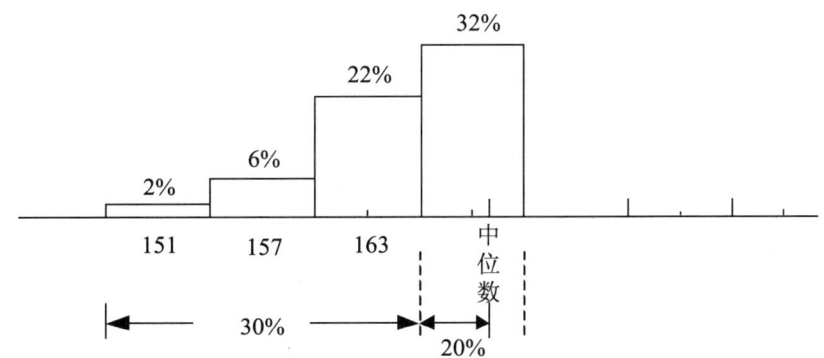

如果要求第 25 百分位数，它应在第 3 组内，其下限是 160，它是第 8 百分位数，再加上该组长度的 $\dfrac{25-8}{22}$，因此第 25 百分数 $=160+\dfrac{25-8}{22}\times 6=164.64$。读者可以试着计算第 75 百分位数，第 85 百分位数等。

由于中位数的定义依赖于数据的大小顺序，因此它不适合于定类变量。对于定序和

定距变量,特别是对于分布不很规则的情况,中位数是比较理想的统计量之一。

3.平均数(均值)

假定一个样本的 n 个观测值用表示 $X_1, X_2 \cdots X_n$,那么它们的平均数(均值 Mean)$\overline{X}$ 等于用样本量 n 去除它们的和,即

$$\overline{X} \equiv \frac{1}{n}(X_1 + X_2 + \cdots X_n) \qquad (2-1)$$

其中 $\equiv$ 的意思是"定义为"。通常用希腊字母 Σ 表示所有 X 的和,记作 $\sum_{i=1}^{n} X_i$,或简记为 ΣX。Σ 对应于英文中的字母 S,表示求和之意(Sum)。那么(2-1)式可以简洁地记作

$$\overline{X} \equiv \frac{1}{n} \Sigma X \qquad (2-2)$$

身高样本的均值可以把 200 个观测值相加然后除以 200 求得。不过手工计算时这样太麻烦,可以利用表 2-2 的分组数据将计算大大简化。我们用 X_1^* 表示第 1 组的组中值,并用它近似地表示第 1 组中的所有个观测值。对其他各组也类似地用对应的组中值来代替组内的所有值。因此

$$\overline{X} \approx \frac{1}{n} \left[\underbrace{(X_1^* + X_1^* + \cdots + X_1^*)}_{f_1 \uparrow} + \underbrace{(X_2^* + X_2^* + \cdots + X_2^*)}_{f_2 \uparrow} \right]$$

即

$$\overline{X} \approx \frac{1}{n} [X_1^* f_1 + X_2^* f_2 + \cdots]$$

其中 $\approx$ 的意思是"近似相等",或用更简洁的写法:

对于分组数据,

$$\overline{X} \approx \frac{1}{n} \Sigma X f \qquad (2-3)$$

例如我们利用表 2-3 的格式计算 200 名男子身高样本的均值。

表 2-3 男子身高的均值计算

给定数据		$\overline{X}$ 的计算
组中值 X	频数 f	Xf
151	4	604
157	12	1884
163	44	7172
169	64	10816
175	56	9800
181	16	2896
187	4	748
合计	$n=200$	33920

因此, $\overline{X} = \frac{33920}{200} = 169.6$

由于均值计算涉及每个观测值的大小,因此它一般只适用于定距和定比率变量。不

过在社会科学中,把定序变量赋予得分值近似地按定距变量处理时,均值也是适用的。

4.平均数的物理意义

在中学学习过物理的人都知道,平均值的公式(2—2)和求重心即平衡点的位置公式 $\frac{1}{n}\sum X$ 完全相同。那么,是否可以把样本均值看成是数据的"平衡点"呢?答案是肯定的。

例如,假定将前面提到过的200名男子的身高用圆点在 X 轴上标出,其坐标就等于对应的身高数(图2-3)。如果把 X 轴看成是无重量的一根杆,而每个圆点都有1克的重量,那么将支持点设在杆的何处可以使杆保持平衡呢?从直观上,很自然地会想到应在"中心",而且根据物理公式,这个"中心"就是样本均值,它就是数据的"平衡点",在下图2-3中用记号▲表示。

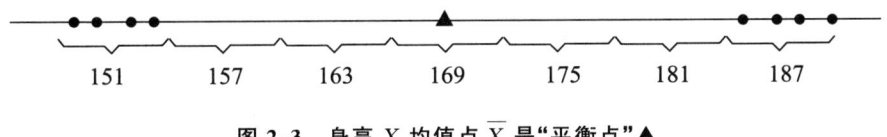

图 2-3　身高 X 均值点 $\overline{X}$ 是"平衡点"▲

5.均值、中位数和众数的比较

我们首先比较一下这三种描述分布中心的统计量在直方图中的位置。

如果 X 分布是单峰的、对称的,如图2-4所示,这时众数、中位数和平均数显然是一致的。

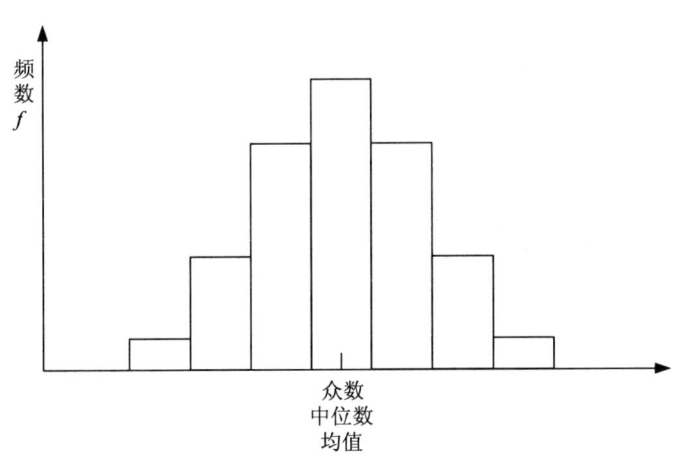

图 2-4　单峰对称分布时,三种统计量是一致的

如果分布是偏斜的,比方说是如图2-5那样右偏的,即在右边有一条长尾巴的分布时,情况会如何?这时三个量就不一致了。先看看众数和中位数为什么不一致。众数显然在峰值处。由于有那么多观测点在右边的尾巴上,那么,为了找到中间的观测点,即第

50百分位数点,我们就不得不从峰值处向右移动,因此中位数应该在众数的右边。再看看中位数和平均数为什么不一致。设想如果我们把平衡点放在中位数处,结果会怎样?虽然中位数两边的观测点是一样多的(各占50%),但右边的观测点离它更远,因而产生了更大的向下扭转的力矩(如图2-5A所示)。那么,为了找到平衡点,即均值点,就要再向右边移动一些。因此均值在中位数的右边(如图2-5B所示)。结论是:对于一个偏斜的分布,相对于众数,中位数朝长尾巴方向偏离了一些,而均值则偏离得更远。

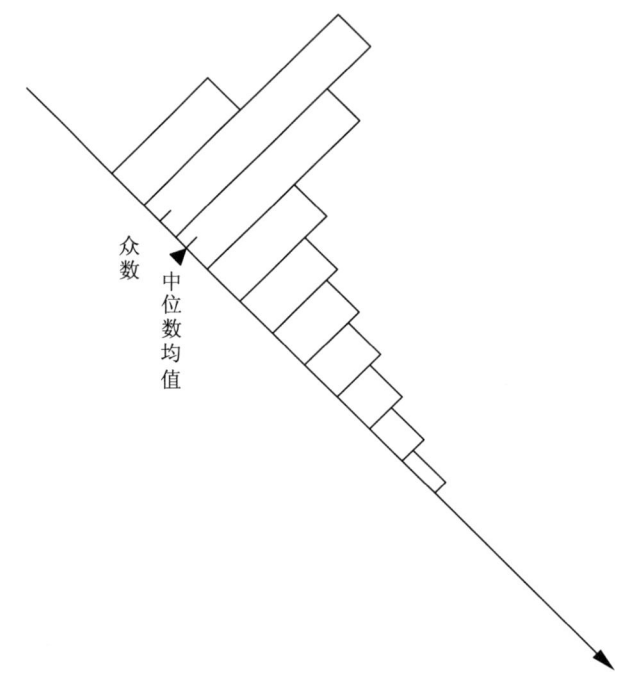

图2-5A 偏斜分布时,若将平衡点(均值)设在中位数处的情况

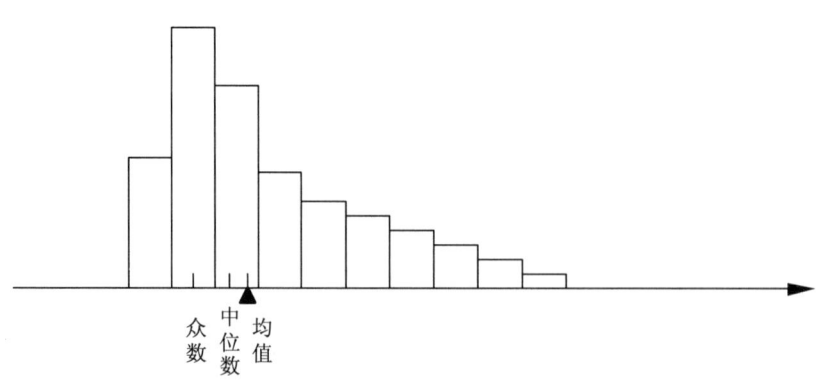

图2-5B 偏斜分布时,平衡点(均值)应该离开中位数朝长尾巴方向偏离

其次,我们再比较一下这三种统计量的特点和优缺点。

在中央电视台举办的一次全国业余通俗歌手大赛中,假定11名裁判对某位歌手的评分按顺序排列分别是：

9.9， 9.3， 9.3， 9.3， 9.2， 8.9， 8.8， 8.8， 8.7， 8.5， 8.4

显然，这组数据的三种中心度量分别是：

众数＝9.3，中位数＝8.9，均值＝9.01

甲说 9.3 分最能代表这位歌手的水平，因为有 3 名裁判都给了这个分；乙说中间的那个数 8.9 最能代表歌手的水平；而丙说这两个分不是偏高就是偏低，应该用 11 个评分的平均值 9.01 才是适当的。那么到底哪个量最有代表性呢？

假定在复赛中这 11 名裁判对该歌手的评分除 2 名稍有变动外（划圈的那两个），其余都给了与预赛时相同的分数，如下（说明这组裁判员的水平是比较高的）：

9.9， 9.3， 9.3， ⑨.2， 9.2， ⑧.8， 8.8， 8.8， 8.7， 8.5， 8.4

这时

众数＝8.8，中位数＝8.8，均值＝8.99

与前面的结果相比，均值是最稳定的，只相差了 0.02；中位数稍差一些，变动了 0.1；而众数最不稳定，相差了有 0.5 分之多。

再假定，如果在统计时粗心的工作人员把第 11 位裁判的评分 8.4 错写成了 0.4，那么会造成什么影响呢？这时中位数没有变化，但均值却由变成了 8.26，相差了 0.73 分。这说明均值对异常值是较敏感的，相比之下，中位数就不那么敏感。

由此可以看到，当分布比较有规则即不存在极端的值时，用均值代表分布的中心比较好；而在有极端值时，则用中位数更合适。对于这点，后面的章节还要论述。众数虽然稳定性最差，但在有些情况下却十分方便。例如，如果电视台想了解最受欢迎的专栏节目或主持人，肯定会对众数感兴趣。

根据这一节的内容，将三个中心度量的特点和优缺点比较如下：

表 2-4 三个中心度量的比较

均　　值	中位数	众　　数
适用于定距或定比变量	主要适用于定序变量	主要适用于定类变量
最稳定	较均值的稳定性差	最不稳定
计算时要用到全部数据	只需中间的数据	可最快速求出
受极端值的影响	对极端值不敏感	有时候对个别值的变动也很敏感
分组变化时影响不大	分组变化时有些影响	分组变化时影响较大

习　　题

2—3　求习题 2—1 中的众数。它的中位数和均值有无定义？为什么？

2—4 1) 对习题 2—2 中的数据,按照原始数据求出其众数、中位数和平均数的精确值;

2) 按照习题 2—2 中 6 组的频数分布表,求众数、中位数和平均数的精确值;

3) 如果将原始数据重新分成 3 组,组中值分别为 8,14,20(将下限归入该组),那么这时众数、中位数和平均数又近似是多少?如果组中值为 7,13,19 呢?

4) 将以上 3 题的答案总结在下表中

分组情况	众　数	中位数	均值
原始数据			
精细分组			
粗糙分组①			
粗糙分组②			

由上表你可以总结出什么?

5) 根据原始数据,15 年的教育算是高的吗?

试通过求它的百分位数来回答。

2—5 参看课文中的图 2-5,横轴表示收入。假定有两个 0 错加到某一收入中去了,使该收入变成了原来的 100 倍,这将如何影响均值和中位数?在下面的括号中作正确的选择,

1) [平均数、中位数]将错误地大大增加;

2) [平均数、中位数]将只有微小的变化或根本不变化,这取决于那个加大了的观测值原来是在[平均数、中位数]之下还是之上;

3) 如果一种中心的度量对异常的观测值并不敏感,则称它是稳健的。那么,[平均数、中位数]是稳健的。

2—6 在 2000 年北京申办奥运会的有关调查中,某单位 20 名员工的一个样本表明,他们亲身参加过的与北京申奥有关的活动的件数为

3, 3, 0, 1, 3, 3, 5, 2, 4, 0, 0, 3, 6, 1, 0, 7, 3, 2, 1, 2

1) 作频数分布图;

2) 求平均数、中位数和众数;

3) 如果另一单位的 20 名员工参加活动的件数的均值为 2.25,中位数为 2,众数为 2,那么这个样本参加活动的总件数是多少?

2—7 1) 2002 年某项对在校大学生媒体接触情况的调查中,在一栋宿舍楼抽取的一个 $n=8$ 人的样本表明,他们在调查实施前一天上网的时间 X(单位:分钟)分别是

30, 60, 50, 60, 90, 120, 30, 40

求这个样本的平均上网时间 $\overline{X}$;

2) 计算这 8 个数对均值 $\overline{X}$ 的偏差 $X-\overline{X}$,然后计算这些偏差的平均值;

3) 任意写一组数,求它们的平均值,然后求平均偏差(即偏差的平均值);

4）试证明对每一个可能的样本，对平均值的平均偏差正好等于0。这一结论对于中位数的偏差成立吗？

2.4 分布的形状

上一节讲述了如何描述分布的中心，其中均值是最重要的一种统计量。我们常常用平均收视率、平均收看时间、平均满意度得分、平均收入、平均成绩、平均身高等来描述有关的数据资料，那么只从平均值来看待事物会不会有片面性呢？请看下面的一个例子。

2004 年的"雅典奥运调查"（结束后）中的第 $Q8-2$ 题问道："在过去两周之内，您有没有收听奥运节目的广播？如果有，请问您每天平均听了多长时间？"假定在 3 个不同单位分别抽取的 11 名听众的回答为：（单位：分钟）

第 1 组：40， 60， 50， 50， 40， 50， 50， 50， 60， 50， 50
第 2 组：70， 40， 50， 60， 30， 60， 50， 40， 30， 50， 70
第 3 组：20， 40， 20， 20， 60， 20， 90， 80， 20， 90， 90

利用公式(2-2)或(2-3)，很容易求出这 3 组数据的均值：

$$\overline{X_1} = \frac{1}{n}\sum X_1 f = \frac{1}{11}(40\times 2 + 50\times 7 + 60\times 2) = 50$$

$$\overline{X_2} = \frac{1}{n}\sum X_2 f = \frac{1}{11}(30\times 2 + 40\times 2 + 50\times 3 + 60\times 2 + 70\times 2) = 50$$

$$\overline{X_3} = \frac{1}{n}\sum X_3 f = \frac{1}{11}(20\times 5 + 40 + 60 + 80 + 90\times 3) = 50$$

结果都等于 50 分钟。那么这 3 组数据是否还有什么不同之处呢？为了比较，我们画出它们的分布图，如图 2-6 所示。为了更加形象化，我们用圆点来表示每一个观测值。例如第一组最左边的两个圆点表示样本中收听时间为 40 分钟的两个听众，等等。

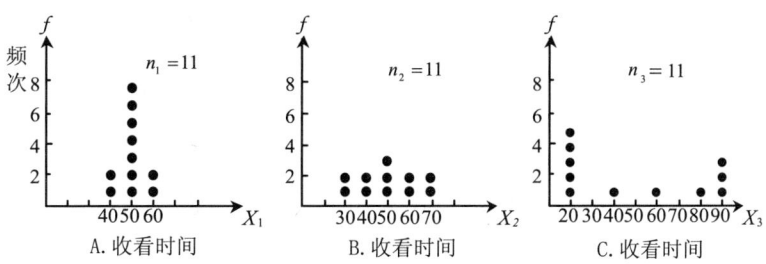

图 2-6 3 组数据分布形状的比较

这三个分布图的形状很不相同，A 图中的数值很集中地围绕在均值（平衡点）周围，B 图就分散多了，显然图 C 是最分散的。这就需要考虑能描述分布形状即分布于其中心的波动程度的统计量。在此我们介绍五种最常用的:极差、四分位数间距、均方差、方差和标准差。

1. 极差

极差(也叫全距)就是最大值与最小值之间的距离:

$$极差 R = 最大观测值 - 最小观测值$$

例如图 2-6 中三组数据的极差分别是

$$R_1 = 60 - 40 = 20; \quad R_2 = 70 - 30 = 40; \quad R_3 = 90 - 20 = 70$$

极差虽然很容易计算,但它只告诉了我们数据分布的范围,至于分布的中间部分是如何变化的,则不得而知。而且它受极端值的影响可能很大,例如在前面第一组人中,如果再问一下他们第二天收听广播的时间,也许有一个人多听了一场音乐会的转播,用了 150 分钟,其他 10 人基本不变,那么极差将由 20 分一跃而变成了 110 分。另外,极差对样本量的大小也有一定的依赖关系。由于极差只用了两个极端值,有时是不可靠的,因此一般不常用。

2. 四分位数间距

四分位数间距也叫四分位数偏差或四分位差,通常将数据按从小到大顺序排列后,用三个四分位数点 Q_1、Q_2、Q_3 将其分成四部分。Q_1 是第 25 百分位数点或叫低四分位数点;Q_2 是第 50 百分位数点即中位数;Q_3 是第 75 百分位数点或叫高四分位数点。四分位数间距 IQR 规定为是 Q_1 和 Q_3 之间的距离:

$$IQR = 高四分位数 - 低四分位数 = Q_3 - Q_1$$

(也有些书规定为的 $\frac{Q_3 - Q_1}{2}$;不过这不影响其基本意义)。例如对表 2-2 的身高样本

$$Q_1 \approx 160 + \frac{25-8}{22} \times 6 = 164.6 \approx 165$$

$$Q_3 \approx 172 + \frac{75-62}{28} \times 6 = 174.8 \approx 175$$

因此 $IQR = Q_3 - Q_1 \approx 10.2 \approx 10$(厘米)

与极差类似,四分位差也是由两个值之差决定的,也是不全面的。但由于这两个值之差代表了中间 50% 部分的长度,所以比极差能更好地描述分布的特性。例如,若比较小,则说明数据比较集中在中位数附近;反之则比较分散。IQR 常常和中位数一起,主要用来描述定序测量数据的分布,有时也可用来描述定距测量数据的分布。

3. 均方差

均方差又叫做平均平方偏差,它是对分布的变化性较全面的一个度量。为了衡量所有数据偏离其均值 $\overline{X}$ 的程度,先考虑每个观测值离开其均值的偏差 $X - \overline{X}$。正如我们在习题 2-7 中所看到的那样,由于偏差有正有负,最后偏差的平均总是零。因此,平均偏

差对描述分布的形状（或变化性）是毫无用处的。

为了得到描述形状的有价值的度量,我们先将所有偏差$(X-\overline{X})$作平方计算,那么$(X-\overline{X})^2$就都是正值,然后再求平均才有意义,这样得到的结果就叫做平均平方偏差或简称均方差：

$$均方差\ MSD = \frac{1}{n}\sum(X-\overline{X})^2 \qquad (2-4)$$

对于分组数据,我们按照求分组数据均值的类似方法修改上面的公式,即只要对每一个偏差的平方乘以它发生的频率即可：

$$对分组数据, MSD \approx \frac{1}{n}\sum(X-\overline{X})^2 f \qquad (2-5)$$

注意,(2-4)中的X表示每一个观测值；而(2-5)中的X表示每一组观测值的中点即组中值。

4. 方差和标准差

由于某些技术上的原因,习惯上是将(2-4)和(2-5)式中的n换成$n-1$。这样就又得到了一个略有不同的关于分布形状的度量,叫方差：

$$方差\ S^2 \equiv \frac{1}{n-1}\sum(X-\overline{X})^2 \qquad (2-6)$$

$$对分组数据, S^2 \approx \frac{1}{n-1}\sum(X-\overline{X})^2 f \qquad (2-7)$$

最后,我们定义方差的正的平方根为标准差：

$$标准差\ S \equiv \sqrt{方差} \qquad (2-8)$$

通过取平方根,标准差的单位和原始数据的单位就一致了。下面我们以表2-2中男子身高的分组数据为例,计算该分布的均方差、方差和标准差,结果如表2-5所示。

表2-5 男子身高的标准差计算

给定数据		S 的计算（取 $\overline{X}$ 的近似值为 169）		
X	f	$(X-\overline{X})$	$(X-\overline{X})^2$	$(X-\overline{X})^2 f$
151	4	−18	324	1296
157	12	−12	144	1728
163	44	−6	36	1584
169	64	0	0	0
175	56	6	36	2016
181	16	12	144	2304
187	4	18	324	1296
$n=200$ $\overline{X}=169.6$ （参看表2-3）		$S^2=\dfrac{10224}{200-1}=51.377$ $S=\sqrt{51.377}\approx 7.17$		合计　10224

在表 2-5 中的计算中我们可以注意到以下几点：

①绝对偏差 $|X-\overline{X}|$ 的大小是由 0 至 18。标准差 S 的值 7.17 比某些绝对偏差小而比另一些大。因此在某种意义上，S 是一种典型的偏差；标准差 S 位于最小绝对偏差和最大绝对偏差之间的某个位置上。这也提供了对我们的算术计算的一个粗略检验。例如，若 S 的结果超过 18，那么肯定是算错了。

②在计算方差 S^2 时，为了避免小数，我们将 $\overline{X}=169.6$ 的小数部分舍弃掉了，也就是说，引进了一个舍入误差 $e=0.6$。这样做的理由主要有两个：首先，在实践中各类调查一般都是大样本，计算一般都是通过计算机进行的，表 2-5 中手工计算的目的并不是要让读者去掌握计算技术，只是为了使读者了解一下方差的意义，为此，粗略的计算就足够了；其次，对 $\overline{X}$ 的舍入误差使 S^2 产生的误差很小。一般来说，如果均值舍去的误差为 e，那么，方差被多估计的部分也不过是 e^2 左右。通常 e^2 是很小的，可以忽略不计，或者从结果中再去掉 e^2，那么也可以得到较精确的值。例如在表 2-5 中，$e=0.6$，$e^2=0.36$，那么 $51.337-0.36=51.017$ 可以当作方差的较精确的估计值。如果读者不怕麻烦，用 $\overline{X}=169.6$ 按表 2-5 的格式再计算一次，可以求得 $S^2=\dfrac{10152}{199}\approx 51.015$，与前面修正后的 51.017 几乎没有什么差别。

③初学者常常会出现的一个错误是：在计算分组数据的 $\overline{X}$ 和 S^2 时，常常用分组数而不是样本量 n 去代替式中的分母。希望引起注意。

方差和标准差所反映的是数据对其均值中心的某种离散程度，由它们的定义我们可以猜测到，标准差（或方差）较小的分布一定比较集中在均值附近；反之则是比较离散的。例如，图 2-6（见第 33 页）的 3 组数据虽然平均值都等于 50，但图 A 中数据点最集中，图 B 次之，图 C 则最离散。对应的 3 个标准差很容易求得为

$$S_1^2=\dfrac{1}{11-1}\left[(40-50)^2\times 2+(50-50)^2\times 7+(60-50)^2\times 2\right]$$

$$=40, \quad S_1\approx 6.32$$

$$S_2^2=\dfrac{1}{11-1}\left[(30-50)^2\times 2+(40-50)^2\times 2+(50-50)^2\times 3+(60-50)^2\times 2+(70-50)^2\times 2\right]$$

$$=200, \quad S_2\approx 14.14;$$

$$S_3^2=\dfrac{1}{11-1}\left[(20-50)^2\times 5+(40-50)^2+(60-50)^2+(80-50)^2+(90-50)^2\times 3\right]$$

$$=1040, \quad S_3\approx 32.25$$

其大小顺序与对应分布的离散集中程度完全一致，即

$$S_1<S_2<S_3$$

5. 极差、四分位数差和标准差的比较

类似于比较众数、中位数和均值这三个中心度量的讨论，我们也可以对极差、四分位数差和标准差的特点和优缺点加以比较。归纳后如表 2-6 所示（均方差和方差可以近似地看成是标准差的平方，不再进行比较）：

表 2-6 三个分布形状度量的比较

标准差	四分位数差	极差
适用于定距或定比变量	主要适用于定序变量	适用于定距或定比变量
最稳定	较标准差的稳定性弱	最不稳定
计算时要用到全部数据	只需要其中两段的数据	只需要两个值，可快速估算
受极端值的影响较大	对极端值不敏感	只对极端值的变化敏感

一般来说，样本均值 $\overline{X}$ 是对分布中心最普遍的度量，而样本标准差 S 则是对分布形状的最常用的度量。有时我们称 $\overline{X}$ 和 S^2 为样本的一阶矩和二阶矩。

最后再提一下"自由度"这个后面将要用到的概念。

如果我们只想对样本进行描述，那么均方差 MSD 就是对分布形状的一个很好的度量。不过如果我们想更进一步地通过样本对总体进行统计推断的话，那么样本方差 S^2 则更合适。我们只从直观上来表达这个意思。

假定只有 $n=1$ 个观测值，我们仍然可以计算均值，但却无法考虑分布的形状。例如我们从足球运动员中随机地抽取了一名队员，他的身高为 179 厘米，那么我们可以用它来估计队员的身高。但对队员身高分布的形状就不可能有什么印象，是 174～184 厘米？还是 176～182 厘米？只有 n 超过 1，我们才能得到关于方差的信息。也就是说，对于方差，我们实际上只有 $(n-1)$ 个信息，这就是计算方差时所用的那个除数。

习惯上，称信息的个数为自由度。因此我们可以将上面的讨论归纳为：

一个自由度被均值所使用，余下的 $(n-1)$ 个自由度留给了方差。

习 题

2—8 计算下列各组数据的极差、四分位数差和标准差：
1) 8,7,6,5,2,3,1,9
2) 4,10,3,2,1,8,5,11
3) 15,10,11,12

2—9　计算习题2—7中上网时间的标准差。

2—10　在某社区随机地抽取了100户居民；每户每月用于通讯的总费用(元)频数分布如下表，求该样本通讯费用的平均值和标准差，并计算四分位数差。

通讯费用 X	组中值	频数 f
115~125	120	6
125~135	130	15
135~145	140	30
145~155	150	20
155~165	160	16
165~175	170	8
175~185	180	3
185~195	190	2

2.5　利用相对频率进行计算

有时候得不到原始数据，只有以相对频数分布的形式给出整理后的数据。那么，怎样计算 $\overline{X}$ 和 S 呢？

先求计算 $\overline{X}$ 的公式，由(2—3)式得到

$$\overline{X} \approx \frac{1}{n}(X_1 f_1 + X_2 f_2 + \cdots) = X_1\left(\frac{f_1}{n}\right) + X_2\left(\frac{f_2}{n}\right) + \cdots$$

因此，
$$\overline{X} = \sum X\left(\frac{f}{n}\right) \qquad (2-9)$$

也就是说，$\overline{X}$ 是所有组中值 X 的加权之和，加权系数就是对应组的相对频率 f/n。类似地由(2—5)式可以得到利用相对频率计算均方差的公式

$$MSD \approx \sum (X - \overline{X})^2 \left(\frac{f}{n}\right) \qquad (2-10)$$

最后比较(2—5)式和(2—7)式，可以得到由 MSD 求方差 S^2 的公式

$$S^2 = \left(\frac{n}{n-1}\right) MSD \qquad (2-11)$$

为了说明以上公式的用法，我们在表2-7中重新计算了表2-2身高数据的均值和标准差。注意，答案和表2-3、表2-5所给出的是完全相同的。

表 2-7 利用相对频率分布计算均值和标准差

整理后的数据		利用(2—9)求	利用(2—10)求 MSD($\overline{X}$ 近似地取 169)		
X	f/n	$X(f/n)$	$(X-\overline{X})$	$(X-\overline{X})^2$	$(X-\overline{X})^2(f/n)$
151	.02	3.02	-18	324	6.48
157	.06	9.42	-12	144	8.64
163	.22	35.86	-6	36	7.92
169	.32	54.08	0	0	0.00
175	.28	49.00	6	36	10.08
181	.08	14.48	12	144	11.52
187	.02	3.74	18	324	6.48
合计	1.00	$\overline{X}=169.60$	0 利用(2-11),$S^2=(200/199)(51.12)\approx 51.377$ $S\approx\sqrt{51.377}\approx 7.17$		$MSD\approx 51.12$

2.6 其他描述分布的统计图和统计量

1. 茎叶图

除了直方图之外,茎叶图也是描述变量分布的常用图形。如果手工绘制,在样本量不大的情况下,茎叶图画起来会更容易,所能呈现的信息也更多。

例如,表 2-8 给出的数据为一篇英语阅读材料中 100 个句子的长度 X 的值(以音节数表示,按照大小顺序排列),原始数据取自李绍山的《语言研究中的统计学》(2001)。这个数据的茎叶图如图 2-7 所示。

表 2-8 100 个英语句子的长度值(按照数值大小排列)

58	44	29	24	21	19	17	15	13	10
56	40	28	23	20	18	17	15	12	10
55	40	27	23	20	18	16	15	12	9
51	40	26	23	20	18	16	14	12	9
50	39	26	22	20	18	16	14	12	9
48	37	26	22	20	18	16	14	12	9
48	36	26	22	19	17	16	14	12	8
47	35	25	22	19	17	16	13	11	8
44	34	24	21	19	17	16	13	11	8
44	29	24	21	19	17	15	13	10	6

频数	茎	叶
8	0	68889999
19	1	0001122222233334444
27	1	555566666667777778888899999
18	2	000001112222333444
9	2	566667899
1	3	4
4	3	5679
3	4	000
11	极端值	(≥44)

图 2-7　100 个英语句子长度的茎叶图(注:茎的宽＝10,每片叶对应 1 个个案)

由图 2-7 可以看到 100 个句子长度的详细分布,其中每个句子的长度等于

$$\text{所在行的茎} \times 10 + \text{叶} \qquad (2-12)$$

例如,第 1 行表示了 8 个句子的长度,它们分别是

6,8,8,8,9,9,9,9

第 5 行表示了 9 个句子的长度,它们分别是

25,26,26,26,26,27,28,29,29

第 6 行表示的是一个长度为 34 的句子。最后一行表示有 11 个大于或等于 44 的极端值,具体数值没有在茎叶图中给出。如果对照表 2-8,可以发现这些极端值分别是:

58,56,55,51,50,48,48,47,44,44,44

茎叶图可以按照以下步骤作出:

① 将原始数据的每个值按照大小顺序排列(由小到大或由大到小均可)。

② 将每个值分成"茎"和"叶"两个部分,"叶"是最后一位数字(最右边的那个数),而"茎"就是其他的那些数字。也就是说,"叶"只能是一位数,但是"茎"的位数不限。例如,对于 237.5 这个值,237 是茎,5 是叶。为了不使茎叶图中出现太多的茎,有时候会将茎对应的数据四舍五入。例如将 237 四舍五入变为 240,对其他数据的各位也做四舍五入处理,那么茎叶图中的 237.5 对应的"茎"就是 24,宽度是 10,"叶"是 5,近似地这个数等于 24×10 ＋0.5＝240.5。

③ 将茎按照由小到大的顺序从上往下写成一直列,并紧靠着这一直列的右边画一条直线。

④ 把每片叶子写在它所对应的茎的右边,由小到大排成一行。

注意,茎叶图的主要优点是可以呈现实际的数据,但是如果数据的量太大,茎叶图就不太适用了,因为这时每个茎都会有太多的叶子。

2. 饼型图

对于分组数据,如果组的数量不多,那么也可以用饼型图来表示。在一份调查报告中,直方图和饼型图互相调节,可以起到增加美观的作用。

表 2-9 给出了对应表 2-8 的分组数据,利用 SPSS 软件或者 EXCEL 软件,都可以很容易作出如图 2-8 的饼型图。图中清楚地显示了这 7 组句子长度的分布情况,假设整张饼的总面积为 100%,从正午线右端(右上角)的那块饼开始按照顺时针方向,每一块饼的面积就分别对应着这七组句子的频数分布,例如长度为"4~12"的句子占 19%、长度为"13~20"的占 40%,等等。

表 2-9　100 个英语句子的长度值的分组数据

组号	长度	频数(f)	百分数(%)	有效百分数	累加百分数
1	4~12	19	19.0	19.0	19.0
2	13~20	40	40.0	40.0	59.0
3	21~28	20	20.0	20.0	79.0
4	29~36	5	5.0	5.0	84.0
5	37~44	8	8.0	8.0	92.0
6	45~52	5	5.0	5.0	97.0
7	53~60	3	3.0	3.0	100.0
	Total	100	100.0	100.0	

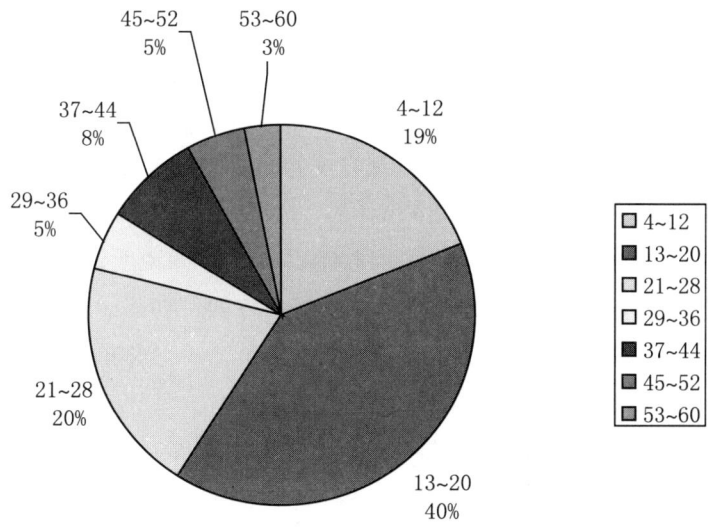

图 2-8　100 个句子的长度分组

饼型图一般不能够手工绘制,而且不适于分片数量较多的情况,一般 2~4 片时最为清晰,10 片以上就很难标示清楚了。饼型图还可以做成三维的效果,几张饼还可以切开,如图 2-9 所示。不过一般情况下不主张过于强调三维效果,因为过强的立体效果可能会影响到对分布的直观视觉理解。

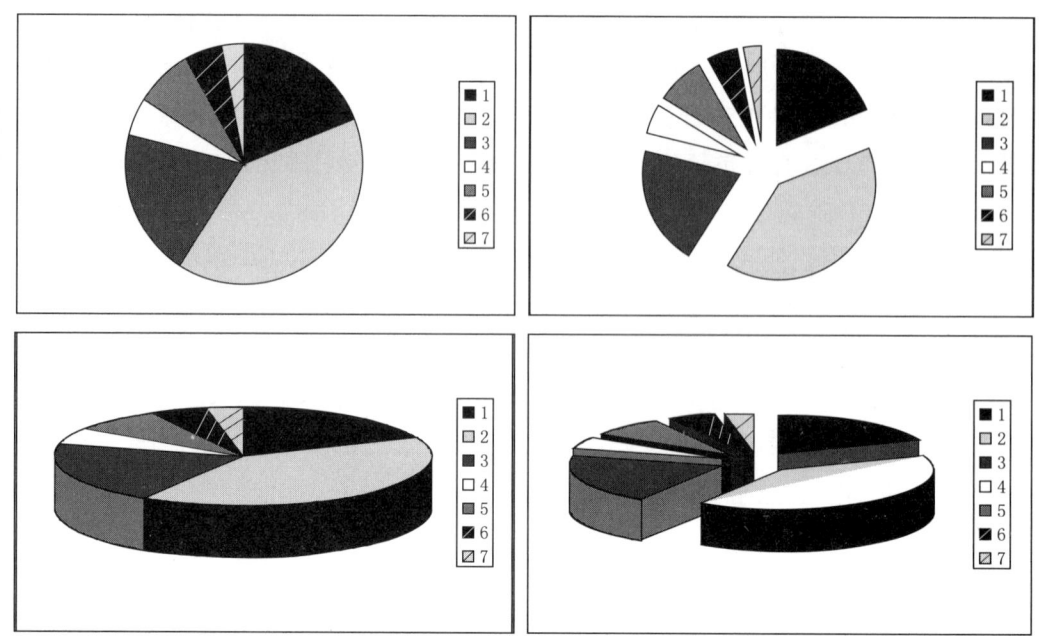

图 2-9 几种不同效果的饼型图(平面、切片、三维、三维切片)

3. 斜度和峰度

前面介绍了描述分布形状的 4 种最常用的统计量,这些统计量原则上都是可以通过简单的加、减、乘、除、乘方、开方的计算手工进行的。在此介绍另外两个常用的统计量:斜度和峰度。它们需要比较复杂的计算,一般不用手工进行。但是通常的统计软件都可以提供计算结果,而且这两个统计量的直观意义也很容易理解。

斜度(Skewness)和峰度(Kurtosis)用于描述数据的分布与正态分布之间的差异程度。正态分布可以用一条呈铃状的对称曲线来表示,具体的说明详见本书第三章。

斜度表示分布与正态曲线相比的不对称程度和方向。如果分布是对称的,则斜度为零;如果偏向左边,斜度为正;如果偏向右边,斜度为负。不对称的程度越厉害,斜度的绝对值也就越大。

峰度表示分布与正态曲线相比的冒尖程度或扁平程度。如果分布与正态曲线的形状相当,则峰度为 0;如果比正态曲线瘦高,峰度为正;如果比正态曲线扁平,峰度为负。冒尖或扁平的程度越厉害,峰度的绝对值也就越大。

图 2-10 给出了表 2-9 数据的分布与正态分布曲线的比较,这是通过 SPSS 软件绘制的,SPSS 同时也给出了表 2-9 数据分布的斜度(1.246)和峰度(.791)。从中可以看到,与正态曲线相比,句子长度的分布是不对称的,明显地偏向左边,也稍稍有些冒尖。结合 SPSS 输出表格中斜度和峰度的标准误差(Std. Error)的值,在学习了本书第六章假设检验的内容后,读者将可以对该数据分布的斜度和峰度做出更准确的判断。

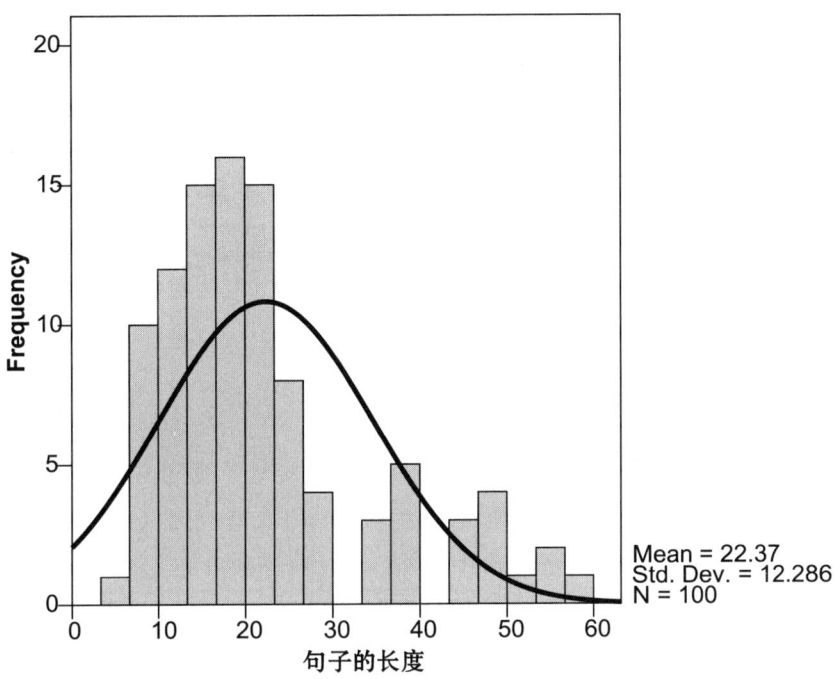

图 2-9　表 2-9 中数据的分布与正态分布曲线的比较

表 2-10　表 2-9 中数据的有关统计量（SPSS 输出结果）

N	Valid	100
	Missing	0
	Mean	22.37
	Median	19.00
	Mode	16
	Std. Deviation	12.286
	Skewness	1.246
	Std. Error of Skewness	0.241
	Kurtosis	0.791
	Std. Error of Kurtosis	0.478

本章小结

1. 原始数据可以用频数分析表的形式来整理概括，并用直方图表示。
2. 分布中心的最常用的统计量是均值。

$$\overline{X} = \frac{1}{n}\sum Xf$$

3. 描述分布形状的最常用的统计量是标准差

$$S \approx \sqrt{\frac{1}{n-1}\sum(X-\overline{X})^2 f}$$

4. 均值和标准差也可以利用相对频率分布来计算。
5. 原始数据的分布还可以用茎叶图、饼型图来表示。
6. 斜度和峰度用于描述数据的分布与正态分布之间的差异程度。

应用实例

在进行数据分析前,首先需要做最基本的描述性统计。通过频数分析、描述性分析和数据探查分析,我们可以了解某个调查问题(变量)的取值范围以及是否有异常值和数据分布情况等,由此可以把握变量的集中趋势、离中趋势和分布形态。大部分统计软件都能够完成这些最常用、最基本的统计分析功能。

在"城市居民媒介接触行为研究"中,调查了725位城市被访者。首先我们需要了解被访者的"文化程度"(A3)、"电视收看时间情况"(E1、E2、E3),我们对这些问题(变量)进行基本的描述性统计分析。

我们采用 SPSS11.5 For Windows 对调查数据进行描述性统计,具体步骤如下:

首先,我们进行频数分析(Frequencies),频数分析是统计分析中最常用的功能之一,它适用于离散型变量,也就是定类变量(Nominal)和定序变量(Ordinal),其功能是描述离散型变量的分布特征。频数分析通常是通过频数分布表和直方图来完成的。

我们期望看一下被访者的文化程度(A3)分布,进行频数分析。主要目的是看一下变量的频数表,同时观察数据的质量,包括缺失值、异常值等。

选择 Analyze→Descriptive Statistics→Frequencies 打开对话框。从左侧分析变量窗口选择 A3,点选 A3 进入 Variable(s)窗口。

Display frequency tables 是在分析结果中是否输出频数表的选项,系统默认状态是输出频数表。

接下来,选择统计分析结果,点选 Statistics(统计量)按钮。

弹出对话框中包括 4 个选项栏,每个又包括若干个可选项,系统默认状态是不输出任何统计量。

输出结果中主要包括以下统计

结果：

- Percentile Values 百分位数选项。包括：1）Quartiles 四分位数，包括上四分位和下四分位；2）Cut points for equal groups 按指定间隔输出百分位数；3）Percentile(s)直接设定需要输出的百分位数，如指定输出 90% 分位点数；

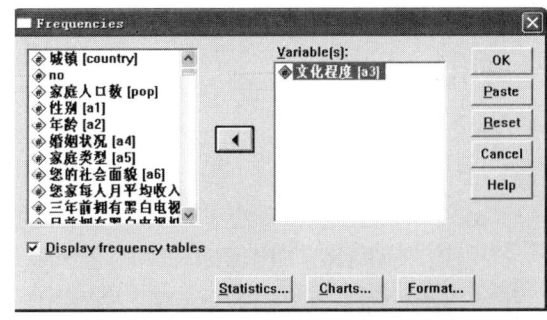

- Central Tendency 是集中趋势选项，包括：1）Mean 平均数；2）Median 中位数；3）Mode 众数；4）Sum 总和。

- Dispersion 是离散趋势选项。包括：1）Std. deviation 标准差；2）Variance 方差；3）Range 全距；4）Minimum 最小值；5）Maximum 最大值；6）S.E. mean 标准误差。

- Distribution 分布特征选项栏。包括：1）Skewness 斜度（偏度）；2）Kurtosis 峰度。

我们根据离散型变量的分析特性，选择必要的统计量。

下面我们可以确定是否生成图形，点选"Charts"按钮，打开图形对话框，在该对话框中有两个选项栏。

- Chart Type 统计图类型选项栏。包括：1）None 不生成图，这是系统默认选项；2）Bar charts 条形图；3）Pie charts 饼图；4）Histograms 直方图。

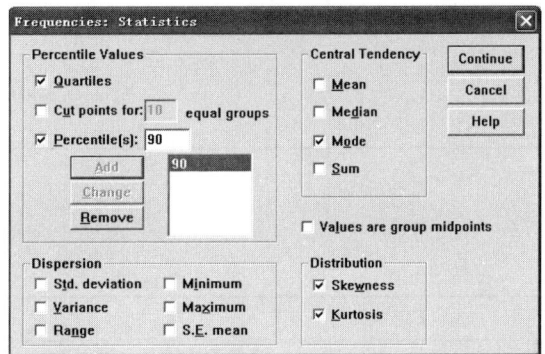

- 对于直方图还可以选择是否加上正态曲线（With normal curve）。如果选择了 Histogram 选项，可激活 With normal curve 选项。

- Chart Values 是作图选项。如果选择了 Bar charts 或 Pie charts，可激活 Chart Values 选项栏。选择 1）Frequencies 按频数作图；2）Percentages 按百分比作图。系统默认状态是不输出图。

所有选项完成后，返回，按 Paste 保存运行语法，就可以按确定 OK；运行后，在 Output 中查看频数分析结果。

SPSS Syntax 语法：
FREQUENCIES
　　VARIABLES＝a3
　　/PERCENTILES＝90
　　/STATISTICS＝MODE
　　/PIECHART PERCENT
　　/ORDER＝ANALYSIS.

单击 OK 按钮，运行结果可以看出：

Statistics

A3　文化程度

N	Valid	725
	Missing	0
Mode		3
Percentiles	90	4.00

A3　文化程度

		Frequency	Percent	Valid Percent	Cumulative Percent
Valid	1　小学或以下	49	6.8	6.8	6.8
	2　初中或中技	239	33.0	33.0	39.7
	3　高中或中专	286	39.4	39.4	79.2
	4　大专或本科	149	20.6	20.6	99.7
	5　硕士或博士	2	.3	.3	100.0
	Total	725	100.0	100.0	

从频数表结果中，我们可以看出，Frequency 是频数，Percent 是百分比，Valid Percent 是有效百分比（以有效数据总数为分母计算），Cumulative Percent 是累计百分比。

本项研究总共访问了 725 位被访者，其中，文化程度是 3＝"高中或中专"的人最多（39.4％），而 5＝"硕士或博士"（0.3％）人数很少，我们需要将该类人重新编码，将其与原 4＝"大专或本科"类合并，生成新的一类 4＝"大专或以上"（20.9％）。

我们重新运行选择饼形图或直方图（含正态曲线）。

下面我们进行描述性分析。分析工作日 E1（周一到周四）、E2 周末（周五）、E3 假日（周六、日）被访者每天平均收看电视的时间。

Descriptives 是对变量的统计描述，它可用于定类变量和定序变量，也适用于定距以上测量级别的变量。Descriptives 的功能是将描述统计的各个统计量作为分析结果输出。

首先，选择 Analyze→Descriptive Statistics→Descriptives 打开 Descriptives 对话框。其中，点选 Save standardized values as variables 是将原始数据的标准分存为新变量

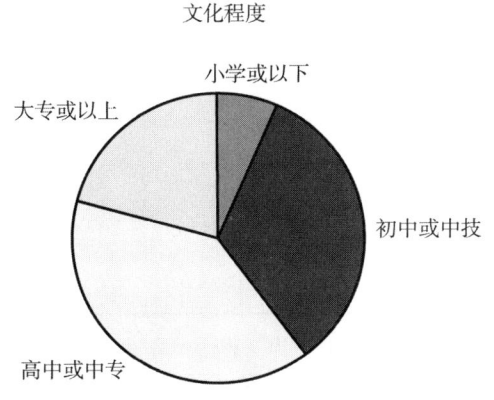

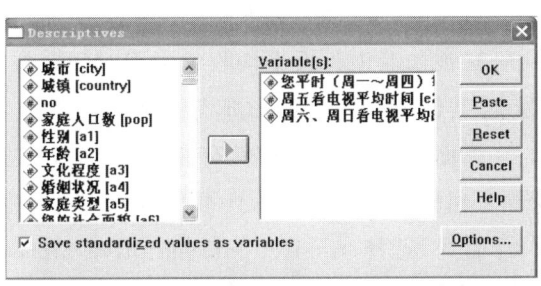

的选项,也就是变量的标准化。选择进行描述统计的变量从左侧的源变量窗口中选择将要进行描述统计的变量,使之进入到 Variable(s)窗口中。运行该项以后,系统将以原始数据的标准分为变量内容生成一个新变量。

下面选择描述统计的结果,单击 Options 按钮,打开对话框。

对话框中的大部分内容也可在 frequencies 中选择。主要是 Display Order 选项可确定输出统计结果排列顺序的选项栏。当用户选择多个变量进行描述时,输出文件排列输出统计结果。在对话框中,系统默认状态是输出平均值、标准差、最大值和最小值。如用户需要其他参数可选择。

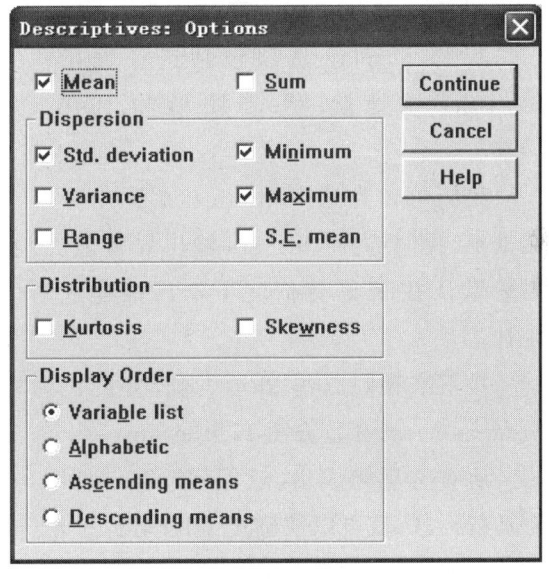

所有选项完成后,返回,按 Paste 保存运行语法,就可以按确定 OK;运行后,在 Output 中查看频数分析结果。

SPSS Syntax 语法:

DESCRIPTIVES

 VARIABLES=e1 e2 e3 /SAVE

 /STATISTICS=MEAN STDDEV MIN MAX .

我们可在输出文件的 Output 窗口看到输出的 Descriptives 统计表。

Descriptive Statistics

	N	Minimum	Maximum	Mean	Std. Deviation
E1 您平时(周一～周四)每天收看电视平均时间(分钟)	725	0	900	191.64	119.551
E2 周五看电视平均时间	725	0	900	204.76	114.767
E3 周六、周日看电视平均时间	722	10	990	245.77	132.655
Valid N (listwise)	722				

在输出结果中，变量是按照选择的顺序排列的。总共访问了 725 位被访者，其中：周六日(E3)平均每天看电视时间最长(245.77 分)，周一至周四(E1)工作日收看时间最短(119.551)。周六、周日 E3 的标准差较大，等于 132.655。从变量的取值范围，我们有理由怀疑被访者中每天平均收看电视时间存在异常值(录入错误应该在频数分析中排除)。为此，我们需要进一步分析找出异常值。

下面我们进行探索性分析 Explore，找到并排除异常值干扰。这里我们仅对 E1＝"周一到周四每天收看电视平均时间(分钟)"加以分析说明。

首先，选择 Analyze→Descriptive Statistics→Explore 打开 Explore 对话框。选择 E1 放入 Dependent List 窗口。

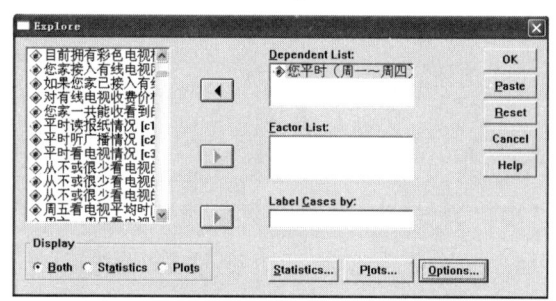

其中，Display 选项包括选择输出 Statistics 统计量、Plots 图形和 Both 全部。

我们可以点选 Statistics，在弹出对话框中，我们选择 Outliers 输出异常值。系统默认在 95％ 置信度下输出描述性统计。

接下来我们点选 Plots，选择茎叶图 Stem-and-leaf 和直方图 Histogram。

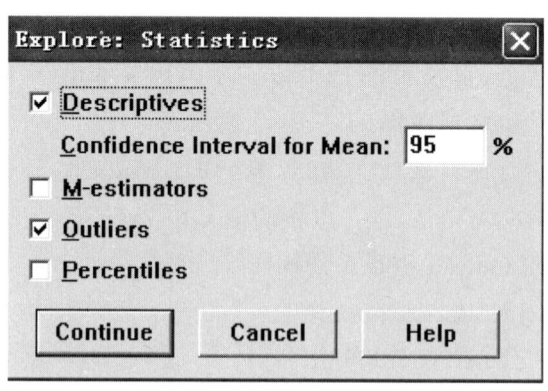

所有选项完成后，返回，按 Paste 保存运行语法，就可以按确定 OK；运行后，在 Output 中查看频数分析结果。

SPSS Syntax 语法：
EXAMINE
　　VARIABLES＝e1
　　/PLOT BOXPLOT STEMLEAF HISTOGRAM
　　/COMPARE GROUP

/STATISTICS DESCRIPTIVES EXTREME
/CINTERVAL 95
/MISSING LISTWISE
/NOTOTAL.

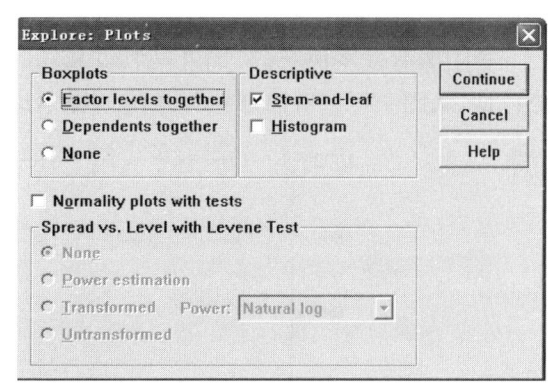

在输出结果中我们可以找到 E1 的描述集中趋势、离中趋势和分布形态的统计量。例如：均值、置信区间、标准差、偏度和峰度等。

Descriptives

			Statistic	Std. Error
E1 您平时(周一～周四)每天收看电视平均时间(分钟)	Mean		191.64	4.440
	95%Confidence Interval for Mean	Lower Bound	182.92	
		Upper Bound	200.36	
	5%Trimmed Mean		181.33	
	Median		180.00	
	Variance		14292.54	
	Std. Deviation		119.551	
	Minimum		0	
	Maximum		900	
	Range		900	
	Interquartile Range		120.00	
	Skewness		1.556	.091
	Kurtosis		4.026	.181

我们还可以得到异常值样本的 Case Number 和 Value 取值。下表中给出了异常的最大值和最小值样本。

Extreme Values

			Case Number	Value
E1 您平时(周一～周四)每天收看电视平均时间(分钟)	Highest	1	151	900
		2	193	720
		3	511	720
		4	605	720
		5	10	600[a]
	Lowest	1	322	0
		2	263	0
		3	82	5
		4	633	10
		5	628	10

a.Only a partial list of cases with the value 600 are shown in the table of upper extremes.

对于所有异常值,我们也可以通过盒式图 Boxplot 描述,在图中我们给出了所有标记统计量,从图中可以看出那些异常值的样本编号 Case Number 和取值 Value。

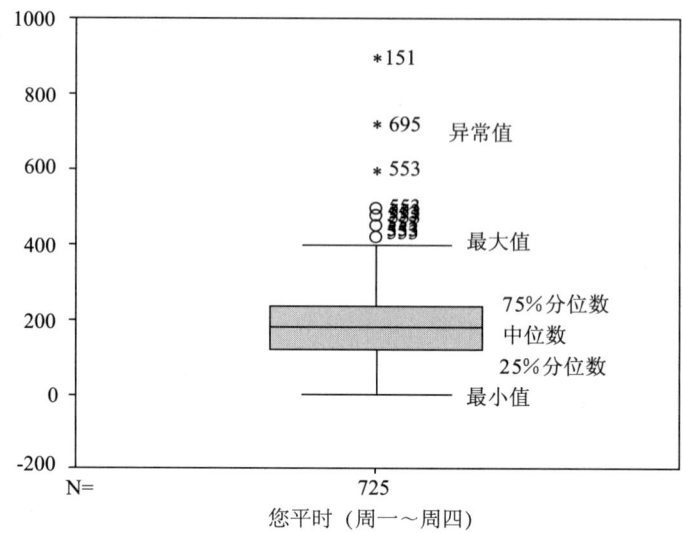

我们还可以得到茎叶图:

您平时(周一～周四)每天收看电视平均时间(分钟) Stem-and-Leaf Plot

Frequency	Stem &	Leaf
32.00	0 .	02333344&
100.00	0 .	6666666666666666789999&
152.00	1 .	0022222222222222222222222222&
172.00	1 .	5555556888888888888888888888888888&
125.00	2 .	000111144444444444444444444&
8.00	2 .	5&
61.00	3 .	000000000000000
30.00	3 .	666666&
4.00	4 .	0
41.00 Extremes		(>=420)

Stem width: 100
Each leaf: 4 case(s)

& denotes fractional leaves.

茎和叶的组合反映了每个样本的取值情况,Frequency 给出了特定茎和叶取值的频数。

这里也可以进行分类探索性分析,有兴趣的读者可选择一个分类变量进入 Factor List 窗口。例如,我们可以分析不同文化程度的人周一至周四平均每天看电视的时间。我们可以发现不同文化程度的电视观众看电视时间的大致分布,每一类观众的四分位

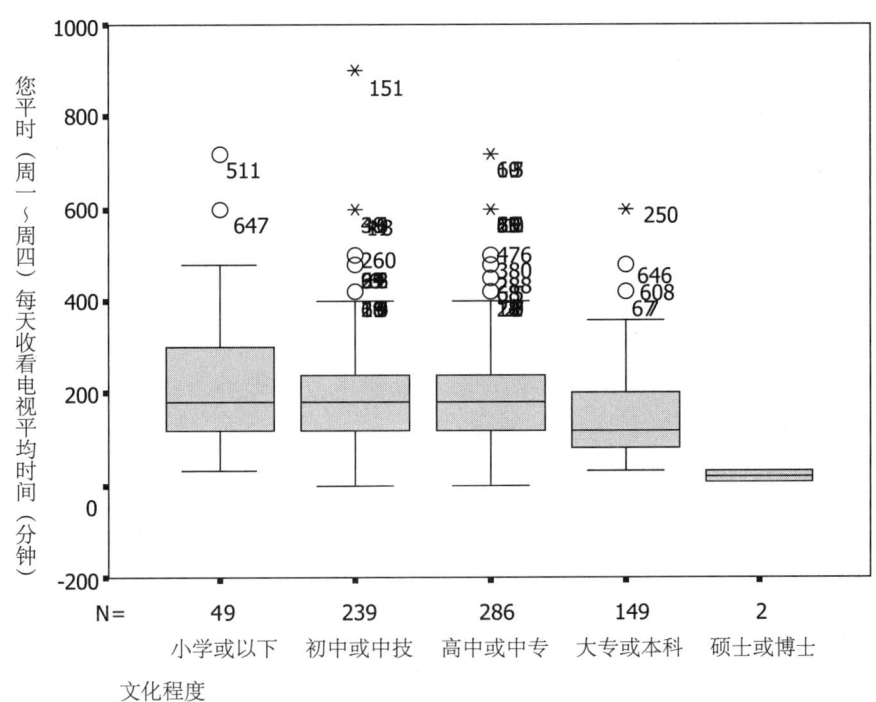

数、四分位间距、中位数、异常值等。

根据探索性分析,我们需要对 E1、E2、E3 问题重新编码,排除异常值后进行分析。

根据实际情况,10 分钟或以下的极端值可以不做异常值处理,因为看电视时间很短的观众和不看电视的人是可能存在的;事实上,从前面两个 Boxplot 盒式图中也可以看到,10 分钟以下的并没有当作异常值 Outlier 处理。而 E1 的 4 个极端值(3 个 720 分钟、1 个 900 分钟)中,我们觉得 900 分钟的那个可以按照异常值处理,因为平均每天看电视 15 个小时是不太可能的,而且这样的个案数量也只有 1 个。当然,最稳妥的做法是重新核对被访者,包括核对 720 分钟的那 3 个被访者。此处,我们选择"每天收看电视平均时间"变量 E1、E2、E3 取值大于 720 分钟的样本重新编码为系统缺失值 System-missing。

选择 Transform → Recode → Into same variables 打开 Recode 对话框,选择变量 E1、E2、E3,分别指定异常值和范围为系统缺失值。

变量重新编码后,我们就可以重新进行描述性分析了。

Descriptive Statistics

	N	Minimum	Maximum	Mean	Std. Deviation
E1 您平时(周一～周四)每天收看电视平均时间(分钟)	724	0	720	190.66	116.693
E2 周五看电视平均时间	724	0	720	203.80	111.893
E3 周六、周日看电视平均时间	717	10	720	241.69	123.550
Valid N (listwise)	717				

接下来我们可以针对 E1、E2、E3 进行变量分段,利用频数表和条形图进行分析。

变量重新分段的方法可以通过 Recode 功能实现,也可以通过 Categorize variables 等分变量进行。这里我们采用前一种方法,根据每天看电视的平均时间,按 30 分钟间隔分段。

选择 Transform→Recode→Into different variables 打开对话框,选择变量 E1、E2、E3,我们指定等分为八类,1＝"30 分钟及以下",2＝"31～60 分钟",3＝"61～90 分钟",…,8＝"210 分钟以上";

按照收看时间取值半小时间隔的方法进行变量分段,通过 Recode 不同变量执行后再将数据集中生成 3 个新变量 NE1、NE2、NE3,我们对新生成的变量分别给出变标 Variable Label 和值标 Value Label。

我们可以通过条形图看到新变量的取值情况,这里仅给出 E1 重新分段后的值。

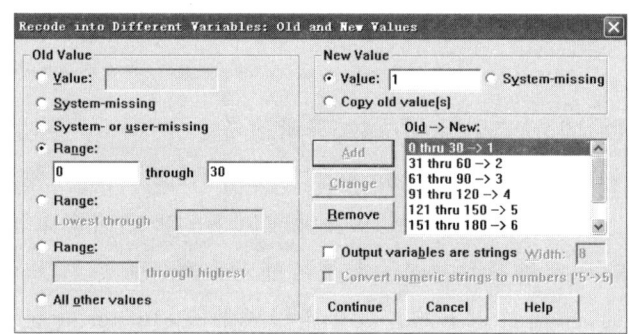

NE1 您平时(周一～周四)每天收看电视平均时间(分钟)

			Frequency	Percent	Valid Percent	Cumulative Percent
Valid	1	30 分钟及以下	24	3.3	3.3	3.3
	2	31～60 分钟	85	11.7	11.7	15.0
	3	61～90 分钟	23	3.2	3.2	18.2
	4	91～120 分钟	150	20.7	20.7	38.9
	5	121～150 分钟	26	3.6	3.6	42.5
	6	151～180 分钟	147	20.3	20.3	62.8
	7	181～210 分钟	29	4.0	4.0	66.8
	8	210 分钟以上	241	33.2	33.2	100.0
		Total	725	100.0	100.0	

从每天平均收看电视的时间看,分段时间主要集中在 1 小时、2 小时、3 小时和 4 小时时间点上。其中,平均每天看电视时间超过 3.5 小时的人数最多。读者还可以进一步按照 1 小时为一段,将 E1 重新编码为四类的新变量,作出新的条形图。可以利用 SPSS 对 E1 重新编码后作图,也可以根据上图的数据,用 Excel 简便地作出下面的条形图。

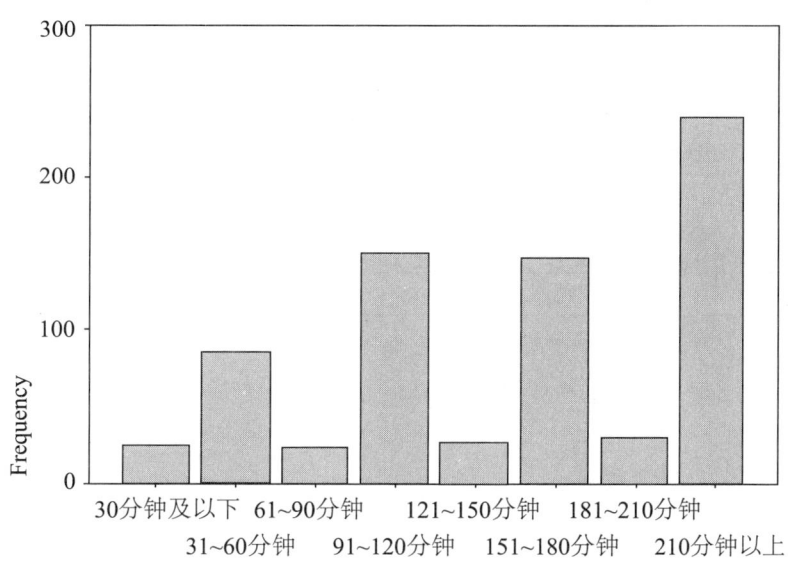

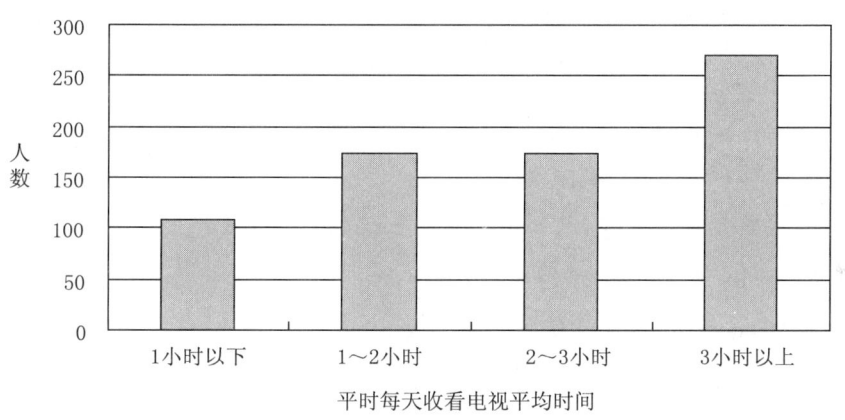

描述性统计主要包括频数分析、描述性分析,通过频数表和直方图,以及均值、标准差等统计量来观察数据的分布情况,是数据分析的基础工作,用 SPSS11.5 可以很容易地计算得到,把结果作图,我们就可以很直观地发现各项变量的分布状况。

习 题

2—11 1990～2000 年全世界森林的年均消失面积为 90385 平方千米,具体分布近似如下表,问这一阶段森林的平均消失率是多少?

国家或地区	森林消失量(平方千米)	消失率(%)
高收入国家	−8011	−0.1
中等收入国家	26930	0.1
低收入国家	71466	0.8
世界总计	90385	?

2—12 美国在 20 世纪 90 年代的人口自然增长率如下表：

年度	人口自然增长率
1990	8.1%
1991	7.7%
1992	7.4%
1993	6.7%
1994	6.4%
1995	6.0%
1996	6.0%
1997	6.5%
1998	6.0%
1999	6.1%

计算以下各期间的平均人口自然增长率：

1) 1990～1993 的前 4 年间；

2) 1994～1999 的后 6 年间；

3) 1990～1999 的全部 10 年间；

4) 假定原始数据丢失，只知道 1)、2)中前 4 年和后 6 年间的年平均值，那么还有可能计算出全部 10 年间的平均值吗？如何计算？

2—13 20 世纪 90 年代，美国的失业率如下表：

年度	失业率(%)
1990	5.6
1991	6.8
1992	7.5
1993	6.9
1994	6.1
1995	5.6
1996	5.4
1997	4.9
1998	4.5
1999	4.2

计算以下各期间的平均失业率和标准差：

1) 1990～1994 的前 5 年间；

2) 1995~1999 的后 5 年间；

3) 1990~1999 的全部 10 年间，这一答案与 1)、2)的答案之间有什么联系？

2—14 假定某市 500 万居民(4 岁以上)每天收看电视时间的平均值为 50 分钟，中位数为 30 分钟。

1) 全市居民每天花在看电视上的时间总共是多少？

2) 如果画出该市居民收看电视时间的直方图，那么对该分布图的形状你可以说些什么呢？

第三章 概率分布

我们在前一章介绍了描述性统计的基本知识,此后将要重点地学习推断性统计的内容,即如何通过样本的信息来对未知总体进行推断。为此先介绍一些作为推断统计学的理论依据的基础知识,即有关概率和概率分布的最基本的概念和计算。

3.1 离散型随机变量的概率

我们先通过一个简单的例子说明什么是随机变量,什么是随机变量的概率。在绪言中,我们知道概率论起源于对赌博中得分问题的研究,这里我们也从扔骰子的例子说起。

例 3—1 利用附录中的表 1(随机数字表),模拟将一均匀骰子投掷 20 次、100 次的过程。用 X 表示骰子被投掷落下时(面朝上)所出现的点数,作出以下各种情况中 X 的相对频率分布表及分布图

1)投掷 20 次;2)投掷 100 次;3)投掷无穷多次。

解:由于我们手中没有骰子,那么就用随机数字表进行模拟。随机数字表中的数字 0,1,2……8,9 的出现是等可能的,我们不考虑数字 0,7,8,9,剩下的数字 1,2,3,4,5,6 仍是等可能地出现的。我们可以从随机数字表的任一随机位置开始,比如我们从第 5 行的第一个数开始,跳过 0,7,8,9(用阴影表示),按顺序读选出 20 个数

3 7 4 8 7 9 8 8 7 4 6 3 5 2 0 6 3 4 3 0 0 1 3 1 6
0 1 0 2 7 3 5 0 7 7 9 7 1……

表 3-1 给出了第一个样本(投掷 $n=20$ 次所出现的点数)的相对频率分布。

表 3-1 骰子出现点数的频率分布($n=20$)

出现的点数(X)	频数(f)	相对频率(f/n)
1	4	0.20
2	2	0.10
3	6	0.30
4	3	0.15
5	2	0.10
6	3	0.15

类似地,可以模拟第二个样本(投掷 $n=100$ 次所出现的点数)的相对频率。从长远观点看,无穷多次地投掷一个均匀骰子时各面出现的次数应该是相等的(实际上这也正是"均匀性"的定义),因此我们不必真的投掷无穷多次来求相对频率分布。在表 3-2 和图 3-1 中,我们给出了以上三种情况下的相对频率分布表和分布图。

一个骰子被投掷时出现的点数是随机变量的一个例子,习惯上是用一个大写字母来表示:

$$X=一个均匀骰子被投掷时所出现的点数$$

一般地,随机变量可以定义为是一个随机试验或观察的数量结果。

表 3-2 骰子的相对频率分布

面朝上出现的点数 X	相对频率(f/n)		
	$n=20$	$n=100$	$n=\infty$
1	0.20	0.18	1/6
2	0.10	0.17	1/6
3	0.30	0.15	1/6
4	0.15	0.15	1/6
5	0.10	0.20	1/6
6	0.15	0.15	1/6

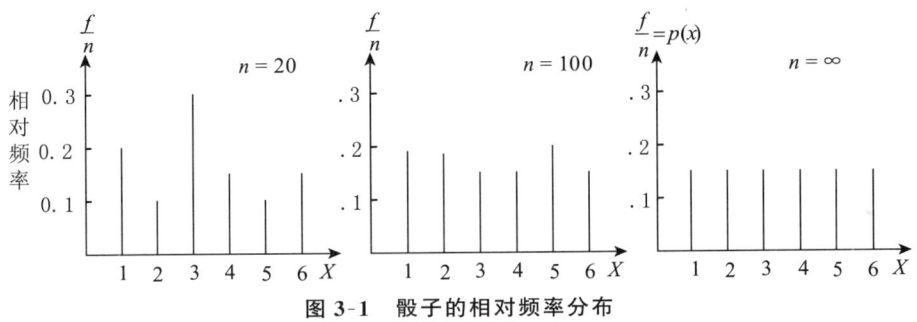

图 3-1 骰子的相对频率分布

从表 3-2 和图 3-1 中我们可以注意到,当样本中只有很少的观察量时,相对频率剧烈波动;随着样本含量的增加,相对频率趋于稳定,最后稳定在一个极限分布上,我们称之为随机变量 X 的"概率分布",用 $P(X)$ 或 $P_r(X)$ 表示,即

概率=相对频率(在统计意义下)的极限 (3—1)

也就是说,一个离散型随机变量的分布,告诉我们该变量有哪些可能的取值,以及每个可能取值出现的概率。

我们已经知道,相对频率之和必须等于 1,同样,所有概率之和也应等于 1:

$$\sum P(X)=1 \tag{3—2}$$

概率也常常被称为"机会",因此也可以将(3—2)式说成是:所有的机会总计为 100%。

下面举一些关于概率的更实际的例子。

例 3-2　假定某居民区中的成年男性和成年女性的人数大致相同,现在随机地抽取 3 位成年居民进行调查,设随机变量

$$X = 随机抽取 3 人中女性的人数$$

求 X 的概率分布并画出分布图。

解:显然,随机地抽取 3 人,被抽中的女性人数可能是 1 人,2 人,3 人,也可能一个女性都没有被抽中,即 X 的可能取值是 0,1,2 和 3,但取这些值的可能性大小是不同的,即不是等概率的。我们用以下 3 种方法来求 X 取这 4 个不同值时的概率。

方法一:由于居民区(总体)中男、女各半,因此在所有由 3 人组成的样本中,含 1 位女性的可能比不含女性的要普遍一些。那么普遍多少呢?正好抽取到 1 位女性的方式有 3 种:第一次抽到、第二次抽到或第三次抽到;而 1 位女性也没有抽取到的方式只有一种:每次抽取到的都是男性。因此,X=1 的概率是 X=0 的概率的 3 倍。其次,样本中含 1 位男性(X=2)的概率和含 1 位女性(X=1)的概率是相同的;而且,不含男性(X=3)和不含女性(X=0)的概率也相同。因此 X=0,1,2,3 的概率的比例应是 1:3:3:1。再根据概率之和等于 1(公式 3-2),则 X 取这四个值的概率应分别是 1/8,3/8,3/8,1/8。也就是说,其概率分布为

X	0	1	2	3	合计
P(X)	1/8	3/8	3/8	1/8	1

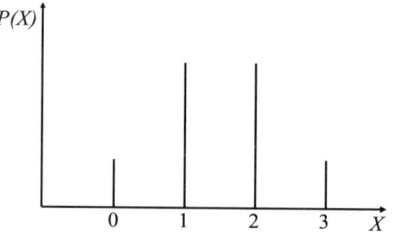

方法二:抽取 3 位居民的方式共有以下 8 种,
　　　　女女女,女女男,女男女,男女女,
　　　　女男男,男女男,男男女,男男男

因此　$P(X=3)=1/8$,　$P(X=2)=3/8$,　$P(X=1)=3/8$,　$P(X=0)=1/8$。

方法三:女性居民被抽中的概率 $=\frac{1}{2}$,男性居民被抽中的概率 $=1-\frac{1}{2}$,因此

$$P(X=3)=(1-\frac{1}{2})^3=\frac{1}{8}, \quad P(X=2)=C_3^2(\frac{1}{2})^2(1-\frac{1}{2})=\frac{3}{8}$$

$$P(X=1)=C_3^1(\frac{1}{2})(1-\frac{1}{2})^2=\frac{3}{8}, \quad P(X=0)=(1-\frac{1}{2})^3=\frac{1}{8}$$

例 3-3　让班上的每个同学都来进行从例 3-2 的居民区中抽取 3 位居民的模拟实验,令

$$X = 3 人样本中的女性人数$$

可以用三个均匀圆币进行模拟,向上投抛,落下时如果国徽朝上则代表是女性,否则是男性;也可以用附录中的随机数字表中的 3 个数字进行模拟,偶数代表女性,奇数代表男

性。然后由指导老师对 X 的所有值以相对频率分布的形式列表并作图。比较一下该相对频率分布是否和例 3-2 中的概率分布相近似。

例 3-4 在例 3-2 中,如果随机抽取 6 个人,考虑随机变量

$$X = 6 \text{ 人样本中的女性人数}$$

其概率分布为(计算方法见 3.4 节)

X	0	1	2	3	4	5	6	合计
$P(X)$	.02	.09	.23	.32	.23	.09	.02	1.00

1)画出概率分布图;
2)女性人数少于半数的概率,即女性人数少于 3 的概率 $Pr(X<3)=$?
3)女性人数不少于半数的概率,即女性人数至少为 3 的概率 $Pr(X\geqslant 3)=$?

解:1)

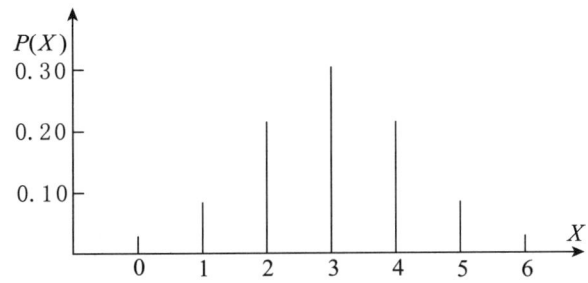

2)"女性人数少于 3"这一事件当 $X=0$ 或 $X=1$ 或 $X=2$ 时发生,这些事件单独发生的机会分别为 2%、9% 和 23%,这三个事件有一个发生的机会即合计为 34%,因此

$$Pr(X<3) = Pr(X=0) + Pr(X=1) + Pr(X=2) = 0.34$$

3)"女性人数至少为 3"的事件当 $X=3$ 或 $X=4$ 或 $X=5$ 或 $X=6$ 时发生,因此

$$Pr(X\geqslant 3) = 0.32 + 0.23 + 0.09 + 0.02 = 0.66$$

注意,$X\geqslant 3$ 这一事件由不包括在 $X<3$ 的那些情况所组成,因此称它们为互补事件。

对于互补事件,由于概率之和为 1,因此

$$Pr(\text{事件}) + Pr(\text{补事件}) = 1$$
$$Pr(\text{补事件}) = 1 - Pr(\text{事件})$$

因此对例 3-4 中的 3)可以给出更简便的解法:

$$Pr(X\geqslant 3) = 1 - Pr(X<3) = 1 - 0.34 = 0.66。$$

习 题

3—1 某居民区中成年男性和成年女性的人数大致相同,现在随机地抽取 8 位成年居民进行某项调查,样本中女性人数 X 的概率分布如下表(其推导方法在 3.2 或 3.4 节中给出):

X	0	1	2	3	4	5	6	7	8	合计
$P(X)$	.0039	.0313	.1094	.2188	.2734	.2188	.1094	.0313	.0039	1.000

1)求 $Pr(X<2)$

2)求 $Pr(X\geqslant 2)$

3)画出概率分布图,并在图中表示 1)、2)的结果。

3—2 投掷两个骰子时,用 X 表示面朝上出现的较大的数(例如,如果两个骰子面朝上的点数分别为 5 和 2,那么 $X=5$)。X 的概率分布如下。试回答习题 3—1 中同样的问题。

X	1	2	3	4	5	6	合计
$P(X)$	.03	.08	.14	.19	.25	.31	1.00

3—3 投掷 3 个骰子时,出现的最大数 X 的概率分布如下,回答习题 3—1 中同样的问题。

X	1	2	3	4	5	6	合计
$P(X)$	.01	.03	.09	.17	.28	.42	1.00

3.2 概率树

本节将给出一个推导概率分布的有用方法。

以上节例 3—2 中的问题来说明:假定居民区中男性和女性的人数是相同的。随机地抽取 3 人,可以用概率树(如图 3-2 所示)的方法来求 $X=3$ 人样本中"女性人数"的概率分布。

在图 3-2 中,第 4 列给出了 8 种可能的结果,每一结果都对应着一个特殊的序列。例如要计算"男女男"这一序列的概率,可以通过相对频率极限的概念来求。也就是说,想象有成千上万人来参加"抽取 3 人"的"试验"。在抽取了第一位居民后,其中将会有一半的人报告说他们抽中了"女性",而另一半则抽中了"男性"。这一结果由概率树第一段的两个分支来表示。对那些第一次抽取了"男性"的人来说,又会有一半报告说他们第二次抽取了"女性";而这些人中的一半最后又会报告说他们第三次抽中了"男性"。因此,报告得到"男女男"这一结果的试验者占全体试验者的比例将是

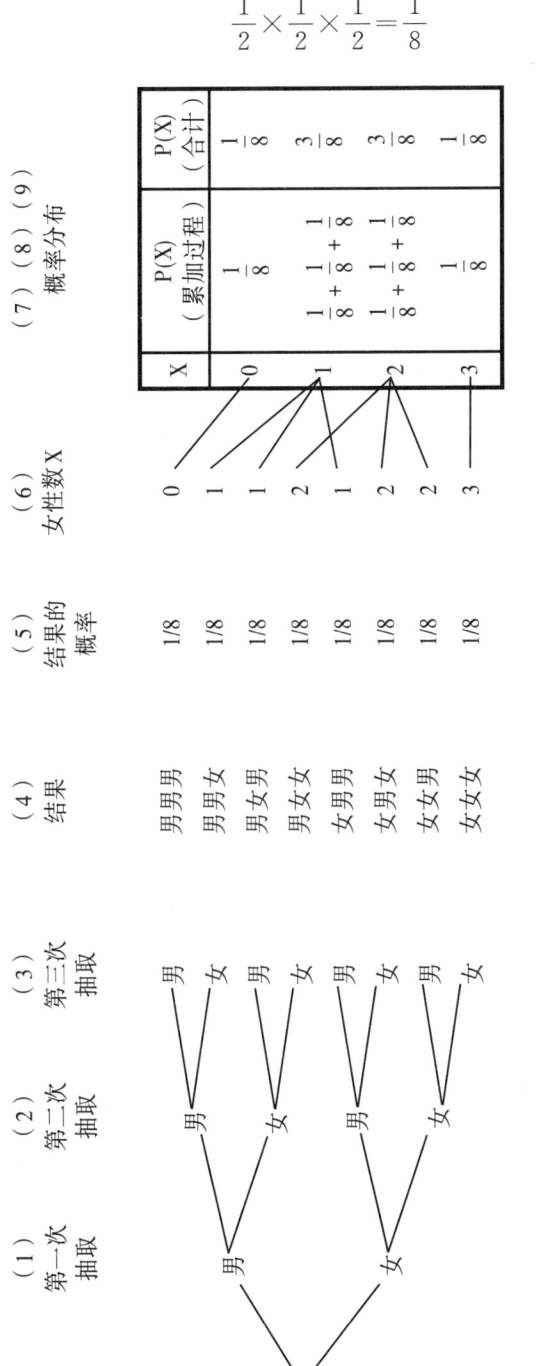

图3-2 抽取3人样本的概率树（总体中男性比例占50%）

这一相对频率即概率在图3-2中用第5列的第3项表示。类似地，可以计算这8个可能结果中每一个的概率。由于居民区（总体）中男女的人数相等，即抽到男性和女性的可能性是相同的，因此本例中每个结果的概率都相同（为1/8）。

在第6列中，给出对应每一结果的"女性人数"。然后在最后3列中对X的每个可能取值累加相应的概率。这样就可以求得 X 取每一个值的概率。例如 $X=1$ 的概率为 $3/8$,因为在参加试验的全体人员中,有 $1/8$ 报告得到"男女男"的结果,$1/8$ 的"男男女"的结果,$1/8$ 的"女男男"的结果,累加后得到总和 $3/8$。可以看到,我们利用概率树得到了和例 3-2 完全相同的 X 的概率分布。

下面再举一个例子说明即使试验不是对称的,即男性和女性被抽中的概率不是 0.5 对 0.5 时,仍可以利用概率树直观地求 X 的概率分布。

例 3-5,假定某居民区中男性居民占 52%,女性居民占 48%。画出抽取 3 人样本的概率树。然后列表写出 $X=3$ 人样本中"女性人数"的概率分布。

解:仿照图 3-2 概率树的做法,我们先来计算一下各个可能结果的概率。例如"男男男"这一试验结果的试验者,将是全体试验者的 52% 的 52% 的 52%,即
$$Pr(男男男)=(0.52)(0.52)(0.52)\approx 14\%$$
类似地 $\qquad Pr(男女男)=(0.52)(0.48)(0.52)\approx 13\%$
这样继续计算下去,就得到了图 3-3 的概率树。
由以上的例子可以总结出作概率树的要领:

(1)每次试验有几个可能的结果,概率树就有几个分支。例如"抽取 1 人",结果只有两个:男或女,因此概率树就有两个分支。投掷一个圆币也应有两个结果。但是投掷一个骰子可能有 6 个不同结果,因此对应的概率树有 6 个分支。

(2)共进行了 n 次试验,概率树就有 n 个段。例如"抽取 3 人"可以看成是 $n=3$ 次试验。因此概率树就画成 3 段。

(3)每个单独的结果的概率等于各段上概率之积。例如图 3-3 中"男女女"这一结果的概率等于 $(0.52)(0.48)(0.48)=0.12$。

(4)随机变量 X 取某个值的概率等于对应单个结果的概率之和。例如从图 3-3,可以求得 $X=1$ 的概率 $Pr(X=1)=Pr(男男女)+Pr(男女男)+Pr(女男男)=0.13+0.13+0.13=0.39$。

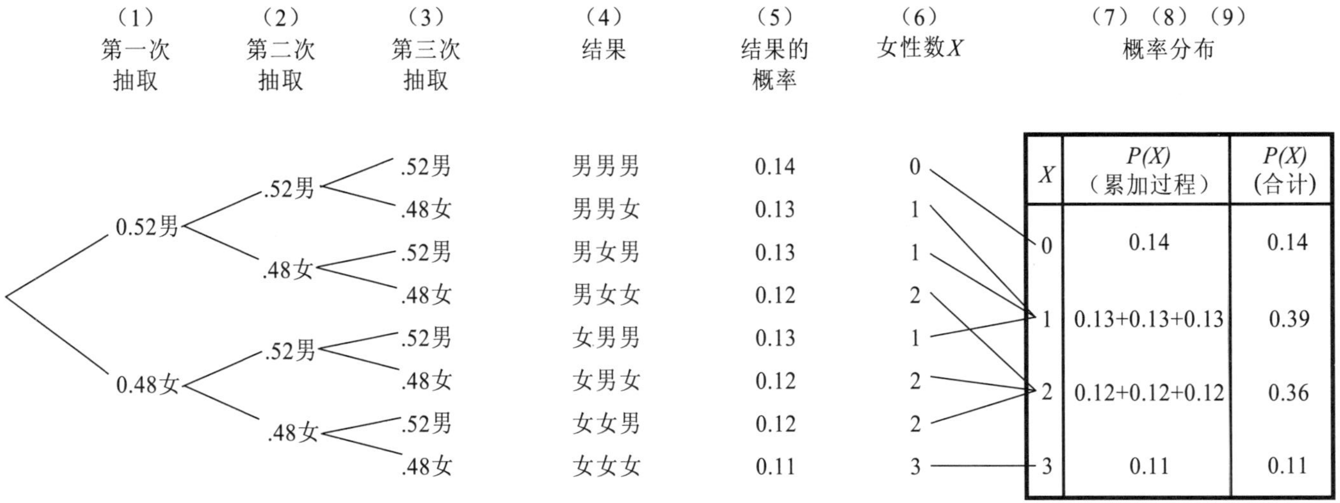

	(1)第一次抽取	(2)第二次抽取	(3)第三次抽取	(4)结果	(5)结果的概率	(6)女性数 X	(7)(8)(9)概率分布		
							X	$P(X)$(累加过程)	$P(X)$(合计)
			.52男	男男男	0.14	0	0	0.14	0.14
		.52男	.48女	男男女	0.13	1	1	0.13+0.13+0.13	0.39
	0.52男		.52男	男女男	0.13	1	2	0.12+0.12+0.12	0.36
		.48女	.48女	男女女	0.12	2	3	0.11	0.11
		.52男	.52男	女男男	0.13	1			
	0.48女		.48女	女男女	0.12	2			
		.48女	.52男	女女男	0.12	2			
			.48女	女女女	0.11	3			

图3-3 抽取3人样本的概率树（总体中男性比例占52%）

习 题

3—4 某战士射击的命中率为 60%。如果他
   1)射击了两次； 2)射击了 3 次；
   假定每次射击的命中率都不变。令 $X=$ 失败次数，试分别求 1) 2)两种情况下 X 的概率分布。

3—5 在习题 3—4 中，如果该战士每次射击后都总结经验，使得下一次射击的命中率有所提高：他第一次射击的命中率仍是 60%；如果他某次射击命中了，那么他下一次的命中率就提高到 80%；如果他某次射击没有命中，那么下一次射击的命中率就提高到 70%。试回答习题 3—4 的同样问题。

3—6 试用概率树的方法推导习题 3—1,3—2 和 3—3 中 X 的概率分布。

3—7 某电视节目有 10 名主要制作人员，领导想要了解该节目制作中是否有问题，就随机地抽取 3 名工作人员进行调查。如果 3 人全部认为正常没有问题，那么那位领导就认为该节目的制作是在正常进行。假定这 10 名工作人员中实际上有 4 名是认为制作有问题的，但是那位领导并不知道，试问该领导用以上的抽样调查无意识地得出该节目的制作中没有问题(正常进行)这一错误结论的机会(概率)是多少？

3.3 总体的均值与方差

1.均值

就如同计算样本的均值与方差那样，我们也可以计算总体的也就是概率分布的均值与方差。我们通过一个例子来说明。

例 3—6 计算表 3-2 中所列 3 种相对频率分布的均值。

解：由于相对频率已经给出，因此可以利用上一章的公式(2—9)，按表 2-7 的形式计算如下：

X	$n=20$		$n=100$		$n=\infty$	
	f/n	$X(f/n)$	f/n	$X(f/n)$	$f/n=P(X)$	$XP(X)$
1	0.20	0.20	0.18	0.18	1/6	1/6
2	0.10	0.20	0.17	0.34	1/6	2/6
3	0.30	0.90	0.15	0.45	1/6	3/6
4	0.15	0.60	0.15	0.60	1/6	4/6
5	0.10	0.50	0.20	1.00	1/6	5/6
6	0.15	0.90	0.15	0.00	1/6	6/6
		$\overline{X}=3.30$		$\overline{X}=3.47$		$\mu=21/6=3.50$

也就是说,投掷一个均匀骰子时,面朝上出现的平均点数是 3.50。

在例 3－1 中,我们注意到相对频率如何最后稳定到了其极限值 $P(X)$ 上,并称 $P(X)$ 为 X 的概率分布。类似地,在例 3－6 中,我们注意到样本均值是如何趋向于某一极限值的,我们称之为"概率分布的均值"或"总体均值",也可以叫做"随机变量 X 的均值",用希腊字母 μ 表示。在本书中我们以后对类似的极限值或理想值都用希腊字母来表示,这是为了纪念希腊的哲学家 Plato,他写了很多关于理想世界的著作。

X 的均值也叫"平均数"或"期望值"。

在例 3－6 中,我们求得了均值 $\mu=3.5$,不过没有哪个赌博者会真的期望得到点数为 3.5 的结果。在任何一种单个的试验中,均值 μ 并不是可以得到的值,而是重复多次进行该试验后所能期望得到的平均意义上的值。在数学上,均值 μ 的意义也是很明确的,它等于 X 值乘以它们的概率 $P(X)$ 的加权和,即定义

$$\mu = \sum XP(X) \tag{3-3}$$

2.方差

我们可以把对均值的讨论类似地推广到方差,如下例所示。

例 3－7　按表 3-2 中最后一列的概率分布计算其均方差(MSD)和方差(可按公式 2－10 计算)。

X	$P(X)$	$(X-\mu)$	$(X-\mu)^2$	$(X-\mu)^2 P(X)$
1	1/6	-2.50	6.25	1.04
2	1/6	-1.50	2.25	0.38
3	1/6	-0.50	0.25	0.04
4	1/6	0.50	0.25	0.04
5	1/6	1.50	2.25	0.38
6	1/6	2.50	6.25	1.04
	$\mu=3.50$			$MSD=2.92$

方差与均方差的差别仅在于除数是 $n-1$ 而不是 n。但当我们描述全部可能的投掷的总体时,即当 n 为无穷大时,两者是相同的。此时

$$方差 = 均方差 = 2.92$$

$$标准差 = \sqrt{2.92} = 1.71$$

在例 3－7 中,我们计算了极限情况下(即全部可能投掷的总体)的标准差,称之为"概率分布的标准差"或"总体的标准差",用希腊字母 σ 表示。如例 3－7 的最后一列所示,要计算 MSD 或方差 σ^2,只需求偏差平方 $(X-\mu)^2$ 关于它们的概率 $P(X)$ 的加权积之和,即定义

$$\sigma^2 \equiv MSD \equiv \sum (X-\mu)^2 P(X) \tag{3-4}$$

3.总体矩与样本矩

总体的均值与方差也叫做总体的一阶矩和二阶矩。我们在表 3-3 中将总体矩与第

二章所定义的样本矩进行了比较。只要用相对频率的极限 $P(X)$ 代替相对频率 f/n，即可以从样本矩公式得到总体矩公式。注意，每一个总体矩都是用希腊字母表示的。

表 3-3 总体矩与样本矩的比较

样　本　矩	总　体　矩
样本均值 $\overline{X} \equiv \sum X(\dfrac{f}{n})$	总体均值 $\mu \equiv \sum XP(X)$
样本方差 $S^2 \approx MSD \equiv \sum(x-\overline{x})^2(\dfrac{f}{n})$	总体方差 $\sigma^2 \equiv MSD \equiv \sum(x-\mu)^2 P(X)$

为了进一步练习公式(3-3)和(3-4)，我们来计算例 3-1 中随机变量 $X=$ "3 人样本中的女性人数"的均值 μ 与方差结果 σ^2 如下表所示。

已知的概率分布		利用(3-3)求 μ	利用(3-4)求 σ^2		
X	$P(X)$	$XP(X)$	$(X-\mu)$	$(X-\mu)^2$	$(X-\mu)^2 P(X)$
0	1/8	0	$-3/2$	9/4	9/32
1	3/8	3/8	$-1/2$	1/4	3/32
2	3/8	6/8	1/2	1/4	3/32
3	1/8	3/8	3/2	9/4	9/32
		$\mu=12/8=3/2$		$\sigma^2=24/32=0.75$ $\sigma=\sqrt{0.75}\approx 0.87$	

我们再次强调样本矩和总体矩之间的差别。我们称 μ 为总体均值，因为它是基于整个总体的；称 $\overline{X}$ 为样本均值，因为它只是基于取自总体的一个样本。类似地，σ^2 和 S^2 分别表示总体方差和样本方差。

因为 μ 和 σ 的定义类似于 $\overline{X}$ 和 S 的定义，因此对 μ 和 σ 也可以有类似的解释。我们仍将均值 μ 看成是一个加权平均，只是权数为概率而不是相对频率，它仍可以看成是（总体的）平衡点。标准差 σ 则类似地可以看成是描述总体分布形状的一个典型度量。

习　题

3-8　试计算习题 3-1，3-2 和 3-3 中概率分布的均值和方差。

3-9　根据北京某高校 2004 年的一个调查统计资料，2820 名本科新生所拥有的电子邮箱数如下表所示（在表的末端，430 名新生有 4 个以上的电子邮箱，为计算方便，近似地用 6 个电子邮箱来代替），$X=$ 电子邮箱数。

1）求 X 的概率分布；

2）求平均电子邮箱数；

3）求标准差；

4）作出概率分布图，并在图中标出作为平衡点的总体均值。

电子邮箱数 X	频数
0	430
1	490
2	700
3	480
4	290
6	430

3.4 离散型随机变量的概率

离散型随机变量有许多类型。本节中我们介绍一种最常用的类型——二项变量。二项变量的一个经典例子为

$X=$ 投掷一硬币次所出现的国徽朝上的次数

许多随机变量都属于这一类型,表 3-4 列出了其中的几种。为了更一般地进行讨论,我们将问题叙述如下:每次试验(例如每次投掷硬币)的结果只会是两种可能之一(例如国徽朝上或国徽朝下),我们一般称之为"成功"和"失败"。而且每次重复试验成功和失败的概率不变,我们分别用 π 和 $(1-\pi)$ 表示每次试验成功和失败的概率。那么在 n 次重复试验中成功的总次数 X 就称为二项变量。X 的概率分布就叫做二项分布,X 的可能取值为 $0,1,2,\cdots n$。成功的总次数等于的概率可以用如下的简单公式来计算:

$$P_r(X=k)=C_n^k \pi^k (1-\pi)^{n-k}, \quad (k=0,1,\cdots n) \qquad (3-5)$$

式中

$n=$ 重复试验的次数,
$k=$ 成功的总次数,
$\pi=$ 成功的概率,
$C_n^k=$ 二项系数。

其中二项系数 C_n^k 表示从 n 个不同元素中取出 k 个元素的全部可能的组合数,可以通过查附录三中的表 Ⅲa 求得,也可以通过我国古代的"杨辉三角形"(图 3-4)求得。例如,对 $n=4$,我们查到第二个数为 4 的那一行为 14641,那么就有 $C_4^0=1, C_4^1=4, C_4^2=6, C_4^3=4, C_4^4=1$。又例如对 $n=5, k=3$,那么只需查第二个数为 5 的那一行的第四个数,它等于 10,因此 $C_5^3=10$。杨辉三角形是很容易继续做下去的,它的规律是:每一行的第一个和最后一个数都等于 1,而其他数都等于前一行中与该数形成倒三角形的那两个数之和(如图 3-4 所示)。

表 3-4 二项变量的几个例子

试验	成功	失败	π	n	$X=k$
投掷一个均匀的圆币	国徽朝上	国徽朝下	1/2	投掷次数	国徽朝上的总次数
随机地抽取一名居民	女性	男性	总体中女性居民的比例	样本量	样本中的女性人数
一个婴儿的出生	女孩	男孩	(近似为)1/2	家庭中的子女数	家庭中的女孩数
多项选择问题中的单纯猜测(设每题有5项选择)	正确	错误	1/5	试题数	正确答案数
收视率调查中随机地抽取一居民	收看某电视节目	不收看该电视节目	电视覆盖地区全体居民中收看该节目的比例	样本量	样本中收看该节目的人数
出生率调查中随机地抽取一名育龄妇女	怀孕	未怀	育龄妇女中的怀孕率	样本量	样本中怀孕的妇女数
在选举预测的民意测验中随机地抽取一名选民	支持某候选人	不支持某候选人	全体选民中支持该候选人的比例	样本量	样本中支持该候选人的选民数

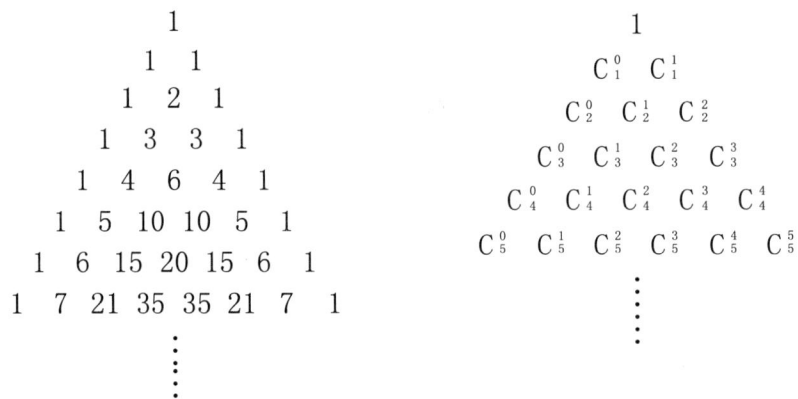

图 3-4 杨辉三角形

二项系数也可以用公式计算

$$C_n^k = \frac{n(n-1)(n-2)\cdots(n-k+1)}{k(k-1)(k-2)\cdots 1} \tag{3-6}$$

其中分子和分母分别表示从 n 和 k 开始的 k 个(逐次递减 1 的)因子相乘。例如当 $n=8$, $k=3$, 则

$$C_8^3 = \frac{8\times 7\times 6}{3\times 2\times 1} = 56$$

若 $n=5$, $k=4$, 则

$$C_5^4 = \frac{5\times 4\times 3\times 2}{4\times 3\times 2\times 1} = 5$$

特别应当注意的是,二项分布的公式(3—5)的成立有一个重要的假定:n 次试验是彼此相互独立的(或称为统计上相互独立的)。我们称个试验是相互独立的,其含义是:每一个试验的概率并不会因为其他试验的结果而受影响,即每次试验出现某种结果的概率是彼此不受影响的。下面举一些独立性试验的例子。

投掷硬币的试验一般认为是相互独立的。例如,第一次投掷的结果假定是国徽朝上(或朝下),这并不会影响第二次投掷时国徽朝上的概率。如果硬币是均匀的,那么每次投掷时国徽朝上的概率都等于 1/2。

又例如,在一个有着 1000 名员工的公司中随机地抽取 $n=10$ 名员工进行调查,已知该公司有 100 名项目经理或部门主管以上的负责人(简称负责人)。问抽中的 10 名员工都不是负责人(即普通员工)的概率是多少?

如果抽样的过程是有放回的,即抽取 1 人记下他的姓名后将他放回原总体,然后再抽取下一个人;这样每次抽取之前总体的状态都是相同的(1000 人中有 100 名负责人),那么每次抽取 1 名员工,抽到普通员工(非负责人)的概率都等于 $\frac{900}{1000}$。也就是说,每次抽取都是相互独立的。设 $X=$ 样本中的普通员工(非负责人)的人数,则

$$P_r(X=10) = (0.90)^{10} = .3487$$

如果抽样的过程是无放回的,即被抽中的员工不再放回原总体去参加下一次抽取,那么每次抽取抽到普通员工(非负责人)的概率都会受到前次结果的影响。如果第一次抽中 1 名负责人,则第二次抽取时总体中员工人数为 999 人,负责人的人数为 99 人,第二次抽到普通员工(非负责人)的概率等于 $\frac{900}{999}$。如果第一次抽中的是普通员工(非负责人),则第二次抽取时总体中员工人数 999 人,但负责人的人数仍为 100 人,则第二次抽到普通员工(非负责人)的概率变成 $\frac{899}{999}$。也就是说,每次抽取不是相互独立的。这时

$$P_r(X=10) = \left(\frac{900}{1000}\right)\left(\frac{899}{999}\right)\left(\frac{898}{998}\right)\left(\frac{897}{997}\right)\left(\frac{896}{996}\right)\left(\frac{895}{995}\right)\left(\frac{894}{994}\right)\left(\frac{893}{993}\right)\left(\frac{892}{992}\right)\left(\frac{891}{991}\right) = 0.3469$$

有放回和无放回抽样时 $X=10$ 的概率是不相等的。这个例子告诉我们,只有当每次试验(抽样或观测)是相互独立时,才能使用公式(3—5)来计算二项分布的概率。不过当总体很大而样本相对很小时,二者出入甚微。

例 3—8 在一个男女居民各占半数的大居民区中,抽取一个 $n=10$ 的随机样本,问样本中正好有 4 位女性居民的概率是多少(假定按抽样是有放回的来计算误差很小)?

解:由于抽样可当作是有放回的,因此每次抽取(试验)可看成是相互独立的,可以用二项分布公式来计算。这时 $n=10, k=4, \pi=0.50$ 代入公式(3—5)得

$$P_r(X=4) = C_{10}^4 (0.5)^4 (1-0.5)^{10-4} = \frac{10\times 9\times 8\times 7}{4\times 3\times 2\times 1}(0.5)^{10} = 0.2051$$

在实践中,像这样按公式来计算二项分布的概率是很麻烦的。统计学家利用计算机,将对应于一系列 n,k,π 的概率值 $P_r(X=k)$ 按(3-5)式求出结果,并制成表格的形式(附录的表ⅢB)以备使用者查找。例如,对例 3-8,我们只要在表ⅢB中查找对应于 $n=10, \pi=0.50, k=4$ 的概率,即可给出 0.2051 的答案,这与前面的计算结果完全一致。再举一例说明表ⅢB的用法。

例 3-9 假定在 2004 年 8 月雅典奥运会期间,已知中国传媒大学的学生(总体)中有 60% 都不同程度地减少了睡眠时间,现从这一总体中随机地抽取 6 名学生进行调查,设样本中"在雅典奥运会期间减少了睡眠时间"的人数为 X。求

1)列表给出样本中"在雅典奥运会期间减少了睡眠时间"的人数的概率分布;

2)样本中恰好有 3 人"在雅典奥运会期间减少了睡眠时间"的概率;

3)样本中至少有 3 人"在雅典奥运会期间减少了睡眠时间"的概率;

4)将以上答案在概率分布图中标出。

解:抽取 1 名学生相当于进行一次试验,在这样的试验中,成功的概率即抽取到"在雅典奥运会期间减少了睡眠时间"的学生的概率,$\pi=0.60$。在总数 $n=6$ 次的试验中,我们要计算 X 取某些值的概率。

1)X 的可能取值为 $X=0,1,2,\cdots 6$。查附录表ⅢB,抄下对应于 $n=6, \pi=0.60$ 那一列的值,即得到 X 的概率分布如下表:

X	0	1	2	3	4	5	6	合计
$P(X)$	0.0041	.0369	.1382	.2765	.3110	.1866	.0467	1.0000

2)由上表,得到 $P(X=3)=.2765\approx 28\%$

3)由上表求得
$$P_r(X\geqslant 3)=P_r(X=3)+P_r(X=4)+P_r(X=5)+P_r(X=6)$$
$$=.2765+.3110+.1866+.0467=.8208\approx 82\%$$

4)

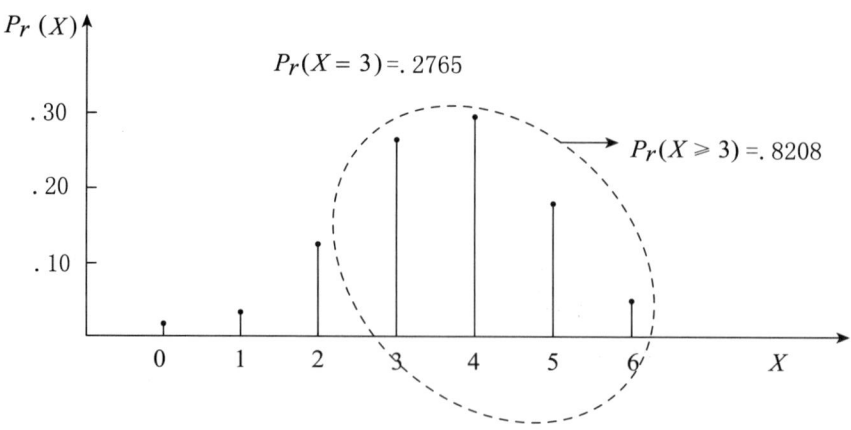

在实践中,经常需要计算像例 3－9 中 3)那样的一系列概率之和。为此,也利用计算机编制了计算二项分布右侧尾部概率即"累积概率"的统计用表,见附录三的表ⅢC,例如对例 3－9 中 3)的问题,只要查表ⅢC中相应于 $n=6, \pi=0.60, k_0=3$ 的值,即可求得:

$$P_r(K \geq 3) = P_r(K_0 = 3) = 0.8208$$

最后,我们给出二项分布的均值和方差的计算公式。

假定我们将 $n=100$ 枚均匀圆币随机地撒落在桌子上,数一下出现国徽朝上的枚数 X。显然,X 是一个随机变量,它的分布是二项分布,其中 $\pi=0.50$。要想把这一分布列出表来并由此计算 X 的均值将是十分繁琐的,但我们却可以很容易地猜测到 X 的平均值是 50。

类似地,将 $n=30$ 个骰子随机地撒在桌子上,用 X 表示面朝上出现 1 点的数目,这时 $\pi=1/6$,可以猜测到的平均值是 5。

由以上两个例子我们大概已经猜到了计算 X 的均值的公式为:

$$\mu = n\pi \tag{3-7}$$

它是可以利用公式(3－3)和公式(3－5)推导出来的,证明过程这里就从略了。同样,利用公式(3－4)和公式(3－5)还可以证明二项变量的 X 方差为

$$\sigma^2 = n\pi(1-\pi) \tag{3-8}$$

最后再强调一句,二项分布模型仅对成功的概率不变的独立试验才有效。

习 题

3－10 假定某公司男女员工人数相同,随机地抽取 8 名员工进行调查,求
  1) 样本中恰好有 4 名男员工 4 名女员工的概率;
  2) 样本中的女员工人数不少于 5 的概率;
  3) 样本中没有女员工的概率。

3－11 一个多重选择测验由 10 道问题组成,每一问题有 5 个可供选择的可能答案。至少答对 5 道才能及格,问及格的机会是多少,如果
  1) 某考生对测验的内容毫无了解,必须完全靠猜测;
  2) 某考生进行了某种程度的复习,使得在每道问题中可以减少 3 个选择。也就是说,只需在剩下的 2 个选择答案中做纯粹的猜测。

3－12 某大单位职工收听广播节目的习惯按"经常听"、"偶尔听"和"不听"分类,所占比例分别为 60%、30%、10%。如果随机抽取 8 名职工(有放回抽取)进行调查,问出现以下情况的概率是多少?
  1) 样本中至少有一半人是"经常听"的;
  2) 样本中没有一个人是"不听"的;
  3) 样本中恰好有 3 个人是"偶尔听"的。

3－13 在第二次世界大战中,一名轰炸机驾驶员在每次执行任务时被击落的概率估计

为 2%。那么如果他执行飞行任务 50 次,是否就肯定会被打落? 如果是的话,为什么? 如果不是,那么他能生存下来的概率是多少?

3—14 1) 利用二项分布表,证实例 3—4 给出的概率分布:($X=6$ 人样本中的女性人数);

2) 由 1)中的概率分布表,按照公式(3—3)和公式(3—4)计算 X 的均值与方差;

3) 利用公式(3—7)和(3—8)计算 X 的均值与方差;

4) 以上 2)和 3)中的计算哪个更简便?

3.5 连续型随机变量的概率分布

在上一章的图 2-2 中,我们看到了一个连续变量,例如男子身高,可以用直方图来表示其相对频率的分布。不过如果我们将组距缩小,比如将组距缩小一半,即从 6 厘米变为 3 厘米的话,直方图的形状将会如何改变呢? 我们先考察其中一个棒条,例如有 12 个人的身高在 154~160 厘米之间,相对频率等于 12/200=0.06。也就是说,对应于这一组的棒条高度(如果以相对频率为纵轴的话)为 0.06。如果将组距变为 3 厘米,那么原来的 154~160 厘米那一组将分成两个组:154~157 厘米和 157~160 厘米。假定身高在 154 ~160 厘米的那 12 个人正好各有 6 人落在较小的这两个组内,那么对应的相对频率就都等于 6/200=0.03。也就是说,对应于这两组的棒条高度都是 0.03(见图 3-5),正好等于图 2-2 对应棒条的高度的二分之一。设想其他所有的组也都平均地分成两个组距减半的组,那么组距减半后的同一数据的直方图的形状将会完全改变,好像压扁了一样(见图 3-5)。

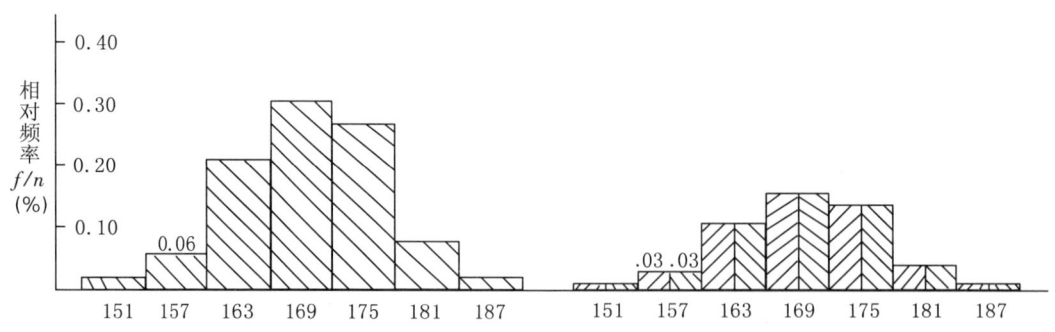

图 3-5　组距为 6cm 和 3cm 的直方图(表 2-2 的数据)

随着分组数的增多(组距相应缩小),相对频率分布图的形状将越来越扁,但棒条宽度也越来越窄,所有棒条的高度之和仍然是 1。

如果我们将图 3-5 中的纵轴刻度改成相对频率密度,

$$\text{相对频率密度} = \frac{\text{相对频率}}{\text{组距}} \tag{3-9}$$

并将图 3-5 的直方图按比例重新绘制的话(见图 3-6),这时我们将发现虽然组距变小,但图形的形状并没有太大的变化;虽然棒条变窄,但所有棒条的面积之和仍然等于 1。(参照表 2-2 中的相对频率,按组距等于 6 和 3 分别求出相对频率密度如图中所示,例如对于 154~160 厘米的那一组,相对频率密度 $=\frac{0.06}{6}=0.01$)。

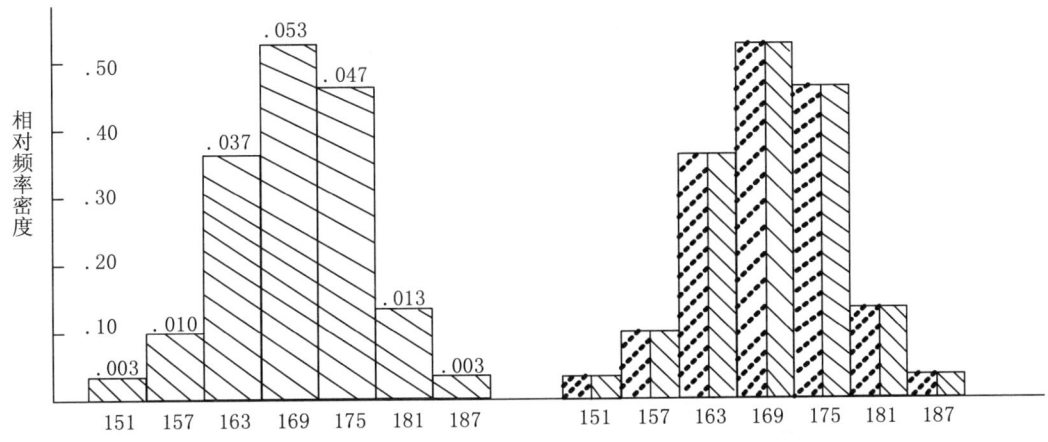

图 3-6　组距为 6cm 和 3cm 的直方图(表 2-2 的数据)

下面我们来看一下当样本含量逐渐增加,而各组的组距逐渐缩小时连续型随机变量的相对频率密度的变化情况。图 3-7 直观地给出了变化的趋势。对于一个小样本来说,随机波动对图形有较大的影响。但随着样本的增大,随机因素的影响减小,相对频率趋向于概率。同时,样本增大也使更精细的分组有了可能。在面积固定在 1 的同时,相对频率密度近似地变成一条曲线,我们称之为概率密度函数,简称为概率分布 $\phi(X)$。

3.6　正态分布

对于许多连续型随机变量来说,其概率分布是一种呈钟形的对称曲线,如图 3-7 的(4)所示,叫做正态曲线或高斯曲线,这是统计学中最普通也是最常用的一种分布。例如在度量自然现象和经济现象时,测量误差一般是服从正态分布的。又例如人的智商、考试成绩、社会调查中某种态度的得分,还有人的身高、体重等也近似地服从正态分布。此外,其他类型的概率分布(例如二项分布等),当样本增大时,也可以用正态曲线来近似。

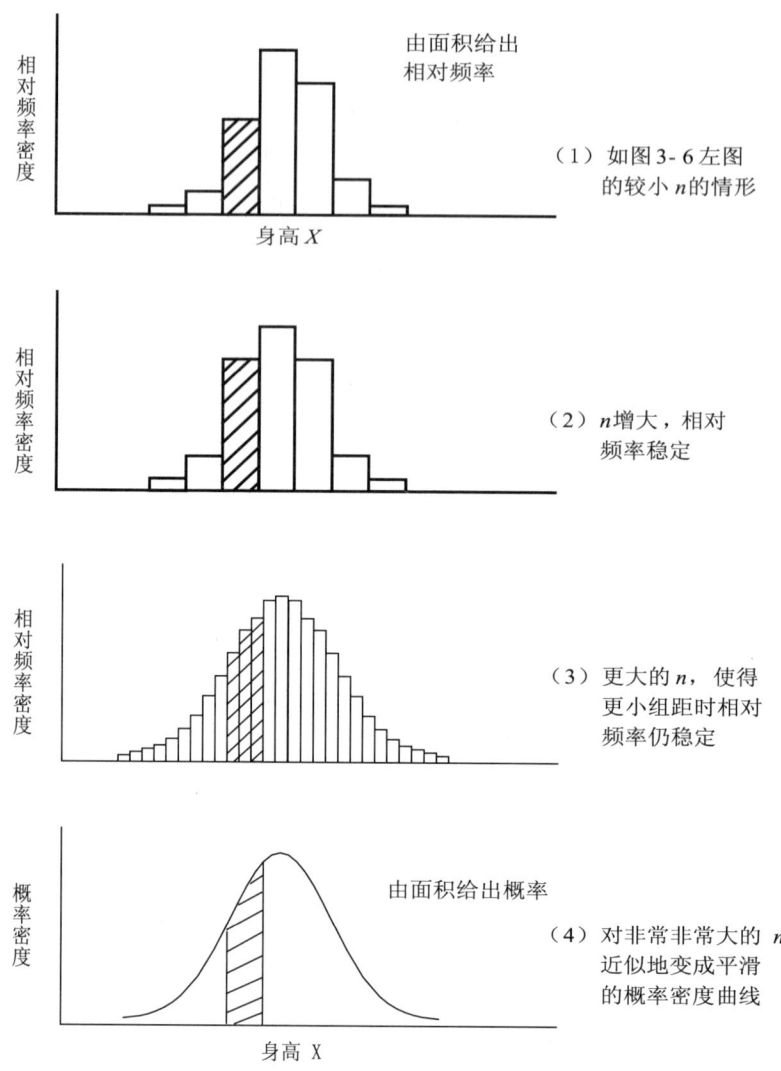

图 3-7 随着样本增大和组距缩小,相对频率密度趋于概率密度

1.标准正态分布

正态分布中最简单的是如图 3-8 所示的标准正态分布,也简称为 Z 分布。它是均值 $\mu=0$,标准差 $\sigma=1$ 的正态分布。因此,Z 的单位与标准差 σ 的长度相同。也就是说,可以把随机变量 Z 的值看成是离开均值的标准差的倍数。例如,$Z=1.4$ 表示该点在数轴上处于平衡点 μ(均值)的右端,而且与平衡点的距离正好等于标准差 σ 的长度的 1.4 倍。

要想计算 Z 值在某一范围内的概率,也就是计算相应范围内概率分布曲线下的面积,可以借助于统计学家已经算好的"标准正态分布右侧尾部累积概率表",即附录三中的表Ⅳ。

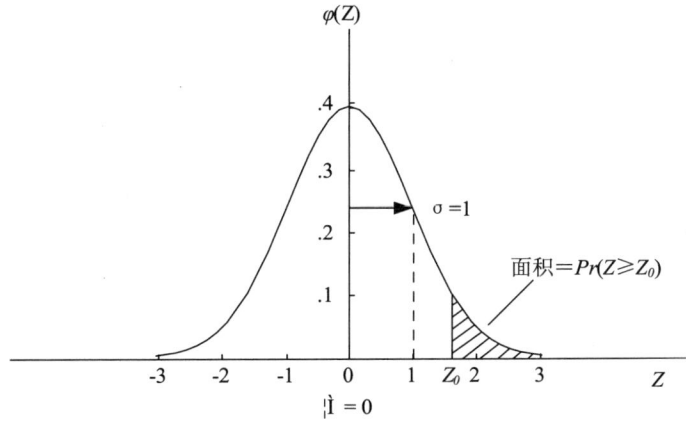

图 3-8 标准正态分布

下面给出一例说明如何使用该表。

例 3-10 假定随机变量服从标准正态分布,求

1) $P_r(Z>1.96)$ 2) $P_r(Z<-1.96)$ 3) $P_r(-1.96<Z<1.96)$
4) $P_r(1.64<Z<1.96)$ 5) $P_r(-1.0<Z<1.5)$ 6) $P_r(0<Z<2)$

解:注意到表 Ⅳ 中所给出的是右侧尾部概率 $P_r(Z \geqslant Z_0)$,并且由对称性得知

$P_r(Z \geqslant Z_0) = P_r(Z \leqslant -Z_0)$;最后还有总面积为 1,即

$P_r(-\infty < Z < +\infty) = 1$ 以及 $P_r(0 \leqslant Z < +\infty) = 0.5$

由此可求得各题答案以及对应的图形如下面所示:

1) $P_r(Z>1.96) = 0.0250$;

2) $P_r(Z<-1.96) = P_r(Z>1.96) = 0.025$;

3) $P_r(-1.96<Z<1.96) = 1 - 2P_r(Z>1.96) = 1 - 2(0.0250) = 0.9500$;

4) $P_r(1.64<Z<1.96) = P_r(Z>1.64) - P_r(Z>1.96)$
$= 0.0505 - 0.0250 = 0.0255$;

5) $P_r(-1.0<Z<1.5) = 1 - P_r(Z \leqslant -1.0) - P_r(Z \geqslant 1.5)$
$= 1 - P_r(Z \geqslant 1.0) - P_r(Z \geqslant 1.5)$
$= 1 - 0.1587 - 0.0668 = 0.7745$;

6) $P_r(0<Z<2) = 0.5 - P_r(Z \geqslant 2) = 0.5 - 0.0228 = 0.4772$。

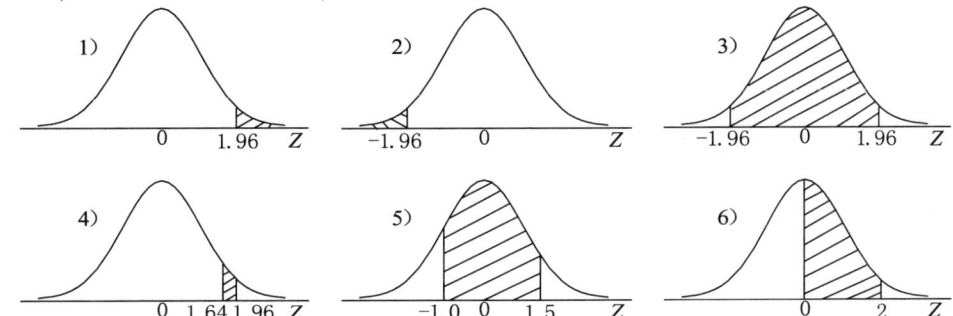

2. 一般正态分布

一般来说,正态随机变量可以有各种不同的均值 μ 和标准差 σ,但它们和标准正态一样,都有着钟状分布曲线。因此任何正态变量都可以转换成标准正态变量,那么所求概率也可以像前面所讲的那样由表 IV 读出来。

例 3-11 如果某市听众每天收听广播的平均时间 X 近似地服从均值 $\mu=60$ 分,标准差 $\sigma=7$ 分的正态分布,那么该市听众中每天收听广播平均时间超过 74 分钟的比例是多少? 或者等价地说,随机地抽取一位听众,其每天收听的平均时间超过 74 分钟的概率是多少? 即 $P_r(X>74)=?$

解:为了求 X 大于 74 的概率,我们先看看 74 与均值 $\mu=60$ 的距离是标准差 $\sigma=7$ 的几倍。想象如果用一根 $\sigma=7$ 的测量杆从 μ 开始量的话,量 2 次就可达到 74 处。因此如果仍用 Z 表示标准正态变量,则有

$$P_r(X>74)=P_r(Z>2)=0.0228\approx 2\%$$

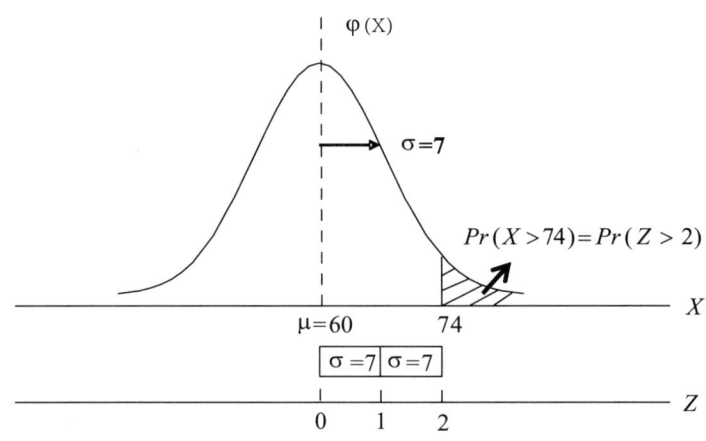

图 3-9 将一般正态变量转化为标准正态

将例 3-11 的方法一般化,我们注意到要将 X 转化为 Z,首先要计算偏差 $(X-\mu)$,然后将它与标准差 σ 相比较,即

$$Z=\frac{X-\mu}{\sigma} \tag{3-10}$$

因此 Z 给出了离开均值的标准差的倍数,这正是我们在标准正态分布中所指出的。

例 3-12 假定某个大型企业的员工月收入近似服从均值 $\mu=1750$ 元和标准差 $\sigma=350$ 元的正态分布,求收入在下列范围的员工的比例是多少?

1) 超过 2200 元; 2) 少于 1500 元;
3) 求第 90 百分位数上的收入。

解:1) 先将 $X=2200$ 标准化

$$Z=\frac{X-\mu}{\sigma}=\frac{2200-1750}{350}=1.286\approx 1.29$$

因此 $P_r(X>2200)=P_r(Z>1.29)=0.0985$

2) $Z=\dfrac{X-\mu}{\sigma}=\dfrac{1500-1750}{350}=-0.71$

因此 $P_r(X<1500)=P_r(Z<-0.71)=P_r(Z>0.71)=0.2389$

3) 由 $P_r(Z\geqslant Z_0)=1-0.90=0.10$

反查表Ⅳ得 $Z_0\approx 1.28$

由 $Z_0=\dfrac{X_0-\mu}{\sigma}\Rightarrow X_0=\mu+\sigma Z_0=1750+350\times(1.28)$

∴ $X_0=2198$

即第 90 百分位数上的收入为 2198 元。

3. 正态分布的常用性质

为了清晰起见,将上述有关正态分布的性质进一步总结如下:

1)只要给出了平均值和标准差,对应的正态分布就完全确定了;

2)平均值决定了分布的中心,它就位于正态曲线的对称中心;

3)标准差决定了分布的形状,其大小就等于从正态曲线的中心到其右侧(或左侧)曲线的拐点处的距离(注:拐点指的是曲线的"曲率"改变的地方,即曲线由"向上凸"变为"向下凹"的地方);

4)在任何正态分布中,以下的 68-95-99.7 规则都近似成立,如图 3-10 所示,即

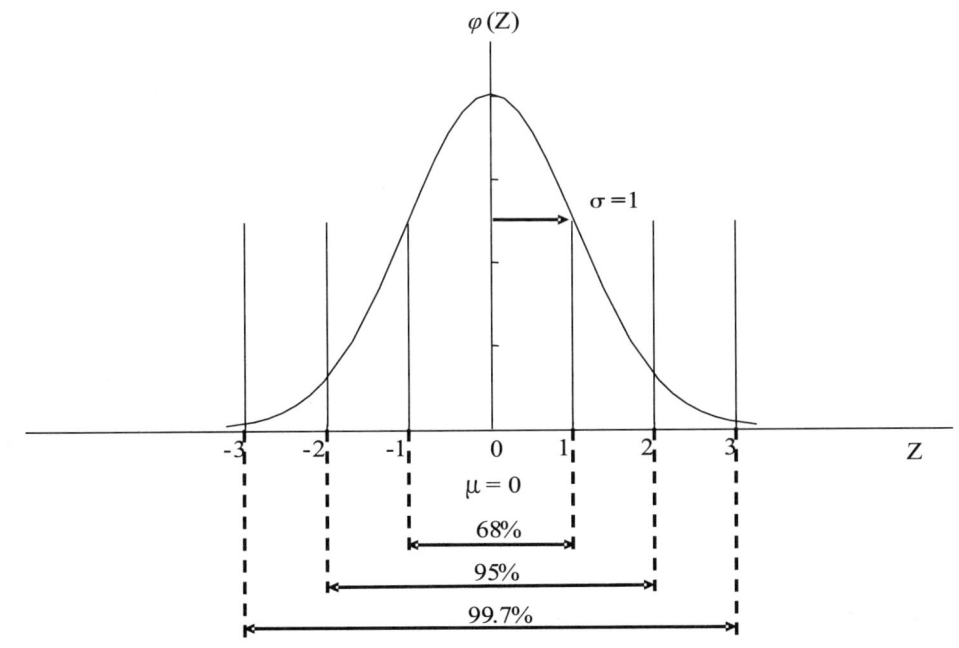

图 3-10 正态分布的 68-95-99.7 规则

① 大约有 68% 的数据，落在距平均值一个标准差的范围内；
② 大约有 95% 的数据，落在距平均值两个标准差的范围内；
③ 大约有 99.7% 的数据，落在距平均值三个标准差的范围内。

（注：更准确的数分别为 68.26%、95.44%、99.73%，读者可以利用附录中的表 IV 求出。）

习 题

3-15 设 Z 为标准正态变量，计算

1) $Pr(Z>1.45)$；
2) $Pr(1.5<Z<2.4)$；
3) $Pr(Z<1.64)$；
4) $Pr(-1.64<Z<-1.01)$；
5) $Pr(0<Z<1.64)$；
6) $Pr(-1.64<Z<1.64)$；
7) $Pr(-1.40<Z<0.67)$；
8) $Pr(Z<-2.40)$。

3-16 1) 在 Z 分布的均值之上多远处才能使只有 1% 的概率留在右侧尾部？即，如果 $Pr(Z \geq Z_0)=0.01$，那么 Z_0 是多少？Z_0 叫做多少百分位数点？

2) 在 Z 分布的均值两边多远处可以包含 90% 的概率？即，如果 $Pr(-Z_0<Z<Z_0)=0.90$，那么 Z_0 是多少？

3-17 设 X 为一般的正态变量，计算

1) $Pr(X<7.1)$，如果 $\mu=5$，$\sigma=2$；
2) $Pr(X<860)$，如果 $\mu=500$，$\sigma=300$；
3) $Pr(9.8<X<10.2)$，如果 $\mu=10$，$\sigma=0.2$；
4) $Pr(10<X<11)$，如果 $\mu=10.73$，$\sigma=0.213$。

3-18 我国华南地区成年男子身高近似地服从均值为 169 厘米、标准差为 7 厘米的正态分布，求出满足以下条件的男子比例：

1) 150 厘米以下；
2) 176 厘米以上；
3) 150 厘米与 176 厘米之间。

3-19 电视台举办的智力竞赛得分范围大约在 200~600 分之间，参赛者的得分近似地服从正态分布，其均值为 410，标准差为 100。作出分布图，计算并图示以下各式的结果：

1) 得分在 450~550 之间的参赛者的百分比；
2) 第 75 百分位上的得分；
3) 第 25 百分位上的得分；
4) 以上两个四分位数间的间距。

本章小结

1.概率是随着样本量越来越大时相对频率的(统计意义下的)极限。

2.当试验可分阶段进行时,概率树是求概率分布的一种很有用的方法。

3.概率分布的均值 μ 与标准差 σ 是与第二章相对频率分布的 $\overline{X}$ 和 S 以同样的方式定义的。

4.当实验由具有同样成功机会的相互独立的试验所构成时,成功的总次数叫做二项分布变量,其概率分布可按标准公式(3-5)或从附录三的表ⅢB查得。

5.对于连续型随机变量,其概率由一条连续的分布曲线(概率密度曲线)下面的面积给出。

6.最普通的连续型分布是钟形的正态(高斯)分布,其右侧尾部概率(面积)可从附录三的表Ⅳ查得。

习 题

3-20 IQ(智商)分数是近似地服从正态分布的,其均值为100,标准差为15。

1)求 IQ 分高于120的比例是多少?

2)假定小王的 IQ 分为120,问这是第几百分位数?

3)假定小李的 IQ 分为135,问这又是第几百分位数?

3-21 某婚姻介绍所根据几年来的工作资料统计,介绍结婚的成功率约为30%,即每介绍100对成年男女相识,一年后平均有30对恋爱成功最后结婚建立家庭。如果某一天介绍了10对男女结识,求一年后

1)恰好有两对结婚的概率;

2)至少有两对结婚的概率;

3)没有一对成功的概率。

3-22 夏威夷有770000人,其中60%为亚洲人,39%为白人,1%为黑人。如果抽取了一个由7位数居民组成的样本,那么

1)样本中的大多数是亚洲人的机会是多少?

2)样本中一个黑人也没有的机会是多少?

3)对于样本中的亚洲人的人数,其期望值和标准差分别是多少?

3-23 1991年,北京某大学选举一名区人大代表,在最后一轮的两名候选人中,结果有60%的选民投了张老师的票,39%的投了李老师的票,1%弃权。假定在选举前进行民意测验预测当选人,计算一个随机样本可以正确地预报选举优胜者的概率,也即样本中大多数人支持张老师的概率。如果样本量为

1) $n=1$ 2) $n=3$ 3) $n=9$

注意较大的样本是怎样增加正确预报的概率的。

3—24 根据多年来高考的资料,发现考生完成数学试题所需的时间是近似地服从正态分布的,其均值为90分钟,标准差为15分钟,问

1)考生在2小时之内完成考试的比例是多少?

2)在允许95%的考生有足够时间来完成考试的前提下,考试应规定在多少分钟内结束?

3—25 在一种非常刺激的冒险游戏的参与者中,只有40%的人愿意再参加一次。在一个有8名该游戏参与者的随机样本中,求

1)至少有6名参与者愿意再参加一次的概率;

2)有2~5名参与者愿意再参加一次的概率;

3)没有一名参与者愿意再参加一次的概率。

3—26 在习题3—23中,如果重复地抽取50次 $n=4$ 名选民的随机样本,样本中支持张老师的人数 X 的频次分布如下表所示,求

1) X 的均值; 2) X 的标准差;

3)作 X 的相对频率分布图。

X	0	1	2	3	4	合计
频次	1	1	9	25	14	50

3—27 如果上题中的抽样试验被重复地进行了几百万次,那么上题的答案是什么?

3—28 为了检验某种"训练"对增加人的肺活量有无效果,随机地抽取了8名志愿者进行试验,将他们在"训练"前后的肺活量及增加量列成类似如下的表格:

试验者 肺活量	1	2	3	4	5	6	7	8
训练前	2250	2300	2830	—	—	—	—	—
训练后	2350	2380	2800	—	—	—	—	—
增加量	+100	+80	−30	—	—	—	—	—

1)设该训练没有什么效果,也就是说"增加量"的正、负只是一种随机波动,那么出现7个或7个以上正号的概率是多少?

2)如果在该样本的8个志愿者中,真的有7个人的"增加量"出现了正号,那么你会怀疑1)中的假设有问题吗?(即你还认为该"训练"是没有什么效果的吗?)

第四章 抽样分布

这一章我们将要讨论,假定总体是已知的(当然实际应用中总体一般都是未知的),如果从已知总体中抽取样本,那么样本的均值和比例(统计量)将具有哪些重要性质。

4.1 随机抽样

1. 总体和样本

在统计学中,"总体"这个词具有很明确的意义,它表示所要研究对象的全体,从中是可以抽取样本的。例如,我们感兴趣的总体可能是全体北京市民(如果我们希望进行北京奥运申办媒介传播效果调查),也可能是某大学所有学生的总体(如果我们想要了解该大学有多少学生同意我国政府在伊拉克战争中的立场)。

总体的大小可以是任意的。为了讨论问题的方便,现在我们假定某总体是华南地区一个中学高三年级的 100 名男生(如果我们想要估计他们的平均身高),并进一步假定该 100 个身高的总体具有如表 4-1 所示的概率分布,由此可以计算该总体的均值 μ 和标准差 σ。

表 4-1 100 名学生的身高总体以及 μ 和 σ^2 的计算

总体分布			均值 μ 的计算、方差 σ^2 的计算	
身高 X	频次	相对频率也是概率 $P(X)$	$XP(X)$	$(X-\mu)^2 P(X)$
151	1	0.01	1.51	3.24
157	6	0.06	9.42	8.64
163	24	0.24	39.12	8.64
169	38	0.38	64.22	0.00
175	24	0.24	42.00	8.64
181	6	0.06	10.86	8.64
187	1	0.01	1.87	3.24
合计	$N=100$	1.00	$\mu=169.00$	$\sigma^2=41.04$ $\sigma=6.406$

现在我们从这个总体中抽取一个 $n=4$ 的简单随机样本。所谓简单随机样本,是当我们每抽取一个观察时,总体中所有个体被抽取的可能性都是相同的。正如我们在前面

所提到的,常用的方法有如下两种:

1)用抽签的方法。将总体中 100 名学生的身高分别写在 100 张卡片或签上,将它们放入一个容器中充分搅拌,然后抽取 $n=4$ 张卡片或 4 个签。

2)将总体中 100 名学生与 100 个连续的号码相对应,然后随机地从这些数字中抽取 4 个数字。例如,让这 100 名学生与 00 到 99 相对应,再从附录三的表Ⅰ的任意位置起成对地读出 4 对随机数字,则可得到一个随机样本。比方说,从表Ⅰ的开始数起,选出了号码为 39,65,76 和 45 的 4 位学生。

以上两种抽样方法在数学理论或实际效果上都是等价的。由于第二种方法应用起来更简单,所以在实际抽样时常借助随机数字表。不过第一种方法从概念上更容易理解,因此在随机抽样的理论研究中,常常采用直观地从容器抽取卡片或签的方法。

2. 有放回和无放回的抽样

在很大的总体中,例如从全体北京市民的(包含着上千万个签的)"总体容器中"抽取 n 个签时(n 表示样本量,以下同),在抽取下一个签之前将上一个签放回或不放回"总体容器"中去实际上是没有什么区别的。上千万个签中的 1 个或 n 个能怎么样?n 相对于总体中签的个数 N 是微乎其微,小得多,实际上并不能改变相对频率即概率 $P(X)$。

但是,如果总体比较小,例如表 4-1 中的 100 名学生组成的总体,那么抽样时放回或不放回就是有影响的重要问题了。如果把每一抽中的签记录下来以后再放回去,那么它就将总体完全恢复到了原来的状态,因此以后抽取的签和以前抽取的签是完全相互独立的;但如果不放回,那么下一个签被抽中的概率就将可能改变。(例如,如果第一次抽中的正好是"总体容器"中身高为 151 厘米的唯一的一个签,那么以后再抽取该签的概率就变成了零,因为它已经不在"总体容器"内了。)在这种情况下,后面的签的抽取与前面的签的抽取就不再是相互独立的了。

总之,如果我们进行的是有放回的抽样,那么样本中的 n 个观察将是相互独立的。对于很大的总体,即使进行的是无放回的抽样,在实践中也和有放回的没有什么差别,仍然具有独立性。当所有观察相互独立时,分析起来是比较方便的,可以导出简单的公式。我们称这种样本为"非常简单的随机样本"(Very Simple Random Sample,简称 VSRS);对于一个非常简单的随机样本,总体中的所有个体都是同等可能地被观察的,而且 n 个观察也是相互独立地被抽取的。

只有当签抽取自一个小总体而且是不放回的情况,独立性才不再成立。这种抽样实际上是有好处的,因为它保证了每一个签都不被重复地抽取,每一次观察都带来新的信息,因此这样的样本更有价值。但是,这种抽样比较难分析。以后的论述如果不加说明,指的都是非常简单随机样本,简称"随机样本"。

3. 抽样模拟

我们怎样从表 4-1 所示的总体中模拟地抽取一个随机样本(VSRS)?比较实用的方

法是利用随机数字表和随机正态数表。

1）利用随机数字表

先将表 4-1 中的 100 人按某种顺序编号，可以按座位、姓名笔画或身高。假定我们按身高从小到大编号，如表 4-2 所示。

表 4-2 对 100 名学生身高的总体进行编号

总体分布			序列号码
身高 X（厘米）	频次	相对频率即概率 $P(X)$	
151	1	0.01	00
157	6	0.06	01—06
163	24	0.24	07—30
169	38	0.38	31—68
175	24	0.24	69—92
181	6	0.06	93—98
187	1	0.01	99

然后从附录三的表Ⅰ中成对地连续读出 4 对数字。我们可以从表的任何位置开始，因为它们完全是随机的。例如我们从第 11 行的起头开始读，第一对随机数为 93，它们代表身高等于 181 厘米的一名男性的号码。同样地，我们读取下面的 3 对数，从而得到了如表 4-3 所示的一个模拟样本，其样本均值 $\overline{X}=166$ 厘米。

由于抽取是有放回的（VSRS），所以某个号码可能会侥幸地被抽中两次，这时样本中将出现两次该号码对应的身高。

表 4-3 取自表 4-2 总体的 $n=4$ 的一个模拟样本

序列号码	身高 X（厘米）
93	181
05	157
31	169
03	157
$\overline{X}=166$	

2）利用随机正态数表

如果总体是正态分布的，那么可以使用附录三中的表Ⅱ进行抽样模拟。例如对表 4-1 中身高的总体，可以近似地认为其服从正态分布，其均值 $\mu=169.0$，标准差 $\sigma=6.4$。我们可以从表Ⅱ的任何位置开始读出 4 个标准正态数，比如从第 6 行的开始位置读起。第一个标准正态数是 $Z=0.9$，对应的一般正态数 $\overline{X}=\mu+\sigma Z=169.0+6.4(0.9)=174.76$。同样地，我们读取下面的 3 个标准正态数并将其转换成一般正态数，从而得到如表 4-4 所示的一个模拟样本。其样本均值 $\overline{X}=169.8$。

表 4-4 取自表 4-1 总体的 $n=4$ 的一个模拟样本

标准正态数 Z	身高 X（厘米）
0.9	174.76
−0.5	165.80
−0.5	165.80
0.6	172.84
$\overline{X}=169.8$	

这种方法不如 1)中的简单随机数字表法那么容易理解。不过如果借助计算机的话，这种方法更易实现，所以也常常被实际工作者所采用。

以上两种方法抽取的样本，其样本均值 166 和 169.8 都比较接近总体的均值 $\mu=169$。虽然抽到离均值较远的个体，例如身高为 181 的个体是不奇怪的，但是要抽取到一个其样本均值离开总体均值也那么远的样本就很难得了。这是因为即使抽到了一个 $X=181$ 的极端值，也还可能抽到另一端的极端值例如 $X=157$，或一般值 $X=169$，而取平均后就不那么极端了。因此我们可以说，由于取了平均，样本均值 $\overline{X}$ 就不像总体中的个体值 X 那样容易取极端的值，也即样本均值 $\overline{X}$ 的变化范围比个体值 X 的变化范围窄多了。关于这一点，我们将在以下两节中进一步讨论。

习　题

4—1　从表 4-1 100 个学生身高的总体中抽取一个 $n=4$ 的模拟样本（用附录三的表 Ⅰ 或表 Ⅱ），然后计算 $\overline{X}$，看看 $\overline{X}$ 与总体的均值？相差有多少？

4.2　蒙特卡罗法

标准的统计问题为：总体未知，例如我们并不知道表 4-1 所表示总体（其分布图见图 4-1）的均值 μ 是 169，从该总体中抽取一个较小的、花费不多的随机样本并计算其均值 $\overline{X}$。一般地，样本均值 $\overline{X}$ 与总体均值 μ 会稍有些偏离。重要的问题是，用 $\overline{X}$ 去估计 μ，其可靠程度如何？为此要研究均值 $\overline{X}$ 的分布。

对上一节我们利用附录三表 Ⅰ 抽取的 $n=4$ 的如此小的样本来说，样本均值 $\overline{X}=166$ 是总体均值 $\mu=169$ 的一个相当好的统计量。那么，这是侥幸抽取到的？还是样本均值一般都有这样好的结果呢？为了回答这一问题，我们再来试试运气：按同法抽取第二个模拟样本，假定样本均值为 170.6。这样我们就对如何研究 $\overline{X}$ 的可靠性有了进一步的了解。只要我们一次又一次地重复做模拟抽样，每次都计算一个新的样本均值，实际上就有可能回答这一问题了。这种重复抽样的方法就叫做蒙特卡罗方法。下面我们通过一个例子来说明怎样利用蒙特卡罗法研究样本均值 $\overline{X}$ 的分布。

例 4—1　1)让班上的每一个同学都从表 4-2 的总体中抽取 2 个 $n=4$ 的模拟样本

(从附录三表Ⅰ的不同位置开始)并计算样本均值 $\overline{X}$。然后由老师列表给出这些样本均值 $\overline{X}$ 的相对频率分布。($\overline{X}$ 值至少要在 50 个以上,建议 $\overline{X}$ 的值以 2 厘米的组距分组)

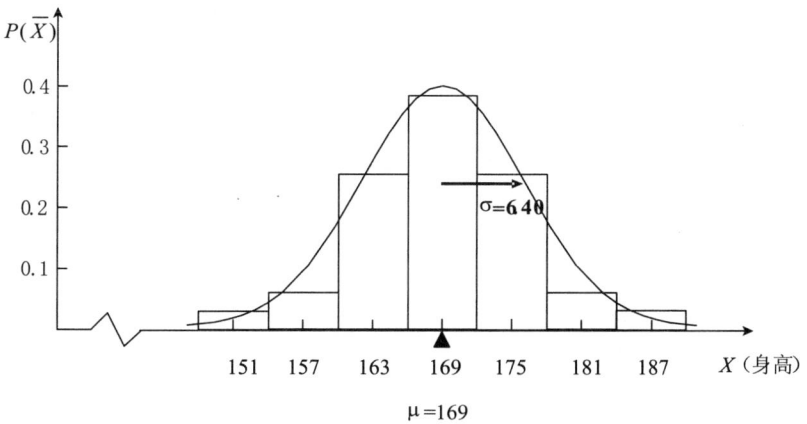

图 4-1 100 名学生的身高总体

2)根据几百万次重复抽样的结果(表 4-5),计算 $\overline{X}$ 的分布(也叫抽样分布)的均值和标准差。它们与总体的均值 $\mu=169$ 和标准差 $\sigma=6.4$ 有什么联系?

解:1)在中国传媒大学 2004 级传播学专业的统计学课堂内,我们得到了如下 100 个 $\overline{X}$ 值(你的班级得到的也将是类似的结果):

$\overline{X}$	频次	相对频率
161	4	0.04
163	6	0.06
165	24	0.24
167	28	0.28
169	20	0.20
171	8	0.08
173	6	0.06
175	2	0.02
177	2	0.02
	100	1.00

这样一次又一次地重复抽样试验,就可以慢慢理解所谓抽样的运气或侥幸是怎么回事了,这就像重复旋转一个赌博的轮盘那样,也就是为什么常常把重复的抽样叫做"蒙特卡罗"的原因(蒙特卡罗是一座有名的赌城)。如果我们不是 50 次而是几百万次地求 $\overline{X}$ 的值的话(当然这可以通过计算机来求),那么上表中的相对频率分布会趋向表 4-5 的概率分布,也叫 $\overline{X}$ 的抽样分布,其分布见图 4-2。

2)按抽样分布求 $\overline{X}$ 的期望值,结果是 169 厘米,正好等于总体的均值 μ。求得 $\overline{X}$ 的标准差是 3.20,恰好是总体标准差 σ 的二分之一。

表 4-5　$\overline{X}$ 的抽样分布以及 $\overline{X}$ 的期望值和标准差的计算（$n=4$）

抽样分布		计算 $\overline{X}$ 的期望值	计算 $\overline{X}$ 的标准差（标准误差）	
$\overline{X}$	$P(\overline{X})$	$\overline{X}P(\overline{X})$	$(\overline{X}-169)^2$	$(\overline{X}-169)^2 P(\overline{X})$
161	0.01	1.61	64	0.64
163	0.05	8.15	36	1.80
165	0.12	19.80	16	1.92
167	0.19	31.73	4	0.76
169	0.26	43.94	0	0.00
171	0.19	32.49	4	0.76
173	0.12	20.76	16	1.92
175	0.05	8.75	36	1.80
177	0.01	1.77	64	0.64
1.00		$\overline{X}$ 的期望值 $=169.00$	$\overline{X}$ 的方差 $=10.24$ $\overline{X}$ 的标准误差 $=3.20$	

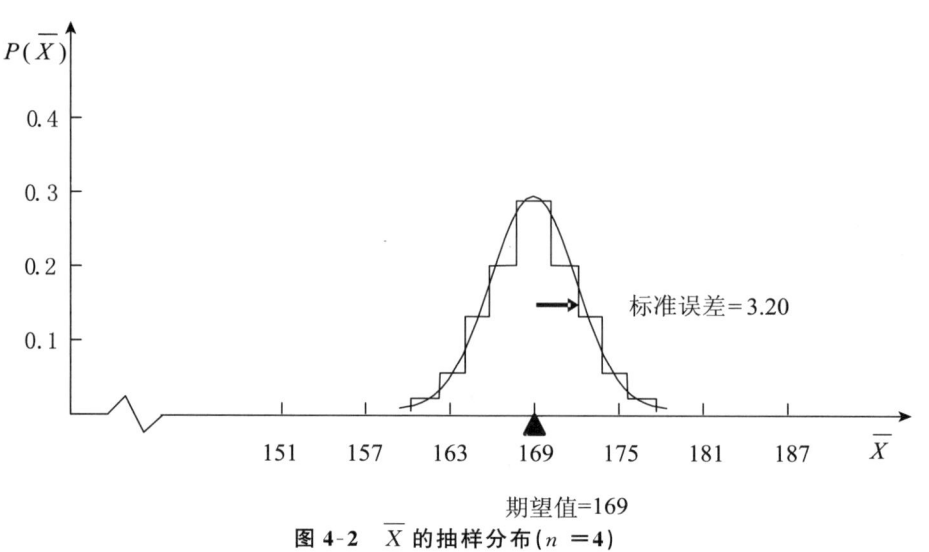

图 4-2　$\overline{X}$ 的抽样分布（$n=4$）

为了区分 X 的标准差和 $\overline{X}$ 的标准差，$\overline{X}$ 的标准差通常称为 $\overline{X}$ 的标准误差，或简称为 SE。即 $SE=\overline{X}$ 的标准误差 $=\overline{X}$ 的标准差。

图 4-2 表示的是 $\overline{X}$ 的抽样分布，而图 4-1 表示的是产生这些样本的总体 X 的分布。由于纵轴用的是概率而不是概率分布密度，因此图形的总面积不等于 1。

从图 4-2 的抽样分布中，我们看到样本均值 $\overline{X}$ 有时高于目标（总体均值 $\mu=169$），有时低于目标，但平均来说 $\overline{X}$ 是趋向于该目标的，即没有过高或过低地估计目标 μ 的倾向。我们称 $\overline{X}$ 为 μ 的无偏估计量，即 $\overline{X}$ 的期望值不是太高也不是太低，而是正好等于其估计目标 μ。我们还看到，图 4-1 总体 X 的标准差为 6.40 厘米，而图 4-2 样本均值 $\overline{X}$ 的标准差为 3.20，即围绕着目标 μ，样本均值的波动仅是总体内个体波动的二分之一。

为什么样本均值 $\overline{X}$ 的波动小于个别观察值 X 的波动呢？这是因为取了平均数的结

果。例如我们很有可能从总体中抽取到一个身高 $X=175$ 厘米的个体,但是我们却不太可能抽取到一个平均身高 $\overline{X}=175$ 的 4 人样本。因为任何一个出现在样本中的 175 的身高可能被样本中另一个矮个子或中等个子的身高所抵消或部分抵消(取平均后)。可以想象,对于更大的样本,经过取平均后,$\overline{X}$ 围绕其目标的波动可能会更小,如下例所示:

例 4-2 令 $n=9$,重复做例 4-1 中的问题

解:$\overline{X}$ 的抽样分布如表 4-6 和图 4-3 所示。(表 4-6 的分布为几百万次蒙特卡罗的结果)。$\overline{X}$ 的期望值还是 169 厘米,等于总体均值 μ,而 $\overline{X}$ 的标准误差是 2.14,大约仅仅是总体标准差 $\sigma(\sigma=6.40)$ 的三分之一。

表 4-6 $\overline{X}$ 的抽样分布以及 $\overline{X}$ 的期望值和标准差的计算($n=9$)

抽样分布		计算 $\overline{X}$ 的期望值	计算 $\overline{X}$ 的标准差(标准误差)	
$\overline{X}$	$P(\overline{X})$	$\overline{X}P(\overline{X})$	$(\overline{X}-169)^2$	$(\overline{X}-169)^2 P(\overline{X})$
163	0.01	1.63	36	0.36
165	0.06	9.90	16	0.96
167	0.24	40.08	4	0.96
169	0.38	64.22	0	0.00
171	0.24	41.04	4	0.96
173	0.06	10.38	16	0.96
175	0.01	1.75	36	0.36
1.00		$\overline{X}$ 的期望值 =169.00	$\overline{X}$ 的方差=4.56 $\overline{X}$ 的标准误差=2.14	

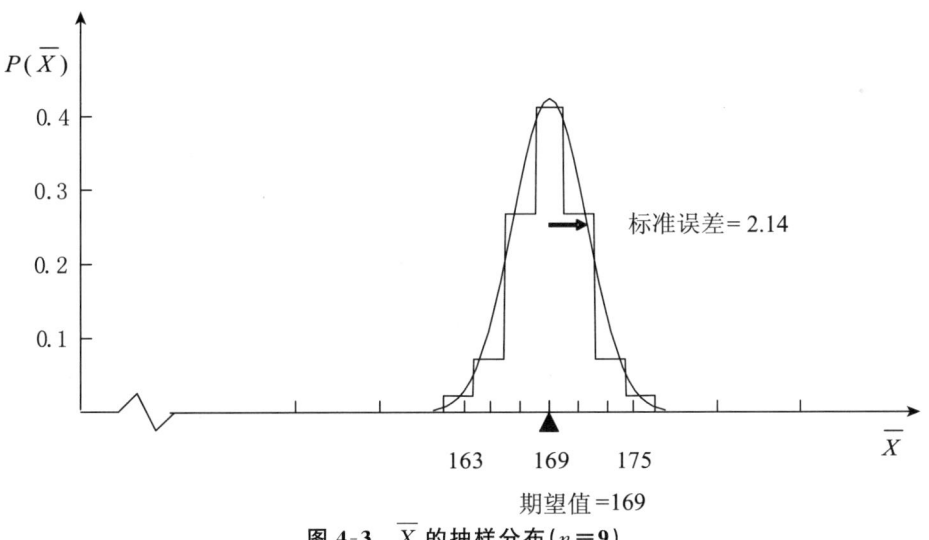

图 4-3 $\overline{X}$ 的抽样分布($n=9$)

比较图 4-3 和图 4-2,我们看到样本容量越大,$\overline{X}$ 的标准误差越小,分布的形状越窄,即 $\overline{X}$ 围绕其目标 μ 的波动越小,因此 $\overline{X}$ 就是 μ 的更可靠的估计。由此我们可以得到一个重要结论:在确定 $\overline{X}$ 的波动大小时,样本量 n 是关键。

值得注意的是,总体数 N 的大小对 $\overline{X}$ 的波动却没有影响。设想我们在例 4-2 中不是从一个有 100 人的总体中抽样,而是从一个有 100 万人的大总体中抽样的话,结果会如何?如果总体的相对频率相同的话,结果是没有什么不同的。因为我们抽取一个身高为 151 厘米的人的机会都是 0.01,抽取身高为 157 厘米的机会都是 0.06,等等。也就是说,每一观察(身高)都将按完全相同的概率分布波动,因此样本均值也将以完全相同的方式波动。

从前两例子中我们看到,$\overline{X}$ 的抽样分布是近似钟形的或正态的,这并不奇怪,因为总体也是近似正态的。如果总体不是正态的,$\overline{X}$ 的抽样分布会是什么形状的呢?下一个例子将要回答这一问题。

例 4-3 假定对一个有 80 人的班级(总体)进行全面调查,了解在过去 3 个月中每人都看过几本小说。结果如下图所示是一个高偏斜的分布。

1)计算总体的均值和标准差;
2)从这一总体中抽取一个 $n=9$ 的模拟样本,并计算样本均值 $\overline{X}$(精确到 0.5 册);
3)对班上每人求出的 $\overline{X}$ 由老师列表并作图;
4)计算 3)中 $\overline{X}$ 的抽样分布的期望值和标准误差,它们与 1)中求出的总体均值 μ 和标准差 σ 之间有什么关系?

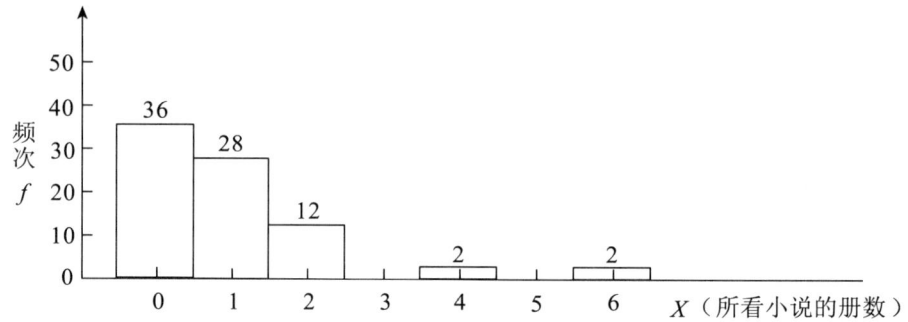

解:1)总体矩的计算过程见下表:

总体分布			计算均值 $\overline{X}$	计算方差 σ^2		
X	f	$P(X)=\dfrac{f}{n}$	$X\,P(X)$	$(X-\mu)$	$(X-\mu)^2$	$(X-\mu)^2 P(X)$
0	36	0.450	0.00	−0.9	0.81	0.365
1	28	0.350	0.35	0.1	0.01	0.004
2	12	0.150	0.30	1.1	1.21	0.181
3	0	0.000	0.00	2.1	4.41	0.000
4	2	0.025	0.10	3.1	9.61	0.240
5	0	0.000	0.00	4.1	16.81	0.000
6	2	0.025	0.15	5.1	26.01	0.650
$N=80$,		1.00	$\mu=0.90$		$\sigma^2=1.440$ $\sigma=\sqrt{1.440}=1.20$	

2) 模拟抽样可以有两种做法。第一种做法是按相对频率(此处即概率)的大小安排从 00 到 99 的编号,例如对 $X=0$ 的那一组,$P(X)=0.45$,那么就安排 00～44 这 45 个编号;$X=1$ 的那组则安排 45～79 这 35 个编号,等等。读者可以自己按 4.1 节的方法完成模拟抽样。

第二种做法是按频次 f 来安排编号,用 00～79 的 80 个号码分别代表总体中的 80 名学生。如下表所示,假定由随机数字表的第一行的开始位置读起,去掉 80～99 的数字对,读入的 $n=9$ 对数字对应的 X 则构成一个模拟样本如下表。

总体分布		序列号码
X	f	
0	36	00～35
1	28	36～63
2	12	64～75
3	0	/
4	2	76～77
5	0	/
6	2	78～79

取自表总体的模拟样本($n=9$)

序列号码	册数 X	序列号码	册数 X
39	1	19	0
65	2	69	2
76	4	64	2
45	1	61	1
45	1	$\overline{X}=\frac{14}{9}=1.5$	

3) 如果进行几百万次上述模拟,得到几百万个 $\overline{X}$ 的话,那么 $\overline{X}$ 的相对频率分布将如下表所示,呈稳定的概率分布(忽略了抽样比例,得到的将是一个近似的结果),其中 $\overline{X}$ 的期望值=0.90=总体均值 μ,$\overline{X}$ 的标准误差=0.40=总体标准差 σ 的三分之一。

$\overline{X}$ 的抽样分布	
$\overline{X}$	$P(\overline{X})$
0.0	0.05
0.5	0.28
1.0	0.50
1.5	0.16
2.0	0.01
	1.00

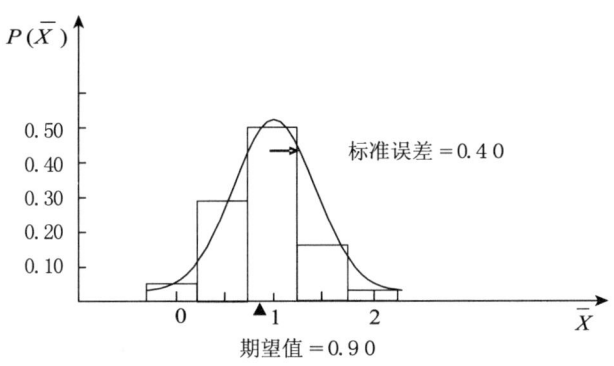

由例 4-3 中我们发现,样本均值 $\overline{X}$ 的分布有一个显著特征:尽管总体的分布很偏斜,但 $\overline{X}$ 的抽样分布几乎是一条对称的正态曲线。也就是说,不管总体自身是否服从正态分布,其样本均值 $\overline{X}$ 的分布是渐近正态的。

习 题

4-1 对下面的问题,从附录三表 I 的不同位置开始模拟一个随机样本,并计算样本均值。然后让老师将全班得出的所有值列表并画出频率分布图。

4-2 当问到每户订阅了几份报纸时,一个居民区的总体给出了下面的分布:

订报份数	0	1	2	3	4	5	6	合计
相对频率即概率 $P(X)$	.05	.10	.40	.20	.15	.05	.05	1.00

一位统计学家并不知道这个总体,但想估计居民区的户平均订报份数(总体均值)。假定他抽取了一个 $n=10$ 户的随机样本并计算出样本均值 $\overline{X}$。请模拟这一样本。

4—3 某单位职工每天读报时间 X(分钟)有如下的分布:

读报时间	15	20	25	30	35	40	45
概率 $P(x)$	0.01	0.05	0.21	0.38	0.25	0.08	0.02

该单位某领导并不知道这一总体,想要估计职工平均每天的读报时间(总体均值 μ)。因此他抽取了一个 $n=5$ 人的随机样本,并计算出样本均值 $\overline{X}$。请模拟这一样本。

4.3 样本均值的抽样分布

1.非常简单随机样本

在上一节中,我们利用蒙特卡罗法考察了样本均值 $\overline{X}$ 的分布形状,在下页图 4-4 中进一步直观地给出了各种总体分布情况下抽样分布的形状,从中可以总结出几个特点:

1)抽样分布的中心就是原总体的中心 μ,在数学上可以证明(此处省略)下式成立:

$$\overline{X} \text{ 的期望值} = \mu \tag{4-1}$$

2)抽样分布的标准误差比原总体的标准差 σ 小,而且样本量 n 越大,标准误差就越小。在数学上可以证明(此处省略)下式成立:

$$\overline{X} \text{ 的标准误差} = \sigma/\sqrt{n} \tag{4-2}$$

3)正态总体产生 $\overline{X}$ 的正态抽样分布;不过对于非正态总体,即使总体是高度偏斜的,随着样本量的增加,$\overline{X}$ 的抽样分布也会近似地变成对称的和正态的。即在总体近似正态或样本量比较大(通常是 $n \geqslant 5$)的情况下,$\overline{X}$ 的抽样分布都近似地有一个正态的形状。

将以上三点概括成如下的定理(数学家称之为中心极限定理),它总结了统计学中最重要的一个结果。

正态近似定理:在容量为 n 的非常简单随机样本($VSRS$)中,样本均值 $\overline{X}$ 以 $\sigma/\sqrt{n}$ 的标准误差(σ 为总体标准差)围绕着总体均值 μ 波动。随着 n 的增大,$\overline{X}$ 的分布(钟形)围绕其目标 μ 波动得越来越小,它也就越来越接近于正态(钟形)。

这一定理使我们可以利用熟悉的正态表回答许多抽样问题,如下面的例子所示。

例 4—4 几年前,我国台湾的一次普查显示,台湾民众的月收入近似地服从正态分布,其均值为 13110 元(台币),标准差为 8750 元,求:

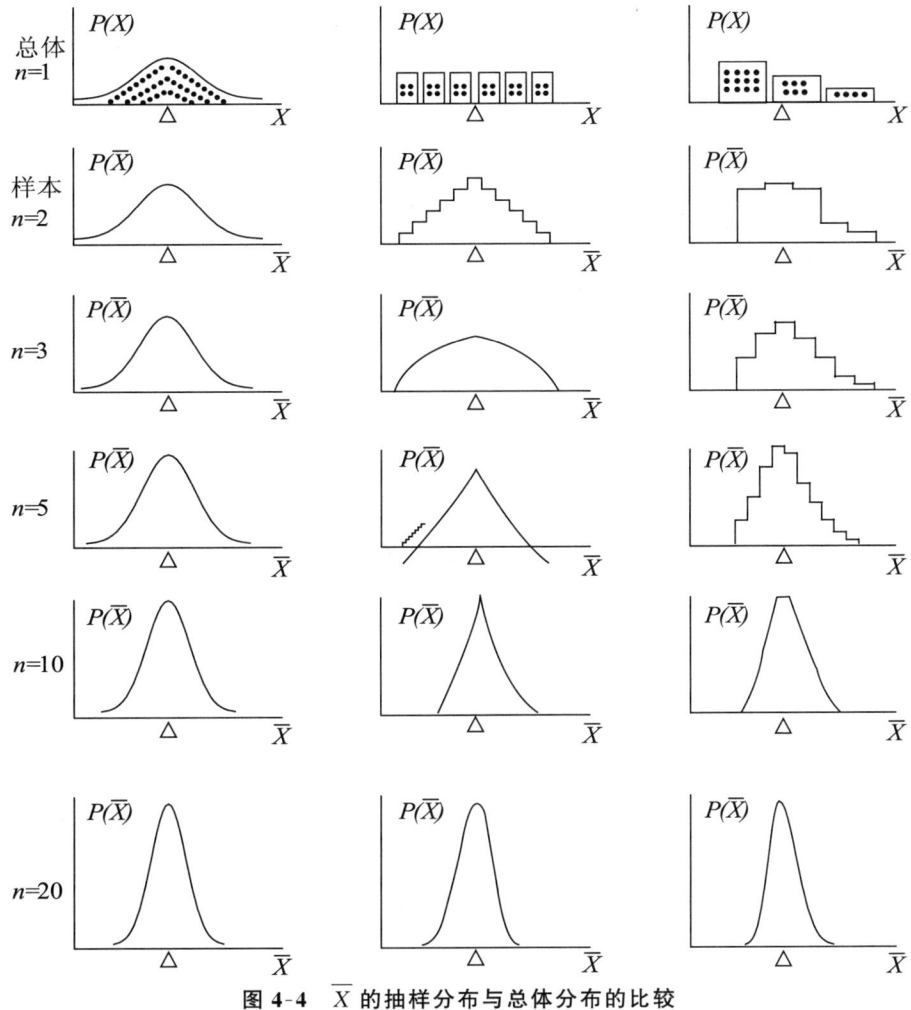

图 4-4 $\overline{X}$ 的抽样分布与总体分布的比较

1)随机地抽取一人,其收入超过 18430 元的概率;
2)抽取一个含 10 人的随机样本,求其平均收入超过 18430 元的概率;
3)如果总体不是正态的,那么 2)的答案是什么?

解:1)先将收入 $X=18430$ 按 $\mu=13110$ 和 $\sigma=8750$ 标准化,得

$$Z=\frac{X-\mu}{\sigma}=\frac{18430-13110}{8750}=0.608$$

因此 $Pr(X>18430)=Pr(Z>0.608)\approx 0.2709 \approx 27\%$

2)按照正态近似定理,$\overline{X}$ 近似地服从正态分布,其期望值 $=\mu=13110$,标准误差 $SE=\sigma/\sqrt{n}=8750/\sqrt{10}\approx 2767$,用以上的 μ 和 SE 对 $\overline{X}=18430$ 进行标准化,得

$$Z=\frac{\overline{X}-\mu}{SE}=\frac{18430-13110}{2767}=1.92$$

因此 $Pr(\overline{X}>18430)=Pr(Z>1.92)=0.0274\approx 3\%$

1)和2)的计算结果在下图中很容易比较。虽然一个人的收入超过18430元的机会比较多(27%),但要10个人的平均收入都超过18430元就没有什么机会了(小于3%)。我们再次看到,"取平均"以后就很难取极端的值。

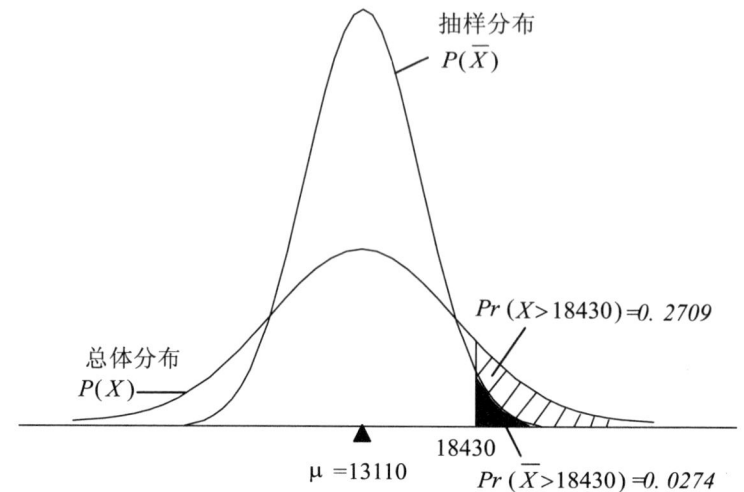

3)根据正态近似定理,不管原总体的分布如何,$\overline{X}$总是近似地具有正态形状,因此答案还是相同的。

样本均值常常是用来估计总体均值的,那么它接近总体均值的可能性如何呢?下面的例子可以说明怎样用正态近似定理回答这一问题。

例4—5 假定华南地区某大学的男子身高总体的平均身高$\mu=169$厘米,标准差$\sigma=10.2$厘米,如果抽取一个$n=100$名男子的随机样本,那么样本均值$\overline{X}$在总体均值$\mu\pm2$厘米之内的机会是多少?

解:根据正态近似定理,又近似地服从正态分布,其中

期望值$=\mu=169$,标准误差$SE=\dfrac{\sigma}{\sqrt{n}}=\dfrac{10.2}{\sqrt{100}}=1.02$,要求$\overline{X}$在$\mu=169$的2厘米之内,即在167厘米与171厘米之间的概率,可先求$\overline{X}>171$的概率。先作标准化

$$Z=\dfrac{\overline{X}-\mu}{SE}=\dfrac{171-169}{1.02}=1.96$$

因此,$Pr(\overline{X}>171)=Pr(Z>1.96)=0.025$,这一概率等于下图的右侧尾部面积,由于正态分布是对称的,左侧尾部具有相同的概率0.025,因此所求的中间大块面积为

$$Pr(167<\overline{X}<171)=1-2\times0.025=0.95$$

因此我们有很高的置信度(95%),可以认为样本均值在总体均值的2个厘米之内。

在实际应用中,常常涉及总数而不是平均值。下面的例子说明这样的问题仍然可以通过化成均值的办法来解决。

例4—6 一部电梯是按极限负重为1000千克设计的,声称可以容纳13人。假定该

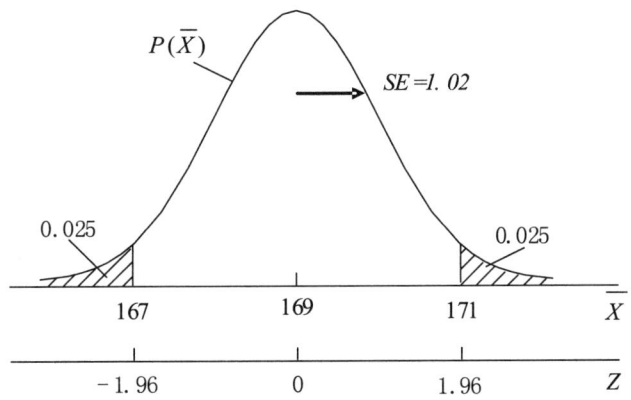

电梯所有乘客重量的平均值为 70 千克,标准差为 12 千克。那么一个 13 人的随机样本的重量总计超过负重极限 1000 千克的概率是多少?

解:我们将问题重新叙述一下。"13 人的随机样本的总重量超过 1000 千克"和"13 人的随机样本其平均重量超过 1000/13＝76.92 千克"是完全相同的。由正态近似定理可知,$\overline{X}$ 近似服从正态分布,其均值为 $\mu=70$,标准误差$=\sigma/\sqrt{n}=\dfrac{12}{\sqrt{13}}=3.33$。将 $\overline{X}=76.92$ 标准化

$$Z=\frac{\overline{X}-\mu}{SE}=\frac{76.92-70}{3.33}=2.08$$

因此,$Pr(\overline{X}>76.92)=Pr(Z>2.08)=0.0188\approx 2\%$

即超重的机会不超过 2%。

2. 简单随机样本(无放回)

如果总体数 N 很小,而且签被抽出后就不再放回的话,前面所定义的非常简单随机样本(VSRS)就不再成立,因此正态近似定理也就不再适用。将抽出的签放在外面实际上更有效,这样我们就不会冒再抽取同一个签以致重复已知信息的危险。如果用 N 和 n 分别表示总体数和样本数,那么在效率上(指抽样误差)的增益可以表达成:

签一旦被抽出后就不再放回时,
$\overline{X}$ 中的抽样波动将被缩减,其中

$$\text{缩减因子}=\sqrt{\frac{N-n}{N-1}}\frac{\sigma}{\sqrt{n}} \tag{4-3}$$

这意味着要对前面的正态近似定理做修改,即将 $\overline{X}$ 的标准误差由 $\sigma/\sqrt{n}$ 变为:

$$\overline{X}\text{ 的标准误差}=\sqrt{\frac{N-n}{N-1}}\frac{\sigma}{\sqrt{n}} \tag{4-4}$$

则修改后的正态近似定理对于无放回的随机样本也是适用的。

可以注意到,如果总体数远远超过样本数,那么缩减因子几乎等于 1,因此可以忽略

不计。例如在全国性的大规模收视率调查中，$N \approx 1000000000$，$n \approx 3000$，这时缩减因子

$$\sqrt{\frac{N-n}{N-1}} = \sqrt{\frac{1,000,000,000-3,000}{1,000,000,000-1}} = 0.9999985 \approx 1.00$$

习　　题

4—4　假定从表 4-1 的总体中随机抽取 $n=10$ 人，并计算出他们的平均身高 $\overline{X}$。想象这样的试验重复了许多许多次，回答下面的说法是否正确，如果不正确，请纠正。

1) 样本中的高个子和矮个子平均以后，$\overline{X}$ 比单个的观察波动小得多；

2) 具体地说，样本均值围绕其目标 μ 以标准误差 σ/n 波动。

4—5　1) 一位社会学家计划从某大型企业员工总体(均值 $\mu=1500$ 元，标准差 $\sigma=450$ 元)中随机地抽取 25 名员工的收入，他的样本均值 $\overline{X}$ 将是一个随机变量，并不能完美地反映总体的均值。事实上，$\overline{X}$ 的所有可能取值将围绕期望值 _____ 以标准误差 _____ 上下波动，且具有 _____ 的分布形状。

2) 该社会学家担心自己的样本均值会不会过于偏高，而一位统计学家向他保证：$\overline{X}$ 偏高的部分不大可能超过总体 μ 的 10%。请通过计算，确切地回答怎样不可能。

4—6　用机器充填小袋味精的重量服从均值为 30 克、标准差为 2 克的正态分布，那么，由此机器充填的 n 袋味精的一个随机样本的平均重量小于 29 克的概率是多少？如果

1) $n=1$，　2) $n=4$，　3) $n=16$，　4) $n=64$

4—7　我国某地区成年人教育水平的均值为 8.2 年、标准差为 3 年。随机抽取 25 位成年人进行调查，发现平均受学校教育在 7～9 年之间的概率是多少？

4—8　某英语培训机构有一门单词记忆课程，声称可以在 25 天内让学员记下 6000 个 GRE 核心单词。如果所有可能选这门课的学员平均每天可以记下 230 个新单词，标准差为 30 个，那么经培训 25 天，学员能够记下的英文单词超过 6000 个的概率是多少？

4—9　假定自行车链条的长度必须在 54±0.25 英寸之间，但在制造过程中，各个链环并不是完全均匀的，假定链环长度围绕着 0.5 英寸的均值以 0.0005 英寸的标准差轻微地波动，问

1) 要制成一根链条，需要多少个链环？

2) 符合标准要求的链条(误差<0.25)的概率是多少？

4—10　一幢高层大单元居民楼有 1200 名居民，他们的体重分布如下表：

体重(千克)	25	40	55	70	85	合计
居民比例	0.10	0.20	0.20	0.40	0.10	1.00

楼内每部电梯的负重极限都是 1260 千克,如果 18 名居民同时拥进一部电梯,那么超重的概率是多少?

4.4 样本比例 P 的抽样分布

在实际应用中,我们不但常常需要估计某种总体指标的均值 μ(这时可用样本均值 $\overline{X}$ 来估计),还常常需要估计总体中关于某种特性的比例 π,如 2004 年雅典奥运会结束后,十城市居民总体中准确地知道中国队夺金总数的比例;2004 年美国选民总体中拥护克里和布什的比例;我国青年育龄夫妇总体中赞成"只生一个孩子"政策的比例,等等。我们自然想到用样本中的相应比例 P 去估计 π。为了计算估计的精度和可靠度,我们还要研究样本比例 P 这个统计量的抽样分布。

1.比例可以看做是某种形式的均值

在本节中,我们取样的总体假定只有两种签,分别写有 0 和 1 的数字。

例 4-7 某市对育龄妇女的一次普查得知,有 65% 的育龄妇女赞成"只生一个孩子",有 35% 不赞成或不表示意见。在调查中,对"赞成"的妇女给予 1 的值,否则给予 0 的值。那么总体分布如下表:

X＝由个人投的"赞成"票	相对频率＝$P(X)$
0	0.35
1	0.65

1) 求总体均值、总体方差、总体中"赞成"的比例;
2) 当随机抽取 10 位育龄妇女进行调查时,得到的样本值为:1,0,0,1,1,1,0,1,1,1。求样本均值、样本中"赞成"的比例。

解:1)在表 4-7 中我们给出了总体均值与方差的计算。总体中"赞成"的比例 π 由题意知等于 0.65。

表 4-7 0～1 变量总体的均值与方差计算 （总体中"赞成"的比例 $\pi=0.65$）

X＝由个人投的"赞成"票	相对频率＝$P(X)$	计算均值 $XP(X)$	计算方差 $(X-\mu)^2 P(X)$
0	0.35	0.00	0.147875
1	0.65	0.65	0.079625
		$\mu=0.65$	$\sigma^2=0.2275$

我们发现,均值 $\mu=0.65$ 正好等于总体中"赞成"的比例 π;我们还发现方差 $\sigma^2=0.2275=0.35\times 0.65$。这是一个很有意思的答案。

2)样本均值 $\overline{X}=\dfrac{\sum X}{n}=\dfrac{7}{10}=0.70$

样本中"赞成"的比例 $P=\dfrac{7}{10}=0.70$

我们又一次发现,样本均值和样本中"赞成"的比例是一致的。我们很容易将这个例子的结果推广到一般情况。为了说明问题,令

总体:全部个体,分别用 0,1 表示;

总体比例 π:总体中对应 1 的个体的比例;

随机变量 $X=\begin{cases}1 & \text{成功(如果"赞成")} \\ 0 & \text{失败(其他)}\end{cases}$

我们在表 4-8 中计算该总体的均值和方差。

表 4-8 0～1 变量总体的均值与方差计算　　　　　　　　　　　(总体中"成功"的比例等于 π)

$X=\begin{cases}1 & 成功\\0 & 失败\end{cases}$	$P(X)$	$XP(X)$	$(X-\mu)^2 P(X)$
0	$1-\pi$	0	$\pi^2(1-\pi)$
1	π	π	$(1-\pi)^2\pi$
		$\mu=\pi$	$\sigma^2=\pi(1-\pi)$

我们发现:

$$\text{总体均值 }\mu=\text{总体比例 }\pi \tag{4-5}$$

$$\text{总体标准差 }\sigma=\sqrt{\pi(1-\pi)} \tag{4-6}$$

当抽取一个随机样本后,求样本均值 $\overline{X}$ 是将所有的 1 相加(数一下"赞成"的人数),然后用 n 去除。这当然也就等于样本中"赞成"的比例 P,因此

$$\text{样本均值 }\overline{X}=\text{样本比例 }P \tag{4-7}$$

由此我们发现了一种处理比例的巧妙方法:引进 0～1 变量,规定总体中的个体在具有某种特征时赋予 1 的值,否则就赋予 0 的值。这时总体中对应于 1 的比例(具有该种特征的个体的比例)就是该变量的均值;同样地,样本中含 1 的比例也就是该样本的均值。0～1 变量还叫做计数变量、指示变量、开关变量、二进制变量或最常用的哑变量。

把比例看作是均值,就可以用已有的样本理论来处理。例如,考虑样本比例 P 是如何围绕着总体比例 π 上下波动的,由于 P 恰好就是 0～1 变量的样本均值 $\overline{X}$,将(4-7)式和(4-5)式代入(4-1)式,即可求得它的期望值:

$$P \text{ 的期望值}=\pi \tag{4-8}$$

求 P 的标准误差可将(4-7)式和(4-6)式代入(4-2)式得到:

$$P \text{ 的标准误差}=\sqrt{\dfrac{\pi(1-\pi)}{n}} \tag{4-9}$$

最后,正态近似定理保证了,对于大样本来说,P 的抽样分布是近似正态的。因此可总结

如下：

比例的正态近似定理：在容量为 n 的非常简单随机样本(VSRS)中，样本比例 P 以 $\sqrt{\dfrac{\pi(1-\pi)}{n}}$ 的标准误差围绕着总体比例 π 波动。随着 n 的增加，P 的分布围绕其目标 π 波动得越来越小，它也就越来越接近于正态(钟形)。

有了这一定理，则可以解决关于比例的许多问题。

例 4-8 考虑一下 2003 年某学院区人大代表的选举，结果有 60% 的选民投了丁老师的票，最后丁老师因选票超过半数而当选。假定在选举之前为了预测当选人，抽取了 $n=30$ 个选民的一个随机样本进行民意测验；如果样本中只有半数以下的比例支持丁老师，例如 13/30，那么预测的结果将报告丁老师失败。显然这样的样本将把我们引入歧途，是一个倒霉的样本。

那么，抽取到以上倒霉样本(支持丁老师者占少数)的概率是多少？即，错误预测的机会是多少？

解：如果用 P 表示样本中支持丁老师的比例，我们要求的是 P 小于 50% 的概率。根据正态近似定理，P 围绕着 $\pi=0.60$ 以标准误差 $=\sqrt{\pi(1-\pi)/n}=\sqrt{0.60(1-0.60)/30}=0.0894$ 正态地波动。先将 $P=0.50$ 标准化

$$Z=\frac{P-\pi}{SE}=\frac{0.50-0.60}{0.0894}=-1.12$$

因此，$Pr(P<0.50)=Pr(Z<-1.12)=0.1314$

即，错误预报选举结果的机会约为 13%。显然，错报的可能性比较大，因为样本量 $n=30$ 不够大。如果加大样本量至 $n=100$，则求得错误预报的概率将降低至 2% 左右(请读者自行计算验证)。

注意，这个问题实际上是二项分布的问题，也就是求当 $n=30$，$\pi=0.60$(需查更详细的二项分布表)时

$$Pr(X<15)=Pr(X\leq 14)=0.097\approx 10\%$$

我们看到，用正态近似定理求得的概率 13% 与用二项分布求得的精确值 10% 之间还有一定的误差，对于这个问题的处理我们将在下一部分讨论。

例 4-9 某中学男生和女生人数相同，现随机地从中抽取 15 名学生，问样本中男生人数大于 10 的概率是多少？

解：首先我们将"男生人数大于 10"等价地表达为"男生的比例大于 $\dfrac{10}{15}$"。这样就可以使用正态近似定理：比例 P 近似正态地围绕着 $\pi=0.50$ 以

$$标准误差(SE)=\sqrt{\frac{\pi(1-\pi)}{n}}=\sqrt{0.50\times(1-0.50)/15}=0.129$$

波动。将临界比例 $P=10/15$ 标准化，得

$$Z = \frac{P - \pi}{SE} = \frac{10/15 - 0.50}{0.129} = 1.29$$

因此，$Pr(P > 10/15) = Pr(Z > 1.29) = 0.0985$
即男生人数大于 10 的概率约等于 10%。

这个例子实际上也是一个二项分布问题。利用二项分布可以得到更精确的答案，但是如果没有更详细的二项分布表，利用公式计算起来将会复杂得多。所以，当 n 比较大时，我们常常利用正态近似定理来解决类似的二项分布问题，并称之为二项分布的正态近似。

2. 连续性修正

利用正态近似定理得到的仅是一个近似，因此肯定会包含一些误差。为了说明这一误差，重新考虑例 4—9 中的问题，"男生人数大于 10"和"男生人数等于或大于 11"这两种说法是完全相同的，因此"男生的比例大于 10/15"和"男生的比例等于或大于 11/15"也应该是完全相同的。不过，如果按照后一种说法，我们应用正态近似定理则可得到另一个近似解 $Pr(P \geqslant 11/15) = 0.0352$，它与例 4—9 得到的近似解 $Pr(P > 10/15) = 0.0985$ 一样都是包含有误差的。我们宁愿不要这两个近似值，而是从一开始就用折中的办法从而得到一个更好的近似：不用"大于 10"，也不用"等于或大于 11"，而是用"大于 $10\frac{1}{2}$"，从而得到 $P = 10\frac{1}{2}/15$ 的标准化 Z 值。

$$Z = \frac{P - \pi}{SE} = \frac{10\frac{1}{2}/15 - 0.50}{0.129} = 1.55$$

因此 $Pr(P > \frac{10\frac{1}{2}}{15}) = Pr(Z > 1.55) = 0.061$

这一折中的答案和精确答案 0.059 十分吻合，而精确答案 0.059 是按照二项分布求得的。显然，这一折中答案 0.061 比前面的两个近似答案 0.0352 和 0.0985 要好得多。因为前面的两个近似答案都是通过用连续分布（正态）和近似离散分布（二项）所得到的，而折中答案是通过修正这两种不合适的近似所得到的，习惯上叫做"连续性修正"。其方法为：

对二项分布的连续性修正，是先用两种可能的方式来描述问题
（例如"大于 10"和"等于或大于 11"），然后在随后的正态近似中，
用其中间值（$10\frac{1}{2}$）进行计算

为了显示连续性修正的效果，我们将例 4—8 和例 4—9 的计算结果重新比较如下：

表 4-9 连续性修正的效果

	例 4-8	例 4-9
精确值	$Pr(X<15)=0.097$	$Pr(X>10)=0.059$
近似值	$Pr(P<\frac{15}{30})=0.1314$ $Pr(P\leqslant\frac{14}{30})=0.0681$	$Pr(P>\frac{10}{15})=0.0985$ $Pr(P\geqslant\frac{11}{15})=0.0352$
连续性修正值	$Pr(P\leqslant\frac{14\frac{1}{2}}{30})=0.0968$	$Pr\left(P>\frac{10\frac{1}{2}}{15}\right)=0.061$

习 题

在以下各题中,如果你想得到精度较高的答案,特别是当样本量 n 较小时,可考虑利用连续性修正的方法。

4-11 某市处级以上领导班子中,新、老干部的比例为 45:55,如果从中随机地抽取 12 名干部进行某项活动,那么抽中的老干部人数等于或小于 3 人的概率是多少?

4-12 在 1980 年的美国总统选举中,有 3490 万名选民投选民主党(候选人卡特),4320 万名选民投选共和党(候选人里根)。一次有代表性的选前民意测验随机地抽取了 1500 名选民。问这样的民意测验能正确地预测选举得胜者,即样本中的大多数选民投选共和党的概率是多少? 如果只抽取 15 位选民,结果又如何?

4-13 在北京市,每天最早出生的 50 个婴儿中,男孩比例等于或大于 40% 的概率是多少?(假定男孩和女孩的出生率大致相同)

4-14 假定某单位职工对某份报纸表示比较满意的人数占全体职工的一半,那么在随机抽样调查中,样本中表示比较满意的人数也占样本数的大约一半,具体地说,在 40% 与 60% 之间的机会是多少? 如果
1) $n=15$ 人 2) $n=30$ 人 3) $n=100$ 人

4-15 回忆一下,概率的定义是相对频率的极限,那么,如果将一个均匀的骰子投掷 100 万次,这就意味着 1 点出现的相对频率(或比例 P)将非常接近于 $\frac{1}{6}$(概率 π)。请具体计算一下 P 的取值在 $\frac{1}{6}\pm0.001$ 范围内的概率。

4-16 在北京市某天出生的前 10 个婴儿中,男孩等于或大于 7 的机会是多少? 以三种形式回答这一问题:
1) 用二项分布准确地回答;
2) 用正态分布近似地回答;
3) 用连续性修正的正态分布近似地回答;
4) 就下面的说法回答对或错,如果错,请加以改正:

第3)的答案说明连续性修正的正态近似是很好的近似,它对即使是 $n=10$ 那么小的样本也有效。

本章小结

1.当总体中所有的个体等可能地被抽取到一个样本中时,我们可以得到总体均值 μ 的无偏估计量 $\overline{X}$。如果样本中的 n 个观察还是相互独立地被抽取的,则称此样本为一个非常简单的随机样本(VSRS)或简称为随机样本。抽取随机样本的方法之一是抽签。随机抽样很容易被模拟。模拟方法也是一种基本的抽样技术。

2.从一个模拟的样本可以计算 $\overline{X}$。我们可以一次又一次地抽取许多样本,每次都计算样本均值 $\overline{X}$。如果我们集中所有这些 $\overline{X}$ 值,它们就构成了均值的蒙特卡罗抽样分布。

3.抽样分布的图形显示 $\overline{X}$ 围绕其目标 μ 以标准误差 $SE=\sigma/\sqrt{n}$ 近似正态地波动。样本量 n 越大,$\overline{X}$ 围绕 μ 的波动将越小。

4.比例 P 可以用已经得出的关于 $\overline{X}$ 的一般结论来处理,只要把比例看成某种 $0\sim1$ 变量的均值就可以了。因此我们得知样本比例 P 围绕其目标 π(总体比例)以标准误差 $\sqrt{\pi(1-\pi)/n}$ 近似正态地波动。

习　题

4—17　用短线将左、右两边的符号和短语连接起来。

μ	样本均值
$\overline{X}$	样本方差
σ^2	总体比例
S^2	总体方差
π	样本比例
P	总体均值

4—18　假定在美国某次选举预测的民意测验中,已知全美国和加利福尼亚州的选民中支持民主党的比例 π 是相同的,唯一不同的是全美国的总体是加利福尼亚州总体的 10 倍。为了取得 π 的同样可靠的抽样估计,全美国的样本大小和加利福尼亚州样本大小应是什么样的关系?

4—19　华南地区男子身高近似地服从均值为 169 厘米、标准差为 6.4 厘米的正态分布,计算以下各问,并作出相应的图形。

　　1) 如果一个男子是随机地抽取的,那么他的身高超过 172 厘米的机会是多少?

　　2) 如果一个 $n=16$ 人的样本是随机地抽取的,那么样本平均身高超过 172 厘米的机会是多少?

4—20 极化光通过某种物质时正好偏转90度,但是观测到的角度是有误差的。假定观测值近似地服从均值为90度、标准差为1.2度的正态分布,现抽取一个有4次独立观测的随机样本,问

1) 第一个观测值超过91度的可能性是多少?

2) 所有4个观测值都超过91度的机会是多少?

3) 4个观测值平均超过91度的机会是多少?

(注意,极化光通过另一种物质时偏转92度,所以如果观测值超过91度,观测者可能会误认为穿过的是另一种物质。)

4—21 假定一根粗绳索的拉断力是组成该绳索的9股纤维绳的拉断力之和,这些纤维绳是从一大批平均拉断力为50千克、标准差为12千克的成品中抽取的。问一根粗绳索被400千克的负荷拉断的机会是多少?

4—22 某单位职工每天平均读报时间为30分钟,标准差为12分钟,如果随机地抽取100名职工调查,问①每天读报时间在25分钟至35分钟的职工大约有多少名?②这100名职工的平均读报时间在25分钟至35分钟的可能性有多大?

4—23 某单位技术考核的结果显示,称职的占50%,基本称职的占40%,不称职的占10%。随机抽取30人,问其中称职的人数超过15人的概率是多少?

4—24 1) 假定飞机乘客的体重总体平均值为60千克,标准差为11千克。某飞机的载重量为3500千克,问55位乘客的飞行将会超重的机会是多少?

2) 如果超重的概率减小到千分之一,载重量应该是多少?

第二部分
常用统计分析方法

这一部分是本书的重点,将介绍推断性统计学的基本概念、常用方法和应用统计软件分析的应用实例,这些是本教材要求学生必须重点掌握的内容。

第五章　置信区间

置信区间是本书的核心内容之一,是进行统计分析、统计推断的基础。

5.1　演绎法与归纳法简介

在上一章中,我们从一个已知总体开始,讨论了样本具有怎样的性质、样本均值能如何接近总体的均值 P。这就叫演绎法——由一般(总体)去推证特殊(样本),如图 5-1A 所示。

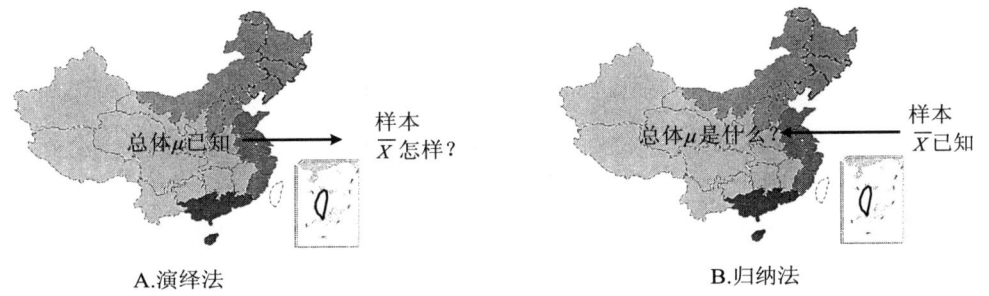

图 5-1　演绎法与归纳法的比较

在本章中,我们将改变讨论方法,也就是从抽取的一个已知样本出发,问对被抽样的未知总体可以做出什么结论,这就叫归纳法,或叫统计推断——由特殊(样本)去推证一般(总体),如图 5-1B 所示。

不过在讨论之前,我们先在表 5-1 中再次复习一下样本与总体之间的重要差别。在一个总体中,均值 μ 和方差 σ^2 虽然一般都是未知的,但它们却是固定的常数,记住这点十分重要。这些常数叫做总体参数。

相反地,样本均值 $\overline{X}$ 是一个随机变量,它随样本而变化,由上一章我们已知它的分布是近似正态的。像 $\overline{X}$ 这样的随机变量是通过样本中的观测值计算出来的,其专门名称叫做样本统计量。

表 5-1 样本与总体

随机样本	总体
随机变量,样本统计量;$\overline{X}$ 和 S^2 为样本统计量,可以用相对频率 f/n 来计算; 用英语字母表示。	固定参数,目标;μ 和 σ^2 为总体参数或目标,可以通过概率 $P(X)$ 来计算; 用希腊字母表示。

5.2 总体均值 μ 的置信区间

1. 均值 μ 的 95% 的置信区间

归纳法即统计推断是建立在上一章研究的演绎法基础之上的。在上一章,我们看到了样本均值 $\overline{X}$ 怎样靠近其目标即总体均值 μ。例如,在例 4-5 中,当从某男子身高总体中随机抽取 $n=100$ 个观测量时,样本均值 $\overline{X}$ 与总体均值之间的距离小于 2 厘米的可能性是 95%。在本章中,我们不知道总体均值 μ,但是我们知道由样本观测值求出来的样本均值 $\overline{X}$。那么对上一个问题我们仍可以几乎肯定地说,$\overline{X}$ 与 μ 的距离小于 2 厘米。换句话说,我们有 95% 的置信度认为,总体均值 μ 在样本 $\overline{X} \pm 2$ 厘米之内,即

$$\overline{X} - 2 \leqslant \mu \leqslant \overline{X} + 2$$

或简单地记作

$$\mu = \overline{X} \pm 2$$

并称之为 μ 的 95% 置信区间。这就是统计推断的一个简单例子。

一般地说,样本均值 $\overline{X}$ 是围绕其目标 μ 近似地正态分布的,如图 5-2 所示。因此对于 95% 的置信度,我们正好在 $\overline{X}$ 的正态分布的两侧尾部各留下 2.5% 的概率。查附录三的表Ⅳ,得临界 Z 值为 ±1.96,这就要求距离 μ 有 1.96 个标准误差。也就是说,$\overline{X}$ 和 μ 的距离小于 1.96SE 的概率为 95%。因此,95% 的置信区间可以写成:

$$\mu = \overline{X} \pm 1.96 SE \quad (5-1)$$

其中 $\overline{X}$ 的标准误差

$$SE = \frac{\sigma}{\sqrt{n}} \quad (5-2)$$

注意对 (5-1) 式不要错误地理解。虽然将 μ 写在等式的左边,但目标 μ 并没有变成变量,它仍然是一个总体

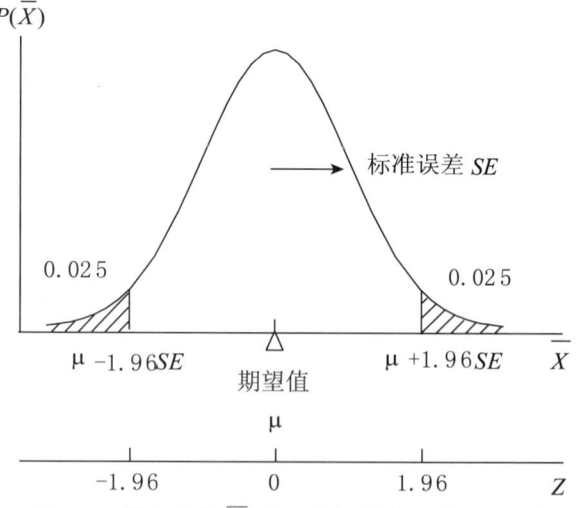

图 5-2 样本均值 $\overline{X}$ 以固定但是未知的 μ 为目标正态地分布,在 $\mu \pm 1.96 SE$ 之间的概率为 95%

的常数(参数)。(5-1)式是关于随机变量,或更准确地说,是关于随机区间 $\overline{X} \pm 1.96 SE$ 的概率说明,是这一区间在变化,而不是 μ 在变化。

为了强调是置信区间在波动而 μ 保持不变,我们再回到例 4-5 中去。假定我们抽取了一个 $n=100$ 的随机样本,要用样本均值构造一个对 μ 的区间估计。为了清楚地说明将要发生的事,假定我们事先是知道总体均值 μ 和标准差 σ 的:

$$\mu = 169, \quad \sigma = 10.2$$

那么由(5-2)式得出,$\overline{X}$ 的标准误差为

$$SE = 10.2/\sqrt{100} = 1.02$$

现在假定有一位统计学家,他并不知道 μ 的大小,他试图用置信区间(5-3)把 μ 表示出来。为了领会他工作的随机性质,我们让他多次估计 μ 的置信区间,比如说 50 次,每次抽取 $n=100$ 人的不同的随机样本。

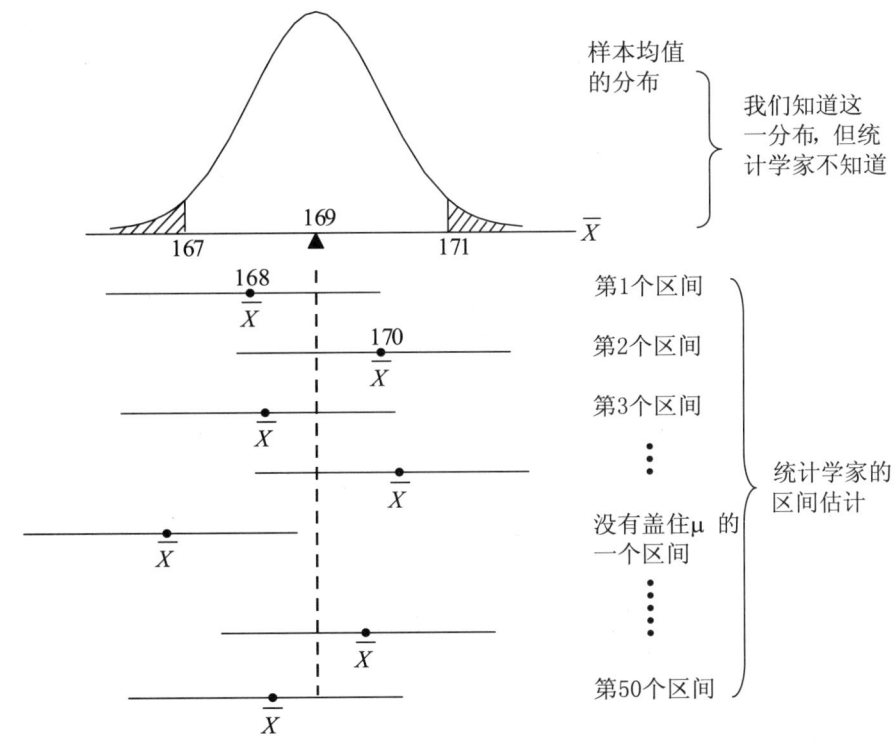

图 5-3 构造 50 个区间估计,其中大约有 95% 盖住了目标 μ

图 5-3 显示了统计学家的工作,我们知道 $\overline{X}$ 分布在 $\mu=169$ 的两边,与 μ 的距离小于

$$\pm 1.96 SE = \pm 1.96(1.02) = \pm 2.0$$

的机会为 95%。$\overline{X}$ 有 95% 的机会落在 167~171 厘米之间。

但是该统计学家并不知道这些,他只能盲目地抽取一个随机样本,用它来计算 $\overline{X}$。假定 $\overline{X}=168$,那么根据(5-1)式,他求出了 μ 的一个 95% 置信区间

$$\mu = \overline{X} \pm 1.96 SE = 168 \pm 2$$

它就是图 5-3 所示的第一个区间。这个区间正好盖住了 μ,统计学家的努力是成功的。

他的第二个样本抽取了个子较高的一些人,求出 $\overline{X} = 170$。类似的计算得到如图 5-3 所示的第二个区间。如果他继续这样求出 50 个区间的估计,那么大约有 95% 的区间会将目标参数 μ 盖住。也就说,仅有 2 个或 3 个左右可能失败,没盖住 μ。

我们很容易看明白为什么统计学家经常是对的。对每一个区间估计,他只是将样本均值加上或减去 2 厘米。这正好是按照 $\pm 1.96(SE)$ 求出的,如图 5-2 所示的以 μ 为中心的有 95% 概率的那个范围的 ± 2 厘米。因此,只有当统计学家观测到了这一范围内的一个样本时,他的区间估计才能盖住 μ。而从长远的观点来看,这种情况发生的可能性是 95%。

当然,在实践中,统计学家不可能取很多样本,一般情况下他只能取一个。而一旦进行了区间估计,他不是对就是错,即这一区间或盖住了 μ 或没有。重要的是,统计学家采用的是一种有 95% 成功可能的方法,从长远的观点看,用这种方法构造出来的区间有 95% 会盖住 μ。

构造 95% 置信度的置信区间在某种意义上就像在游乐场里玩"套圈"游戏,两种情况都有一个固定的目标:或者是总体参数 μ,或者是被套的桩子。我们是要用某些含一定成功概率的手段去盖住这一目标,或是用随机区间,或是用"圈"。这一类比如图 5-4 所示。

不过,构造置信区间与玩套圈游戏还是有所不同。首先,置信区间通常只构造一个,而玩套圈一般要投好多个;其次,目标 μ 不像套圈的桩子,它是看不见的。因此,套圈人能知道自己的结果是否成功,但统计学家却不知道,他是"在黑暗中投掷",不知道自己的区间估计是否盖住了 μ。他所必须研究的是,从长远的观点来看保证自己有 95% 成功可能的统计理论和方法。

2. 均值 μ 的置信度为 $1-\alpha$ 的置信区间

对于 (5-1) 式表示的置信度为 95% 的置信区间,为了更清楚地说明这一随机区间是如何求得的,我们还可以将该置信区间写成

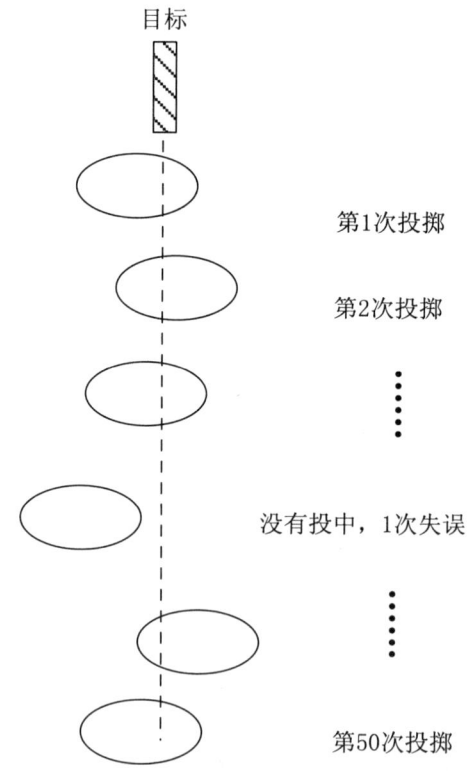

图 5-4 命中率为 95% 的投圈人的投圈结果,与统计学家在图 5-3 所做的相类似

$$\mu = \overline{X} \pm Z_{0.025} SE \tag{5-3}$$

或
$$\mu = \overline{X} \pm Z_{0.025} \tag{5-4}$$

其中 $Z_{0.025}=1.96$，是从附录三的表Ⅳ（正态分布表）查得的。也就是说，它对应于右侧尾部去掉 0.025 处的 Z 值。根据对称性，左侧尾部也去掉了 0.025。

如果我们希望结果更加可靠，比方说，要有 99% 的置信度，那么区间范围就应该大得足以有 99% 的置信度。这时左右两侧尾部各自只能去掉 0.005，因此要将上面公式中的 $Z_{0.025}$ 改为 $Z_{0.005}=2.57$。

一般地，左右两侧尾部去掉的面积总和如果用 α 来表示，那么置信度 $=1-\alpha$，这时 Z 值应该是对应于右侧尾部去掉 $\frac{\alpha}{2}$ 处的临界值，当然左侧尾部也同样去掉了 $\frac{\alpha}{2}$，如图 5-5 所示。因此，置信度为 $1-\alpha$ 的置信区间为

$$\mu = \overline{X} \pm Z_{\frac{\alpha}{2}} \frac{\sigma}{\sqrt{n}} \tag{5-5}$$

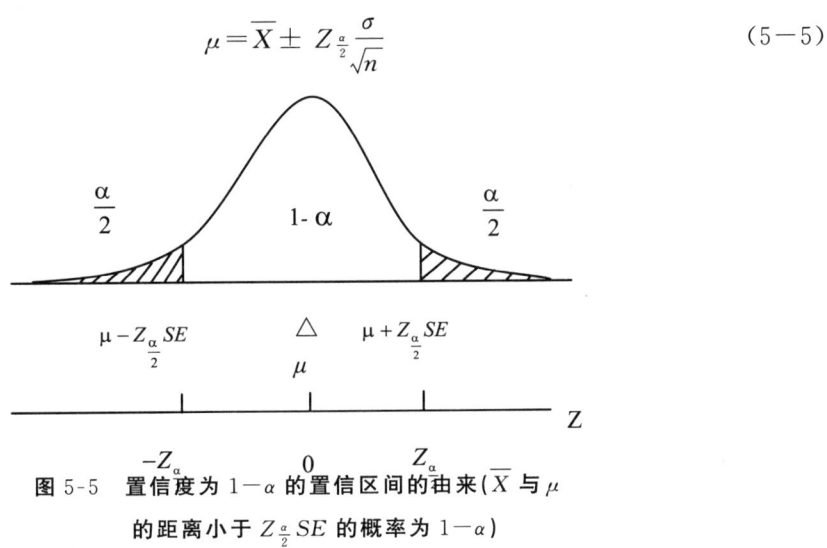

图 5-5　置信度为 $1-\alpha$ 的置信区间的由来（$\overline{X}$ 与 μ 的距离小于 $Z_{\frac{\alpha}{2}} SE$ 的概率为 $1-\alpha$）

最后，将置信区间的有关问题再归纳一下：

① 总体参数 μ 是常数，并且一直保持不变；变化的是随机区间，其中心为 $\overline{X}$，长度为 $2Z_{\frac{\alpha}{2}} SE$。

② 随着样本含量 n 的增加，$\overline{X}$ 的标准误差 $\sigma/\sqrt{n}$ 越来越小，因此置信区间也变得更窄、更精确。这就是增加样本含量的价值。

③ 随着置信度的提高，$Z_{\frac{\alpha}{2}}$ 的值随之增大，因此置信区间变得更宽，即更加含糊不明确。这也是可以理解的：要想把某一声明表达得更无懈可击，就必须使其更加含糊不明确。因此置信度和精确度之间是矛盾的。对于实际问题，我们要在两者之间做一合理的折中。

例 5-1　要估计某居民区人均日收听广播的时间，已知标准差为 15 分钟。现随机地抽取 25 位居民，这 25 人的平均日收听广播时间为 60 分钟，求整个居民区平均日收听广播时间的 95% 置信区间。

解：将 $\overline{X}=60$，$\sigma=15$，$n=25$ 代入(5-4)式,得

$$\mu=60\pm 1.96\frac{15}{\sqrt{25}}=60\pm 5.88\approx 60\pm 6$$

即,该居民区的平均日收听广播时间的 95% 置信区间为

$$54<\mu<66（分钟）$$

3. 当 σ 未知时总体均值 μ 的置信区间

我们在前面研究了总体标准差 σ 已知的情况,但这是不太实际的。下面我们考虑未知的更一般的情况。

σ 未知时,必须先求 σ 的某个估计量,最自然的想法是选用样本的标准差 S,它和 $\overline{X}$ 一样可以从样本数据中计算出来。不过利用 S 又会引进一个误差来源,特别是当样本较小时,更容易影响精度。为了保持 95% 的置信度,我们应该扩大那个置信区间,用一个较大的习惯上表示成 $t_{0.025}$ 的数来代替 $Z_{0.025}$。当我们用 S 和 $t_{0.025}$ 代入(5-4)式时,就得到 σ 未知时总体均值 μ 的 95% 置信区间

$$\mu=\overline{X}\pm t_{0.025}\frac{S}{\sqrt{n}} \tag{5-6}$$

$t_{0.025}$ 的值可以在附录三表Ⅴ(t 分布的临界值表)中查到,该表中的值每列都是按自由度(df)排列的。在这里,自由度正好等于在计算 S^2 时所用到的信息的个数,即等于 S^2 中的除数。关于自由度的概念,我们已经在第二章进行过解释:样本中共有 n 个观测值,即 n 个信息或自由度,其中一个自由度在计算均值时被使用掉了,留下 $n-1$ 个自由度给方差,因此

$$df=n-1 \tag{5-7}$$

例如,如果 $n=6$,我们在表Ⅴ中对应于 $df=5$ 的那一行查到 $t_{0.025}=2.571$。注意,这个数确实比 $Z_{0.025}=1.96$ 大一些。

那么在实践中,我们什么时候用正态 Z 分布表,什么时候用 t 分布表呢？如 σ 是已知的,那么在(5-4)式中用正态 Z 值是合适的;如果 σ 必须用 S 来估计,那么在(5-6)式中用 t 值是合适的;不过,如果样本量很大,也可以用 Z 值,因为这时 t 值和 Z 值是十分近似的,这从 t 分布表的最后几行就可以看出来。因此在实践中,只有当 σ 未知且又是小样本的情形才用 t 值。在这个意义上,也可以把 t 分布看成是适用于小样本的一种分布。

例 5-2 从某大企业中随机抽取 5 名员工,他们当月的奖金分别为 150 元、360 元、400 元、240 元、300 元,计算全厂当月平均奖金 μ 的 95% 置信区间。

解：因为 $n=5$,$df=4$,由 t 分布表Ⅴ得 $t_{0.025}=2.776$;再由下表求得 $\overline{X}=290$,$S=98.99$,将以上各值代入(5-6)式,得

$$\mu=290\pm 2.776\frac{98.99}{\sqrt{5}}=290\pm 122.90$$

也就是说,全厂当月平均奖金 μ 在 167~413 元之间。这是一个相当宽的(估计得不精确)区间,因为样本量太小了。

奖金收入 X	$(X-\overline{X})$	$(X-\overline{X})^2$
150	-140	19600
360	70	4900
400	110	12100
240	-50	2500
300	10	100
$\overline{X}=\dfrac{1450}{5}=290$	0	$S^2=\dfrac{39200}{4}=9800$ $S=\sqrt{9800}=98.99$

对于置信度为 $1-\alpha$ 的置信区间，其一般形式为

$$\mu = \overline{X} \pm t_{\frac{\alpha}{2}} \frac{S}{\sqrt{n}} \tag{5-8}$$

其中 $t_{\frac{\alpha}{2}}$ 是对应于自由度 $df=n-1$ 右侧尾部频率为 $\dfrac{\alpha}{2}$ 时的 t 分布的临界值。(5—6)式和(5—8)中的 $\dfrac{S}{\sqrt{n}}$ 表示标准误差 SE 的样本估计。(5—8)式和(5—5)式很相似，所不同的只是(5—8)式中用的是 SE 的估计值，而(5—5)式用的是 SE 的精确值，因此(5—8)式中要使用较大的 t 来代替 Z。

我们在本章所研究的置信区间在总体为正态或近似正态时十分有效。不过如果总体的分布形状与正态相差太多，就不要再以样本均值为中心来构造置信区间，而要考虑用样本的中位数来构造置信区间。关于这个问题，我们将在第十一章中加以讨论。

习　题

5—1　在以下各题的括号中选择正确的答案：

1) 样本均值$(\overline{X},\mu)$是对总体均值$(\overline{X},\mu)$的一个无偏估计；

2) $\overline{X}$ 随着样本的不同而波动，其标准差等于$[\dfrac{\sigma}{n},\dfrac{\sigma}{\sqrt{n}}]$，它也叫做[标准误差或 SE，总体标准差]

3) 如果以 $\overline{X}$ 为中心两边加减大约$(\sqrt{n},2)$个标准误差的容许限，那么我们会得到足够宽、在95%的情况下能包含目标 μ 的区间。我们称之为[总体参数，95%置信区间]。

5—2　1) 假定你从某连锁便利店的所有网点中随机抽取10个网点，并求出这10个网点的平均日销售额为8500元。如果你知道所有网点平均日销售额的标准差为1500元，求该连锁便利店的所有网点的平均日销售额的95%置信区间。

2) 尽可能简明地向连锁店的总经理解释你答案的意思。

3) 如果总经理对你的答案表示怀疑，假定他将所有网点的日销售额搜集起来，求出所有网点的平均日销售额为9050元。你对此将如何解释？

5—3 从某医院育婴室(总体)随机地抽取4个婴儿,他们的出生体重(千克)分别为3.1, 2.8,3.6,3.7千克。已知总体标准差为0.4千克,求

1) 总体平均出生体重的95%置信区间;

2) 总体平均出生体重的99%置信区间。

5—4 在一次身体素质调查中,研究者抽取了某城市100名成年男子的随机样本的身高,求出样本平均值为170.2厘米,如果总体标准差为8厘米:

1) 求总体的平均身高 μ 的95%置信区间;

2) 假定研究者想把95%的置信区间幅度缩小,比如说使误差容许限 $e=1.2$ 厘米,那么他应收集多大的样本?

3) 在2)中,我们发现样本量 n 和误差容许限 e 之间有一定的关系,如果用 σ 表示总体标准差,证明用 e 和 σ 来求 n 的一般公式为

$$n=(1.96\frac{\sigma}{e})^2$$

4) 如果想要精确25倍(即,使误差容许限是原误差容许限的1/25),那么样本量应该是原样本量 n 的多少倍?

5—5 在2000年北京市媒体与公众调查中,有13道关于北京市申办奥运会的态度量表,累加后可以得到被访对象的总态度得分,其中最低分为13分(很消极)、最高分为65分(很积极)。假定某单位20人的一个随机样本的态度得分为:

45,45,43,47,39,41,48,46,50,35

47,46,44,44,50,49,39,49,48,43

1) 计算总体(该单位)平均态度得分 μ 的95%置信区间;

2) 计算 μ 的99%置信区间。

5—6 在一次广告宣传图片比赛中,给每幅参赛图片都评了分,综合得分的满分为100。假定某统计学家并不知道总体中每幅图片的得分,但他从该批参赛图片中随机地抽取了30幅,并求出了这30幅的平均综合得分值为83分,标准差为20分,然后求出了参赛的所有图片综合得分的平均值的95%置信区间。

1) 写出这个置信区间;

2) 比赛组织者从参赛图片中随机地抽出一幅,发现其综合得分是98分,这会让人感到奇怪吗?这与1)的置信区间有什么联系吗?请说明。

5—7 从某汽车公司的司机中随机地抽取40名司机参加市里统一举办的交通安全知识竞赛,他们的得分如下:

58,78,49,71,74,83,64,86,64,55,58,65,72,65,87,56,45,56,68,64,42,60,50,
73,54,71,76,62,62,86,58,86,70,57,74,58,82,53,75,73

构造该汽车公司全体司机交通安全知识得分的平均值(假定全体司机都去参赛的话)的95%置信区间(提示:可将40个分数按组距为5分组,以减轻计算工作量)。

5-8 在我国台湾的"夫妻对电视传播媒介观念差距之研究"中,随机地调查访问了 30 对夫妻。妻子对电视媒介观念"看电视是日常生活之中很重要的一个项目"等 10 项态度量表的态度反应资料如下表(1 分表示"很不同意",7 分表示"很同意",将 10 项态度分累加后得一总态度分,这种量表叫 7 级李克特累加量表)

电视媒介态度反应得分	人数
11～20	3
21～30	5
31～40	9
41～50	6
51～60	4
61～70	3
总　计	30

1) 列表计算右表妻子态度得分的平均值 X 和标准差 S;
2) 构造妻子对电视媒介观念态度的平均值 μ 的 95% 置信区间。

(注意:这种组上、下限不重叠的分组方法其均值与方差的计算也与第二章讲述的方法相同)

5.3 两个总体均值之差 $(\mu_1 - \mu_2)$ 的置信区间

比较两个总体,通常是估计它们的差 $\mu_1 - \mu_2$,而样本均值之差 $\overline{X_1} - \overline{X_2}$ 是一个合理的估计量。我们还是以 $\overline{X_1} - \overline{X_2}$ 为中心来构造 $\mu_1 - \mu_2$ 的区间估计。

1. 总体方差和已知时

类似于 5.2 节的讨论,我们可以建立如下置信度为 $1-\alpha$ 的置信区间:
$$\mu_1 - \mu_2 = (\overline{X_1} - \overline{X_2}) \pm Z_{\frac{\alpha}{2}} SE \tag{5-9}$$

其中 SE 表示 $(\overline{X_1} - \overline{X_2})$ 的标准误差,可以证明(此处省略),当 $\overline{X_1}$ 与 $\overline{X_2}$ 相互独立时,$(\overline{X_1} - \overline{X_2})$ 的方差正好是 $\overline{X_1}$ 和 $\overline{X_2}$ 的方差之和,即

$$\text{Var}(\overline{X_1} - \overline{X_2}) = \frac{\sigma_1^2}{n_1} + \frac{\sigma_2^2}{n_2} \tag{5-10}$$

因此

$$SE = \sqrt{\frac{\sigma_1^2}{n_1} + \frac{\sigma_2^2}{n_2}} \tag{5-11}$$

代入(5-9)式,得到样本相互独立时总体均值之差的置信度为 $1-$ 的置信区间为

$$\mu_1 - \mu_2 = (\overline{X_1} - \overline{X_2}) \pm Z_{\frac{\alpha}{2}} \sqrt{\frac{\sigma_1^2}{n_1} + \frac{\sigma_2^2}{n_2}} \tag{5-12}$$

如果两个总体的方差相等,即 $\sigma_1^2 = \sigma_2^2 = \sigma^2$ 时,上面的置信区间可以简化为

$$\mu_1 - \mu_2 = (\overline{X_1} - \overline{X_2}) \pm Z_{\frac{\alpha}{2}} \sigma \sqrt{\frac{1}{n_1} + \frac{1}{n_2}} \tag{5-13}$$

2.总体方差相等但未知时

在实践中,总体方差 σ^2 往往是未知的,需要从样本信息中估计出来。当然这就需要用较大的值 $t_{\frac{\alpha}{2}}$ 去代替(5-13)式中的 $Z_{\frac{\alpha}{2}}$,由此得到当总体方差相等而且未知时,相互独立样本的置信度为 $(1-\alpha)$ 的置信区间为

$$\mu_1 - \mu_2 = (\overline{X_1} - \overline{X_2}) \pm t_{\frac{\alpha}{2}} S_p \sqrt{\frac{1}{n_1} + \frac{1}{n_2}} \quad (5-14)$$

其中 S_p 为总体标准差 σ 的一个估计量。由于两个总体具有相同的方差 σ^2,因此应该合并两个样本的信息来估计 σ^2 才适当:将来自两个样本的偏差平方和加起来,然后用两个样本的总自由度 $(n_1-1)+(n_2-1)$ 去除,我们称此估计量 S_p^2 为联合方差,即

$$S_p^2 = \frac{\sum(X_1 - \overline{X_1})^2 + \sum(X_2 - \overline{X_2})^2}{(n_1-1)+(n_2-1)} \quad (5-15)$$

其中 X_1 和 X_2 分别表示第一个和第二个样本中的观测值。要完成(5-14)式的计算,还要知道 t 的自由度。它正好是求 S_p^2 时的除数,即

$$df = (n_1-1) + (n_2-1) \quad (5-16)$$

例 5-3 为了评价某个电视栏目的改版效果,在改版前从一个居民点中抽取了 5 位居民,他们对该栏目的评分分别是:65,70,85,80,75;改版后又从另一居民点中抽取了 6 位居民,他们对该栏目的评分分别是:70,75,80,85,85,85。如果假定两个居民点的评分的方差相同是合理的,计算两个居民点对该电视栏目评分均值之差 $(\mu_1-\mu_2)$ 的 95% 置信区间。(注:在实际调查研究的应用中,所需的样本量远远大于这个例子中的样本量。此处采用小样本的目的主要是为了方便展示计算的方法和过程。本书以后还有类似的小样本例子,请读者注意区分。)

解:这是两个独立样本的情况,我们在表 5-2 中计算了样本的均值和偏差平方和。那么

表 5-2 两个独立样本的分析

样本 1			样本 2		
X_1	$(X_1-\overline{X_1})$	$(X_1-\overline{X_1})^2$	X_2	$(X_2-\overline{X_2})$	$(X_2-\overline{X_2})^2$
65	−10	100	70	−10	100
70	−5	25	75	−5	25
85	10	100	80	0	0
80	5	25	85	5	25
75	0	0	85	5	25
			85	5	25
$\overline{X_1}=75$	0	250	$\overline{X_2}=80$	0	200

由(5-15) $\quad S_P^2 = \dfrac{250+200}{4+5} = \dfrac{450}{9} = 50$

$df=9$,查附录三表Ⅴ知 $t_{0.025}=2.262$,代入(5-14)式得

$$\mu_2-\mu_1=(80-75)\pm 2.262\sqrt{50}\sqrt{\frac{1}{5}+\frac{1}{6}}$$
$$=5\pm 9.69\approx 5\pm 10$$
即 $-5<\mu_2-\mu_1<15$

因此以 95% 的置信度，我们的结论是：改版后第二居民点的平均评分 μ_2 可能比改版前第一居民点的平均评分 μ_1 低 5 分，不过 μ_2 也可能比 μ_1 高 15 分，或者说 μ_2 与 μ_1 之差可能取 -5 至 15 分之间的任意一个值。也就是无法判断 μ_2 是否一定高于 μ_1。因为样本太小了，因而显得误差太大（± 10）。

(5—14)式要求两个样本是相互独立的，正如例 5—3 所示的那样。当然，我们也可以在改版前后分两次抽取同一居民点同样的居民，在这种情况下，两个样本就不是相互独立地被抽取的了。

3. 配对样本时总体均值之差的置信区间

假定要比较改版前和改版后居民对该电视栏目的评分情况，我们的确希望在两个样本中使用同样的个体（居民），这时要求独立样本的(5—14)式就不再适用。我们采用以下的步骤：先将样本中 6 位居民的每一对评分（改版前 X_1 和改版后 X_2）列在表 5-3 中。很自然，第一步是先看看每一位居民的评分是怎样变化的，也就是说，对每个居民都先计算差值 $D=X_2-X_1$。一旦求出了这些差值，那么用来求这些差值的原始数据就可以不用了。我们现在可以把这些差值 D 看成一个新的单一的样本，可以像分析其他单一样本那样来分析它：先计算这些差值的平均值 $\overline{D}$，然后用这一新样本的均值 $\overline{D}$ 按(5—8)式那样去构造原总体均值之差 $\Delta=\mu_1-\mu_2$ 的置信区间，从而得到配对样本时原总体均值之差的 95% 置信区间为

$$\Delta=\overline{D}\pm t_{0.025}\frac{S_D}{\sqrt{n}} \tag{5—17}$$

当然，如果将上式中的 $t_{0.025}$ 换成 $t_{\frac{\alpha}{2}}$，则可得到置信度为 $(1-\alpha)$ 的置信区间。

对于表 5-3 中的样本，我们求出 $\overline{D}=5$，$S_D=\sqrt{10}$，并且 $df=n-1=5$，因此 $t_{0.025}=2.571$。代入(5—17)式，得到

表 5-3　两个配对样本的分析

样本居民的评分			样本居民的评分		
居民编号	X_1（改版前）	X_2（改版后）	$D=X_2-X_1$	$(D-\overline{D})$	$(D-\overline{D})^2$
1	65	70	5	0	0
2	70	75	5	0	0
3	70	80	10	5	25
4	80	85	5	0	0
5	85	85	0	-5	25
6	80	85	5	0	0
			$\overline{D}=\frac{30}{6}=5$	0	$S_D^2=\frac{50}{5}=10$

即
$$\Delta = 5 \pm 2.571 \frac{\sqrt{10}}{\sqrt{6}} = 5 \pm 3.32 \approx 5 \pm 3$$
$$2 < \mu_2 - \mu_1 < 8$$

4. 为什么使用配对样本

比较一下配对样本的以上结果和例 5－3 独立样本的情形很有意思：配对数据的样本误差大大地缩小了(±3 对±10)。其原因是很直观的：配对以后使得许多外部变量(我们所感兴趣的评分变量以外的变量，例如年龄、性别、爱好、文化程度，等等)保持不变，在两次调查中(改版前和改版后)都使用相同的 6 位居民作为样本，这就使得两个样本中的性别、年龄、爱好、文化程度等等许多其他因素保持完全相同。因此对所分析的问题——改版后与改版前对该电视栏目的平均评分值之差的问题，就更加有把握了。

下面给出一个例子，将前面所学的几个公式的应用比较一下。

例 5－4 为了评价某减肥健美操训练班的效果，随机地抽取了还未参加训练的 5 名学员(刚刚报名)以及完成训练即将毕业的另外 5 名学员，他们的体重分别如下：(圆圈内数字表示新学员的编号)

未经训练：①130，②152，③120，④143，⑤ 135

经过训练： 132， 141， 110， 130， 132

1)求以下各题的 95％置信区间

a. 未经过训练时的平均体重；

b. 经过训练后的平均体重；

c. 训练期间所减少的平均体重。

2)为了更好地评价，改变了抽样设计方案，即测定相同学员在训练前后的体重，数据如下：

经过训练：②152，③111，①120，⑤130，④132。根据这 5 个人的数据，计算训练期间所减少的平均体重的 95％置信区间。

解：1)将有关数据以及有关计算列表如下：

未经训练			经过训练		
X_1	$(X_1 - \overline{X_1})$	$(X_1 - \overline{X_1})^2$	X_1	$(X_1 - \overline{X_1})$	$(X_1 - \overline{X_1})^2$
130	−6	36	132	3	9
152	16	256	141	12	144
120	−16	256	110	−19	361
143	17	49	130	1	1
135	−1	1	132	3	9
$\overline{X_1} = \frac{680}{5} = 136$	0	598	$\overline{X_2} = \frac{645}{5} = 129$	0	524

a. 利用(5-6)式,得($df=4$)

$$\mu_1 = \overline{X_1} \pm t_{0.025}\frac{S_1}{\sqrt{n_1}}$$
$$= 136 \pm 2.776 \frac{\sqrt{598/4}}{\sqrt{5}} \cong 136 \pm 30$$

b. 利用(5-6)式,得

$$\mu_2 = 129 \pm 2.776 \frac{\sqrt{524/4}}{\sqrt{5}} \cong 129 \pm 28$$

c. 利用(5-14)式,得($df=8$)

$$\mu_1 - \mu_2 = (\overline{X_1} - \overline{X_2}) \pm t_{0.025} S_p \sqrt{\frac{1}{n_1} + \frac{1}{n_2}}$$
$$= (136 - 129) \pm 2.306 \sqrt{\frac{598 + 524}{4 + 4}} \sqrt{\frac{1}{5} + \frac{1}{5}}$$
$$\cong 7 \pm 17$$

2) 使同一学员的 X_1 和 X_2 配对后有关计算如下表:

学员编号	X_1	X_2	$D = X_1 - X_2$	$(D - \overline{D})$	$(D - \overline{D})^2$
1	130	120	10	3	9
2	152	152	0	-7	49
3	120	111	9	2	4
4	143	132	11	4	16
5	135	130	5	-2	4
			$\overline{D} = \frac{35}{5} = 7$	0	$S_D^2 = \frac{82}{4} = 20.5$

利用(5-17)式,($df=4$)

$$\Delta = \overline{D} \pm t_{0.025} \frac{S_D}{\sqrt{n}}$$
$$= 7 \pm 2.776 \frac{\sqrt{20.5}}{\sqrt{5}} = 7 \pm 6$$

由以上计算可以看到,使用配对样本可以得到平均体重减少的更精确的置信区间(±6 对 ±17)。这是因为,对完全相同的 5 个人,许多外部因素比如性别、年龄、体质、种族等等都保持了相等。

很明显,如果有可能的话,在调查研究或实验设计中使用配对样本是很有好处的。不过有时候实验不可能对同一个体进行两次,这时我们就要采用近似的办法来构成配对样本。例如,可以使用双胞胎,在这种情况下遗传因素和环境因素等等都是近似相同的。当然,还要确定每对中的哪一个到处理组、哪一个到对照组。这就必须是公平的和无偏的,也就是说,要随机地进行,比方说可以用投掷硬币的方法来决定。

习 题

5-9 为了检验学生在学校健身房健身的效果,从一个年级自愿参加实验的男生中抽取了两个相互独立的随机样本,每组 10 名男生。从新学期一开始,一组的男生每周末去健身房健身,而二组的男生则不去健身。期末体育考试俯卧撑,一组的平均成绩为 20 个,而且 $\sum(X_1-\overline{X_1})^2=740$;二组的平均成绩为 14 个,且 $\sum(X_2-\overline{X_2})^2=620$。构造到健身房健身的男生和不去健身的男生的俯卧撑平均成绩 $(\mu_1-\mu_2)$ 的置信区间。

1) 置信水平为 95%;2) 置信水平为 90%(假定两个总体方差近似相等)。

5—10 为了研究反映肺癌严重性的影片对吸烟者减少吸烟量甚至戒烟是否有作用,从某吸烟者总体中随机地抽取 $n=25$ 名吸烟者,调查了他们分别在观看过肺癌影片前后的每天吸烟量(支),数据如下表。求看影片前后吸烟者总体平均日吸烟量之差的 95% 置信区间。

吸烟者编号	1	2	3	4	5	6	7	8	9	10
看肺癌片前 X_1(支)	23	33	19	15	18	17	33	24	15	18
看肺癌片后 X_2(支)	22	37	16	3	4	16	34	8	12	8
吸烟者编号	11	12	13	14	15	16	17	18	19	20	21	22	23	24	25
看肺癌片后 X_1(支)	23	9	13	23	33	43	53	16	15	6	7	8	15	8	13
看肺癌片后 X_2(支)	17	8	10	12	12	43	42	5	8	6	6	5	12	2	2

5—11 1972 年,美国的一次民意测验中抽取了两个相互独立的成年白人和成年黑人的样本,他们的上学年数分别如下:

白人:8,18,10,10,14;　黑人:19,12,5,10,14。

求下面各题的 95% 置信区间:

1) 白人总体上学年数的均值;
2) 黑人总体上学年数的均值;
3) 白人和黑人总体均值之差。

5—12 随机地抽取了 5 人,测量了他们在接受某一项治疗前后的呼吸量,数据如下表所示。请构造整个总体呼吸量的均值增加量的 95% 置信区间。

治疗前	治疗后
2750	2850
2360	2380
2950	2930
2830	2860
2260	2330

5—13 有趣的环境对大脑的发育有多大的影响?美国某生物学家对老鼠进行了实验。他抽取了 10 窝新出生的老鼠,每窝中分别随机地取出一只到处理组、另一只到对照组。两组老鼠所受待遇相同,所不同的只是处理组的老鼠都住在同一个笼子里,还放有许多好玩的东西;对照组的老鼠却用隔板分隔开住,也没有什么玩

具。一个月后,取出每只老鼠的脑皮质(脑中高度发达的部分),各窝中10对老鼠的脑皮质的重量如下表(单位:厘克):

处理组	68	65	66	66	67	66	66	64	69	63
对照组	65	62	64	65	65	64	59	63	65	58

1) 构造一个适当的95%置信区间;

2) 向不懂统计的人简明地说明1)中答案的意义。

5—14 在某一大单位相互独立地随机抽取了男、女职工各5名,他们的月收入(元)如下表:

男职工	2500	2550	2050	2300	1900
女职工	2200	2300	1900	2000	1800

1) 计算男、女职工平均月收入之差的95%置信区间;

2) 这一结果能否说明该单位对女性有歧视?

5—15 重复做习题5—14,只是样本数据按下表:

男职工	$n_1=25, \overline{X_1}=2260, \sum(X_1-\overline{X_1})=1074000$
女职工	$n_2=5, \overline{X_2}=2040, \sum(X_2-\overline{X_2})^2=172000$

5—16 为了确定两类种子中哪一类更好,省农科站在本省的7个县内分别随机地抽取了7块面积相同的小片土地,将每片地都平分成两半,并用随机方法(例如掷币)无偏地决定哪一半播种 A 类种子,哪一半用 B 类种子,产量如下表(单位:公斤)

县编号	1	2	3	4	5	6	7
A 类种子	82	68	109	95	112	76	81
B 类种子	88	66	121	106	116	79	89

你认为哪类种子更好?为了支持你的答案,请构造一个95%的置信区间。

5—17 酒精对胎儿大脑的发育有多大的影响?为了研究这一问题,1974年,美国的琼斯(Jones)等找到了6位在怀孕期间曾经有过酒精中毒经历的妇女,测试她们的孩子在7岁时的智商,其平均值为78,$\sum(X-\overline{X})^2=1805$。还有46名妇女组成的对照组,她们除了在怀孕区间没有酒精中毒之外,其他许多方面(平均年龄、教育水平、婚姻状态等)与前6名妇女是类似的。46个孩子在7岁时的智商平均分为99,$\sum(X-\overline{X})^2=11520$。

1) 如果这是一个随机化的研究,那么由孕期酒精中毒所造成的胎儿智商平均分数之差的95%置信区间是什么?

2) 实际上这是一个观察研究,那么你是否认为1)中的结论还成立?

5.4 总体比例的置信区间

1. 大样本公式

在上一章的例 4—7 中,我们看到样本比例 P 恰好是取自 $0\sim1$ 总体的样本的均值 $\overline{X}$。例如,如果抽取 10 位育龄妇女,其中有 7 人赞成"只生一个孩子"的政策,那么样本中"赞成"该政策的比例为

$$P = \overline{X} = \frac{1}{10}(1+0+0+1+1+1+0+1+1+1) = \frac{7}{10}$$

类似地,总体比例 π 也恰好是 $0\sim1$ 总体中的均值 μ。因此,推导对比例的区间估计的最简单的办法就是修改一下对均值的区间估计。根据上一章的(4—6)式,用 $\sqrt{\pi(1-\pi)}$ 代替 σ,再在(5—4)式中用 P 代替 $\overline{X}$、π 代替 μ,则(5—4)式就变成了

$$\pi = P \pm 1.96\sqrt{\frac{\pi(1-\pi)}{n}}$$

但是这个公式的右端仍出现了未知数 π,解决的办法仍是用样本的 P 来代替 π,这类似于在求 μ 的置信区间时用样本的 S 代替 σ 那样。当然这样做又产生了另一个误差来源,但是对于大样本而言,这样做是没有问题的。因此,对于较大的 n,总体比例 π 的 95% 置信区间近似为

$$\pi = P \pm 1.96\sqrt{\frac{P(1-P)}{n}} \tag{5—18}$$

要使这一公式成为好的近似式,n 应足够大,一般要求样本中至少出现 5 个成功和 5 个失败。例如例 4—7 中,$n=10$,虽然出现了 7 个 1,但 0 只出现了 3 个,因此不适宜用(5—18)式来计算置信区间。不过对于一般的社会调查和市场调查来说,n 一般都比较大,特别是涉及比例问题时,所以(5—18)式在一般情况下都是适用的。

2. 图解法

用图解法求 π 的置信区间,既适用于大样本,也适用于小样本。这一方法以图 5-6 为依据,使用起来十分方便。例如我们从某单位的一个 20 人的随机样本中,知道其中有 16 人是完全赞同我国政府在伊拉克战争中的立场的。为此可以先求出样本中"赞成"的比例 $P=16/20=0.80$。然后沿通过 $P=0.8$ 的垂线看去,它与标有 $n=20$ 的两条曲线相交。这两个交点的纵坐标就定义了 π 的置信区间:

$$0.56 < \pi < 0.96$$

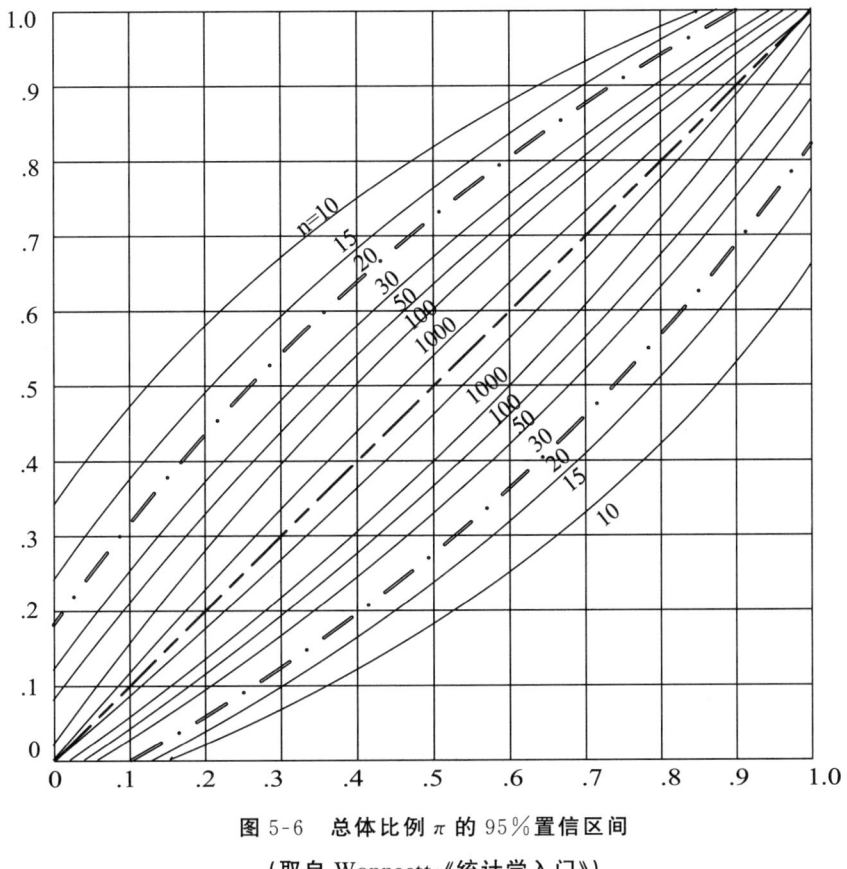

图 5-6　总体比例 π 的 95% 置信区间

(取自 Wonnactt:《统计学入门》)

注意这一置信区间并不是关于估计量 $P=0.80$ 为对称的,其两侧的误差范围分别为

$$0.80-0.56=0.24 \quad \text{和} \quad 0.96-0.80=0.16$$

由图 5-6 求出的置信区间,我们可以看到两个特点(实际上也适合于除比例之外的置信区间),这就是:置信区间不一定直接用公式给出,也不一定都是关于估计量为对称的。

3. 总体比例之差的置信区间(大样本公式)

类似于(5-18)式的推导,我们也可以推导出比较两个总体比例之差的置信区间。对于较大的 n_1, n_2 以及相互独立的样本,总体比例之差的 95% 置信区间为

$$\pi_1-\pi_2=(P_1-P_2)\pm 1.96\sqrt{\frac{P_1(1-P_1)}{n_1}+\frac{P_2(1-P_2)}{n_2}} \qquad (5-19)$$

习 题

5—18 某人事部门从55岁至60岁的老年职工中抽取了一个随机样本,其中有40%的老年职工表示不希望退休。请构造老年职工总体中不希望退休的比例 π 的95%置信区间,如果样本量

1) $n=10$,　2) $n=25$,　3) $n=100$,　4) $n=2500$

5—19 在某市的一项民意调查中,随机抽取了 $n=600$ 个市民,这些市民对城市管理中7个方面的满意度(表示满意和比较满意的样本比例)如下表所示。请计算这个城市中所有市民对城市管理的各个方面的满意度的95%置信区间,并填入下表。

城市管理	满意度(比例)P	总体中的满意度 π 的95%置信区间
市政府工作	86.5%	
城市建设	52.2%	
城市交通	43.5%	
城市环境	81.2%	
物价	87.3%	
基本工资	62.7%	
城市治安	73.3%	

5—20 在1974年美国的一次民意测验中,就下面的问题调查了1650名美国公民:

美国最高法庭已经作出裁决:妇女在其妊娠的前三个月内的任何时候都可以去请医生中止妊娠。对这一裁决你是赞成还是反对?

一周之后,又调查了另外一个含1650名美国公民的独立样本,问题同上,只是将"中止妊娠"这一措词改成了"去流产"。结果如下:

措词 \ 反应	赞成	反对	不表态
中止妊娠	46%	39%	15%
去流产	41%	49%	10%

1) 用 π_1 和 π_2 分别表示调查中用"中止妊娠"和"去流产"时总体中赞成裁决的比例。请计算 $\pi_1-\pi_2$ 的95%置信区间。
2) 利用表态的人中的赞成比例重复做1)中的计算。
3) 你同意下面的结论吗?你如果想知道美国人对流产的真正想法,就不得不真的用"流产"这个词去问他们。

5—21 2003年,在一次关于保护藏羚羊的民意调查中,在某市随机地调查了487名居民,其中有67.7%的被访者表示会为保护藏羚羊而捐款,求该市居民总体中表示会捐款的人的比例的95%置信区间。

5.5 单侧置信区间

根据实际问题的具体情况,有时候我们没必要去确定总体参数值所在范围的上下限,常常更需要的是确立一个点,希望说明总体参数值至少和某个确定值一样大,或者至多和某个确定值一样大。也就是说,只需要确定总体参数值所在范围的下限或上限就可以了。在这种情况下,最好是构造一个单侧的置信区间,例如置信度为 95%,将 5% 的误差允许量全部放在右侧尾部(图 5-7),那么

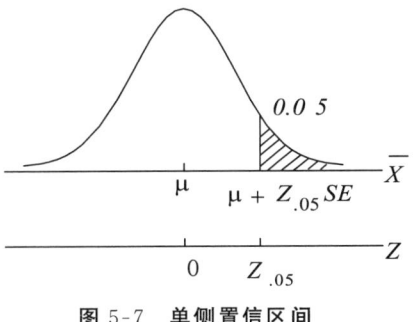

图 5-7 单侧置信区间

$$P_r(\overline{X} < \mu + Z_{0.05}SE) = 0.95$$

即

$$P_r(\mu > \overline{X} - Z_{0.05}SE) = 0.95$$

因此,总体均值 μ 的 95% 单侧置信区间为

$$\mu > \overline{X} - Z_{0.05}\frac{\sigma}{\sqrt{n}} \tag{5-19}$$

为了说明这一公式,我们将例 5-1 重新计算一下。

例 5-5 已知某居民区人均日收听广播时间的标准差为 15 分钟,现随机地抽取 25 位居民,他们的人均日收听广播时间为 60 分钟。构造一个适当的单侧的 95% 置信区间,以说明该居民区人均日收听广播时间有多长。

解:将 $\overline{X}=60$, $\sigma=15$, $n=25$ 代入(5-19)式,并由附录三表Ⅳ查得 $Z_{0.05}=1.64$,因此,

$$\mu > 60 - 1.64\frac{15}{\sqrt{25}} = 60 - 4.92 \approx 55$$

即

$$\mu > 55 \text{ 分钟}$$

结论为:在 95% 的置信度下,该居民区居民的人均日收听广播时间至少是 55 分钟。

与例 5-1 的双侧置信区间的结果相比较:

双侧的 $54 < \mu < 66$

单侧的 $\mu > 55$

可以发现,单侧置信区间比双侧置信区间给出了更好的下限(对应于相同的置信度),但其代价是:单侧置信区间没有上限。

一般的单侧置信区间的计算公式都可以从相应的双侧置信区间的计算公式经过类似的调整而得到。例如,对于 $1-\alpha$ 的置信度,相应的单侧置信区间为

$$\mu > \overline{X} - Z_\alpha \frac{\sigma}{\sqrt{n}} \qquad (5-20)$$

当 σ 未知必须用 S 代替时，(5—20)式变为

$$\mu > \overline{X} - t_\alpha \frac{S}{\sqrt{n}} \qquad (5-21)$$

类似地，对于两个独立样本，总体均值之差的单侧置信区间为

$$(\mu_1 - \mu_2) > (\overline{X_1} - \overline{X_2}) - t_\alpha S_P \sqrt{\frac{1}{n_1} + \frac{1}{n_2}} \qquad (5-22)$$

当然，如果我们想要说明一个总体参数值低于某一确定值，则可使用下面形式的单侧置信区间

$$\mu < \overline{X} + t_\alpha \frac{S}{\sqrt{n}} \qquad (5-23)$$

例 5—6 某电视台广告部想估计一下各企业在该电视台黄金时间内播放电视广告后的平均受益量，为此他们抽取了 25 个在该电视台播放广告的同类企业的随机样本，求出平均受益量（即平均利润增加量）为 8.10 万元，标准差为 2.40 万元。该电视台想宣布平均受益量有多大，并希望其声明有 99% 的置信度。试构造一个适当的置信区间。

解：利用(5—21)式，$\overline{X} = 8.10$，$S = 2.40$，$n = 25$，$df = 24$，$t_{0.01} = 2.492$，因此

$$\mu > 8.10 - 2.492 \frac{2.40}{\sqrt{25}}$$

$$\mu > 6.90$$

因此，以 99% 的置信度，该电视台可以声明说企业播放电视广告后的平均受益量至少是 6.9 万元。

习　题

5—22　已知 A 城市职工的平均工资为 $\mu = 1400$ 元，$\sigma = 350$ 元。从 B 城市随机抽取 100 个人调查，其平均工资 $\overline{X} = 1485$ 元。假定 A、B 两市职工工资分别的标准差相同是合理的：

1）为了说明 B 城市的平均工资更高，试计算一个单侧的 95% 置信区间；

2）这一结果能说明 B 城市工资比 A 城市高吗？

5—23　随机地抽取了 5 名学生的分数，其均值 $\overline{X} = 65$，已知标准差 $\sigma = 11.6$，计算一个 95% 的单侧区间来说明总体平均分有多高。

5—24　对习题 5—15 构造一个单侧的置信区间。

5—25　对习题 5—16 和 5—17 构造单侧的置信区间。

本章小结

1. 为了区分总体参数（目标值）和样本统计量（估计值）之间的差别，我们用希腊字母表示前者，用英语字母表示后者。

2. 由正态分布表我们发现，在 95% 的情况下，$\overline{X}$ 和 μ 的距离都不超过标准误差的 1.96 倍。这就得到了总体参数 μ 的 95% 的置信区间：

$$\mu = \overline{X} \pm 1.96 \frac{\sigma}{\sqrt{n}}$$

同样地，对置信度为 $(1-\alpha)$ 的置信区间，其一般形式为

$$\mu = \overline{X} \pm Z_{\frac{\alpha}{2}} \frac{\sigma}{\sqrt{n}}$$

3. 在实践中，上面公式里的 σ 是未知的，必须用 S 来估计。在这种情况下，为了保持相同的置信度，我们用较宽的 $t_{\frac{\alpha}{2}}$ 来代替 $Z_{\frac{\alpha}{2}}$。

4. 为了估计两个总体均值之差 $(\mu_1 - \mu_2)$，只要有可能就应使用配对样本。配对样本比相互独立的样本更加有效。

5. 用已有的置信区间公式可以很容易地处理比例的问题，只需简单地把比例看成是某种 0~1 变量的均值就可以了。

6. 为了尽可能有说服力地宣布某一结果，用单侧的 95%（或 $1-\alpha$）置信区间往往很有用，它将所有 5%（或 α）的误差都放在一侧的尾部上。

习　题

5-26　为了确定汽油 A 和汽油 B 的差别，4 辆被随机抽取的同一型号的汽车在同一路途运行了两次，一次用汽油 A，另一次用汽油 B。所行驶的千米数（每公升行驶的千米数）如下表。求两种汽油的千米数之差的 95% 置信区间。

汽车	汽油 A	汽油 B
1	161	140
2	119	112
3	112	98
4	140	126

5-27　1963 年，美国的约翰逊总统执政后，在一个 200 名美国人的随机样本中，他得到了 160 人的拥护。随着对他采取的越南政策的争议，到 1968 年，在 200 名美国人的样本中，他仅得到 70 人的拥护。请用一个 95% 的置信区间，计算从 1963 年到 1968 年支持率的下降情况（支持率＝拥护总统的公民/全体美国公民）。

5—28　2003年,在一项对高校扩招的态度调查中,10所北京市院校对高校扩招的态度数据如下表(分数越高态度越积极):

院校名	态度平均值	标准差	人数
北京外国语学院	3.81	0.67	48
中国人民公安大学	4.32	0.55	50
中国青年政治学院	4.08	0.68	52
北京农学院	3.98	0.65	50
北京大学	3.58	0.64	50
清华大学	3.78	0.71	49
北方交通大学	4.26	0.66	50
北京航空航天大学	4.12	0.74	42
对外经济贸易大学	3.88	0.57	48
北京医学院	4.07	0.63	44

求:1) 中国人民公安大学、清华大学、北京大学的总体平均态度分的95%置信区间;

2) 中国人民公安大学和北京大学的总体平均态度分之差的95%置信区间;

3) 清华大学和北京大学的总体平均态度分之差的95%置信区间。

〔提示:要先从 S 求得 $\sum(X-\overline{X})^2$〕

5—29　某电视台新推出一档节目,对136名随机抽取的观众的调查数据如下表:

评价\内容	很好	好	一般	未评价
节目的内容	54人	44人	16人	22人
节目主持人	28人	58人	16人	34人
是否喜爱	喜爱	不喜爱	其他	未评价
	103人	2人	21人	10人

求:

1) 观众对节目内容"很好"和"好"的比例的95%置信区间;

2) 观众对节目主持人"很好"和"好"的比例的95%置信区间;

3) 观众对节目喜爱比例的95%置信区间。

5—30　假定某大学100名男生的随机样本的智商分数如下:

组中点	智商分数范围	频次
100	93~107	29
115	108~122	38
130	123~137	20
145	138~152	10
160	153~167	3

1) 画出频率分布图;
2) 计算该大学所有男生的平均智商值的95%置信区间;
3) 计算智商分高于137.5分的男生比例的95%置信区间。

5－31 1954年,美国为了检验一种新型小儿麻痹疫苗的效果而进行了一次大规模的实验,在全美国二年级的学生中选出了74万名儿童,其中有40万名是志愿接种的。从这些志愿者中随机地选取一半注射疫苗;剩下的一半注射生理盐水作为对照组。结果如下:

分组情况	儿童数	小儿麻痹病例数
接种疫苗	200,000	57
对照组	200,000	142
拒绝接种	340,000	157

1) 分别计算以上3组的小儿麻痹发病率(每100,000人中的病例数);
2) 估计接种疫苗后发病率减少量的95%置信区间;
3) 假定所有的自愿者都接种了疫苗,而将拒绝接种的当作对照组,问

a. 这种方法科学吗?为什么?

b. 你可能会得到什么样的数据?这样的数据能对问题2)给出正确的答案吗?

5－32 为了检验一种药剂的效果,对随机选择的3个人进行了服药、不服药等各种测试,测试还包括测量跑200米前后的脉率。得到的数据如下表。

问该药剂在什么程度上增加了跑步后的脉率?构造一个适当的95%置信区间来回答。

测试者编号	服药		不服药	
	跑步前	跑步后	跑步前	跑步后
1	108	123	104	113
2	94	104	99	107
3	80	93	81	87

第六章 假设检验

6.1 利用置信区间进行假设检验

1.一种现代方法

所谓"统计上的假设",简单地说就是关于总体的某个主张或声明,它是可以通过抽取随机样本来进行检验的。例如在上一章的 5.4 节中,一个典型的假设为:"某单位中赞成我国政府在伊拉克战争中的立场的人数为半数。"由一个 20 人的随机样本得知,有 16 人表示赞成,那么以 95% 的置信度,所有员工中赞成政府立场的比例在 56% 至 96% 之间,已超过半数,因此该假设是应该加以拒绝或否定的。

这个例子说明怎样利用置信区间来检验假设。下一个例子将更加详细地说明这一方法。

例 6-1 北京某单位工会想要了解男、女职工在雅典奥运会期间每天晚上收看电视节目的时间,随机相互独立地抽取了男、女职工各 10 名,收看电视时间的数据如下表:

男职工样本			女职工样本		
X_1	$(X_1-\overline{X}_1)$	$(X_1-\overline{X}_1)^2$	X_2	$(X_2-\overline{X}_2)$	$(X_2-\overline{X}_2)^2$
220	6	36	170	−21	441
200	−14	196	190	−1	1
240	26	676	190	−1	1
180	−34	1156	220	29	841
220	6	36	220	29	841
240	26	676	160	−31	961
200	−14	196	220	29	841
230	16	256	160	−31	961
220	6	36	190	−1	1
190	−24	576	190	−1	1
$\overline{X}_1=214$	0	3840	$\overline{X}_2=191$	0	4890

$$(S_p^2 = \frac{4890+3840}{18} = 485)$$

样本均值分别为 $\overline{X_1} = 214$ 分,$\overline{X_2} = 191$ 分。对此,工会某男干部说,男、女职工在雅典奥运会期间看电视的时间(和)之间没有什么差别,即他的假设为:

$$\Delta = 0$$

但是另一工会女干部认为是有差别的,她说男职工比女职工在雅典奥运会期间收看电视的时间要多 30 分钟左右,即她的假设为:

$$\Delta = 30$$

那么,怎样解决这一争论呢?

解:我们可以通过构造一个 95% 的置信区间来解决这一争论。计算过程与原始数据都写在下面表中,由上一章的(5-14)式,求得 95% 的置信区间为

$$\Delta = (\overline{X_1} - \overline{X_2}) \pm t_{0.025} S_p \sqrt{\frac{1}{n_1} + \frac{1}{n_2}}$$

$$= (214 - 191) \pm 2.101 \sqrt{485} \sqrt{\frac{1}{10} + \frac{1}{10}}$$

$$= 23 \pm 2.101(9.85) = 23 \pm 20.69 \approx 23 \pm 21$$

因此,以 95% 的置信度,可以估计是在 2～44 之间。因此,$\Delta = 0$(男干部的假设)似乎是没有道理的,因为它落在置信区间之外,而 $\Delta = 30$(女干部的假设)似乎更有道理,因为它落在置信区间之中。

一般说来,任何落在置信区间之外的假设都可以判断为是"似乎无理的",也就是说,可以拒绝;另一方面,任何落在置信区间之内的假设都可以判断为是"似乎有理的",即可以接受的(或,更严谨地表述,不能拒绝的),因此

$$\left\{\begin{array}{l} \text{可以认为置信区间是} \\ \text{可以接受的(或,更严谨地表述,不能拒绝的)假设的集合} \end{array}\right\} \quad (6-1)$$

如果所使用的是一个 95% 的置信区间,那么很自然地可以说"该假设是在一个 95% 的置信水平下被检验的"。可是,为了和传统的说法保持一致,我们通常还是说"检验是在 5% 的错误水平下进行的"。

因此,回到我们的例题中,由 $\Delta = 23 \pm 21$,我们可以正式地得出结论:在 5% 的错误水平下拒绝 $\Delta = 0$ 的假设。换句话说,我们已经收集了充分的样本证据,使得我们能够分辨出男职工和女职工在雅典奥运会期间收看电视时间上的差异。因此,我们称这一差异为"在 5% 错误水平下统计上可以分辨的"。

例 6-2 假定在例 6-1 中,我们抽取的是较小的样本,那么求得的置信区间可能会更宽、更加不明确,因为较小的和会增加误差容许限。假定所求得的置信区间为

$$\Delta = 23 \pm 25$$

或

$$-2 < \Delta < 48$$

由于假设 $\Delta=0$ 落在了这一区间之内，所以无法被拒绝。也就是说，这个结果不再是统计上可以分辨的，我们称男、女职工收看电视时间的差异"在 5% 的错误水平下是统计上不可分辨的"。试说明以下的解释是对还是错？

1) 真正的总体差异可能就是零，即，男职工和女职工总体在收看电视时间方面平均地说来是相同的，样本均值的差（$\overline{X_2}-\overline{X_1}=23$）可能仅仅代表了随机波动，因此不能用来说明总体均值之间有真正的差异。

2) 由 $-2<\Delta<48$，我们看到总体均值之差为正值或负值似乎都是合理的，也就是说，我们甚至无法确定在整体上男职工收看电视时间是比女职工多还是少。

3) 由 $\Delta=23\pm25$，我们看到抽样允许的误差（±25）超过了所估计的均值之差（23）。当出现这种过大的抽样误差时，我们都称之为统计上不可分辨。

答：以上各条解释都是正确的，都可以认为是一种合理的解释。

总之，一旦求出了置信区间，就不必再做进一步的计算，即可以马上用于进行假设检验。

2. 传统方法

我们对例 6-1 中的形式为 $\Delta=0$ 的假设特别感兴趣，因为它表示没有差异，被称为零假设（或原假设、虚无假设），用 H_0 表示。由于 H_0（$\Delta=0$）落在 95% 置信区间 $\Delta=23\pm21$ 之外，因此拒绝 H_0，同时也就做了重要的断言：在男职工与女职工收看电视时间方面的确存在着差异。这样的结果在传统上称为"在 5% 显著性水平下是统计上显著的"。对原假设 H_0 做出是否拒绝的判断，通常也叫做对 H_0 做显著性检验。$\alpha=5\%$ 叫做显著性水平。

关于"统计显著性"，意思是：已经收集了足够的数据，可以建立"差异的确存在"这一结论。但它并不意味着这种差异一定是重要的。例如，如果我们从几乎整个总体中收集了巨大的样本，那么对应的 95% 置信区间可能会是

$$\Delta=0.0023\pm0.0021$$

这个差是如此之小，以致我们可以认为它没有实际的意义。但是从统计上来说，它与例 6-1 的结果

$$\Delta=23\pm21$$

一样，同样是"统计上显著的"或具有"统计显著性"的。也就是说，统计上的显著性即有意义与通常意义下的重要性即有意义是不大相同的。

关于"显著性水平 α"，还有一个问题应该注意：是否显著性水平 α 越高，检验就越好呢？事实上正好相反。例如，对于显著性水平 5% 和 10%，对应的（检验的）置信水平分别是 95% 和 90%。也就是说，显著性水平 α 越低，置信度反而越高。

不过，实际上很多人还是常常容易把统计的显著性与通常的有意义混淆起来。为了减少混乱，我们宁愿用"可分辨的"这个词而不是"显著的"（或"有意义的"）这个词。因

此,传统的说法"在5%的显著性水平下,差异是统计上显著的"和较现代的说法"在5%的错误水平下,差异是统计上可以分辨的"在意义上是完全相同的。我们比较喜欢用后一种说法,因为它不那么容易误解。

最后,将利用置信区间进行假设检验的步骤总结如下:

1)陈述原假设 H_0;

2)计算单侧的或双侧的置信度为 $1-\alpha$ 的置信区间;

3)如果 H_0 落在此区间之外,则拒绝 H_0;如果 H_0 落在此区间之内,则接受,或更确切地说:不能拒绝 H_0;

4)得出结论:在 α 的错误水平下,差异是统计上可以(或不可以)分辨的;或者,在 α 的显著性水平下,差异是统计上显著的(或:不显著的)。其中括号内的结果对应于"接受 H_0";括号外的结果对应于"拒绝 H_0"的情形。

习 题

6-1 对于上一章的习题 5-26 和习题 5-27,陈述并检验对应的原假设。设检验的错误水平 $\alpha=5\%$。

6-2 对于上一章的习题 5-22,

1)检验 B 城市的职工平均工资是否高于原假设 $\mu_0=1400$ 元。也就是说,问 B 市和 A 市的职工平均工资的差异在 5% 的错误水平下在统计上是可以分辨的吗?

2)对 1% 的错误水平重复上一问题;

3)对 0.1% 的错误水平重复上一问题。

(提示:计算单侧的置信区间,看其是否包括了 $=1400$)

6.2 概率值(单侧的)

1. 概率值的意义

在上一节中,通过考察原假设 H_0 是否落在置信区间之外来决定是否拒绝原假设 H_0。但是,即使得到拒绝 H_0(或接受 H_0)的结论,原始数据对原假设 H_0 的支持程度也可能是不同的。在图 6-1 中,箭头内的置信区间是根据样本数据计算而得的。在①、②中,H_0 落在置信区间之外,结论都应是"拒绝 H_0",但是我们在下结论的时候心态可能是不同的。对于①,我们看到 H_0 远离置信区间,便可以很有把握地"拒绝 H_0";但是对于②,H_0 虽然没有落入置信区间之内,但十分接近,因此在"拒绝 H_0"时多少有点勉强;对于③和④,结论都是"接受 H_0",但是显然在③中我们对该结论是比较有把握的。在四种情况中,③的图形显示了数据对原假设 H_0 有较大的支持,④次之,而①的图形表示数据对 H_0 没有提供多大的支持。这就启发我们考虑用一种新的观点,即用数据对原假设的

支持程度来描述 H_0,也就是所谓概率值(简称概值或 P 值)。下面我们通过一个具体的例子来进一步说明概值的意义和计算。

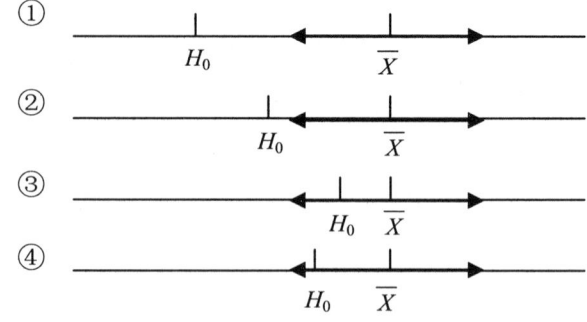

图 6-1　H_0 与置信区间

例 6-3　某县几年来一直使用某种传统的小麦种子,其平均亩产量 $\mu=1400$ 斤,标准差 $\sigma=350$ 斤。县农科站的科技人员研究了一种他们认为会更高产的新品种。从试验田中随机地抽取了 100 亩的样本,其平均亩产量为 $\overline{X}=1485$ 斤。虽然这个样本使该新品种显得更好一些,不过这会不会是由于抽样的侥幸造成的? 有没有可能新品种其实并不比旧品种好,而我们只不过是抽得了一个偏高的样本呢?

为了更系统地阐述这一问题,我们叙述原假设:新品种产生的总体和旧品种的总体没有什么差异,即 $H_0:\mu=1400$,或简记为

$$\mu_0 = 1400$$

农科站的断言叫做备选假设(或对立假设),即:$H_1:\mu>1400$,或简记为

$$\mu_1 > 1400$$

那么样本均值 $\overline{X}=1485$ 和原假设 $\mu_0=1400$ 的一致性怎样? 即,如果原假设 H_0 是真的,那么 $\overline{X}$ 高达 1485 的概率是多少?

解:图 6-2 表示如果 H_0 为真时 $\overline{X}$ 的概率分布。根据正态近似定理,这一分布是近似正态的,其均值 $\mu_0=1400$,标准误差 $SE=\dfrac{\sigma}{\sqrt{n}}=\dfrac{350}{\sqrt{100}}=35$。将观测值 $\overline{X}=1485$ 标准化:$Z=\dfrac{\overline{X}-\mu_0}{SE}=\dfrac{1485-1400}{35}=2.43$

因此

$$Pr(X \geqslant 1485) = Pr(Z > 2.43) = 0.0075 = 0.75\%$$

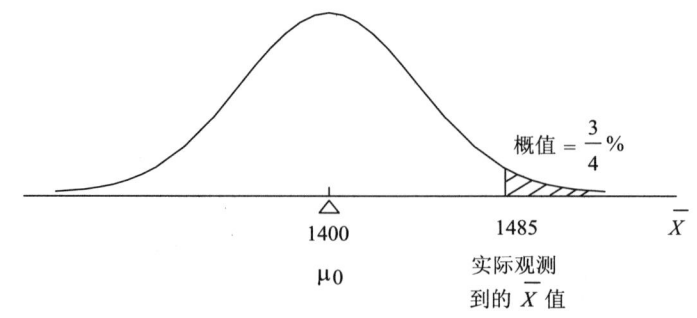

图 6-2　概值＝如果 H_0 为真,X 能大到至少和实际观测到的值那么大的概率

这就意味着,如果 H_0 是真的,即如果事实上新品种并不是更好的话,那么我们观测到 $\overline{X}$ 有 1485 那么大的机会只有 0.75%。我们称 0.75% 为 H_0 的概值,或简称为 P 值。

概值非常清楚地概括了数据和原假设 H_0 之间有多大的一致性。在这个例子中,数据对 H_0 没有提供多大的支持。从图 6-2 中可以看到,如果 $\overline{X}$ 的观测值离 H_0($\mu_0 = 1400$) 更近,概值便会更大一些。在图 6-1 中,显然③的概值最大,④的次之,①的最小。

$$概值 = Pr \begin{pmatrix} 如果 H_0 为真,样本统计量 \\ 大到至少与实际观测值那么大 \end{pmatrix} \quad (6-2)$$

也就是说,如果实际观察值为 $\overline{X_0}$,那么

$$概值 = Pr(\overline{X} \geqslant \overline{X_0})$$

在这里,样本统计量指的是样本均值 $\overline{X}$。样本统计量还可以是其他的形式,例如样本比例 P,还可以是 Z 值或 t 值等等。单侧概值在数值上等于某种分布(例如 Z 分布、t 分布等等)的右侧尾部的面积。图 6-2 中的概值由右侧尾部给出,因为备选假设是在右边($\mu > 1400$)。另一方面,如果备选假设是在左边($\mu < 1400$),那么概值就要在左侧尾部给出,即

$$概值 = Pr \begin{pmatrix} 如果 H_0 为真,样本统计量 \\ 小到至少与实际观测值那么小 \end{pmatrix} \quad (6-3)$$

不管是右侧或左侧,概值都是一种很好的方法,可以用来总结数据对于 H_0 的可靠性(可信程度)说了些什么。

2. 利用 t 统计量

我们已经看到怎样将 $\overline{X}$ 标准化,从而可以使用标准正态表。关键的统计量为

$$Z = \frac{\overline{X} - \mu_0}{\sigma / \sqrt{N}} \quad (6-4)$$

但 σ 通常是未知的,因此不得不用标准差 S 来估计,这时得到的就不再是 Z 统计量,而是称之为 t 统计量(或 t 值),即

$$t = \frac{\overline{X} - \mu_0}{S / \sqrt{n}} \quad (6-5)$$

因为 $\overline{X}$ 是围绕着 μ_0 波动的,所以 Z 就围绕着 0 波动。类似地,t 也围绕着 0 波动,不过其变化范围更宽。也就是说,t 分布的形状比 Z 分布扁平,向两边延伸得较多,如图 6-3 所示。在图 6-3 中我们还看到每一个 t 分布都与样本量(也就是自由度)有关。样本量越大,t 分布向外延伸得就越少。因为样本量越大,估计量 S 就越可靠,t 的变化范围就越窄。最终,随着样本含量趋于无穷,S^2 也就绝对准确地估计了 σ^2,因此 t 分布和 Z 分布就完全一致了。这可以在附录三表 V 中得到反映。在最后一行中,$df = \infty$,这时 t 值和 Z 值变成一致。

但在除此之外的所有其他情况中,t 值都比 Z 值大。例如在图 6-3 中,$Z_{0.025} = 1.96$,

而当 $df=4$ 时,$T_{0.025}=2.776>1.96$。所以当样本量较小而且 σ 必须用 S 来估计时,要使用 t 分布。

例 6-4 随机地抽取了某年级 5 位学生的分数,得知其均值 $\overline{X}=65$,标准差 $S=11.6$,假定有一主张说总体(该年级)均值只有 50 分。那么对于这一原假设的概值是多少?

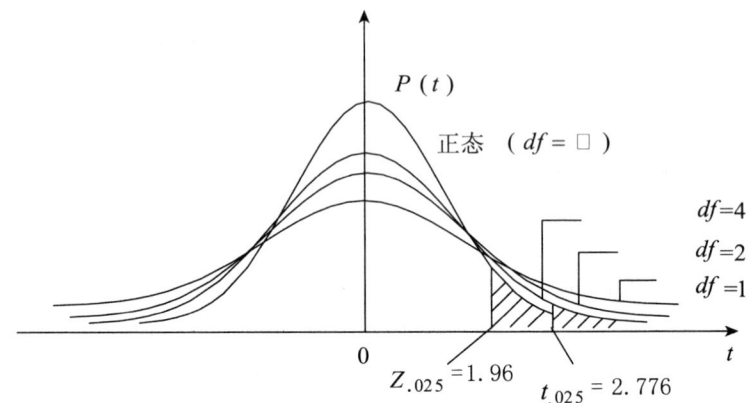

图 6-3 t 分布与 Z 分布的比较

解:原假设 H_0:$\mu_0=50$(备选假设 H_1:$\mu>50$)
由(6-5)式求得

$$t=\frac{65-50}{11.6/\sqrt{5}}=2.89$$

$df=n-1=4$,在附录三表 V 中沿第 4 行寻找,发现观测到的 t 值 2.89 大于 $t_{0.025}=2.776$,如下图所示,这意味着右侧尾部概率小于 0.025,即

$$概值=Pr(t\geqslant 2.89)<0.025$$

因此,概值是对 H_0 的可靠性(可信程度)的一个度量,这么低的一个值使我们认为 H_0 是一个似乎不太有理的假设。换句话说,如果 H_0 为真(即总体均值=50),那么抽取 100 次这样的样本,真正观测到样本均值 $\overline{X}$ 高到 65 的机会仅有 2.5 次左右。

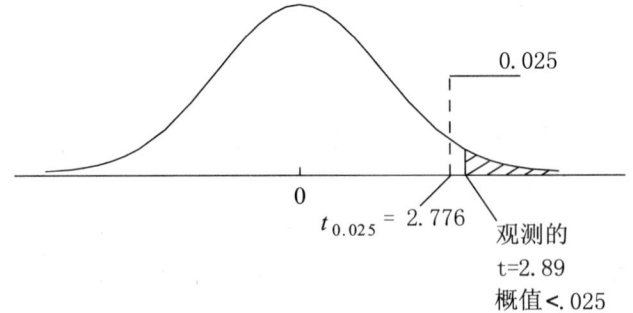

图 6-4 t 值为 2.89 时的相互值分布

我们很容易把 t 统计量的应用推广到其他的假设检验。在(6-5)式中,分子等于估计值和被检验的假设的值(原假设的值)之间的差,分母等于标准误差的估计值。因此,

将(6-5)式推广后的一般形式为

$$t = \frac{估计值 - 原假设的值}{(估计值)标准差(的估计值)} \quad (6-6)$$

由于原假设通常都是0,因此这时(6-6)式就变成了如下非常简单的形式:

$$t = \frac{估计值}{标准误差} \quad (6-7)$$

(6-7)式给出了 t 比值的一个直观解释,它度量了估计值相对于其标准误差的大小。

我们再重复一下前面的说明:当 σ 未知而且是小样本时,就要使用 t 统计量。至于什么是小样本,取决于所要求的精确度,有时候,$n<30$ 就算小样本,但有时候 $n<60$ 或 $n<120$ 才算是小样本。在其他情况下,则可近似地使用 Z 统计量,而对应的 Z 分布表(表Ⅳ)比 t 分布表(表Ⅴ)更为详尽。

最后再举两个利用 t 统计量求概值的例子。

例 6-5 在某一大单位随机、相互独立地抽取了男职工 25 名、女职工 5 名,他们在 2004 年雅典奥运会期间每天收看电视的时间(分钟)可以整理成如下的数据:

男职工:$n_1 = 25$, $\overline{X_1} = 226$, $\sum(X_1 - \overline{X_1})^2 = 10740$

女职工:$n_2 = 5$, $\overline{X_2} = 204$, $\sum(X_2 - \overline{X_2})^2 = 1720$

对此,可以求出男、女职工平均收看之差的 95% 单侧置信区间为(请读者按照公式 5-15 先计算联合方差 S_p,然后参考公式 5-14 计算标准误差 SE)

$$(\mu_1 - \mu_2) > (\overline{X_1} - \overline{X_2}) - t_{0.05} SE$$
$$= 22 - 1.701(10.33)$$
$$(\mu_1 - \mu_2) > 4.43$$

其中 $df = 28$

原假设 $H_0: \mu_1 - \mu_2 = 0$ 似乎是不合理的,因为它落在了置信区间之外。为了进一步说明数据对 H_0 的可靠性贡献很小,我们来计算一下 H_0 的概值。

解: 由于原假设是 $\Delta = \mu_1 - \mu_2 = 0$,因此可使用(6-7)式:

$$t = \frac{估计值}{SE} = \frac{\overline{X_1} - \overline{X_2}}{SE} = \frac{22}{10.33} = 2.13$$

因为 $df = 28$,我们查看表Ⅴ第 28 行,发现观测到的 $t = 2.13$ 超过了 $t_{0.025} = 2.048$,因此

$$概值 = Pr(t \geq 2.13) < 0.025$$

这是一个很小的值,我们由此得出结论:H_0 的可信程度很小(H_0 实际上没有什么可靠性)。

例 6-6 为了研究美国的黑人儿童是否也表现出某种民族偏见,方法之一是考察他们是否有不喜爱黑色而更喜爱白色的偏向,1958 年,美国某学者对 252 名黑人儿童的一个群体进行了研究。让每个孩子都从 4 个玩具娃娃中挑选一个娃娃和自己玩,其中每 4 个一组的娃娃中有两个是白种娃娃、两个不是白种娃娃,结果 252 个孩子中有 169 个选择了白种娃娃。

对于"孩子们对白色没有什么偏向"这一原假设,其概值是多少?(备选假设"孩子们有喜爱白色的偏向")。

解:首先我们从数学上来阐述这一问题。假定这 252 名儿童可以看成是来自美国黑人儿童总体的一个随机样本(这很可能是一种假定,因此解释最后求出的概值时要谨慎)。原假设为:选择白种娃娃的总体比例是 50%,也就是

$$H_0:\pi_0=0.50$$

观测到的样本比例为 $P=\dfrac{169}{252}=0.67$,标准误差

$$SE=\sqrt{\dfrac{\pi_0(1-\pi_0)}{n}}=\sqrt{\dfrac{0.50(1-0.50)}{252}}=0.0315$$

(注意,概值的计算是按原假设成立的前提进行的),因此

$$t=\dfrac{\text{估计值}-\text{原假设值}}{\text{标准误差}}=\dfrac{0.67-0.50}{0.0315}\approx 5.40$$

对于 $n=252$ 这么大的样本可以用 Z 分布表,查得

$$\text{概值}=Pr(Z\geqslant 5.40)<0.000000287$$

由于概值几乎为零,原假设 H_0 就几乎没有什么可信度。就这一样本所反映的情况可以得出结论:20 世纪 50 年代美国黑人儿童也是带有偏见的,他们更喜爱白色。

习　　题

6-3　一家照明工厂声称自己新发明的一种灯泡非常耐用,能够有效地降低电视台摄影棚里灯泡的损耗。某电视台 2003 年的灯泡损坏率是 7%,2004 年初全部使用新灯泡后于年底随机抽查了 500 个,发现 24 个已经损坏。该比例是否证明新灯泡确实比原来的灯泡有效地降低了损耗率?(5% 的错误水平)

提示:

1)分别用语言和记号陈述原假设 H_0;

2)计算 H_0 的概值。

6-4　某国由于经济不景气,银行都非常关心自己每年坏账的数量,某银行分别于 2000 年和 2002 年各进行了一次小样本抽样,数据如下表:

坏账金额(万元)	坏账数量(%)	
	2000 年	2002 年
1000 万元以下	5	4
1000 万元~5000 万元(不包括 5000)	20	15
5000 万元~10000 万元(不包括 1000)	35	28
10000 万元~20000 万元(不包括 20000)	20	23
20000 万元~50000 万元(不包括 50000)	12	16
50000 万元以上	8	14

均值	16500 万元	22100 万元
中位数	8600 万元	11300 万元
标准差	19800 万元	23700 万元
样本量	76	102

试检验两年间坏账的平均数量是否有明显的增长（检验的错误水平 5%）。

6-5 在一个业余体校中随机地抽取了 6 名学生的一个随机样本，测试了他们在 60 米短跑前后的脉率（每分钟跳动数），结果如下表：

短跑前	74	87	74	96	103	82
短跑后	83	96	97	110	130	96

1) 计算脉率增加平均值的 95% 单侧置信区间；
2) 用语言和记号分别叙述原假设，然后计算其概值。

6-6 从死于撞车事故的司机中抽取一个包含 2000 名司机的随机样本，根据他们的血液中是否含有酒精以及他们是否对事故负有责任，将数据整理如下表：

有酒精吗 \ 有责任吗	有	无
有	650	150
无	700	500

在整个总体中，血液中含有酒精和不含酒精的司机之间在对事故负有责任方面有差异吗？为了回答这一问题：
1) 叙述 H_0 并计算概值；
2) 计算适当的置信区间（95%）来说明差异有多大；
3) 根据这一数据如何说明"酒精增加了事故的发生率"。

3. 双侧概值

前面我们讨论的实际上是单侧检验，其中备选假设和随之而来的拒绝域和概值都是单侧的。就如同采用单侧的置信区间那样，当断言或主张是"多于"、"少于"、"好于"、"差于"、"大于"、"小于"、"至少"……时，采用单侧的检验比较合适。

不过，有些场合用双侧的检验或双侧的置信区间更合适。这些场合可以通过关键的对称性词语来分辨，例如"不同于"、"不相等"、"变得更好或更差"等等。这时往往需要计算双侧概值。

例 6-7 重新考虑例 6-3 中新麦种产量的检验问题，假定原假设仍然是

$$H_0: \mu_0 = 1400$$

但是现在改变备选假设。假定农科站的科技人员如果不能证明新麦种与旧麦种一样好，就不得不承认新麦种不同于旧麦种。那么备选假设就是

$$H_1: \mu > 1400 \quad 或 \quad \mu < 1400$$

即
$$H_1: \mu \neq 1400$$

换句话说，我们现在检验新麦种是否与旧麦种不同（而在例 6-3 中，我们检验的是新麦种是否比旧麦种更好）。因此，即使在收集数据之前，我们也能肯定地说：远远低于 1400 的一个 $\overline{X}$ 值就如同远远高于 1400 的 $\overline{X}$ 值那样，都是反对 H_0 的同样强有力的证据。即我们要考虑的是，$\overline{X}$ 离开 1400 有多远，不管是在哪一侧。

如果样本均值 $\overline{X} = 1485$，那么双侧概值是多少？也就是说，$\overline{X}$ 离开原假设 $\mu_0 = 1400$ 至少像 1485 那么远（不管在哪个方向）的概率是多少？已知 $n = 100, \sigma = 350$。

解：为了度量 $\overline{X}$ 离开原假设有多远，先求出 $\overline{X} - \mu_0 = 1485 - 1400 = 85$，然后除以标准误差 $\sigma/n = 350/\sqrt{100} = 35$，得到标准化的 Z 值为：

$$Z = \frac{\overline{X} - \mu_0}{\sigma/\sqrt{n}} = \frac{85}{35} = 2.43$$

概值使我们能观测到这么极端的 Z 的概率，也就是说，Z 值在 2.43 之上或 -2.43 之下的概率，由附录三表Ⅳ查得

$$Pr(Z \geqslant 2.43) = 0.0075$$

同理，根据对称性

$$Pr(Z \leqslant -2.43) = 0.0075$$

因此，在一侧或另一侧出现同样极端值的概率

$$Pr(|z| \geqslant 2.43) = 0.0075 + 0.0075 = 0.015$$

这就是双侧概值（图 6-5）。

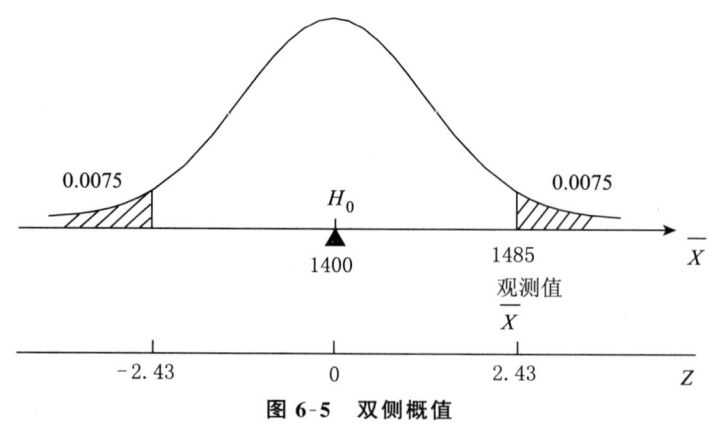

图 6-5　双侧概值

总之，只要备选假设是双侧的，那么计算 H_0 的双侧概值就是合适的。正如我们在图 6-5 中所看到的，如果分布是对称的，那么双侧概值就正好是单侧概值的 2 倍。一般来说，双侧概值 $= Pr$（如果 H_0 为真，样本统计量偏离得至少和实际观测值那么远）。

习 题

6-7 回答对或错,如果是错的,请纠正:
1) 如果备选假设是双侧的,那么概值和置信区间也应是双侧的。
2) 为了确定一个骰子出现幺点(1点)的概率是否为 $\frac{1}{6}$,作如下的假设:

$$H_0: \pi = \frac{1}{6}$$

$$H_1: \pi < \frac{1}{6} \text{ 或 } \pi > \frac{1}{6}$$

那么我们应该采用双侧检验,当概值太小时就拒绝 H_0。

6-8 一家大型连锁超市在购物的高峰时间常常人流拥挤,超市希望通过减少顾客在收银台所花费的时间来改变此情况。有两家公司 A 和 B 前来投标,而且都向超市送来了自己的设备让超市试用。超市从自己的员工中随机抽取了 10 人,安排其中 5 人先试用 A 公司的设备,另外 5 人先试用 B 公司的设备;然后交换收银台,再假装顾客交一次款。两次试用时,每人购物篮中所装物品不变。下表显示了完成交易的时间(单位:秒):

	1	2	3	4	5	6	7	8	9	10
A	96	58	76	80	67	74	64	71	64	62
B	88	62	68	72	68	66	56	69	64	56

1) 检测收银员的平均操作时间是否因为设备而有显著的不同(提示:构造 A,B 平均操作时间之差的 95% 双侧置信区间);
2) 求原假设(A,B 的平均操作时间没有差异)的双侧概值;
3) 在 $\alpha = 5\%$ 的错误水平下,A,B 的平均操作时间之差异是统计上可以分辨的吗? 也就是说,能够拒绝 H_0 吗? 用以下两种方式回答,注意答案应保持一致。
① H_0 是否落在 95% 置信区间之外;② H_0 的概值是否小于 5%?
4) 简要解释为什么要把随机抽取的员工分成两组,然后同时随机把一组分到 A,另一组分到 B。

6.3 经典的假设检验

1. 什么是经典的假设检验

我们还是以例 6-3 的数据来介绍经典检验的三个主要步骤。已知传统小麦种子的平均亩产量 $\mu_0 = 1400$ 斤,标准差 $\sigma = 350$ 斤。请应用一个经典的假设检验来判断新麦种是否更好，其中 $n=100$，$\overline{X}=1485$。步骤如下：

第一步：正式地陈述原假设（例如，$H_0:\mu_0=1400$），同时设定样本大小（例如，$n=100$），以及检验的错误水平（例如，$\alpha=5\%$）。

第二步：先暂时假定原假设是真的，然后根据 $\overline{X}$ 的抽样分布以及错误水平 α，确定拒绝原假设 H_0 的临界域，也就是确定临界值 $\overline{X}_c$（例如，$\overline{X}_c=1457$，说明见后面）。如图6-6所示，图中的阴影面积是按照错误水平 α 确定的，这一阴影面积定义了拒绝原假设的临界范围，它在抽取样本之前就确定了。这与上一节的概值（也用阴影面积表示，如图6-7所示）不同，概值是根据实际观测到的 $\overline{X}$ 计算出来的。

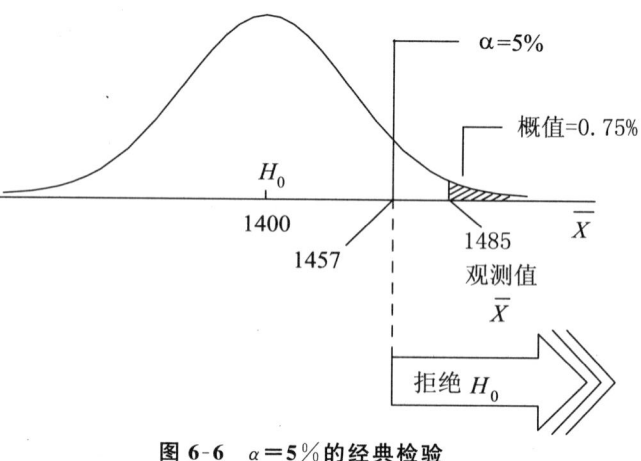

图 6-6　$\alpha=5\%$ 的经典检验

第三步：抽取样本。如果观测值 $\overline{X}$ 落在了图 6-6 所示的拒绝区域内，那么就有充分理由判断这是与原假设 H_0 相抵触的，从而拒绝 H_0。否则，H_0 就是可以接受的。

由附录三表Ⅳ注意到，5%的右侧尾部是被 $Z_{0.05}=1.64$ 的临界值由正态分布中切去的，因此可以求出这一检验的临界值 $\overline{X}_c=1457$。即

$$Z_{0.05}=\frac{\overline{X}_c-\mu_0}{\sigma/\sqrt{n}}=1.64$$

$$\frac{\overline{X}_c-1400}{350/\sqrt{100}}=1.64$$

$$\therefore \overline{X}_c=1457$$

在我们的例子中，观测到的样本平均值 $\overline{X}=1485$ 超出了这一临界值 $\overline{X}_c=1457$，因此我们在 5% 的错误水平下拒绝 H_0。

我们还可以从另外的一个角度来看待这一检验过程。如果我们从样本数据求出的观测值 $\overline{X}$ 超过了临界值 $\overline{X}_c=1457$，则有两种可能的解释：

(1) H_0 是真的，但是我们的运气十分不好，偏偏抽到了一个很偏的样本，从而得到了一个很不可能发生的 $\overline{X}$。

(2) H_0 根本不是真的，因此观测到那么大的 $\overline{X}$ 也就不奇怪了。

我们进行统计推断是以第二种解释为基础的，它似乎是更有理的解释。但是我们还是有些担心，因为也许第一种解释可能恰恰是正确的。为此，我们把结论描述成"在 5% 的错误水平下"是成立的。

2. 经典假设检验和概值

对于上面的例子，我们在图 6-7 中对经典检验和概值进行了比较。由于概值 0.75% 比 $\alpha=5\%$ 小，因此观测值 $\overline{X}$ 就应落在拒绝域之内。也就是说

如果概值 $\leqslant \alpha$，则拒绝 H_0。　　（6-8）

回想一下概值的意义，它是对 H_0 的可信度的一个度量。如果这一可信度低于 α，那么 H_0 将被拒绝。

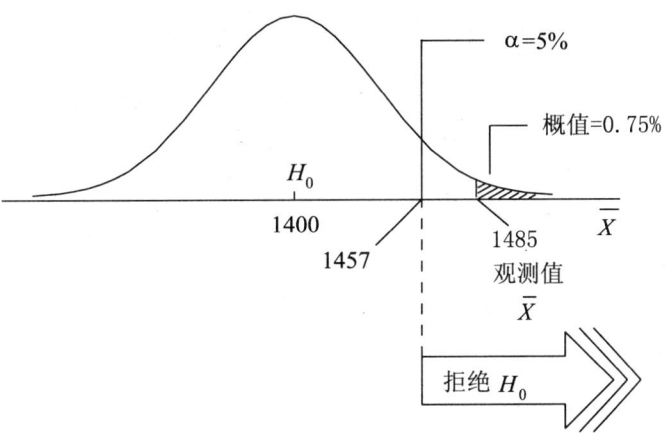

图 6-7　经典检验和概值

应用统计学家越来越倾向于使用概值而不是经典检验，因为经典检验涉及任意设置检验的错误水平（通常设定 $\alpha=5\%$）。然而，更常用、更可取的办法是计算概值而不是任意地规定 α，然后让读者或应用工作者自己去对 H_0 进行判断。

3. 第一类错误与第二类错误

在决策过程中，我们是冒着犯两类错误的风险的：第一类错误如图 6-8A 所示，它表示如果 H_0 为真时的情况。这时，我们因为观测到 $\overline{X}$ 在阴影区域从而错误地拒绝真的 H_0 的机会为 5%。当 H_0 为真的而拒绝 H_0，这种错误称为第一类错误，简称为"弃真"的错误

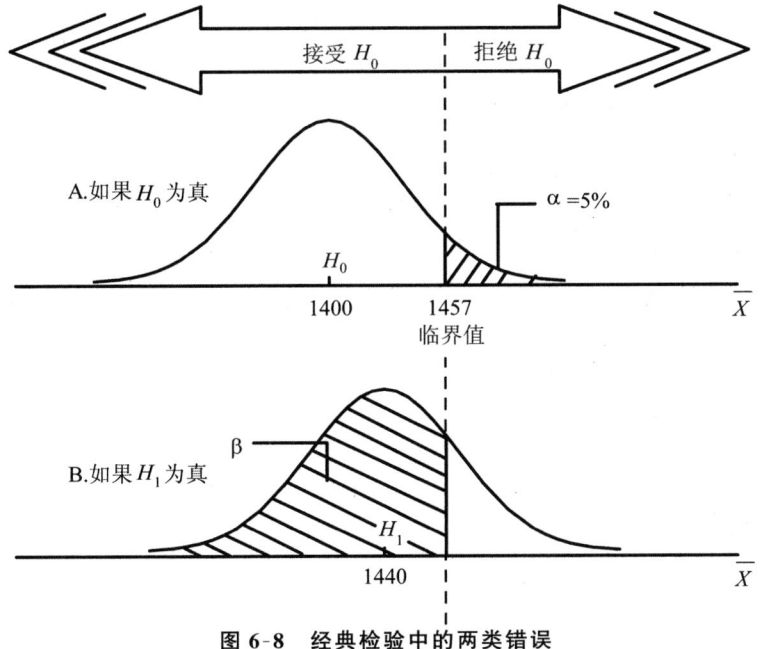

图 6-8　经典检验中的两类错误

A. 如果 H_0 为真，$\alpha=$ 拒绝 H_0 的概率；B. 如果 H_1 为真，$\beta=$ 接受 H_0 的概率

或"以真为假"的错误。犯这类错误的概率为 α，即检验的错误水平。现在我们可以看到，当提及"检验的错误水平"这一术语时，更确切地说应该是"检验的第一类错误水平"。

但是，如果原假设 H_0 不真，即，如果备选假设 H_1 是真的，例如 $H_1: \mu = 1440$ 是真的，这时数据就会在另一个不同的总体中。那么 $\overline{X}$ 的分布如图 6-8 B 所示是以 $\mu = 1440$ 为中心的。在这种情况下，正确的决策应该是拒绝不真的原假设 H_0，不过，如果 $\overline{X}$ 落在 H_0 的可接受区域内，就会犯另一种错误。当 H_0 不真时而接受 H_0，这种错误称为第二类错误，简称为"取伪"的错误或"以假为真"的错误。犯这类错误的概率为 β，如图 6-8 B 所示。

将图 6-8 的各种结果更具体地总结在表 6-1 中。我们看到，不管 H_0 是真还是不真，总体的状态实际上都是未知的。如果面对这种未知的不确定性作出决策，我们就不得不冒犯第一类错误或第二类错误的风险。

表 6-1 假设检验的可能结果

未知的总体状态 \ 决策	接 受 H_0	拒 绝 H_0
H_0 为真	正确决策 概率 $=1-\alpha=$ 置信水平	第一类错误 概率 $=\alpha=$ 检验水平
H_0 不真	第二类错误 概率 $=\beta$	正确决策 概率 $=1-\beta=$ 把握度

习　题

6-9　1974 年，美国盖洛普公司的一次调查表明，在 750 名美国男子的样本中，有 45% 抽烟；在另一个相互独立的 750 名女子的样本中，36% 抽烟。

1) 请构造男性总体和女性总体中抽烟比例之差的 95% 单侧置信区间；

2) 计算没有差异这一原假设的概值；

3) 在错误水平 $\alpha=0.05$ 下，45% 与 36% 之差在统计上是可以分辨的吗？（或是显著的吗?）即，能拒绝吗？用两种方式回答，并说明两种答案是一致的：

1) H_0 是否没有落入 95% 的置信区间之内？

2) 对 H_0 的概值是否小于 0.05？

6-10　1971 年，在 1500 名美国人的一个样本中，有 42% 抽烟；一年后，在另一个独立的 1500 名美国人样本中，43% 抽烟。对一年中抽烟比例的增加，重复做习题 6-9 中的问题。

6-11　（验收抽样）卖主又送到几批防水手套，以往的防水手套中有缺陷的手套的比率为 10%，因此，这次手套的买主担心这几批手套会不会比以往的还差，便对每一批手套都随机抽取了 100 双的样本，然后算出缺陷手套的比率 P。为了进行经典的检验，还要确定检验的水平 α，它是由许多因素所决定的，假定最后规定 $\alpha=0.09$。

1) 用语言和记号分别叙述原假设和备选假设；

2) P 的临界值是多少？也就是说，为了拒绝原假设（拒收那批货），P 必须有多大？

3) 假定对 6 批货抽样检查后 P 值分别为 $12\%, 25\%, 8\%, 16\%, 24\%, 21\%$。问哪些货是应该拒收的？

6—12 在习题 6—11 中，假定买主改变验收方案，仅抽取一个 10 双手套的小样本，且不再设置 $\alpha=0.09$，而是规定拒绝区域为 $p \geqslant 20\%$（即，如果在样本的 10 双手套中有 2 双或更多的缺陷手套，他就将拒收这批货）。问：对于这个检验，α 是多少？卖主会因此而吃亏吗？（提示：由于 n 较小，用二项分布比正态分布更准确）

6—13 考虑某机场的一个飞行交通管理员所面临的一个问题：如果监视屏幕上出现了一个不正常的小点正在接近一架大型客机的飞行路线，那么他必须在以下两者中做出决策：

H_0：没关系，这只不过是屏幕上的一点干扰；

H_1：十分危急，大型客机要与一架小型私人飞机或一只大鹰相碰撞。

在下面的空格中填上适当的内容：

一个"不真的警告"是第_____类型的错误，它的概率是用_____来表示的。

一个"漏失的警告"是第_____类型的错误，它的概率用_____来表示。通过增加仪器的敏感性和可靠性，是有可能同时减少_____和_____的。

6—14 在收视率调查中，调查组发现，要想检出平均收看电视时间中 10 分钟的意外变化，需要抽取一个 $n=100$ 的样本。假定想要检出只有 2 分钟的变化，其中 α 和 β 保持不变，那么它的 n 应该是多大？

6—15 考虑图 6-8 中的经典检验

1) 如果观测值是 $=1445$，你会拒绝吗？

2) 假定你是研究这一新品种的，而且你十分坚信新品种就是比旧品种好。根据科学的道理，你确实相信 $H_1: \mu=1440$。你的感觉告诉你应该拒绝 H_0 去支持 H_1，在这种感觉与经典检验的结果相冲突时，你遵循什么？为什么？

3) 假设样本含量增至 200，而你还是保持 $\alpha=5\%$，且观测到的 $\overline{X}$ 还是等于 1445，那么这时经典检验的结果是什么？该结果是否可以说明在 1) 中遇到的问题是由于样本量不够造成的？

4) 假定你现在的样本量增加到 100 万，在这么巨大的样本中你观测到 $\overline{X}=1401$。虽然平均亩产量只比旧品种增加 1 个单位（1 斤）没有什么经济意义（即，并不认为有必要推广新品种等等），但其在统计上却是显著的、有意义的（可以分辨的），这样说对吗？那么是否可以认为：不管 H_0 如何真实，当样本量充分大时，只要 $\overline{X}$ 和 μ_0 不是完完全全地相等，就有可能提供拒绝 H_0 的根据？

4.关于经典检验的讨论

1)减小 α 和 β

在图 6-9 的①中,我们将图 6-8 表示的两种错误概率显示在一张图上:如果 H_0 为真,则犯错误(弃真)的概率为 α;如果 H_1 为真,则犯错误(取伪)的概率为 β。在②中显示了在减小 α 的同时(可以通过将临界值右移,比如移到 1470 处来实现)将增加 β 的值;在统计学中,就像在经济学中那样,冲突的目标在交替换位。法律学上也有一个很有意思的类似情况。在一个谋杀案的审判中,要求陪审团在 H_0 和 H_1 之间作出选择,其中:

H_0:被告是无罪的;

H_1:被告是有罪的。

如果将一个无罪的人判了刑,那么就犯了第一类错误;但是如果给犯了罪的人以自由,就又犯了第二类错误。在审判量刑时应该尽可能让 α 保持在最小的水平上。在法律上的许多改革与规定都是为了减小 α,即减小将无罪的人判罪的概率。例如,限制警察获取证词的权力,防止逼供或用刑等。不过这些改革与规定却增加了 β,即增加了罪犯逃避惩罚的概率。一般来说,不大可能使 α 变成 0(保证绝对不将一个清白的人判罪),除非将 β 增加到 1(使每一个被告都自由,与此同时审判将失去意义)。那么,在保持 α 不

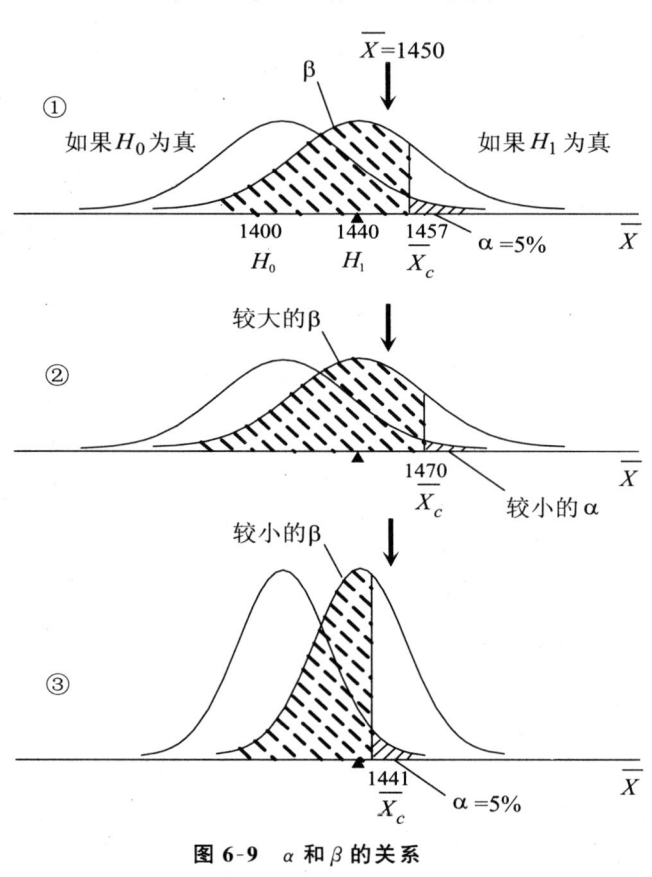

图 6-9 α 和 β 的关系

变时减小 β 的一种办法就是增加证据。回到我们统计的例子中,就是如图 6-9 的③那样增加样本量。

2)经典检验可能遇到的问题

给定检验水平 α 时,经典检验(拒绝-接受原假设的检验)可能会遇到一些困难。我们还是用图 6-9 来说明。

假定我们得到的样本平均值 $\overline{X}=1450$。由于 $1450<\overline{X}_c=1457$,因此我们在 5% 的水平上无法拒绝 H_0,结果是接受:$\mu_0=1400$。不过,如果我们设置检验水平 $\alpha=10\%$,这时临界值 $\overline{X}_c=1445$,因此我们在 10% 的水平上拒绝 H_0。这就说明了在经典检验中,α 的

任意设置将导致任意的决策。这是一个不太好处理的问题。

其次,假定我们有相当的其他理由(非统计的理由)相信备选假设 H_1 是真的,接受 $H_0:\mu_0=1400$ 将导致错误。也就是说,可以期望新麦种的平均亩产量达到 $\mu_0=1440$ 斤。事实上,样本观测值 $\overline{X}=1450$ 对新麦种的信念也给予了强有力的支持,从图 6-9 中可以看到 $\overline{X}=1450$ 与 H_1 的距离比与 H_0 的近得多。但是我们在 5% 水平的经典检验中却用 1450 这个观测结果做出了对 $\mu_0=1400$ 这一总体值有利的判断,而对 $\mu_1=1440$ 这一总体值进行了否定。这一例子说明,在经典检验中,用小样本去接受一个原假设时可能会产生严重的问题。因此,比较明智的做法是不要简单地做出"接受 H_0"的结论,而是采用比较含蓄的说法,如"无法拒绝 H_0",或者,最好还是使用概值。

3) 为什么经典检验还常常被采用

既然经典的假设检验(接受或拒绝原假设的检验)有以上所说的局限性,为什么还要不厌其烦地介绍它呢?理由主要有以下几点:

A.这对指导读者阅读大量统计文献有好处。在这些文献中,不管是正确的还是错误的,经典检验都大量地被引用。

B.经典检验对于某些理论问题的澄清(例如第一类错误和第二类错误)是很有好处的。

C.在某些情况下,用经典假设检验可能比用概值更有利。

对于最后一点,我们还是回到新麦种的那个例子。不过假定这次考虑的不是一个新麦种,而是几个新麦种,并且在每个情况下都取 100 亩的样本,假定结果如右表的前两列所示。

新麦种	样本平均值 $\overline{X}$	新麦种是比旧麦种 $\mu_0=1400$ 好吗?
1	1485	
2	1450	
3	1435	
4	1490	
5	1420	
⋮	⋮	

要回答第 3 列的问题,可以有两种做法。我们可以计算对应于这 5 个新麦种的 H_0 的概值,然后像前面的例子那样根据概值的大小来做出判断。但这样将比用经典检验的方法麻烦得多。利用经典检验,我们只要规定好 α(例如 $\alpha=5\%$),然后计算出临界值 $\overline{X}_c$(在这里 $\overline{X}_c=1457$),就可以将 5 个样本的平均值直接与 $\overline{X}_c$ 进行比较,而不需要再作进一步的计算。例如在上表中,我们只对麦种 1 和 4 拒绝 H_0,也就是说,可以认为只有麦种 1 和 4 是优于旧麦种的。不过,在这样应用经典的检验时,α 的设置必须慎重考虑。

4) α 的设置

检验水平 α 的设置不应该是随意的,一般来说主要应考虑以下两个方面。

首先考虑的是所谓"事前的信念"。还用我们前面所说的例子,如果我们对农科站科技人员的备选假设(即新麦种更好)越不相信,那么就要将 α 设置得越小。也就是说,若要做出有利于科技人员的判断,将需要有更多更强有力的证据。因此在设置 α 时我们要回答诸如此类的问题:"科技人员之间在新麦种的问题上有分歧吗?""他们以前试验新麦种有没有失败过?"一般来说,对统计假设做判断的决策者在处理 H_0 时总是偏于保守,没有充分证据是不会轻易拒绝 H_0 的。所以一般 α 都设置得比较小,不那么容易拒绝原假设,因此也可以说经典检验是"保守的"。

其次考虑的是"做出错误决策后可能造成的损失"。第一类错误(即毫无必要地推广一个实际上没有什么优点的新麦种)造成的损失越大,就要将 α 设置得越小;第二类错误(即没能采用一个实际上更好的新麦种)造成的损失越大,就要使 β 设置得越小。虽然我们不可能使 α 和 β 同时都变小(参考图6-9的②),但是在设置 α 和 β 水平时,我们显然是要考虑这两种错误的相对代价的。

关于"事前的信念"和"损失"问题,在更高级的课程中,例如"贝叶斯决策分析"之类的课程中有专门的讲述,这里就不再讨论了。

习 题

6—16 有时候将 α 说成是"生产方风险",β 是"用户方风险",试举一个例子来说明你是怎样理解这个问题的?(提示:叙述 H_0、H_1 以及说明两类错误的性质和可能造成的损失。)

6—17 检查某胃痛患者是"一般的胃肠疾病"还是"癌症早期"时,叙述 H_0、H_1 并说明两类不同类型的错误及可能造成的损失。

6—18 回答真或伪并加以必要的纠正。
1) 将假设检验和陪审团审判相比,第一类错误就是将有罪的人无罪释放;
2) 在某一检验中,假定概值是0.015,那么 H_0 可以在5%的水平上同时也可以在1%水平上被接受。

6—19 在习题6—12中,假定备选假设为那批货30%有缺陷:
1) 用记号陈述这一问题(表示 H_0、H_1);
2) 计算 β。

6—20 对习题6—11重复做6—19。比较这几题的结果,可以说 n 增加的结果既减小了 α 又减小了 β 吗?

本章小结

1.落在95%置信区间内的值称为可接受的假设(在5%错误水平下),而在此区间外的值叫做被拒绝的假设。无差异假设叫做原假设 H_0,当这一假设被拒绝时,就认为有一差异存在,因此结果就叫做统计上可分辨的(显著的)。

2.单侧概值的定义为:如果 H_0 为真,取得一个至少(至多)和实际观测到的值那么大的 $\overline{X}$ 值的机会。也就是说,它等于大于(小于) $\overline{X}$ 的观测值的、以 μ_0 为中心分布的右侧(左侧)尾部面积。因此概值度量了 H_0 的可信赖程度。

3.双侧概值是单侧概值的 2 倍(对称分布时),它适用于备选假设为双侧的情况。

4.对于一个经典的检验,如果概值低于规定的错误水平 α(通常为 α),我们就拒绝 H_0。经典检验主要是在理论上比较让人感兴趣,如可以澄清两类可能的错误(第一类错误和第二类错误)。在实践中,经典检验不如概值那样能提供较多的信息。经典检验可能会导致错误,特别是在根据一个小样本接受 H_0 的情况。

应用实例

在 2004 年雅典奥运会传播效果调查中,研究者推测电视在传达雅典奥运会的信息方面扮演了非常重要的角色,而且具有非常明显的"累积效应"(同类信息的传达活动在时间上和空间上具有持续性和重复性,从而影响了我们对周围环境的看法以及我们对某事物的认知水平)。基于上述现象和理论,研究者假定:奥运会期间,看电视多的人应该比看电视少的人对雅典奥运会的基本知识了解得更多。

为了检验这一假设的正确性,通过抽取随机样本来进行检验。在 10 个城市采用分层、多阶段不等概率 PPS 抽样,成功访问了 1000 名被访者。在 2004 年雅典奥运会传播效果调查问卷中,主要问题有"雅典奥运会期间,您平均每天收看电视的时长为多少分钟?"以及"您知道雅典奥运会的会徽是什么吗?"等总共 6 道考察被访者对雅典奥运会基本认知的问题。每道题答对算被访者得 1 分,没有答对得 0 分,6 道题的总得分反映观众对雅典奥运会基本信息的认知水平。

原假设 H_0:奥运会期间,看电视时间长度不同的观众在对雅典奥运会基本知识的认知上不存在显著差异;备选假设 H_1:奥运会期间看电视时间长度不同的观众在对雅典奥运会基本知识的认知上存在显著差异。

即:$H_0:\mu_1=\mu_2 \quad H_1:\mu_1\neq\mu_2$

在 95% 的置信度下,设定检验的错误水平 α 为 0.05。

我们采用 SPSS11.5 for Windows 进行假设检验,具体步骤如下:

首先,我们用频数分析得知奥运会期间平均每人每天看了 155.63 分钟的电视,近似地等于 156。我们将平均收看时间划分为两个独立样本,凡是日均收看时间为 156 分钟及以下的观众归入"轻度

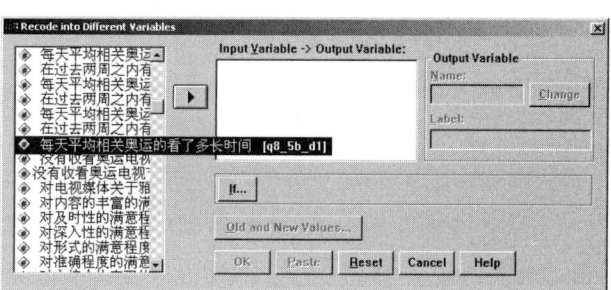

收看电视者"(A 组),反之为"重度收看电视者"(B 组)。

使用 Transform→recode→into different variables 把"观众收看分钟数"重新编码为值等于 1="轻度观众"和 2="重度观众"的新变量 q8_new。

接下来,使用 SPSS 中的 Analyze→compare means 命令,选择计算"independent samples t-test"。把"奥运认知得分"作为被检测的变量放入"test variable(s)";把"重度观众或轻度观众"作为分组变量放入"grouping variable",并点击其正下方的方框"define group"为样本分组的划分

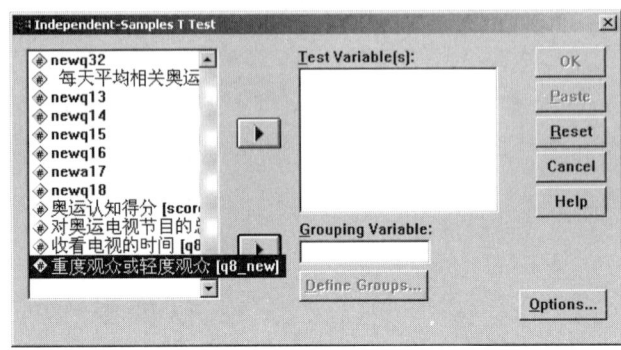

下定义。在此我们输入"1"(代表轻度收看电视者)和"2"(代表重度收看电视者),完成我们对所要比较的两个独立群体的界定。

完成选择后,选择 OK 在 SPSS 的 OUTPUT 中查看输出及结果。

SPSS Syntax 语法:
RECODE
  q8_5b_d1
  (0 thru 156=1) (156 thru Highest=2) INTO q8_new.
VARIABLE LABELS q8_new 重度观众或轻度观众.
EXECUTE.
T-TEST
  GROUPS=q8_new(1 2)
  /MISSING=ANALYSIS
  /VARIABLES=score
   /CRITERIA=CIN(.95).

输出结果如下:

表 6-2　对重度收看者和轻度收看者的描述性统计分析

	重度收看或轻度收看	N	Mean	Std. Deviation	Std. Error Mean
奥运认知得分	1 轻度收看	580	3.65	1.468	.061
	2 重度收看	352	4.40	1.345	.072

上表中反映出"轻度收看电视者"为 580 人,雅典奥运会基本知识平均得分为 3.65;"重度收看电视者"为 352 人,平均得分 4.40。(1000 人的样本当中有 68 人在奥运会期间

没有收看电视，SPSS 自动将这 68 人作为了缺失值。)雅典奥运会基本知识平均得分为 3.65 和 4.40 之间是由于抽样造成的随机误差，还是两组之间确实存在统计意义上的显著差异？

表 6-3 假设检验的计算结果

		Levene's Test for Equality of Variances		t-test for Equality of Means						
		F	Sig.	t	df	Sig. (2-tailed)	Mean Difference	Std. Error Difference	95% Confidence Interval of the Difference	
									Lower	Upper
奥运认知得分	Equal variances assumed	5.499	.019	−7.773	930	.000	−.75	.096	−.936	−.558
	Equal variances not assumed			−7.942	791.373	.000	−.75	.094	−.932	−.562

上表中一共给出了两个 t 检验的结果，第 1 行是"假设方差相等"(Equal variances assumed)下的检验结果。由于对"方差相等"这一原假设的 F 检验(详见第八章的内容)的概值 $P=0.019$，所以拒绝"方差相等"这一原假设。为此，需要采用第 2 行"未假设方差相等"的检验结果。

不过我们可以看到，无论两组的方差相等还是不等，本次假设检验得出的双侧概值都是 $P=0.000(sig.2-tailed)$，远远小于检验的显著性水平 $\alpha(=0.05,)$，即概值计算出来的数据没有给原假设提供多大支持。因此，我们在 $\alpha=0.05$ 的错误水平下，拒绝 H_0，接受 H_1，即 A 组和 B 组在雅典奥运会基本知识的得分上存在显著差异，检验水平为 5%。

从最后一行的最后两个数，我们还可以写出"重度收看者"(B 组)和"轻度收看者"(A 组)对雅典奥运会的平均认知得分之差的 95% 置信区间为：

$$0.562 < \mu_{重} - \mu_{轻} < 0.932$$

习 题

6—21 从两个上、下午上课的班级中分别独立地抽取 $n_1=15$ 名和 $n_2=40$ 名学生的随机样本，对某一位教师的讲课进行评价，采用的是 5 级记分制，其中 5 分表示"优秀的"，1 分表示"糟糕的"，结果如下表所示。

1) 画出两个样本的频率分布图；
2) 计算两个样本的均值及标准差。

评分值	频次	
	上午 10:30 的班级	下午 3:30 的班级
1	0	4
2	0	7
3	4	13
4	7	9
5	4	7
	$n_1 = 15$	$n_2 = 40$

6—22 在上题中,教务处想要知道两个样本的差异是仅反映了样本波动还是反映了班级之间的真正差异。事实上,教务处怀疑两个班级对该教师的评分之间存在真正的差异,因为一般下午上课的班级比较烦躁,容易给他们的教师打低分。尽可能彻底地回答教务处的疑问(提示:陈述 H_0 并计算单侧置信区间以及求概值来进行检验)。

6—23 美国的某学者对287位母亲抱自己新生儿的方式进行了观察,发现大多数母亲都是左侧抱婴儿,不管母亲是否左撇子,情况都是这样,数据如下表所示:

母亲是 \ 母亲在( )侧抱婴儿	右边	左边	合计
右撇子	43	212	255
左撇子	7	25	32
合计	50	237	287

假定这287人是一个随机样本,

1) 计算总体中在左侧抱婴儿的母亲比例的95%置信区间,这一比例与你自己纯粹猜测的50:50的比例是统计上可以分辨的吗?(是显著的吗?)

2) 计算右撇子母亲和左撇子母亲在左侧抱孩子的比例之差的95%置信区间,这一差异是统计上可以分辨(显著)的吗?

3) 猜一猜为什么母亲们偏爱在左侧抱婴儿?

6—24 为什么母亲本能地将婴儿抱在左侧,某学者推测这可能是为了让婴儿更清楚地听到母亲心脏的跳动(就像在胎儿期那样)。为了检验这一假设,他将90个新生儿随机地分成两组:处理组的45个婴儿的房间播放成人心跳声的磁带;对照组的45个婴儿的房间不播放该磁带,但其他方面的待遇与处理组完全相同。每个婴儿第一天至第四天的体重增加量 X 经测量并整理,样本统计量如下表。假定这些婴儿代表取自总体的一个随机样本,求:

1) 两组均值之差的95%单侧置信区间;

2) 对于"心跳磁带没有改善体重增加"这一原假设,计算其概值;

3) 能否在5%的水平下拒绝这一原假设？也就是说，均值之差在统计上是可以分辨的吗？

	样本均值 $\bar{X}$	偏差平方和 $\sum(X-\bar{X})^2$
处理组	37	158000
对照组	−17	186000

6-25 习题6-24中有一个基本的假设："90个婴儿是取自某总体的一个随机样本。"事实上样本并不是随机地抽取的，不过真正重要的随机化是进行了的。即为了确保公平和无偏，在将婴儿们分配到处理组和对照组时是进行了随机化的。试说明：

1) 我们说"某总体"时的意义何在？

2) 如果不存在这个"总体"，上题中所求的概值是否还有意义？

6-26 一所国际新闻学校每年从各大高校中招募刚刚毕业的本科生参加培训，进而作为记者参加新闻工作。大多数刚刚毕业的学生以前没有任何做记者的经验，所以在正式成为一名记者之前，必须学习一段时间，以此作为职业预备课程。该国际新闻学校于是设计了两种培训方案：

方案A：学生参加为期15周的全天课程听课学习，随后参加预备课程考试；

方案B：学生直接先参加6个月的记者实习，再进行为期15周的全天课程听课学习，最后进行预备课程考试。

为了评估两种方案各自的有效性，学校随机选出了20名学生参加实验。事前还根据他们的文学等相关学科的成绩对这20人进行了分组，20人分成10组，每组中的2人成绩相近，然后随机地将2人分配去参加方案A和方案B的培训。

下表是这20人预备课程本学期的成绩单：

	1	2	3	4	5	6	7	8	9	10
A	50	68	72	54	42	60	56	72	63	61
B	62	62	58	74	60	66	64	64	78	66

请问上面的数据是否证明了先参加实践对提高平均测试分数有显著的效果？

第七章 回归分析

在实践中,我们常常想要研究两个或两个以上变量之间的联系,而不只是前面所讨论的一个变量的某些孤立的特性,例如均值、比例的特性等。我们想要知道一个变量是如何与其他变量相联系的,这就是统计学家所说的"回归"。在本章中,我们只讨论最简单的回归:一个变量和另一个变量的联系。至于一个变量与其他多个变量的"多元回归分析",我们将在本书的第五部分介绍。

7.1 简单线性回归

1.基本概念

我们常常要研究两个变量 X 和 Y 之间的联系,例如:

广告投入量 X 和销售量 Y,

对品牌的熟悉程度 X 和对该品牌产品的使用量 Y,

家庭收入 X 和家庭的伙食费 Y,

父亲身高 X 和儿子的身高 Y,

施肥量 X 和小麦产量 Y,

⋮

以上问题的特点都是 X 变化时 Y 也跟着变,如果能用数学式子将这种关系表示出来,则可以由 X 的值去预测 Y 的值;或者反过来,想得到某个范围的 Y 值,那么也可以控制 X 的值。

为了更具体地说明考虑小麦的产量如何依赖于所施的肥料量,如果我们把不同的施肥量 X 对应得到的小麦产量 Y 画在平面图上,那么可以得到类似于图 7-1 的散布图。从这一散布图似乎可以清楚地看到施肥量确实对产量 Y 有影响。此外,也应该可能通过拟合一条穿过这一散布图的曲线,来描述施肥量 X 是怎样影响产量 Y 的。在本章中,我们将针对最简单的情况,即通过拟合一条直线,将 Y 和一个变量 X 相联系的情况表示出来,称为 Y 对 X 的简单回归。

因为产量取决于施肥量,我们称产量 Y 为因变量或响应;肥料的施用量 X 不依赖于产量,是由实验者独立地来确定的,叫做独立变量或自变量,也叫预测变量或因子。

例 7-1 在一项研究小麦产量如何依赖于施肥量的工作中,假定资金仅够进行 7 次实验

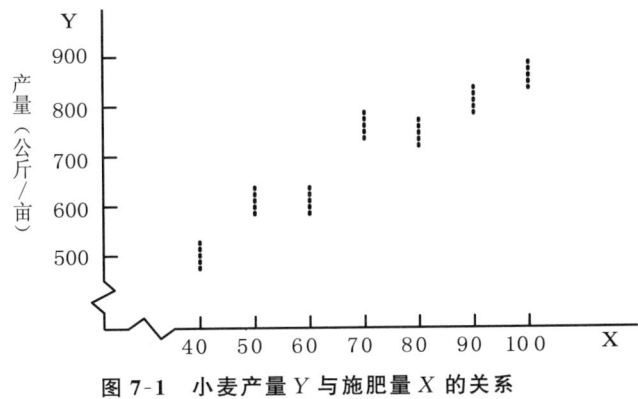

图 7-1 小麦产量 Y 与施肥量 X 的关系

观测,因此实验者将 X 设置在 7 个不同的水平上,每个水平仅取一次观测 Y,如表 7-1 所示。

表 7-1 施肥量与产量的观测值

施肥量(公斤/亩)	产量(公斤/亩)
40	500
50	600
60	600
70	800
80	750
90	750
100	900

1)在平面上描出这 7 个实验点,并用眼睛粗略地拟合一条直线;

2)如果施肥量为 70 千克,请用这条直线预测产量。

解:1)观测点的散布图及拟合直线在图 7-2 中给出。

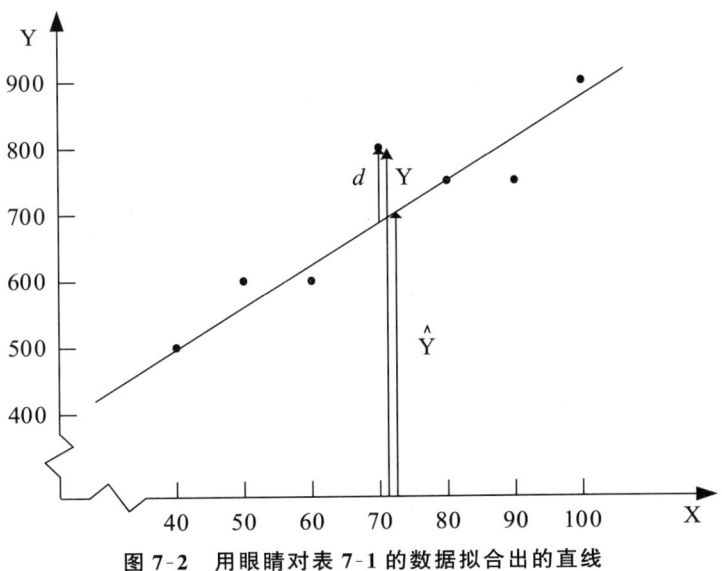

图 7-2 用眼睛对表 7-1 的数据拟合出的直线

2) 当施肥量 $X=70$ 千克时,预测的产量为图 7-2 中拟合直线上对应的高度 $\hat{Y} \approx 700$ 千克。我们感兴趣的是实际观测值 Y(本例中 $Y=800$)与预测值 $\hat{Y}$ 之间的偏差,如果用 d 表示,则可以记成

$$d = Y - \hat{Y}$$

当我们用眼睛拟合这条直线时,已经让所有的偏差(绝对值)都尽可能地小了。

用眼睛拟合的直线在精度上是很难保证的。当然,如果试验点正好在一条直线上,那么拟合的直线是可以用直尺完全精确地画出的;但是如果这些试验点是比较分散的,如图 7-1 或图 7-2 所示那样,我们就需要找出另一种更客观且易于计算的方法。我们将给出拟合直线的数学公式。

2.用最小二乘法拟合回归直线

为了拟合一条回归直线,需要按照某种准则。准则不同,拟合的方法也就不同。这里我们只给出最常用的"最小二乘法"的公式。

(1)最小二乘准则

我们的目标是要从代数上将数据拟合成一条直线,直线方程的形式为

$$\hat{Y} = a + bX \tag{7-1}$$

为此,我们要找到计算 a(截距)和 b(斜率)的公式。在拟合这条直线时,一个合理的准则就是使图 7-2 中的所有偏差 d 都"尽可能地小"。首先我们想到的是让所有偏差之和 $\sum d$ 变成最小。不过,由于观测点有些是在该直线之上,有些在直线之下,因此有些偏差 d 是正的,有些却是负的。相加后正负抵消,有可能总和 $\sum d$ 很小但个别的偏差 d 还是很大。为了克服这个"正负抵消"的问题,我们先对所有的偏差求平方,使它们全都变成正的,然后求所有偏差的平方和,再使之变成最小,这就是所谓的"最小二乘准则":

$$\text{将} \sum d^2 = \sum (Y - \hat{Y})^2 \text{ 化为最小} \tag{7-2}$$

根据这条准则选择出来的一条最佳拟合直线叫做最小二乘回归直线。

(2)最小二乘公式

求斜率 b 的公式很简单(推导过程略):

$$b = \frac{\sum (X - \bar{X})(Y - \bar{Y})}{\sum (X - \bar{X})^2} \tag{7-3}$$

由于本章中偏差 $(X - \bar{X})$ 和 $(Y - \bar{Y})$ 出现十分频繁,因此将它们简记为

$$X - \bar{X} \equiv x, \quad Y - \bar{Y} \equiv y \tag{7-4}$$

选用小写的 x 和 y 是用来提醒大家,一般来说,偏差 x 和 y 是比原始观测值 X 和 Y 小得多的数。那么(7-3)式中求 b 的公式就可以简化为

$$b = \frac{\sum xy}{\sum x^2} \tag{7-5}$$

一旦求出了斜率,截距就可以由下面简单的公式求得

$$a = \bar{Y} - b\bar{X} \tag{7-6}$$

表 7-2 对表 7-1 的数据拟合一条最小二乘回归直线

原始数据		偏差形式		乘积计算	
X	Y	$x=X-\overline{X}=X-70$	$y=Y-\overline{Y}=Y-700$	xy	x^2
40	500	−30	−200	6000	900
50	600	−20	−100	2000	400
60	600	−10	−100	1000	100
70	800	0	100	0	0
80	750	10	50	500	100
90	750	20	50	1000	400
100	900	30	200	6000	900
$\overline{X}=70$	$\overline{Y}=700$	$\sum x=0$	$\sum y=0$	$\sum xy=16500$	$\sum x^2=2800$

对于例 7-1 的数据，我们可以按照表 7-2 的格式求 a、b。先求出 $\sum xy$ 和 $\sum x^2$，代入 (7-5) 式

$$b=\frac{\sum xy}{\sum x^2}=\frac{16500}{2800}\approx 5.9$$

然后根据这个斜率以及表 7-2 求出的 $\overline{X}$ 和 $\overline{Y}$，

得 $$a=\overline{Y}-b\overline{X}=700-5.9(70)=287$$

将 a 和 b 代入 (7-1) 式，即得到了最小二乘回归直线的方程为

$$\hat{Y}=287+5.9X$$

这一直线的图形在图 7-3 中给出。我们发现，它与图 7-2 中用眼睛拟合的直线真是十分接近。

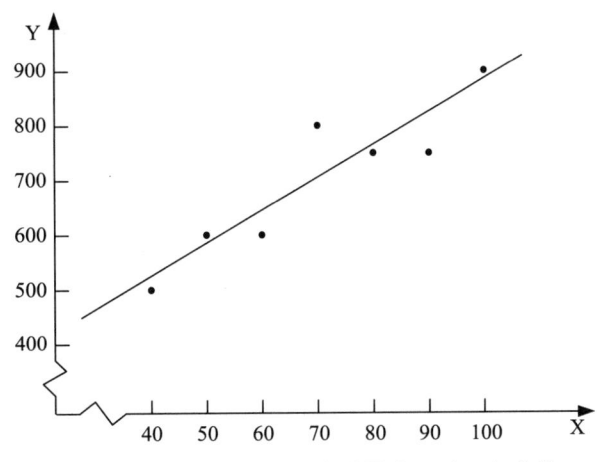

图 7-3 对表 7-1 数据拟合的最小二乘回归直线

(3) 斜率 b 的意义

根据定义，直线的斜率等于沿 X 方向向右移动一个单位时高度 Y 的变化量，也就是说

$$\text{斜率 } b = X \text{ 有一个单位的变化时伴随着发生的 } Y \text{ 的变化量} \qquad (7-7)$$

如图 7-4 所示，斜率 $b=\dfrac{\triangle Y}{\triangle X}$，其中 $\triangle Y$ 和 $\triangle X$ 分别表示 Y 和 X 的对应变化量。例如，当 X 由 50 增至 60 时，$\triangle X=60-50=10$；为求对应的 Y 的增加量 $\triangle Y$，先求出对应的 Y 值，当 $X_1=50$ 时，$Y_1=a+b X_1=a+50b$

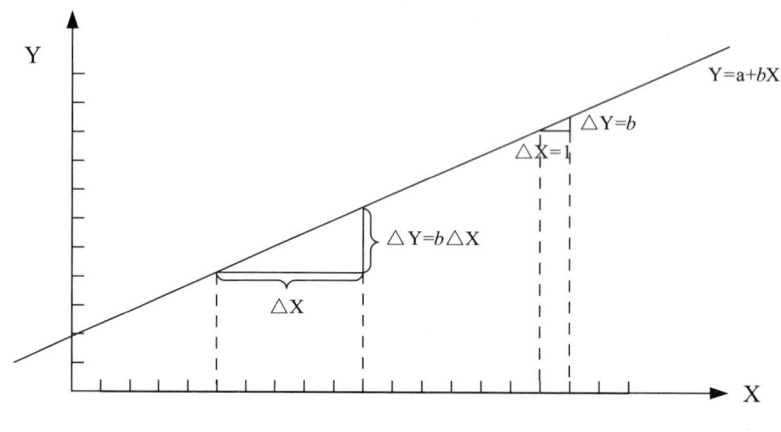

图 7-4　斜率 b 的意义：当 $\triangle X=1$ 时，$\triangle Y=b$

当 $X_2=60$ 时，$Y_2=a+b X_2=a+60b$

因此　$\triangle Y=Y_2-Y_1=10b=b\triangle x$，

那么，当 X 有一个单位的变化时，即 $\triangle X=1$ 时，$\triangle Y=b$。在我们前面的例子中，$b=5.9$，这就是说，如果施肥量 X 增加 1 千克，那么预测小麦的产量将增加 5.9 千克。

习　题

7—1　山上的积雪融化后会对下游灌溉产生影响，为了观测二者之间的关系，研究者在年初测量了山上的最大积雪深度（X），并获得了当年的灌溉面积（Y）。假设得到连续 10 年的数据如下表：

年序	最大积雪深度 X（尺）	灌溉面积 Y（千亩）
1	16.8	30.2
2	12.1	22.3
3	22.3	41.5
4	18.6	36.5
5	24.1	47.0

(续表)

年序	最大积雪深度 X(尺)	灌溉面积 Y(千亩)
6	23.2	44.9
7	13.7	29.2
8	16.5	34.1
9	26.4	48.9
10	20.2	38.6

1) 计算灌溉面积对最大积雪深度的回归直线；
2) 作图画出 10 个点和回归直线；
3) 利用回归直线预测并在图中表示，
   ① 如果某年的最大积雪深度为 20 尺，当年的灌溉面积是多少？
   ② 如果某年的最大积雪深度为 25 尺，当年的灌溉面积是多少？
   ③ 如果某年的最大积雪深度比上一年多 1 尺，当年的灌溉面积将增加多少？

7—2 假定抽取了 5 个家庭的一个随机样本，它们的年收入和年节余如下表所示(单位：千元)。计算节余对收入的回归直线。

家庭编号	年收入	年节余
1	4.8	0.5
2	7.2	1.0
3	10.5	2.5
4	9.3	1.5
5	6.2	0.5

7—3 在 20 世纪 50 年代的美国，放射性废料从华盛顿汉福特附近的储存区泄漏进哥伦比亚河流域。对所涉及的 9 个县计算了暴露指数 X（根据与汉福特的距离以及居民区与河流的平均距离等等），还计算了癌症的死亡率 Y（在 1959～1964 年内每 100000 人中的死亡人数）。数据如下表所示。由该数据求出了下面的统计量：$\overline{X}=4.6, \overline{Y}=160, \sum x^2 =97.0, \sum y^2=9400, \sum xy=876$。

县编号	放射性暴露指数 X	癌症死亡率 Y
1	8.3	210
2	6.4	180
3	3.4	130
4	3.8	170
5	2.6	130
6	11.6	210
7	1.2	120
8	2.5	150
9	1.6	140

1) 求由 X 预测 Y 的回归方程；

2) 估计 $X=5$ 和 $X=0$ 时的癌症死亡率；

3) 画图标出 9 个县对应的点以及 1)、2)的答案；

4) 这一数据在什么程度上证明了放射性暴露的危害性？

7-4 早在 1900 年，美国巴维利亚的 6 个州报道了其婴儿死亡率（每 1000 名活着出生的婴儿的死亡数）以及母乳喂养率（母乳喂养婴儿的比例）的数据，如下：

州号码	死亡率（每 1000 婴儿中的死亡人数）	母乳喂养率(%)
1	250	60
2	320	30
3	170	90
4	300	60
5	270	40
6	190	80
平均	250	60(%)

1) 计算适当的回归直线来预测另外两个州的婴儿死亡率，这两个州的母乳喂养率分别是 37% 和 85%。

2) 这一数据是否提供了证据，说明母乳喂养的好处？

7.2 回归模型

到目前为止，我们对样本点的处置仅仅是用一条直线去拟合。现在我们希望对抽取这个样本的总体进行推断，为此我们必须建立一个数学模型，以便构造置信区间和进行假设检验。

1. 基本假定

如图 7-5A 中，我们在许多小块土地上设置施肥量水平 X_1，当然各个地块最后的产量不会都相同，因为某些地块对应的气候或土质可能好一些，而另外一些地块的雨量可能更充足一些等等。这样，我们就可能得到产量值 Y 的一个分布（或总体），我们称之为给定 X_1 时（固定 X_1 时）Y_1 的概率分布，记作 $P(Y_1/X_1)$。类似地，在水平 X_2 上也会有一个 Y_2 的分布，等等。因此我们可以直观地看到如图 7-5A 中所示的全部总体的一个集合。很明显，分析这些各不相同的特殊总体会有很大的困难。因此，为了便于处理这个问题，我们对这些 Y 分布（总体）的规律性先做一些简单化的假定，如图 7-5B 所示。我们的基本假定是：

(1) 所有的 Y 分布都有同样的形状。这意味着对所有的 $X_i(i=1,2,\cdots,n)$，概率分布 $P(Y_i/X_i)$ 都有着相同的方差 σ^2；

（2）所有的 Y 分布的均值都正好在一条直线上，称之为真实的（总体的）回归直线：
$$Y_i \text{ 的期望值} = \mu_i = \alpha + \beta X_i \tag{7-8}$$
总体参数 α 和 β 确定了该直线，它们是要通过样本信息来估计的；

③随机变量 Y_i 在统计上是相互独立的。也就是说，Y_2 在统计上和 Y_1 没有联系，Y_3 和 Y_2 也没有联系，等等。

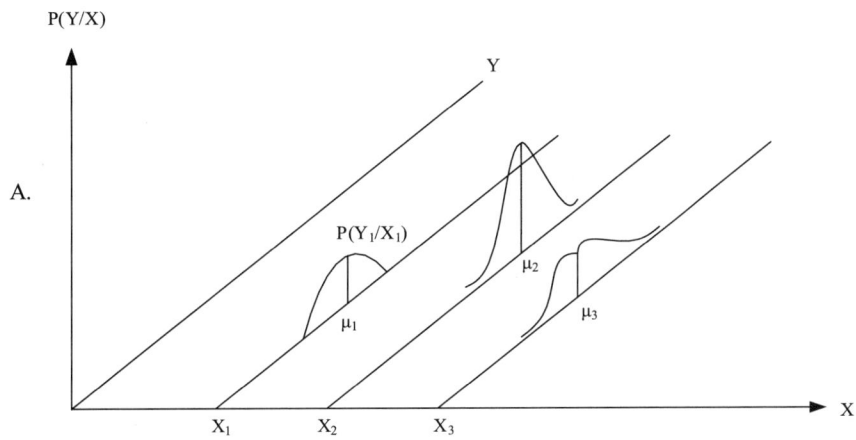

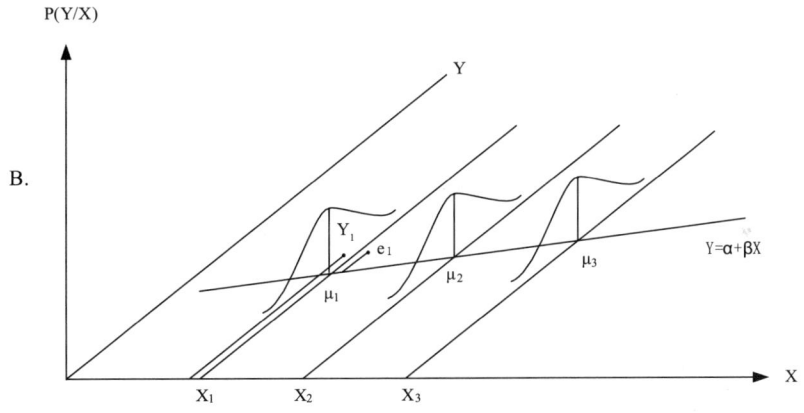

图 7-5　A. 一般情况下，固定 X 时 Y 的分布
　　　　B. 在简单线性回归的假定下，Y 分布的特殊形式

这三个假定可以更加简明地写成：

$$\boxed{\begin{array}{c}\text{随机变量 } Y_i \text{ 是统计上相互独立的，它们的}\\ \text{均值} = \mu_i = \alpha + \beta X_i \\ \text{方差} = \sigma^2\end{array}} \tag{7-9}$$

有时候，把 Y_i 对其期望值的偏差记成误差项或扰动项 e_i 是很方便的，因此模型还可以写成：

$$Y_i = \alpha + \beta X_i + e_i$$
其中 e_i 为相互独立的随机变量,它们的均值$=0$,方差$=\sigma^2$ \hfill (7—10)

例如,在图 7-5B 中,标出了一个观测值 Y_1 及其对应的误差项 e_1。如果给定 X 时 Y 分布的形状是正态的,那么本章中介绍的最小二乘估计就是最好的。在非正态的情况,则其他方法可能更好。

2. 误差项的性质

现在我们可以看到,随机变量 Y 是由两部分组成的。一部分是其均值:$\mu = \alpha + \beta X$;另一部分是随机:误差项或扰动项 e。即

$$Y = \mu + e \tag{7—11}$$

为什么有误差项存在?为什么一旦给定 X 的值以后便不能得到一个精确的 Y 值?误差可以认为是由以下两个部分组成的:

(1) 测量误差。对 Y 进行测量时很可能得不到正确的测量值。例如在测量粮食产量时,由于收割的草率或称重时不精确,可能产生误差;又如在研究各种收入水平的家庭的消费时,预算和报账的不精确性也可能产生消费上的测量误差;再如在调查广播(电视)的收视率时,听众(观众)的遗忘或错报等也会产生测量误差。

(2) 生物现象和社会现象中不可避免的固有变化性。例如,即使没有测量误差,施用完全相同(质量、数量)的肥料进行重复的实验,产量也不会是完全相同的。当然,通过更严格的实验控制(例如,使土壤条件、水量保持不变等等),差别可能会减少。但是,完全的控制是不可能的,比如,种子就不可完全绝对相同。

3. 估计 α 和 β

在图 7-6 中,直线 $Y = \alpha + \beta X$ 表示真实的(总体的)回归直线。对于统计学者来说这是未知的,他必须通过观测的 X 和 Y 尽可能最"接近"地估计它。如果在 X 的第一水平 X_1 上随机误差 e_1 正好是负值,那么他就将在真实的回归直线之下观测到 Y_1。类似地,如果随机误差 e_2 和 e_3 恰好是正值,他就将在真实的回归直线之上观测到 Y_2 和 Y_3,等等。

现在统计学家对自己所掌握的仅有信息:样本点$(X_1,Y_1),(X_2,Y_2),\cdots,(X_7,Y_7)$,施行最小二乘法,这就产生了一条估计的回归直线或叫做拟合回归直线 $\hat{Y} = a + bX$,如图 7—6 中的细线所示。

我们必须区分清楚:真实的(总体的)回归直线和它周围的 e 分布是无法观测的;而观测值 Y 是样本值,是已知的,由此可以得到拟合的回归直线。在图 7-6 中我们分别用粗线和细线来表示这两条直线。

不管统计学家如何幸运,他所估计的直线也不可能和真实的(总体)直线完全一致。他所希望的就是尽可能地"接近"目标。为此本书还要进一步讨论"接近性"这一概念,这

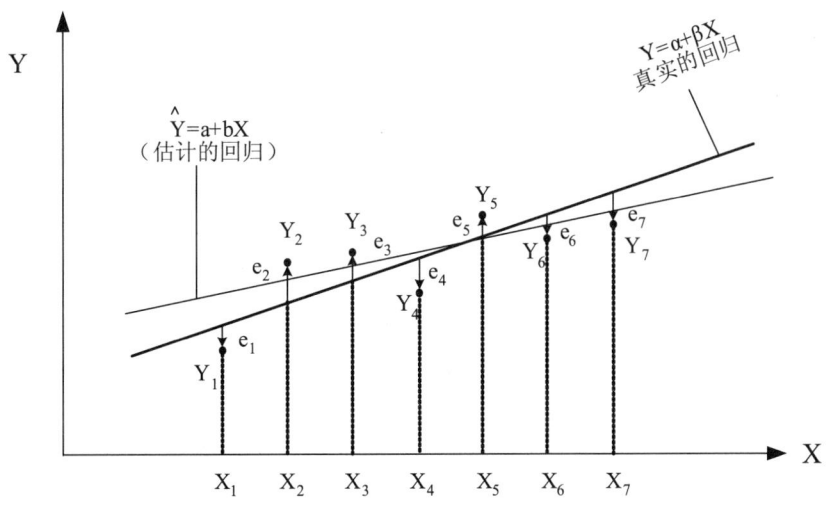

图 7-6 真实的回归直线和估计的回归直线

将在下一节通过讨论 b 的抽样分布来回答。

习 题

7-5 (蒙特卡罗法)假定玉米产量 Y 和施肥量 X(单位均为千克)之间的真实关系由下面的直线给出

$$Y = 300 + 6X \qquad (40 \leqslant X \leqslant 100)$$

1) 先作出这条直线。假定产量 Y 围绕着它在这条直线上的期望值以标准差 $\sigma = 125$ 的正态分布在变化。模拟产量的 $n=5$ 的一个样本,每个产量分别对应于 $X=50,60,70,80,90$(提示:利用附录中的表Ⅱ,随机地查出 5 个标准正态的随机误差的值 e,并计算出由该直线给出的这 5 个 X 水平下的 Y 的均值 μ,然后根据 $e_i = \dfrac{Y_i - \mu_i}{\sigma}$,可以求出模拟样本的 5 个 Y 值,其中均值 $\mu = 300 + 6X_i$)。

2) 利用这一样本,求最小二乘拟合的回归直线,并在同一图中标出样本点,画出拟合的回归直线。

3) 让班里每个同学都来模拟 1~2 个这样的样本。然后由老师将所有拟合的回归直线画在一张图上,并将所有的斜率 b 列在频率分布表上,最后画出 b 的相对频率分布,求出 b 的均值和标准差。

7.3 样本斜率的抽样分布

此处的样本斜率指的是拟合回归直线的斜率 b。

1. b 的抽样分布

b 的抽样分布可用蒙特卡罗方法近似地求出。数理统计学家已经更精确更一般地推导出了其分布：

$$\begin{array}{l}\text{估计值 } b \text{ 近似地服从正态分布,}\\ b \text{ 的期望值}=\beta\\ b \text{ 的标准误差}=\dfrac{\sigma}{\sqrt{\sum x^2}}\end{array} \qquad (7-12)$$

其中 $x=X-\overline{X}$ 是离开均值的偏差。我们看到类似样本均值 $\overline{X}$ 的抽样分布，b 的抽样分布也是近似正态的（图 7-7）。

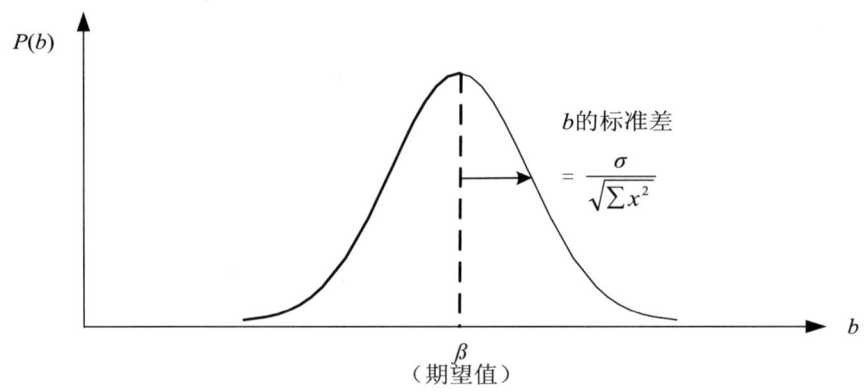

图 7-7　估计值的抽样分布

2. 实验设计

由 (7—12) 中求 b 的标准误差的公式可以得知

$$b \text{ 的标准误差 } SE=\frac{\sigma}{\sqrt{\sum x^2}}=\frac{\sigma}{\sqrt{n(\sum x^2/n)}}\approx\frac{\sigma}{\sqrt{n}}\cdot\frac{1}{S_x}$$

其中 S_x 表示 X 的标准差。

因此，减小 SE 从而得到更精确的估计量 b 的方法为：

① 减小 σ（σ 反映 Y 的固有变化性）；

② 增加样本量 n；

③ 增加 S_x，即加大 X 值的变化范围，这是可以由实验者来决定的。

在图 7-8A 中我们看到，假定实验设计做得很糟，所有 X 的值都挤得很近，则偏差 x 的绝对值会都很小，因此 $\sum x^2$ 也很小。那么 b 的标准误差就很大，因此 b 就是相当不可靠的统计量。

从图 7-8A 我们看到一堆数据点挤在一起，特别是如果有个别奇异点的话，估计的回归直线将被拉得远远地离开真实的直线。

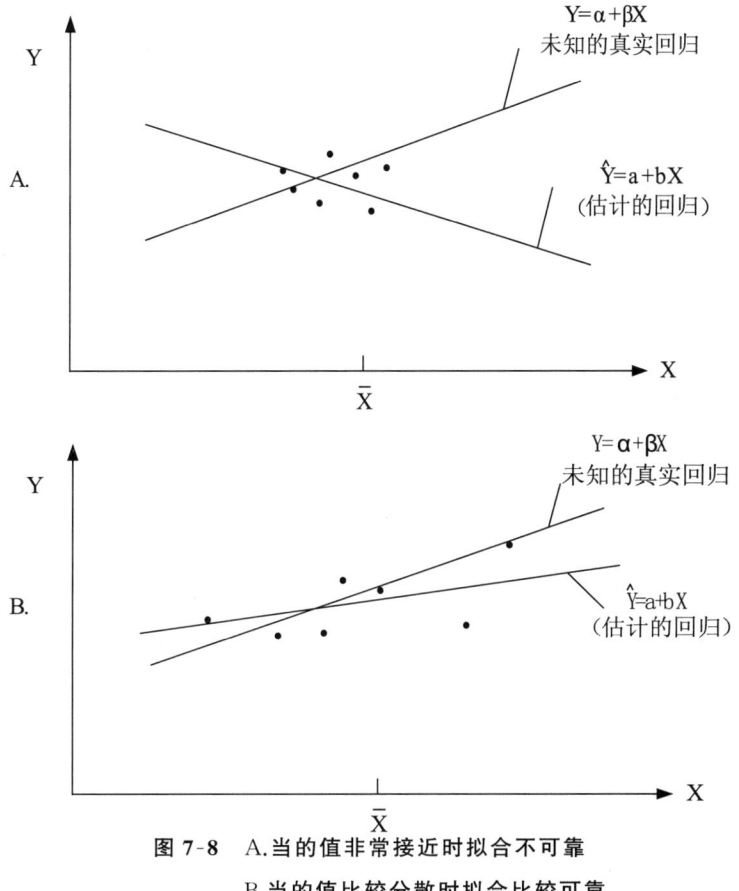

图 7-8　A. 当的值非常接近时拟合不可靠

B. 当的值比较分散时拟合比较可靠

相反,在图 7-8B 中,X 的值是比较散开的,即使误差 σ 仍然相同,但估计值却可靠多了,因为误差不再产生同样的杠杆力量了。

例如,假定我们要研究家庭的存款数 Y 与家庭收入 X 之间的关系,最好找家庭收入差别比较大的样本来研究。又例如,假定要考察进口商品 Y 对美元 X 的国际比价的敏感度如何,那么研究美元浮动较大的时期比固定不变的时期,得到的估计量应该更可靠。

7.4　总体斜率的置信区间和假设检验

所谓总体斜率,指的是真实的回归直线的斜率 β。

1. 计算 b 的标准误差

知道了 b 的期望值、标准误差和正态性,就可以对 β 进行统计推断了。但还有一个问题需要解决:根据(7—12)式,b 的标准误差等于 $\sqrt{\sigma^2/\sum x^2}$,其中 σ^2 是 Y 观测量关于总体回归直线的方差,但 σ^2 一般是未知的,必须估计出来。一种很自然的估计方法就是采用观测量 Y 对拟合直线的偏差。例如,我们可以考虑对拟合直线的平均平方偏差:

$$\frac{1}{n}\sum d^2 = \frac{1}{n}\sum(Y-\hat{Y})^2$$

不过,我们不用 n 作除数,而是用 $(n-2)$ 作除数。理由和求样本方差时用 $(n-1)$ 作除数相似。我们在计算 a 和 b 时已经用掉了两个自由度,因此估计方差时还剩下 $(n-2)$ 个自由度。即我们用下式定义的"剩余方差"来估计 σ^2:

$$S^2 = \frac{1}{n-2}\sum(Y-\hat{Y})^2 \tag{7-13}$$

其中 $\hat{Y}$ 为估计的回归直线上的拟合值,即

$$\hat{Y} = a + bX$$

用 S 代替 (7-12) 式中的 σ,我们便得到了标准误差的估计值:

$$SE = \frac{S}{\sqrt{\sum x^2}} \tag{7-14}$$

有了这个 SE,就可以进行统计推断了。

2. β 的置信区间

类似于第五章的讨论,很容易可以求出对 β 的置信度为 $1-\alpha$ 的(双侧)置信区间为

$$\beta = b \pm t_{\alpha/2} SE \tag{7-15}$$

将 (7-14) 代入,得出

$$\beta = b \pm t_{\alpha/2}\frac{S}{\sqrt{\sum x^2}} \tag{7-16}$$

其中 t 的自由度和 S^2 求时的除数是相同的:

$$df = n-2 \tag{7-17}$$

例 7-2 求例 7-1 数据中得到的产量对施肥量的斜率的 95% 置信区间。

解:在 7.1 节中已求出拟合的回归直线为

$$\hat{Y} = 287 + 5.9X$$

先按 (7-13) 式在表 7-3 中计算剩余方差

表 7-3 剩余方差的计算

X	Y	$\hat{Y}$	$(Y-\hat{Y})$	$(Y-\hat{Y})^2$
40	500	523	−23	529
50	600	582	18	324
60	600	641	−41	1681
70	800	700	100	10000
80	750	759	−9	81
90	750	818	−68	4624
100	900	877	23	529
				$S^2 = \frac{17768}{7-2} = 3553.6$

自由度 $df=7-2=5$,查附录三表 V,$t_{0.025}=2.571$,又 $b=5.9$,$\sum x^2=2800$(表 7-2 的计算结果),代入(7-16)式,得

$$\beta=5.9\pm2.571\frac{\sqrt{3553.6}}{\sqrt{2800}}$$

$$=5.9\pm2.571(1.1266)\approx5.9\pm2.9$$

即
$$3.0<\beta<8.8$$

3. 假设检验

假设 X 和 Y 之间没有什么(线性)联系(即不相关),在数学上这一假设表示为 $\beta=0$。为了检验这一假设,只要注意 0 这个值是否包含在 β 的置信区间之内就可以了。

例 7-3 利用例 7-2 的结果,以 5% 的水平检验"产量和施肥量之间没有联系(不相关)"这一原假设。

解:因为 $\beta=0$ 被排除在置信区间 $3.0<\beta<8.8$ 之外,从而拒绝原假设。我们的结论是:"产量与施肥量有联系。"或者更准确一些,可以叙述为"斜率 β 与 0 的差异在 5% 的水平下在统计上是可以分辨的(显著的)。"

4. 概值

对于一个检验来说,计算原假设的概值比起只是简单地接受或拒绝这一假设更为合适。为此首先计算统计量,在上一章中我们给出了

$$t=\frac{\text{估计值}-\text{原假设值}}{\text{标准误差}}$$

因此,为求 $\beta=0$ 这一原假设的概值,先求

$$t=\frac{b}{SE}=\frac{b}{S/\sqrt{\sum x^2}} \tag{7-18}$$

然后查 t 分布表(表 V)中超过这一观测值 t 的概率,就得到了(单侧的)概值。

例 7-4 在例 7-2 中,假定原假设为"产量不随施肥量的增加而增加",求这一原假设的概值。

解:原假设:$H_0:\beta=0$,由题意实际上隐含了备选假设为"产量随施肥量的增加而增加"。即 $H_1:\beta>0$,是单侧的检验。在例 7-2 计算置信区间的过程中,我们已经知道了 $b=5.9,SE=1.1266$,因此

$$t=\frac{5.9}{1.1266}\approx5.237$$

在附录三表 V 中查看 $df=5$ 的那一行,知道 5.237 的观测 t 值超过了 $t_{0.0025}=4.773$。因此

$$\text{概值}<0.0025$$

由此可见,对 H_0 的可信度是如此之小,我们可以拒绝它。结论是:"产量的确随施肥量的增加而增加。"

习 题

7—6 对习题 7—1 和 7—2 构造总体斜率 β 的 95% 置信区间。

7—7 假定一个 4 家庭的随机样本的年收入和年节余如下表所示(单位:千元):

1) 估计总体回归直线

$$Y = \alpha + \beta X$$

家庭编号	收入 X	节余 Y
1	4.8	1.2
2	7.2	3.0
3	8.5	3.5
4	9.5	3.5

2) 构造斜率 β 的 95% 置信区间;

3) 作图画出 4 个样本点和拟合的直线,然后尽你所能在图中表示由 2) 的置信区间所给出的可接受的斜率(范围)。

7—8 在习题 7—7 中,关于数据的如下哪些假设将在 5% 的水平下被拒绝?

1) $\beta = 0$ 2) $\beta = 0.10$ 3) $\beta = 0.50$

7—9 在习题 7—7 中,假定总体节余对收入的倾向或斜率 β 不是零的话就是正的:

1) 用记号表示原假设和备选假设;

2) 计算原假设的概值;

3) 假定我们对下面的说法感兴趣:"总体节余对收入的斜率至少大于某一个数",构造对应的 95% 单侧置信区间;

4) 以 5% 的检验水平,我们能够拒绝原假设 $\beta = 0$ 吗?用以下两种方法进行检验:

① 概值是否小于 5%?

② $\beta = 0$ 是否被排除在置信区间之外?

7—10 利用习题 7—2 的数据重复做习题 7—9 的问题。

7.5 自变量为定类变量时的回归

前面讲述的回归针对的是数量性的数据,即因变量和自变量均为定距或定比变量的情形。在社会调查等各类调查中,定序变量常常近似地按定距变量来处理,所以也可以近似地在前述的回归分析中被采用。对于分类数据即自变量为定类变量的情形,我们可以参照第四章中所介绍的哑变量的方法,把问题转换成数量性的问题。

1. 两种类型时

如果所遇的定类变量只包含两种类型,例如:男—女、赞成—反对、服药—不服药、收看(电视)—不收看、喜欢—不喜欢,等等时,可以引进哑变量,将数字 0~1 和两种类型联系起来。这样就转换为一般的数量性问题,从而应用各种标准的统计手段了。例如,可以求标准差,可以构造置信区间,等等。下面我们通过一个具体的例子来说明在回归分析中哑变量所起的作用。

例 7−5 在 2004 年 8 月进行的"雅典奥运会媒介宣传效果研究"中,有一个 $n=10$ 的子样本,给出了对各种类型电视节目报道的满意程度总得分的数据如下:

对雅典奥运会表示关注的观众: 27 29 28 30 26

对雅典奥运会表示不关注的观众: 25 27 24 26 28

其中满意度总得分是 2004 年雅典奥运会传播效果调查问卷(事后问卷)(见书后附录)中 $Q11$ 中 8 个题项的总得分,用 Y 表示(最高分和最低分分别为 32 分和 8 分):

$Q11.$您对电视媒体中奥运……的满意程度如何?

报道内容	非常满意	比较满意	不太满意	不满意
1.赛事直播/转播	4	3	2	1
2.新闻报道	4	3	2	1
3.专题报道	4	3	2	1
4.精彩赛事集锦	4	3	2	1
5.全天赛况综述	4	3	2	1
6.谈话栏目/嘉宾访谈	4	3	2	1
7.娱乐竞猜	4	3	2	1
8.奖牌榜	4	3	2	1

用哑变量 X 表示是否对雅典奥运会表示关注,其中

$$X = \begin{cases} 1 & \text{对雅典奥运会表示关注} \\ 0 & \text{对雅典奥运会表示不关注} \end{cases} \tag{7-19}$$

1)画出 Y 对 X 的散点图;

2)计算 Y 对 X 的回归直线并作图;

3)构造 X 的系数的 95% 单侧置信区间;

4)课题组对下面的说法感兴趣:"对雅典奥运会表示关注的居民,其对电视节目报道的满意程度总得分高于表示不关注的居民。"针对此说法,设立原假设和备选假设,并检验 H_0。

解：1)

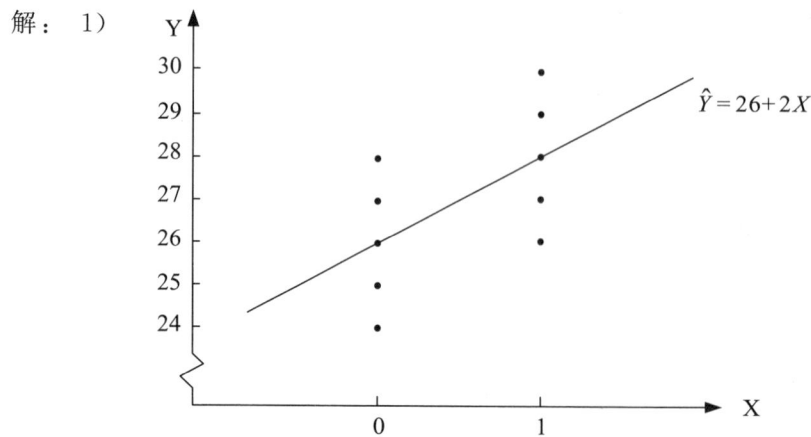

2)由表 7-4 的计算结果,求得

$$b=\frac{\sum xy}{\sum x^2}=\frac{5}{2.5}=2$$

$$a=\overline{Y}-b\,\overline{X}=27-2(0.5)=26$$

因此 Y 对 X 的回归方程为

$$\hat{Y}=26+2X$$

表 7-4　回归直线及剩余方差的计算

X	Y	$x=X-\overline{X}$	$y=Y-\overline{Y}$	xy	x^2	$\hat{Y}$	$Y-\hat{Y}$	$(Y-\hat{Y})^2$
1	27	0.5	0	0.0	0.25	28	−1	1
1	29	0.5	2	1.0	0.25	28	1	1
1	28	0.5	1	0.5	0.25	28	0	0
1	30	0.5	3	1.5	0.25	28	2	4
1	26	0.5	−1	−0.5	0.25	28	−2	4
0	25	−0.5	−2	1.0	0.25	26	−1	1
0	27	−0.5	0	0.0	0.25	26	1	1
0	24	−0.5	−3	1.5	0.25	26	−2	4
0	26	−0.5	−1	0.5	0.25	26	0	0
0	28	−0.5	1	−0.5	0.25	26	2	4
$\overline{X}$ 0.5	$\overline{Y}=27$	0	0	$\sum xy=5$	$\sum x^2=2.5$			$S^2=\dfrac{20}{10-2}=2.5$

3) $SE=\dfrac{S}{\sqrt{\sum x^2}}=\dfrac{\sqrt{2.5}}{\sqrt{2.5}}=1,\qquad df=10-2=8$

$\beta>b-t_{0.05}SE=2-1.860(1)=0.14$

即　　$\beta>0.14$

4) $H_0：\beta=0;\qquad H_1：\beta>0$

由于 $\beta=0$ 落在单侧置信区间 $\beta>0.14$ 之外,因此拒绝原假设,即认为关注雅典奥运会的居民对电视节目的满意程度总得分高于不关注的居民。

2.几种类型时

如果一个定类变量含有两种以上的类型,那么应当如何处理?例如含三种类型的情

形,比如在例 7-5 中,居民关注雅典奥运会的情况就可分成三种类型:

非常关注,一般关注,不关注

我们可以用两个哑变量来度量:

$$D_1 = \begin{cases} 1 & \text{非常关注} \\ 0 & \text{其他} \end{cases}$$
$$D_2 = \begin{cases} 1 & \text{一般关注} \\ 0 & \text{其他} \end{cases} \quad (7-20)$$

显然,$D_1 = D_2 = 0$ 代表"不关注"的类型,这样就可以研究 Y(满意程度总得分)对哑变量 D_1 和 D_2 的回归了。不过,这是一个含多个自变量的多元回归问题,我们将在高级篇中讨论。

有一点可以确定:对于任意多种类型的定类变量,我们需要引进的哑变量的个数比类型数少 1。

7.6 最简单的非线性回归

在二维空间中(只考虑两个变量的关系时),直线称为线性函数,其特点是用一个简单的形如 $Y = a + bX$ 的方程来描述的,其自变量以最简单的面目 X 出现。如果自变量以较复杂的形式如 X^2,$\sqrt{X}$,$\log(c_1 X + c_2)$,e^{x-c},或 $1/cX$ 等出现,则就是所谓的非线性函数了。我们来看看其中的一种。

例如,我们重新考虑一下小麦产量是如何依赖于施肥量的。大量施肥最终会烧坏庄稼,导致产量下降,如图 7-9 所示。拟合数据点的适当模型不再是直线,可能是抛物线。

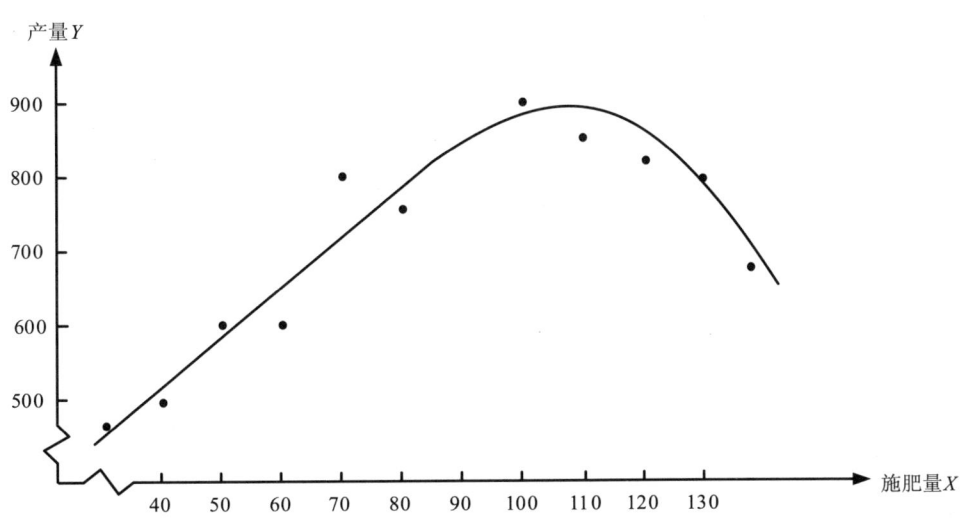

图 7-9 产量与大量施肥的关系

又例如,图 7-10 给出了 17 名 8～25 岁健康女性的年龄和血液中类固醇的数据。显然,其关系是曲线,表明随着年龄的增大,血液中类固醇含量也会增加,到一定点后则下降。

这两个例子的散点图都提示我们可以试用抛物线去拟合数据,假定其模型为

$$Y = a + bX + cX^2 \tag{7-21}$$

虽然只有一个自变量,但要估计的参数不再是两个(直线情形),而是三个。一种常用的方法是再引进一个变量,定义

$$Z \equiv X^2 \tag{7-22}$$

此时,模型就变成了线性的

$$Y = a + bX + cZ \tag{7-23}$$

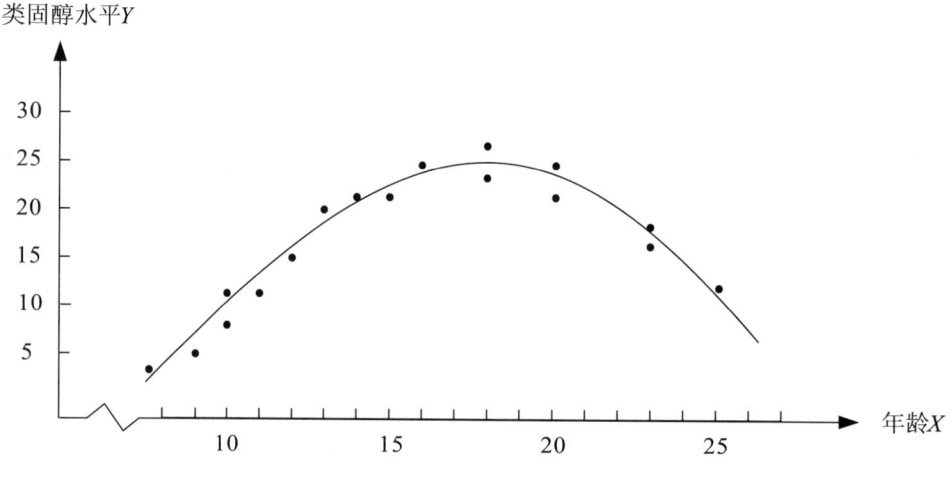

图 7-10　8～25 岁健康女性年龄与类固醇的关系

但是自变量变成了两个(X 和 Z),这是多元线性回归的问题,我们将在高级篇中讨论。

关于含一个自变量的曲线回归问题,由于数据点的形状不同,所适用的拟合曲线也大不相同。有时候通过散点图可以尝试用一条曲线——例如抛物线——去拟合,但还有没有更合适的曲线仅靠眼睛是不易判断的,而且有时候曲线比较复杂,更难以判断。所幸现在已有不少统计软件专门解决曲线拟合的问题,使用者只需将 X 和 Y 的原始数据输入,计算机即会在常用的十多种曲线中挑选出一条与数据拟合得最好的曲线。使用者也可以根据自己问题的性质选择一条比较适合的曲线,这里不再详述。

习　题

7—11　从某单位随机地抽取了相互独立的两个样本(男、女职工收入),其月收入数据如下:

男:2300,2500,3000,2800,2600;　　女:2400,2200,2000,2500,2700

用 Y 表示收入,用哑变量 X 表示性别:其中对于男性 $X=1$,对于女性 $X=0$。

1) 画出 Y 对 X 的图形;

2) 用眼睛拟合一条 Y 对 X 的回归线;

3) 计算 Y 对 X 的回归线;与 2) 中用眼睛拟合的相比,后者的精度如何?

4) 构造一个斜率为 95% 的置信区间,用简单的语言解释一下它的意义;

5) 在 5% 的错误水平下,检验收入是否与性别无关;

6) 4) 和 5) 的结果是否度量了该单位对女性的歧视?

7—12 由下表中的数据拟合了如下二次三项式 $\hat{Y}=55-28.2X+5.4X^2$

1) 画图标出 5 个点;

2) 对 $X=1,2,3,4,5$ 进行计算并在图中标出 $\hat{Y}$;然后画出通过这 5 个点的抛物线;

3) 当 X 由 4 增至 5 时,估计 Y 的增加量是多少(分别从图形及方程来估计)?

X(产量)	Y(损耗)
1	32
2	20
3	20
4	28
5	50

本章小结

1. 为了表示响应 Y 是怎样和因子 X 相联系的,可以用一条回归直线 $\hat{Y}=a+bX$ 去拟合,斜率 b 和截距 a 可以用最小二乘的简单公式来计算。

2. 实际的观测值必须假定是取自某一潜在总体的样本。对于这个总体,我们用希腊字母 β 表示真实回归直线的斜率,它就是用样本斜率来估计的那个目标。

3. 如果抽样是随机的,那么 b 随着样本的不同围绕着其目标 β,以一个特定的标准误差近似正态地波动,就如同第四章中 $\overline{X}$ 围绕着 μ 波动一样。

4. 由 b 的抽样分布可以构造 β 的置信区间或计算 $\beta=0$ 概值,根据这两个结果中的任何一个都可以检验假设 $\beta=0$。

5. 双类型因子(例如:男—女;参加—不参加;处置—控制)可以用一个哑变量(0~1 变量)来处理。类似地,含任意一个类型的因子都可以用比类型数少一个的哑变量来处理。

6. 非线性关系,例如抛物线关系,既可以利用简单的变换化为标准的多元回归来拟合,也可以利用现有的统计软件来寻求一条比较合理的拟合曲线。

应用实例

线性回归分析是用确定的量化关系来研究变量之间在统计上的依赖关系。由于线性回归分析中表现的是自变量和因变量之间的关系,所以这种方法也可以用于研究两个确定因果关系变量之间的数量表现。简单线性回归也就是直线回归,用于对两个定距变量之间的分析,我们主要采用最小二乘法拟合线性回归直线。

我们在银行信用卡借贷关系研究的项目中,为了解信用卡借贷和存款额之间的关系,抽取了 354 位信用卡用户当前的借贷行为,其中:Credit 变量记录了用户的信用卡借贷金额,Savings 变量记录了用户的存款额。我们用"存款额"作为自变量,"信用卡借贷额"作为因变量,进行简单线性回归分析。

我们采用 SPSS11.5 For Windows 对数据进行简单回归分析,具体步骤如下:

首先,对两个变量进行描述性分析,看一下各变量的均值、标准差、最大值、最小值和正态分布情况,另外再看一下数据的质量,包括缺失值、异常值等。缺失值和异常值都对线性回归分析有重要影响,特别是异常值的影响,更需注意。

选择 Analyze→Regression→Linear,打开线性回归分析对话框。

从左侧源变量窗口中选择"信用卡借贷额"作为因变量进入 Dependent(s)窗口,再选择"存款额"作为自变量进入 Independent 窗口。由于回归分析的选项很多,这里只介绍与简单线性回归模型的建立及各种检验有关的选项。

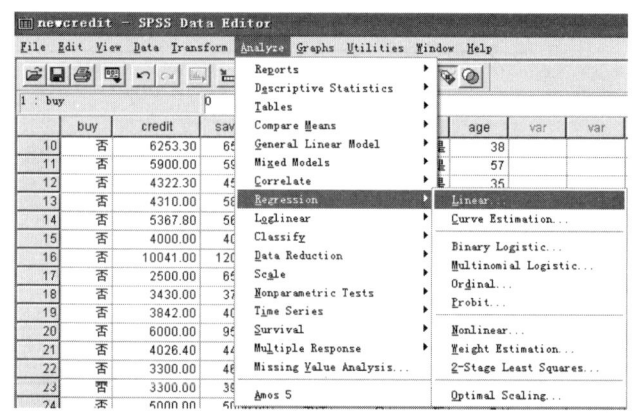

采用最小二乘法可以给任何一组数据拟合一条直线,但只有两个变量之间的相关较强时,用回归直线来描述它们之间的关系才有意义。回归直线拟合优度检验的指标是决定系数 R^2,它说明因变量的变化中有多少是由自变量的变化引起的或解释的。如 $R^2=0.65$,则说明因变量的变化中的 65% 是可以由自变量的变化来解释的。R^2 越接近 1,说明拟合优度越好。

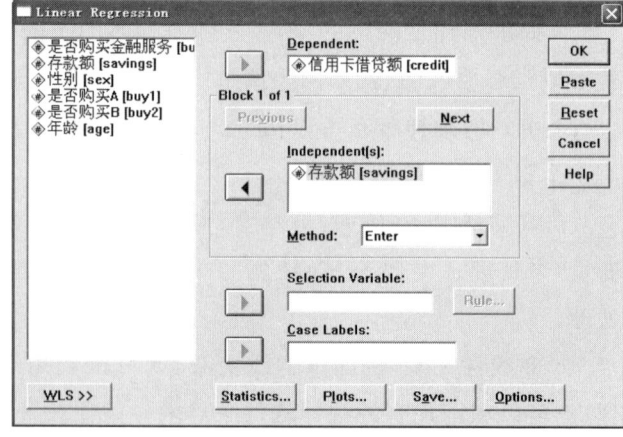

$R^2=0$，说明自变量与因变量之间没有任何线性关系，拟合回归直线没有价值。

点击 Statistics 按钮，打开统计量 Statistics 输出对话框。在回归系数（Regression Coefficients）中选择估计（Estimates）和模型拟合（Model fit）选项；在残差分析中（Residuls）选择 Durbin-Watson 选项，也可选择对异常值做出诊断，例如可以规定 2 个标准差之外的样本为异常值。

对话框包括三部分：

(1) Regression Coefficients 是回归系数选项，包括有关的选项：①Estimates 是输出估计值的选项。选中则输出回归系数 B、B 的标准误差、标准化回归系数 beta、B 的 T 检验值以及 T 值的双侧检验的显著性水平 Sig。这是系统默认选项。②Confidence intervals 输出回归系数置信区间。选中后，系统将输出回归系数 95% 的置信区间。

(2) 在对话框中右侧有 5 个选项，其中：①Model fit 是模型拟合选项，引入模型或从模型中剔除的变量，提供复相关系数 R 及决定系数和修正的决定系数 R^2、估计值的标准误差、方差分析表。这是系统的默认选项；②Descriptives 是输出描述统计结果的选项，将输出所有变量的个案数、均值、标准差和相关系数矩阵及单侧检验的显著性水平矩阵。

(3) Residuals 是残差选项栏：①Durbin-Watson 是系列相关检验选项，选择该项后，系统将在模型概要中输出 Durbin-Watson 的值；②Casewise diagnostics 是输出个案诊断表的选项。

残差的独立性检验也称系列相关检验。如果随机误差项不独立，则对回归模型的任何估计与假设所做出的结论都是不可靠的。残差的独立性检验是通过 Durbin-Watson 检验来完成的。Durbin-Watson 检验的参数用 D 表示，取值范围是 $0<D<4$。当残差与自变量相互独立时，$D\approx 2$；当相邻两点的残差正相关时，$D<2$；当相邻两点的残差负相关时，$D>2$。

接下来，我们选择输出的图形，单击 Plots 按钮，打开图形选择对话框。系统默认状态是不输出图形。但图形对检验残差的正态性、等方差性、奇异值等非常有帮助。

选择图形过程为：从左侧的源变量窗口中选择两个变量分别进入右侧的 X 窗口和 Y 窗口，系统将输出以这两个变量为坐标的散点图。如果要输出多个散点图，可单击 Next 按钮，在 Y 和 X 窗口中再输入另外两个变量。

源变量窗口中的 7 个变量分别为：

DEPENDNT 是因变量；

ZPRED 是标准化预测值；
ZRESID 是标准化残差；
DRESID 是剔除残差；
ADJPRED 是调整的预测值；
SRESID 是学生化残差；
SDRESID 是学生化剔除残差；

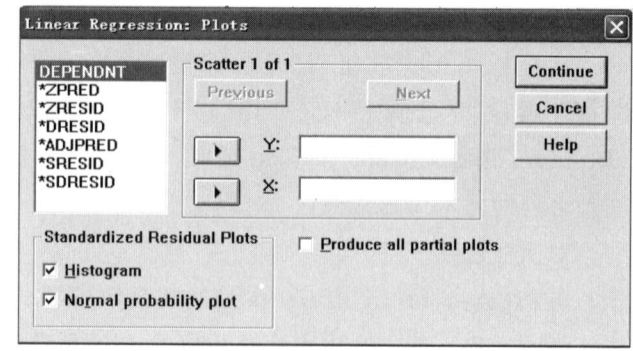

我们还要确定图形类别 Standardized Residual Plots（标准化残差图）图形类别的选项，其中包括两个选项：

①Histogram 输出带有正态曲线的标准化残差的直方图；

②Normal probability plot 输出残差的正态概率图。

我们从源变量窗口中选择 ZPRED（标准化预测值）进入 X 窗口，选择 ZRESID（标准化残差）进入 Y 窗口，选择 Histogram 选项。

最后，确定保存变量，点击 Save 按钮，打开保存变量对话框。

所有选项完成后，按 Paste 保存下运行语法，就可以按确定 OK，运行后，在 Output 中查看交互分析结果。

SPSS Syntax 语法：
REGRESSION
　　/DESCRIPTIVES MEAN STDDEV CORR SIG N
　　/MISSING LISTWISE
　　/STATISTICS COEFF OUTS R ANOVA COLLIN TOL CHANGE ZPP
　　/CRITERIA = PIN(.05) POUT(.10)
　　/NOORIGIN
　　/DEPENDENT credit
　　/METHOD=ENTER savings
　　/SCATTERPLOT=(*ZRESID , *ZPRED)
　　/RESIDUALS DURBIN HIST(ZRESID) NORM(ZRESID)
　　/CASEWISE PLOT(ZRESID) OUTLIERS(2)
　　/SAVE PRED.

Model Summary[b]

Model	R	R Square	Adjusted R Square	Std.Error of the Estimate	Durbin-Watson
1	.667[a]	.444	.443	1415.85636	1.966

a. predictors:(Constant),SAVINGS 存款额

b. Dependent Variable:CREDIT 信用卡借贷额

从结果中我们可以看出,回归模型的自变量"存款额"与"信用卡借贷额"的相关系数 R 为 0.667,模型的决定系数 R Square 即 R^2 为 0.444。由于 R^2 受样本量的影响较大,根据样本对其进行调整以后的值为 Adjusted R Square,它能更好地说明模型的拟合优度。该模型中的 Adjusted R Square 为 0.443,说明自变量对因变量的影响不是太大,因变量的变差中有 44.4% 是由自变量引起的。Durbin-Watson 的值是 1.966,因为非常接近 2,所以认为随机误差项基本上相互独立的,不存在序列相关的问题。

接下来我们看方差分析表(方差分析的内容详见第八章):

ANOVA[b]

Model		Sum of Squares	df	Mean Square	F	Sig.
1	Regression	564381899.966	1	564381900	281.536	.000[a]
	Residual	705636525.224	352	2004649.219		
	Total	1270018425.190	353			

a.Predictors:(Constant),SAVINGS 存款额

b. Dependent Variable:CREDIT 信用卡借贷额

方差分析表的前两行给出了可以用回归解释的变差与回归不可解释的变差即残差,如果回归平方和很大而残差平方和很小,说明自变量对因变量的解释能力很大,则拟合回归直线有意义,反之则说明拟合回归直线没有意义。将两个平方和分别除以各自的自由度,就得到了平均回归平方和以及平均残差平方和。F 统计量="平均回归平方和"除以"平均残差平方和"。F 值过小,达不到显著性水平,说明自变量对因变量的解释能力很差,拟合回归直线没有意义。我们的显著性 Sig 远远小于 0.05,表明回归有意义。

Coefficients[a]

Model		Unstandardized Coefficients		Standardized Coefficients	t	Sig.
		B	Std.Error	Beta		
1	(Constant)	1730.986	167.739		10.319	.000
	SA VINGS 存款额	.426	0.025	.667	16.779	.000

a. Dependent Variable:CREDIT 信用卡借贷额

最后，我们考察线性回归方程的参数及检验结果。从表中可以看出，回归方程的常数项即截距为 1730.986，截距的标准误差为 167.739，T 检验值为 10.319，显著性水平为 0.000，回归方程的斜率即回归系数为 0.426，回归系数的标准误差为 0.025，标准化回归系数为 0.667，T 检验值为 16.779，显著性水平为 0.000。

由此可得线性回归方程为：

$$\mathrm{Credit} = 1730.986 + 0.426 \mathrm{Savings}$$

Residuals Statistics[a]

	Minimum	Maximum	Mean	Std. Deviation	n
Predicted Value	2626.043	10681.56	4246.371	1264.44279	354
Residual	−5291.52	5947.932	.000	1413.84947	354
Std. Predicted Value	−1.281	5.089	.000	1.000	354
Std. Residual	−3.737	4.201	.000	.999	354

a. Dependent Variable: credit 信用卡借贷额

我们还可以考察残差统计量，Predicted Values 是预测值，Residual 是残差，Std. Predicted Values 是标准化预测值，Std. Residual 是标准化残差。从表中可以看出，残差的平均值为 0，标准化残差的平均值为 0，说明残差的分布满足均值为零的假设。

最后，我们可以通过图形看一下回归的残差图，从直方图上看，信用卡借贷额基本上是正态分布的。

Histogram

Dependent Variable: 信用卡借贷额

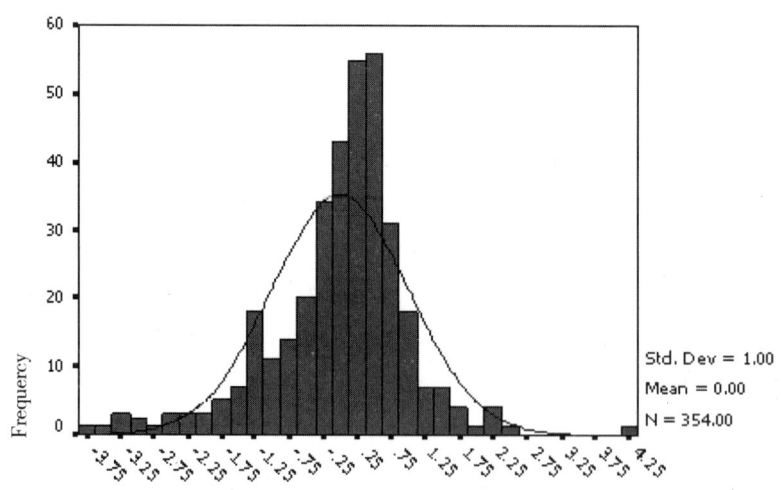

Scatterplot

Dependent Variable: 信用卡借贷额

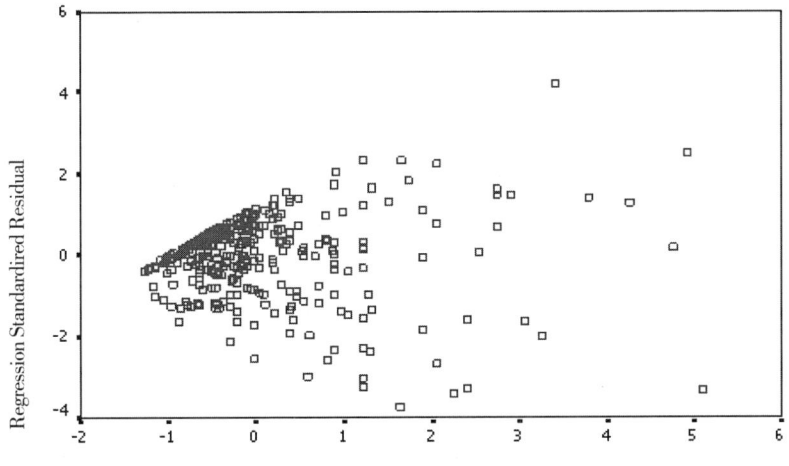

我们以标准化预测值为横轴、以标准化残差为纵轴绘制的散点图可以用于检验等方差性和奇异值的情况。如果残差分布具有等方差性,则图中的散点应该在由原点 0 发出的水平线上下的一个带状范围内分布。从上图可以看到,残差随标准化预测值的增大而有增大的趋势,其分布严格说来不满足等方差性的要求。

读者还可以在数据集中看到,在数据文件中又增加了一个变量 Pre_1,这是由回归方程计算出的预测值。

对于简单回归分析,SPSS 软件还提供了直接从 Interactive Graphics 图形界面中分析简单线性回归的方法。

Interactive Graph

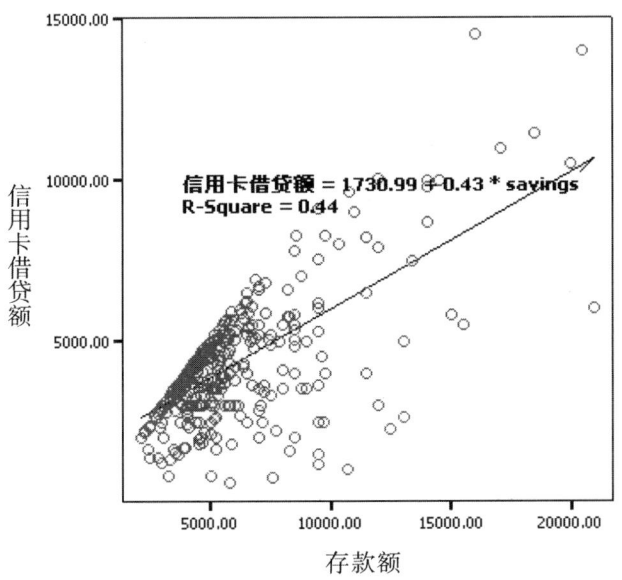

习 题

7-13 1970年,50名年龄在35~54岁的美国男性的一个随机样本给出了年收入 Y(美元)和所受教育 X(年)之间的关系:
$$\hat{Y}=1200+800$$
已知平均收入 $\overline{Y}=10000$ 美元,平均受教育年数 $\overline{X}=11.0$ 年, $\sum x^2=900$,拟合直线的剩余标准差 $S=7300$ 美元。

1) 预测一个完成了2年高中教育($X=10$)的男子的收入;

2) 计算总体斜率的95%置信区间;

3) 收入对教育的线性关系在5%水平下在统计上是可以分辨的吗?

4) 每一年教育的价值是800元,这样说公平吗?

7-14 为研究我国国民收入和消费水平之间的关系,收集到1993~2002年人均国民收入和居民人均消费的统计数据如下表。把全国人均消费额记为 Y ,把人均国民收入记为 X (数据来源于中国统计局网站2003年统计公报)。

年份	人均国民收入(元)X	居民人均消费(元)Y
1993	2916.1	1331
1994	3894.0	1746
1995	4746.9	2236
1996	5462.1	2641
1997	5916.4	2834
1998	6169.2	2972
1999	6406.1	3138
2000	6963.2	3397
2001	7500.6	3609
2002	8061.6	3791

1) 建立人均国民收入和人均消费的回归方程;

2) 作图画出样本散点图和回归直线;

3) 计算斜率的标准误差,构造总体斜率的95%置信区间。

第八章 方差分析

在第六章中,我们给出了检验两个总体均值是否相同即两个样本是否取自同一总体的方法。在本章中,我们将比较几个总体均值是否相同,这就是所谓的方差分析。为使这一方法更加有效,一般要假定所比较的总体具有相同的方差和正态分布,正如我们在第五章中比较两个均值时那样。不过,方差分析技术在更宽的条件下也还是近似有效的,因此称之为是稳健的分析技术。

8.1 单因素的方差分析

我们通过一个具体的例子来说明。在 2004 年 8 月的雅典奥运会传播效果调查中(详见附录二的调查问卷),要考察北京(第 1 组)、上海(第 2 组)、广州(第 3 组)的 3 组居民在关于"国际奥委会全球合作伙伴"的态度上有没有显著的差异(事后问卷 $Q30B$ 中 10 个题项的总得分),即要检验从"态度"上看,这三组居民的样本是取自态度相同的同一总体还是取自态度不同的总体。

1.组间的变差

假定将 3 个城市的居民按前面所述分成 3 个组,由于种种原因,每一组居民在"态度得分"上也是随机波动的。因此从每一组中各随机地抽取 5 位居民,测量了他们的"态度得分"如表 8-1 所示,表中还给出了每个样本的平均态度得分值。

首先要问的一个问题是:"这三个组的态度真的是有差异的吗?"也就是说,表 8-1 中样本均值 $\overline{X}$ 的不同是由于潜在总体均值的不同产生的吗(μ 表示其中一个组的全体居民的平均态度分)? 如果不是,那么样本均值 $\overline{X}$ 中的这些差异是否可以认为仅仅是由于随机波动造成的?

表 8-1 3 组居民的样本态度得分

第一组	第二组	第三组
82	79	83
81	80	84
82	80	83
82	81	85
83	80	85
$\overline{X}_1=82$	$\overline{X}_2=80$	$\overline{X}_3=84$

表 8-2 同一组居民中抽取的 3 个样本的态度得分

样本 1	样本 2	样本 3
79	80	81
82	84	84
84	83	84
80	80	85
80	83	81
$\overline{X}_1=81$	$\overline{X}_2=82$	$\overline{X}_3=83$

为了说明这一点,假定我们只从某一组(某一城市)中抽取 3 个样本,如表 8-2 所示。正如我们所预料的,尽管在这种情况下 3 个样本取自同一总体,因而其均值 μ 是相同的,但抽样的波动也引起了各个 $\overline{X}$ 之间的微小差别。因此可以将问题重新叙述如下:

"表 8-1 中 $\overline{X}$ 间的差别和表 8-2 中 $\overline{X}$ 间的差别大体上阶数相同呢(因此说明表 8-1 中 $\overline{X}$ 间的差别也是由于随机波动造成的),还是表 8-1 中 $\overline{X}$ 间的差别大得多,从而足以说明潜在总体的均值 μ 之间存在差异?"

由直观上看,似乎后一种解释更符合实际。那么,怎样给出一个正确的检验呢?和通常那样,在总体均值中"无差异"的假设称为原假设,即

$$H_0: \mu_1=\mu_2=\mu_3 \qquad (8-1)$$

检验 H_0 首先要求测量一下样本均值之间相差多少,为此要找到一个合适的、能描述各组之间变差的量。我们先求出这 3 个样本的总平均值 $\overline{\overline{X}}$,

$$\overline{\overline{X}}=\frac{1}{c}\sum\overline{X}=\frac{1}{3}(82+80+84)=82 \qquad (8-2)$$

其中 c 表示小组数或列数。然后计算样本均值 $\overline{X}$ 相对于其总均值的总方差

$$S_x^2=\frac{1}{c-1}\sum(\overline{X}-\overline{\overline{X}})^2 \qquad (8-3)$$

$$=\frac{1}{3-1}[(82-82)^2+(80-82)^2+(84-82)^2]=4$$

这个方差公式和第二章中的方差公式是类似的,只是将 X 换成了 $\overline{X}$,将 n 换成了 c 而已。

由 S_x^2 的定义可知,它是一个描述组间(列间)变差的量。对于表 8-2 的数据,由于 3 个样本取自同一总体,我们猜测样本间或列间变差应该比较小。利用(8-2)和(8-3)式,对表 8-2 求得

$$\overline{\overline{X}}=\frac{1}{3}(81+82+83)=82$$

$$S_x^2=\frac{1}{3-1}[(81-82)^2+(82-82)^2+(83-82)^2]=1$$

与从表 8-1 求得的 $S_x^2=4$ 相比,表 8-2 数据中各列间的变差(或差异)要小多了。

2.组内的变差

我们前面给出的各组均值之间的方差 S_x^2 还不能完全说明问题。例如,考虑表 8-3 的

数据,显然,它的总方差 S_x^2 和表 8-1 的相同,但是每一组的样本态度得分都十分不稳定,每列都有很大的随机波动。为了进一步直观地比较表 8-1 和表 8-3 的数据,我们在图 8-1A 和 B 中分别给出了潜在总体的可能形状。从 B 中可以看到,表 8-3 对应的 3 个组的态度得分是十分不稳定的,因此 3 个样本都有可能是取自同一总体的。也就是说,样本均值之间的差异可以解释为是随机波动产生的。但对于表 8-1,从图 8-1A 可以看到,样本均值间的差异却很难用随机因素来解释,因为在这种情况下 3 个组内的态度得分并非那么不稳定。

现在我们就有了比较的标准。在图 8-1B 中,我们的结论是:3 个 μ 之间并不是完全相同的,因为样本均值的方差 $S_{\bar{x}}^2$ 相对于随机波动来说是比较大的,因此我们拒绝。那么我们怎样才能度量这些随机波动即组内的变差呢？从直观上看,应当是每个样本内观测值的变化程度或偏离其均值的程度。为此我们先计算表 8-1 中第一个样本内的偏差平方和：

表 8-3　不稳定的 3 个组的样本态度得分

样本 1	样本 2	样本 3
80	79	81
85	84	87
86	76	80
78	83	87
81	78	85
$\overline{X_1}$	$\overline{X_2}=80$	$\overline{X_3}$

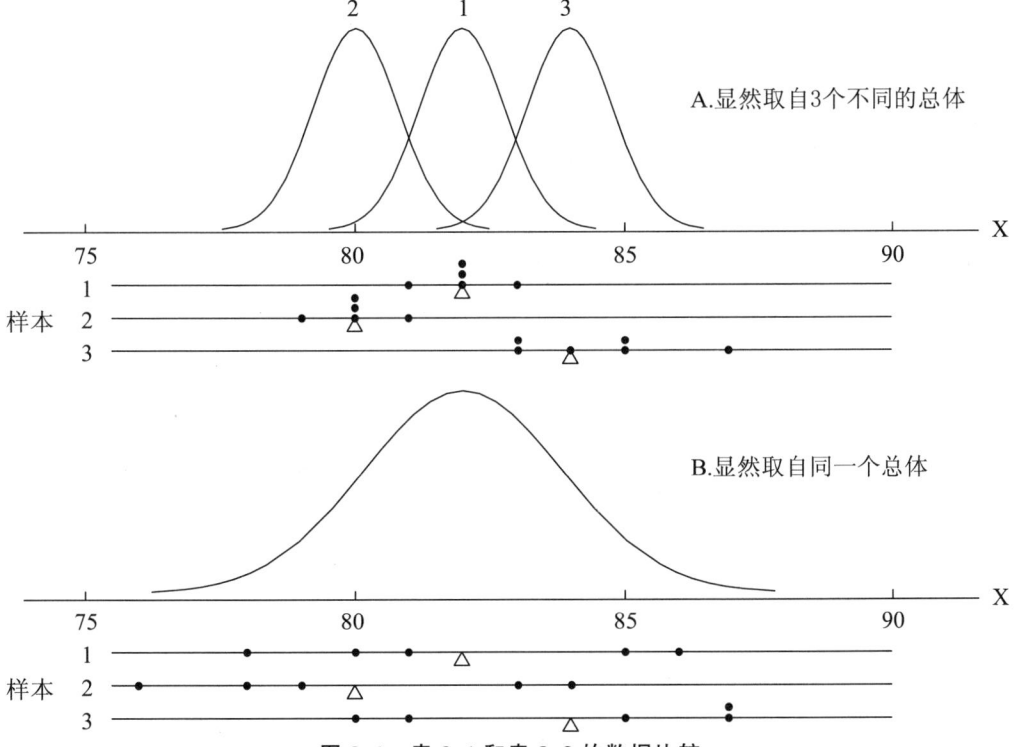

图 8-1　表 8-1 和表 8-3 的数据比较

$$\sum(X_1-\overline{X_1})^2=(82-82)^2+(81-82)^2+(82-82)^2$$
$$+(82-82)^2+(83-82)^2=2$$

类似地计算第 2 个样本和第 3 个样本内的偏差平方和,将它们相加。然后用所有 3 个样本的总自由度(每个样本的自由度都为 $n-1=4$)去除,这样就得到了类似于第五章中两样本情况的那种联合方差 S_p^2

$$S_p^2=\frac{2+2+4}{4+4+4}=\frac{8}{12}=\frac{2}{3}$$

联合方差的计算很容易推广到有 C 组(列)数据且每组(列)内有 n 个观测值的情形:

$$S_p^2=\frac{\sum(X_1-\overline{X_1})^2+\sum(X_2-\overline{X_2})^2+\cdots+\sum(X_c-\overline{X_c})^2}{} \tag{8-4}$$

由 S_p^2 的定义可知,它是一个描述组内(列内)变差的量。对于表 8-3 的数据,我们可以猜测到其联合方差 S_p^2 一定比表 8-1 的大得多,计算得

$$S_p^2+\frac{46+46+44}{4+4+4}=\frac{136}{12}=\frac{34}{3}\gg\frac{2}{3}$$

3. F 比值

那么现在就可以给出关键的式子(检验统计量)了。是否拒绝原假设 H_0,要看组间变差相对于组内变差来说是否足够大,也就是说要考察比值 S_x^2/S_p^2 的大小。习惯上是用一个稍微修改一下的比值:

$$F=\frac{nS_x^2}{S_p^2} \tag{8-5}$$

其中分子多乘一个 n,是为了使当 H_0 为真时分子的值平均等于分母(试想想为什么?)。

如果 H_0 为真,F 比值将围绕着 1 波动;如果 H_0 不真,这时几个 μ 值是不相同的,那么 nS_x^2 将相对地会大于 S_p^2,这时在(8-5)式中的 F 比值将倾向于比 1 大得多。因此,F 值越大,原假设 H_0 就越不可信。

为了从数量上来度量 H_0 的可信程度,就像通常我们求 H_0 的概值那样,这时,概值就等于 F 分布中超过实际观测值的尾部概率。我们可以从附录三表Ⅵ来估计 H_0 的概值,表Ⅵ列出了 H_0 为真时 F 分布的临界值(就如同表Ⅴ列出了 t 分布的临界值那样)。在使用表Ⅵ之前,还要知道相应的自由度,因为 F 分布是取决于分子方差的自由度 $(c-1)$ 和分母方差的自由度 $[c(n-1)]$ 的。即 F 分布具有

第一自由度(分子自由度) $df_1=c-1$

第二自由度(分母自由度) $df_2=c(n-1)$ \quad (8-6)

下面通过例子来说明概值的实际计算。

例 8-1 对表 8-1 的数据,我们已经求出了 3 个样本之间的总方差

$$S_x^2=4$$

以及 3 个样本内的联合方差

$$S_p^2 = \frac{2}{3}$$

1) 计算 F 比值；
2) 求 F 的自由度；
3) 求 H_0 的概值（H_0：总体均值之间没有差异）。

解：1) $F = \dfrac{nS_x^2}{S_p^2} = \dfrac{5 \times 4}{\frac{2}{3}} = 30$

2) 分子自由度 $df_1 = c - 1 = 3 - 1 = 2$

　　分母自由度 $df_2 = c(n-1) = 3(5-1) = 12$

3) 查表 Ⅳ 对应于自由度 2 和 12 的那一列有 5 个临界值，我们发现 $F = 30$ 远远超过了所有这 5 个值，因此

$$概值 < 0.001$$

这意味着如果 H_0 为真，那么抽取到如表 8-1 这么大差异的 3 个样本的机会小于 1‰。因此可以认为表 8-1 中的 3 个组其态度得分均值是不同的，即来自 3 个城市的 3 个组的居民，其对"国际奥委会全球合作伙伴"的态度属于 3 个不同的总体。

下面再看看对于表 8-2 和表 8-3 的数据，F 检验说明了什么。

例 8-2　1) 利用表 8-2 中的数据计算 H_0 的概值；

　　　　2) 利用表 8-3 中的数据计算 H_0 的概值。

解：1) 我们已在前面求得 $S_x^2 = 1$，利用表 8-2 和 (8-4) 式，

$$S_p^2 = \frac{16 + 14 + 14}{4 + 4 + 4} = \frac{44}{12} = \frac{11}{3}，因此$$

$$F = \frac{5 \times 1}{11/3} = 1.36$$

$df = 2$ 和 12，查表 Ⅳ 发现 $F = 1.36$ 小于 $F_{.25} = 1.56$

因此 　　　　　　　　$$概值 > 0.25$$

说明不能否定 H_0。这是正确的结论，因为我们正是从同一城市（总体）中抽出表 8-2 的 3 个样本的。

2) 前面已求得表 8-3 的 $S_x^2 = 4$，$S_p^2 = \dfrac{34}{3}$

因此 　　　　　　　　$$F = \frac{5 \times 4}{34/3} = 1.76$$

$df = 2$ 和 12，查表 Ⅵ，发现 $F = 1.76$ 在 $F_{.25} = 1.56$ 和 $F_{.10} = 2.81$ 之间

因此 　　　　　　　　$$0.10 < 概值 < 0.25$$

就是说，H_0 也是不能否定的，我们真的没有什么根据去断言这 3 个组的平均态度是不同的。样本均值中那么大的差异之所以可能发生，是因为每一组的态度得分都很不稳定（波动很大），并不一定是因为各组的平均态度真的有什么显著的差异。

4. 方差分析表

下面介绍一种称为方差分析表的标准形式的表格,利用它可将前面所述的计算以简洁的形式进行总结,其形式如表 8-4 所示。表中的第 2 行说明 F 比值中分子的计算,第 3 行是分母的计算。

表 8-4 方差分析表(一般形式)

变差的来源	变差(平方和 SS)	自由度 df	方差(平均平方和 MSS)	F 比值
组间变差(由于 $\overline{X}$ 间的差异造成的)	$SS_b = n[(\overline{X}_1 - \overline{\overline{X}})^2 + (\overline{X}_2 - \overline{\overline{X}})^2 + \cdots + (\overline{X}_c - \overline{\overline{X}})^2]$	$(c-1)$	$MSS_b = SS_b/(c-1)$ $= nS_{\overline{x}}^2$	$F = \dfrac{MSS_b}{MSS_w}$ $= \dfrac{nS_{\overline{x}}^2}{S_p^2}$
组内变差(由于随机波动造成的残差)	$SS_w = \sum(X_1 - \overline{X}_1)^2 + \sum(X_2 - \overline{X}_2)^2 + \cdots + \sum(X_c - \overline{X}_c)^2$	$c(n-1)$	$MSS_w = SS_w/c(n-1)$ $= S_p^2$	
总和	$SS_t = \sum\sum(X - \overline{\overline{X}})^2$	$(nc-1)$		

用方差分析表还可以检查自己的计算是否正确。在第 2 列中,SS_b 表示组间的变差,SS_w 表示组内的变差,最后的 SS_t 表示每一个数据对总均值的偏差平方和,叫做总变差。可以证明,在一般情况下,总变差等于组间变差和组内变差之和(证明从略),即

$$SS_t = SS_b + SS_w \tag{8-7}$$

(总变差 = 组间变差 + 组内变差)

此外,表 8-4 中的自由度也可以用同样的方法来检查,因为有

$$总自由度 = 分子的自由度 + 分母的自由度 \tag{8-8}$$

在计算过程中,可以利用(8-7)和(8-8)确定变差和自由度是否都加对了。表 8-5 给出了对应于表 8-1 的方差分析表。

用自由度去除对应变差,就得到了表 8-4 的方差。根据各组可能属于不同的总体(态度有差异的总体)这一事实,可以"解释"组间的方差。组内的方差是"不能解释的",因为它们是无法系统地(用总体的差异)解释的随机或偶然的方差。因此,F 比值有时也叫做方差比,即

$$F = \frac{可以解释的方差}{不能解释的方差} \tag{8-9}$$

表 8-5 方差分析(表 8-1 的数据)

变差来源	变差	自由度	方差	F 比值	概值
组间	40	2	20	$\dfrac{20}{2/3} = 30$	<0.001
组内	8	12	2/3		
总和	48	14			

习　题

对以下习题 8—1 至习题 8—4 中的数据，计算方差分析表，包括求原假设的近似概值。

8—1　从 3 台机器每小时的产量中分别各抽取 5 个不同时段的（产量）随机样本，观测到的产量如下表所示：

机器 1	机器 2	机器 3
47	55	54
53	54	50
49	58	51
50	61	51
46	52	49

8—2　2001 年北京奥运申办媒介传播效果研究调查中，从 15～24 岁、25～34 岁、35～44 岁 3 个年龄段的样本中分别抽取了 6 位北京居民，其态度得分如下表所示：

15～24 岁	25～34 岁	35～44 岁
46	45	44
45	41	47
44	44	46
45	42	43
43	43	44
41	43	46

8—3　从某单位中独立地抽取了男、女职工（各 5 位）的两个随机样本，他们的月收入（单位：元）如下表所示：

男职工	女职工
2500	2200
2550	2300
2050	1900
2300	2000
1900	1800

8—4　1977 年，美国的某项调查从 3 种受过不同教育类型的女性中各分别抽取了 50 位全日制工作的样本，她们的年收入（单位：千美元）数据整理后归纳如下：

完成的学历年数	收入平均值 $\overline{X}$	$\sum(X-\overline{X})^2$
初中（8 年）	7.8	1835
高中（12 年）	9.7	2442
大学（16 年）	14.0	4707

5. 样本量不相等的情形

在表 8-1 中，对每一组所取的观测数（$n=5$）是相同的，一般来说，这是收集数据比较有效的办法,即让所有的样本有相同的样本量 n。不过,当样本量 $n_1,n_2,n_3,\cdots$ 不相同时,也很容易适当地将方差分析的计算修改一下。

现在总观测数是 $n_1+n_2+\cdots+n_c=N$ 而不再是 nc,表中所有数值的总平均为

$$\overline{\overline{X}}=\frac{\sum\sum X}{n_1+n}=\frac{\sum\sum X}{N}$$

或者,将总均值 $\overline{\overline{X}}$ 清楚地表示成各组均值的一种加权平均的形式,即

$$\overline{\overline{X}}=\frac{n_1\overline{X}_1+n_2\overline{X}_2+\cdots+n_c\overline{X}_c}{n_1+n_2+\cdots+n_c}=\frac{\sum n\,\overline{X}}{N} \tag{8-10}$$

各组(列)之间的变差也相应变成

$$SS_b=n_1(\overline{X}_1-\overline{\overline{X}})^2+n_2(\overline{X}_2-\overline{\overline{X}})^2+\cdots \tag{8-11}$$

自由度也应相应地变化,总自由度不再是 $nc-1$,而是

$$\text{总自由度 } df=n_1+n_2+\cdots+n_c-1=N-1 \tag{8-12}$$

组(列)内自由度 $c(n-1)$ 现在则变成

$$\text{列内自由度 } df=(n_1-1)+(n_2-1)+\cdots+(n_c-1)$$
$$=\sum(n_i-1)=N-c \tag{8-13}$$

做了这些变化之后,方差分析表表 8-6 就与表 8-4 完全相同了。

表 8-6 方差分析表(样本数不相等时)

变差的来源	变差(平方和 SS)	自由度(df)	方差(均方 MSS)	F 比值
列间变差(由列均值 $\overline{X}_1$ 间的差异造成)	$SS_{列}=\sum_{i=1}^{c}(\overline{X}_1-\overline{\overline{X}})^2$	$(c-1)$	$MSS_{列}=SS_{列}/(c-1)$	$F=\dfrac{MSS_{列}}{MSS_{残}}$
(列内变差或)残差(由观测值 X_{ij} 和列均值 $\overline{X}_i$ 间的差异造成)	$SS_{残}=\sum_{i=1}^{c}\sum_{j=1}^{n_i}(X_{ij}-\overline{X}_i)^2$	$\sum_{i=1}^{c}(n_i-1)=N-c$	$MSS_{残}=SS_{残}/\sum_{i=1}^{c}(n_i-1)$ $=S_p^2$	
合计	$SS_{总}=\sum_{i=1}^{c}\sum_{j=1}^{n_i}(X_{ij}-\overline{\overline{X}})^2$	$\sum_{i=1}^{c}(n_i-1)=N-1$		
其中 $\overline{X}=$ 全部 X_{ij} 的总平均 $\overline{\overline{X}}=\dfrac{\sum\sum X_{ij}}{\sum n_i}=\dfrac{\sum n_i\overline{X}_i}{\sum n_i}$				

习 题

8-5 1971 年,11 个美国家庭的一个样本按地区给出了以下的年收入数据(单位:千美元)

东北部	中北部	南部	西部
8	13	7	7
14	9	14	7
		8	16
		7	

构造方差分析表,包括求的概值。

8.2 双因素的方差分析简介

到现在为止,我们研究的还是一种响应,例如态度得分如何取决于一个因子(因素),例如地区的变化,又如收入如何取决于职业、产量如何取决于机器的类型等等。通常称之为单因子(素)的方差分析。但是在实践中,一种响应可能依赖于两三个或更多的因素。例如,态度不仅可能取决于其所在的地区,还可能依赖于其文化程度、年龄和对雅典奥运会是否关注等等;收入不仅可能与所从事的职业有关,还可能与文化程度、工作业绩等等有关;产量不仅可能取决于机器类型,还可能取决于操纵机器的经验或原材料的质量等等。在这些情况下,就要将表 8-4 的方差分析推广到多个因子的状态,所有这些因子都可能作为解释变差的来源,其对应表就叫做双因子的方差分析表(或三因子方差分析表,等等)。这里仅通过一个双因子方差分析的例子给出对应的方差分析表,实际上这些计算用现有的统计软件是十分容易解决的,因此读者完全没有必要去熟记表中繁琐的公式,只需掌握其主要思想并学会应用现有软件就可以了。

1. 双因素方差分析

习题 8-1 进行了产量是否取决于机器类型的方差分析,其结果为:

表 8-7 方差分析表(单因素)(习题 8-1 数据)

变差来源	变差	自由度	方差	F 值	概值
机器之间 残差	130 94	2 12	65 7.83	$\dfrac{65}{7.83}=8.3$	$P<0.01$
总和	224	14			

实际上,产量还可能与操作者的经验有关,有些人技术熟练,有些人则很差,因此操作者之间也有很大差异。原来 F 比值的分母(7.83)中不可解释的方差,实际上一部分是有可能用操作者之间的差异来解释的。如果将这一部分变差分解出来,那么残差值将减小,解释机器间变差的那一部分相对于残差值将增大,也就是说对应的 F 比值将会增大。同时,从对应于操作者的变差平均值(方差)相对于残差的 F 比值的大小,也将给出操作者这一因素的影响是否显著的结论。具体的数据和计算在表 8-8 中给出。

为了给出一般形式的方差分析表,我们对各种记号及其意义做如下的简要注解:

因子 1:机器类型(c 台机器,或 c 列);

因子 2:操作者(r 名操作者,或 r 行);

X_{ij}:第 i 台机器由第 j 个操作者操作时的产量;

$\overline{X}_{i.} = \sum\limits_{j=1}^{r} X_{ij}/r$:第 i 台机器的平均产量;

$\overline{X}_{.j} = \sum\limits_{i=1}^{c} X_{ij}/c$:第 j 个操作者的平均产量;

一般地，X_{ij} 的预测值 $\hat{X}_{ij}$ 可表示为

$$\hat{X}_{ij} = \overline{\overline{X}} + (\overline{X}_{i.} - \overline{\overline{X}}) + (\overline{X}_{.j} - \overline{\overline{X}})$$

= 总平均 + 由因子 1 所影响的部分 + 由因子 2 所影响的部分

表 8-8 3 台机器 5 名操作者的产量数据

操作者	机器 $i=1$	2	3	操作者均值 $\overline{X}_{.j}$	操作者(行)间的变差 $(\overline{X}_{.j} - \overline{\overline{X}})$	$(\overline{X}_{.j} - \overline{\overline{X}})^2$
$j=1$	53	61	51	55	3	9
2	47	55	51	51	−1	1
3	46	52	49	49	−3	9
4	50	58	54	54	2	4
5	49	54	50	51	−1	1
机器均值 $\overline{X}_{i.}$	49	56	51	$\overline{\overline{X}}=52$	0	24×3=72

（列数 $c=3$）（行数 $r=5$）

机器(列)间的变差

$(\overline{X}_{i.} - \overline{\overline{X}})$	−3	4	−1	0
$(\overline{X}_{i.} - \overline{\overline{X}})^2$	9	16	1	26×5=130

（例如，$X_{21} = 52 + 4 + 3 = 59$，而 $X_{21} = 61$）

$$\text{残差} = X_{ij} - \hat{X}_{21}$$

由此可以求出全部的残差 $X_{ij} - \hat{X}_{ij}$ 以及残差平方和 $\sum\sum(X_{ij} - \hat{X}_{ij})^2$
$= \sum\sum(X_{ij} - \overline{X}_{i.} - \overline{X}_{.j} + \overline{\overline{X}})^2$，并且可以证明下面的变差分解式：

$$SS_\text{总} = SS_\text{列} + SS_\text{行} + SS_\text{残} \tag{8-14}$$

（总变差 = 列间变差 + 行间变差 + 残差变差）

根据(8-14)式，即可给出如下的方差分析表。

表 8-9 双因子方差分析表(一般形式)

变差的来源	变差(平方和, SS)	自由度 df	方差(均方和 MSS)	F 比值
列间变差(由列的均值 $\overline{X}_{i.}$ 间的差异造成)	$SS_\text{列} = r\sum_{i=1}^{c}(\overline{X}_{i.} - \overline{\overline{X}})^2$	$(c-1)$	$MSS_\text{列} = SS_\text{列}/(c-1)$	$\dfrac{MSS_\text{列}}{MSS_\text{残}}$
行间变差(由行的均值 $\overline{X}_{.j}$ 间的差异造成)	$SS_\text{行} = c\sum_{j=1}^{r}(\overline{X}_{.j} - \overline{\overline{X}})^2$	$(r-1)$	$MSS_\text{行} = SS_\text{行}/(r-1)$	$\dfrac{MSS_\text{行}}{MSS_\text{残}}$
残差(由实际观测值和拟合值间的差异造成) $\hat{X}_{ij} = \overline{X}_{i.} + \overline{X}_{.j} - \overline{\overline{X}}$	$SS_\text{残} = \sum_{i=1}^{c}\sum_{j=1}^{r}(X_{ij} - \overline{X}_{i.} - \overline{X}_{.j} + \overline{\overline{X}})^2$	$(c-1)\times(r-1)$	$MSS_\text{残} = \dfrac{SS_\text{残}}{(c-1)(r-1)}$	
总计	$SS_\text{总} = \sum_{i=1}^{c}\sum_{j=1}^{r}(X_{ij} - \overline{\overline{X}})^2$	$(cr-1)$		

按照表 8-9 的形式,可以给出对应于表 8-8 数据的方差分析表。

表 8-10 方差分析表(双因素)(表 8-8 的数据)

变差来源	变差 SS	自由度 df	方差 MSS	F 值	概值
机器间	130	2	65	23.6	$P<0.001$
操作者间	72	4	18	6.5	$P<0.05$
残差	22	8	2.75		
总计	224	14			

和单因素方差分析的结果(表 8-7)相比较,对应于机器之间的变差和方差都没有改变(分别等于 130 和 65),但是由于残差变小了(由 7.83 减小至 2.75),因此 F 值增大(由 8.3 增至 23.6),对 H_0 的检验效力加强了(由 $P<0.01$ 减至 $P<0.001$,因此在拒绝 H_0 时更有把握)。残差变小的原因是由于操作者的影响被提取了出来,由 $P<0.05$ 可以认为操作者这一因素的影响也是显著的。

2. 有交互作用的双因子方差分析

两个因子之间可能有交互作用,此处试用比较直观的例子来说明。比如两种不同类型的化肥,同时施用时,如果总作用等于分别施用时的作用之和,说明没有交互作用;如果总作用大于(或小于)分别单独施用时的作用之和,说明有正的(或负的)交互作用。例如在四块面积相同的大豆试验田上用 4 种不同的方式施肥,其中

因子 1:磷肥(两种水平,$i=1,2$)

因子 2:氮肥(两种水平,$j=1,2$)

实验数据如表 8-11:

表 8-11 二因子二水平的实验结果　　　　　　　　　　　　　　　　　　　　(单位:斤)

施磷肥 P ＼ 产量 ＼ 氮肥 N	$P_1=0$	$P_2=4$	$P_1 \to P_2$
$N_1=0$	400	540	$450-400=50$
$N_2=6$	430	560	$560-430=130$
$N_1 \to N_2$	$430-400=30$	$560-450=110$	$560-400=160$

在不施氮肥($N_1=0$)的情况下:

单独施加磷肥($P_2=4$)的作用是增产 50 斤;

在不施磷肥($P_1=0$)的情况下:

单独施加氮肥($N_2=6$)的作用是增产 30 斤;

同时施用磷肥和氮肥($P_2=4,N_2=6$)时:

总作用是增产 160 斤。

因此同时施用两种肥料的交互作用(用 $P \times N$ 表示)为:

交互作用 $=160-50-30=80$(斤)

交互作用是指由于两种肥料间有协同作用,致使肥力增强(或抵销)。因此在进行方差分析时有必要将交互作用的影响也提取出来,为此,方差分析表中应该增加 $P \times N$(交互作用)所产生的变差那一行,详见表 8-13,其数据结构如表 8-12 所示。

一般地,因子 A、因子 B、交互作用 $A \times B$ 以及随机误差都会引起变差。假定 A 取 r 个水平,B 取 S 个水平,那么共有 rs 个不同水平的组合(试验号)$A_i B_j (i=1,2,\cdots,r; j=1,2,\cdots,s)$。对于每个水平的组合 $A_i B_j$,重复进行 l 次试验,结果用 A_{ijk} 表示($k=1,2,\cdots,l$)。

表 8-12 二因子试验的数据结构

试验号 \ 因子水平	A	B	l 次重复试验		
1	1	1	X_{111}	X_{112}	X_{11l}
2	1	2	X_{121}	X_{122}	X_{12l}
⋮	⋮	⋮	⋮	⋮	⋮
s	1	s	X_{1s1}	X_{1s2}	X_{1sl}
⋮	⋮	⋮	⋮	⋮	⋮
$s(r-1)+1$	r	1	X_{r11}	X_{r12} ...... X_{r1l}	
⋮	⋮	⋮	⋮	⋮	⋮
rs	r	s	X_{rs1}	X_{rs2}	X_{rsl}

表 8-13 双因素方差分析表(有交互作用)

变差来源	变差(平方和 SS)	自由度(df)	方差(均方和 MSS)	F 值
因子 1	SS_1	$r-1$	$SS_1/(r-1)=MSS_1$	$MSS_1/MSS_残$
因子 2	SS_2	$s-1$	$SS_2/(s-1)=MSS_2$	$MSS_2/MSS_残$
因子 1×因子 2	$SS_交$	$(r-1)(s-1)$	$SS_交/(r-1)(s-1)=MSS_交$	$MSS_交/MSS_残$
残差	$SS_残$	$rs(l-1)$	$SS_残/rs(l-1)=MSS_残$	
总和	$SS_总$	$rsl-1$		

其中 总均值 $\overline{\overline{X}} = \dfrac{1}{rsl} \sum\limits_{i=1}^{r} \sum\limits_{j=1}^{s} \sum\limits_{k=1}^{l} X_{ijk}$;

$$\overline{X}_{ij.} = \frac{1}{l} \sum_{k=1}^{l} X_{ijk}$$

$$\overline{X}_{i..} = \frac{1}{sl} \sum_{i=1}^{s} \sum_{j=1}^{s} X_{ijk}; \quad \overline{X}_{.j.} = \frac{1}{rl} \sum_{i=1}^{r} \sum_{k=1}^{l} X_{ijk}$$

$$SS_1 = \sum_{i=1}^{r} \sum_{j=1}^{s} \sum_{k=1}^{l} (\overline{X}_{i..} - \overline{\overline{X}})^2 = sl \sum_{i=1}^{r} (\overline{X}_{i..} - \overline{\overline{X}})^2;$$

$$SS_2 = \sum_{i=1}^{r} \sum_{j=1}^{s} \sum_{k=1}^{l} (\overline{X}_{.j.} - \overline{\overline{X}})^2 = rl \sum_{j=1}^{s} (\overline{X}_{.j.} - \overline{\overline{X}})^2 = rl \sum_{j=1}^{s} (\overline{X}_{.j.} - \overline{\overline{X}})^2;$$

$$SS_{交} = \sum_{i=1}^{r}\sum_{j=1}^{s}\sum_{k=1}^{l}(\overline{X}_{ij.} - \overline{X}_{i..} - \overline{X}_{.j.} + \overline{\overline{X}})^2$$
$$= l\sum_{i=1}^{r}\sum_{j=1}^{s}(\overline{X}_{ij.} - \overline{X}_{i..} - \overline{X}_{.j.} + \overline{\overline{X}})^2$$
$$SS_{残} = \sum_{i=1}^{r}\sum_{j=1}^{s}\sum_{k=1}^{l}(\overline{X}_{ijk} - \overline{X}_{ij.})^2;$$
$$SS_{总} = \sum_{i=1}^{r}\sum_{j=1}^{s}\sum_{k=1}^{l}(X_{ijk} - \overline{X})^2.$$

同样可以证明如下的变差分解式成立

$$SS_{总} = SS_1 + SS_2 + SS_{交} + SS_{残} \tag{8-15}$$

习 题

8-6 3个工人同做包装工作,分别随机地抽取3个时间段,这3人所包装的箱数如下表所示:

表 8-14 二因子试验的数据结构

时间段 \ 工人编号 包装的箱数	1	2	3
上午 11～12时	24	19	20
下午 1～2时	23	17	14
下午 3～4时	25	21	17

计算方差分析表(不考虑交互作用),包括求原假设的概值。

本章小结

1. 要比较两个以上的总体时,需将两样本的 t 检验加以推广。这是通过比较样本间的可解释的方差和样本内的不可解释的方差,即通过利用 F 比值来完成的。方差分析表给出了逐步计算 F 值的标准方法。

2. 方差分析表可以推广到多种较复杂的情况。例如,它可以处理样本量不相等的情形,还可以同时处理两个因子或更多的因子,也可以用于包含因子间有交互作用的情形。

应用实例

方差分析是使用得最多的统计分析方法之一,它主要用于研究定类变量与定距变量之间的关系。定距变量是被检验的变量,定类变量是可能的影响因素。定类变量取值的几个类别被称为影响因素水平。我们想知道当影响因素取不同水平时,被检验变量是否有显著差异。

在城市居民媒介接触行为研究中,调查了 725 名城市被访者,为了研究城市居民的(A2)"年龄"和(A3)"文化程度"与(E3)"周末电视收看平均时间"之间是否有关联性,需要进行单因素和双因素方差分析。

我们采用 SPSS11.5 For Windows 对调查数据进行方差分析,具体步骤如下:

首先,对影响因素进行描述性分析,看一下各变量的频数表,主要目的是看一下数据的质量,包括缺失值、异常值等。缺失值和异常值都对方差分析有重要影响。

A2 年龄

		Frequency	Percent	Valid Percent	Cumulative Percent
Valid	1 13~18 岁	78	10.8	10.8	10.8
	2 19~25 岁	65	9.0	9.0	19.7
	3 26~35 岁	113	15.6	15.6	35.3
	4 36~45 岁	194	26.8	26.8	62.1
	5 46~55 岁	141	19.4	19.4	81.5
	6 56 岁及以上	134	18.5	18.5	100.0
	Total	725	100.0	100.0	

A3 文化程度

		Frequency	Percent	Valid Percent	Cumulative Percent
Valid	1 小学或以下	49	6.8	6.8	6.8
	2 初中或中技	239	33.0	33.0	39.7
	3 高中或中专	286	39.4	39.4	79.2
	4 大专及以上	151	20.8	20.8	100.0
	Total	725	100.0	100.0	

先进行单因素方差分析,看不同"文化程度"的人在"周末电视收看平均时间"上的差异。选择 Analyze→Compare means→One-Way ANOVA 命令。

在弹出的对话框中,选择"周末收看电视时间"E3 放入 Dependent list 窗口。选择"文化程度"A3 放入 Factor 窗口。

接下来,单击 Options 按钮,打开选项对话框,选择 Descriptive 描述统计量、Homogeneity-of-variance 方差齐性检验、Means plot 选项。

所有选项完成后,按 Paste 保存下运行语法,就可以按确定 OK,运行后,在 Output 中查看交互分析结果。

SPSS Syntax 语法:
ONEWAY
　　E3 BY A3
　　/STATISTICS DESCRIPTIVES HOMOGENEITY
　　/PLOT MEANS
　　/MISSING ANALYSIS .

单击 OK 按钮,运行结果可以看出:

Descriptives

E3 周末电视收视平均时间

	N	Mean	Std.Deviation	Std.Error	95% Confidence Interval for Mean		Minimum	Maximum
					Lower Bound	Upper Bound		
1 小学或以下	49	233.47	126.236	18.034	197.21	269.73	30	600
2 初中或中技	237	262.70	139.337	9.051	244.87	280.53	10	840
3 高中或中专	285	251.51	140.081	8.298	235.18	267.84	20	990
4 大专及以上	151	212.35	100.485	8.177	196.19	228.51	30	600
Total	722	245.77	132.655	4.937	236.08	255.46	10	990

从上表,我们看到了不同文化程度的人在周末收看电视平均时间、标准差、标准误差以及在 95% 置信度下的上下限、最大值和最小值。

Test of Homogeneity of Variances

E3 周末电视收视平均时间

Levene Statistic	df1	df2	Sig.
3.287	3	718	.020

方差齐性的检验方法是 F 检验(Levene Statistic)为 3.287、显著性水平为 0.02、两个自由度 3 和 718。因为显著性水平小于 0.05,所以我们认为检验变量在自变量的各个不同影响因素上的方差是有差异的,也就是拒绝方差齐性的零假设。为此在 SPSS 的输出结果中,要选择采用对应于方差齐性假设不成立时的结果。

ANOVA

E3 周末电视收视平均时间

	Sum of Squares	df	Mean Square	F	Sig.
Between Groups	253374.813	3	84458.271	4.877	.002
Within Groups	12434223.559	718	17317.860		
Total	12687598.373	721			

方差分析方法通过比较各个类别的组内差异和类别之间的组间差异大小来确定变量之间是否有关。如果组内差异大而组间差异小，则说明两个变量之间没有什么关联性，是相互独立的；反之，如果组间差异大而组内差异小，则说明两个变量之间有某种关联性。使用方差分析方法时，要求因变量在影响因素的各个水平上的分布必须服从正态分布。

从方差分析的结果可以看出，平均组间平方和为 253374.8，平均组内平方和为 12434224.559，F 值为 4.877，显著性水平为 0.02。由于显著性水平小于 0.05，可以认为在 5％的检验水平下，不同文化程度的城市居民在周末收看电视的平均时间是有显著差异的。

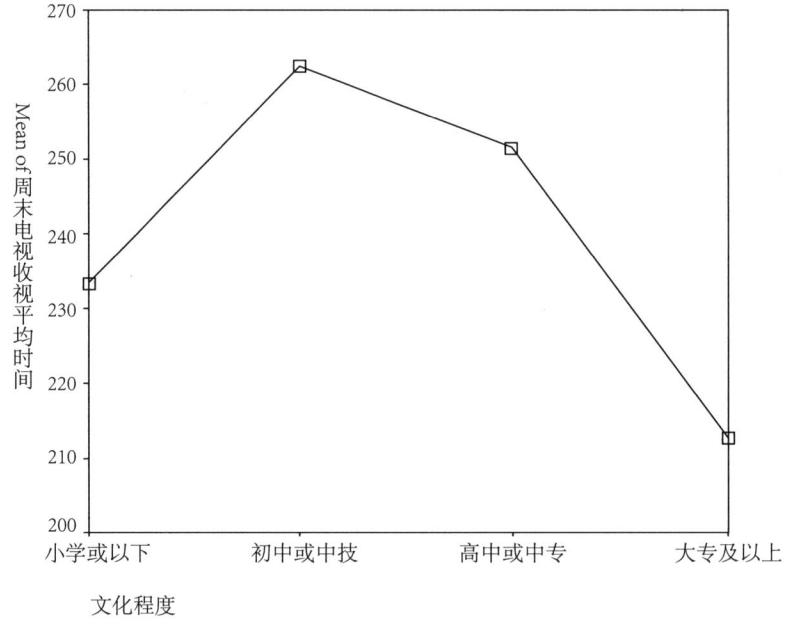

从均值比较图可以看出不同文化程度的城市居民周末电视收看平均时间的分布。从图中可以看出，"初中或中技"文化程度的被访者平均收视时间明显高于"大专及以上"和"小学或以下"的被访者。

下面简单介绍多元方差分析。我们进行双因素方差分析，看不同"年龄"和"文化程度"的人在"周末电视收看平均时间"上的差异。在加入了新的影响因素后，就不能用单因素方差分析了，而要用多元方差分析，SPSS11.5 for Windows 并没有提供窗口式菜单供操作多元方差分析 ANOVA，因此我们只能采用语法来运行多元方差分析 ANOVA。

SPSS Syntax 语法：

```
ANOVA VARIABLES= E3 By A2(1,6) A3(1,4)
      /Method=HIERARCHICAL
      /STATISTICS=ALL.
```

ANOVA[a]

			Hierarchical Method				
			Sum of Squares	df	Mean Square	F	Sig.
E3 周末电视收视平均时间	Main Effects	(Combined)	423419.661	8	52927.458	3.088	.002
		A2 年龄	229137.491	5	45827.498	2.674	.021
		A3 文化程度	194282.170	3	64760.723	3.779	.010
	2-Way Interactions	A2 年龄 * A3 文化程度	266727.435	13	20517.495	1.197	.276
	Model		690147.096	21	32864.147	1.917	.008
	Residual		11997451.277	700	17139.216		
	Total		12687598.373	721	17597.224		

a. E3 周末电视收视平均时间 by A2 年龄, A3 文化程度

从多元方差分析表中我们可以看出，不同年龄段（显著性概值＝0.021）和不同文化程度（显著性概值＝0.010）的电视观众在周末收视平均时间上均有显著差异，但年龄和文化程度的交互作用不显著（显著性概值＝0.276）。

Method 方法选择了多重分类分析，给出了对应各影响因素的分组样本数、分组平均值与总均值的差、Eta 系数以及复相关系数 R。当两影响因素的交互作用不显著时，多重分类分析可以更好地理解方差分析的结果。

MCA[a]

				N	Predicted Mean		Deviation	
					Unadjusted	Adjusted for Factors	Unadjusted	Adjusted for Factors
E3 周末电视收视平均时间	A2 年龄	1	13～18 岁	77	285.84	277.14	40.08	31.38
		2	19～25 岁	65	251.08	260.84	5.31	15.07
		3	26～35 岁	112	216.03	219.99	−29.74	−25.77
		4	36～45 岁	193	249.27	246.75	3.51	.99
		5	46～55 岁	141	242.84	238.89	−2.93	−6.88
		6	56 岁及以上	134	243.06	247.79	−2.71	2.02
	A3 文化程度	1	小学或以上	49	233.47	232.25	−12.30	−13.52
		2	初中或中技	237	262.70	262.19	16.93	16.42
		3	高中或中专	285	251.51	250.32	5.74	4.55
		4	大专及以上	151	212.35	215.79	−33.42	−29.98

a. E3 周末电视收视平均时间 by A2 年龄, A3 文化程度

Factor Summary[a]

	Eta	Beta
		Adjusted for Factors
E3 周末电视 A2 年龄	.134	.117
收视平均时间 A3 文化程度	.141	.130
Model Goodness of Fit		
	R	R Squared
E3 周末电视收视平均时间 by A2 年龄,A3 文化程度	.183	.033

方差分析的思想虽然不难理解,但方差分析的过程比较麻烦,尤其是多元方差分析,涉及的选项比较多,使用起来比较困难。

习　题

8－7　某餐饮业连锁店对店员服务效率进行随机抽查,以下是店员 A、B、C、D 完成配餐的三次时间记录(单位:秒)。计算方差分析表,包括求 H_0 的概值。

店员名称			
A	B	C	D
35	42	41	40
39	40	41	34
34	35	44	31

8－8　回答对或错:

1) 传统的两个独立样本的比较(利用 t 分布表)可以推广到 c 个独立样本(利用 F 分布表),这种推广的结果就是单因素方差分析;

2) 换句话说,方差分析表中的 F 统计量给出了与两样本中 t 统计量完全相同的答案,F 统计量也可以用于比较更多个的样本。

8－9　再次考虑一下习题 8－3 中所给出的月收入数据:

　　男:2500,2550,2050,2300,1900

　　女:2200,2300,1900,2000,1800

如果用 Y 表示收入,哑变量 X 表示性别($X=1$ 为女性),计算 Y 对 X 的回归方程,并在 5% 的水平下检验收入是否与性别无关(先求回归系数的置信区间)。

8－10　在习题 5－14、习题 8－3 和习题 8－9 中,我们分别利用 t 检验、方差分析和回归分析处理了同样的数据。回答对或错,如果不对,请纠正:

1) 在所有三种情况中,我们得到了同样的检验结果:在 5% 的水平下,不能拒绝 H_0;

2) 比较 t 检验与回归,对男女工资之差我们得到了同样的估计结果:事实上是完全相同的置信区间。

第九章 相关分析

在传统的各类调查研究中,相关分析是广为应用的,这主要是由于计算比较简单,意义又比较直观。在社会科学中,相关分析具有比较广泛的意义,它泛指对两个变量间的关联(联系)程度的分析。这两个变量可以是任意测量级别的变量。在本章,我们将重点介绍两个定距变量之间的相关,也即一般意义下最常用的(积矩)相关系数。最后简要地说明其他一些类型的相关测量法。

9.1 简单(积矩)相关

简单积矩相关系数又称为皮尔逊相关系数或简称为相关系数,它告诉我们两个变量之间联系的紧密程度如何。

1.样本相关系数 r

在第七章中,我们已经知道简单回归系数 b 是描述一个变量 Y 如何与另一变量 X 相联系的(或如何从另一变量 X 来预测的),其计算方法是首先用偏差的形式表示 X 和 Y ($x=X-\overline{X}, y=Y-\overline{Y}$),然后求出

$$b = \frac{\sum xy}{\sum x^2}$$

相关系数的计算只是做了一点小小的变动,除了利用同样的 $\sum xy$ 和 $\sum x^2$ 外,还要利用 $\sum y^2$, X 和 Y 的相关系数的计算公式为:

$$r \equiv \frac{\sum xy}{\sqrt{\sum x^2} \sqrt{\sum y^2}} \qquad (9-1)$$

从公式(9—1)看,x 和 y 的地位是完全平等的,分子和分母中 x 和 y 都对称地以同样的形式出现,因此相关系数 r 在响应 Y 与回归因子 X 之间是没有什么区别的;而回归系数 b 却是明确地区分这两者的,在计算 b 的公式的分母中,只出现 x(与回归因子 X 相联系),不出现 y(与响应 Y 相联系)。

为了说明数学成绩和语文成绩是如何相联系的,在表 9-1 的前 2 列中给出了 8 名学生的一个随机样本。在后面的各列中,我们先计算偏差 x 和 y,然后计算偏差之积和

$\sum xy, \sum x^2$ 和 $\sum y^2$。如果我们想测量怎样从数学成绩 X 预测语文成绩 Y,则可计算回归系数:

$$b = \frac{\sum xy}{\sum x^2} = \frac{654}{1304} = 0.50$$

另一方面,如果我们想测量 Y 和 X 有多少联系,我们可以计算相关系数:

$$r \equiv \frac{\sum xy}{\sqrt{\sum x^2}\sqrt{\sum y^2}} = \frac{654}{\sqrt{1304}\sqrt{836}} = 0.63$$

表 9-1 8名学生的数学分数(X)和语文分数(Y)

原始数据		偏差		乘积		
数学 X	语文 Y	$x = X - \overline{X}$	$y = Y - \overline{Y}$	xy	x^2	y^2
80	65	20	15	300	400	225
50	60	−10	10	−100	100	100
36	35	−24	−15	360	576	225
58	39	−2	−11	22	4	121
72	48	12	−2	−24	144	4
60	44	0	−6	0	0	36
56	48	−4	−2	8	16	4
68	61	8	11	88	64	121
$\overline{X} = 60$	$\overline{Y} = 50$	0	0	$\sum xy = 654$	$\sum x^2 = 1304$	$\sum y^2 = 836$

2. r 的直观意义

相关系数 r 度量了 X 与 Y 之间相互联系的程度,我们通过分析公式(9−1)来理解这一点。

我们知道,偏差 $x \equiv X - \overline{X}$ 告诉我们离开均值 $\overline{X}$ 有多远,类似地,偏差 y 告诉我们离开均值 $\overline{Y}$ 有多远。因此,当我们在二维空间中画出点 (x,y) 时,就可以看出它们离开数据的中心 $(\overline{X}, \overline{Y})$ 有多远了。图 9-1 显示了数据点离开其中心(数学、语文的平均分)的分散程度。

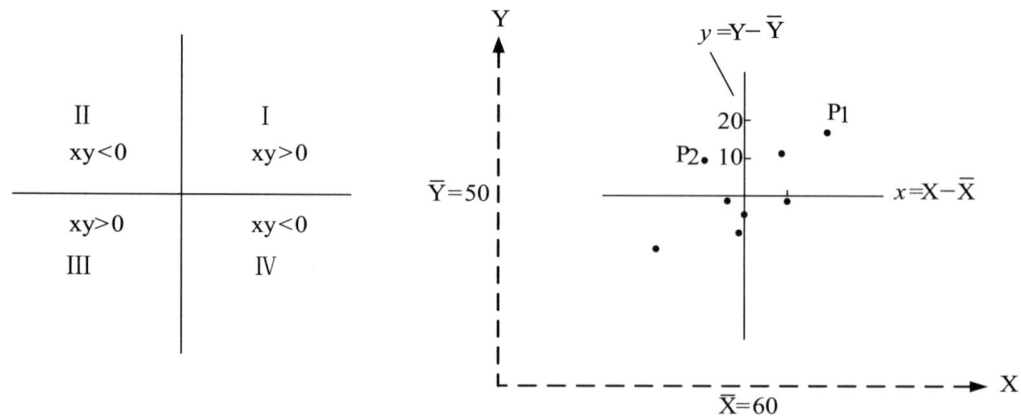

图 9-1 数学分和语文分的散点图

假定我们将对应于每个学生的 x 和 y 相乘,再将所有这些乘积相加得到 Σxy,那么 Σxy 就给出了数学和语文分数如何倾向于一起变化(沿某条直线移动)的一个度量。从图 9-1 可以看到,对于在第Ⅰ或Ⅲ象限的点(例如 P_1),x 和 y 的符号是相同的,因此乘积 xy 是正的。相反,对于在第Ⅱ或第Ⅳ象限的点(例如 P_2),x 和 y 的符号不同,因此乘积 xy 是负的。如果 x 和 y 是一起沿某条直线移动的,或者说如果 x 和 y 倾向于一起增大或一起减小的话,那么,大多数的观测点将会落在第Ⅰ、第Ⅲ象限,因此大多数的乘积 xy 将是正的,它们的和 Σxy 也将是正的,这将反映 X 和 Y 之间的某种正的联系。但是如果 X 和 Y 的联系是负的,即当一个增大时另一个减小,那么大多数观测点将会落在第Ⅱ和第Ⅳ象限,这样 Σxy 就是负的。我们由此可以得出结论:作为度量 X 和 Y 相关的一个数值,Σxy 至少在符号上是对的(即 Σxy 的正与负表现了 X 与 Y 相关的正与负)。而且,当 X 与 Y 之间没有什么线性联系时,观测点将均匀地散布在四个象限上,正项和负项抵消后 Σxy 将会是 0。

但是 Σxy 有一个缺陷,那就是它依赖于度量 X 与 Y 时的单位。例如,假定在表 9-1 中 X 是用不同的单位度量出来的,比方说用的不是百分制而是千分制,那么每个偏差 x 将变成原来的 10 倍,因此总和 Σxy 也将是原来的 10 倍。

我们希望用一个不随度量单位变化而变化的量来表示 X 与 Y 之间的联系。怎样调整才能得到这样一个量呢? 注意到用千分制度量 X 时,$\sqrt{\Sigma x^2}$ 也将变成原来的 10 倍,所以如果用 $\sqrt{\Sigma x^2}$ 去除的话,10 这个倍数就消掉了,因此得到的是与 X 的单位无关的一个量。同样,为了防止 Y 的单位变化所引起的变化,也要用 $\sqrt{\Sigma y^2}$ 去除,结果就是:

$$\frac{\Sigma xy}{\sqrt{\Sigma x^2}\sqrt{\Sigma y^2}}$$

这就是我们在(9-1)式定义的表示两个变量联系的密切程度的那个相关系数 r。为了进一步了解 r 的意义,我们在图 9-2 中给出了各种散点图以及它们对应的相关系数。例如在 9-2A 中,我们看到的是一个比图 9-1($n=8$)大得多的样本。不过样本点的散布形状显示出与图 9-1 大约同样程度的联系。因此并不奇怪 r 也取到一个大约相同的值 0.60(图 9-1 的 $r=0.63$)。

在图 9-2B 中,表现出完美的正的联系,因此积 xy 全是正的,结果 r 取到了它的最大可能值 $+1$。类似地,在 D 中是一种完美的负的联系,r 取到了它的最极端的可能值 -1。我们得出结论:

$$-1.00 \leqslant r \leqslant 1.00 \tag{9-2}$$

最后,考虑图 9-2E 和 9-2F 的对称散布图。在这两种情况中计算 r 的结果都是 0,因为每一个乘积都将被在另一象限中符号相反的一个对应乘积 xy 所抵消。不过这两种散布图的类型是完全不相同的。在图 9-2E 中,X 和 Y 之间根本没有什么联系;可是在图 9-2F 中,X 和 Y 之间有着很强的联系(实际上是一种曲线联系)。因此 $r=0$ 并不意味着"没有联系";实际上,它只意味着"没有线性联系"(没有直线关系),因此 r 仅是线性关系的一种度量。

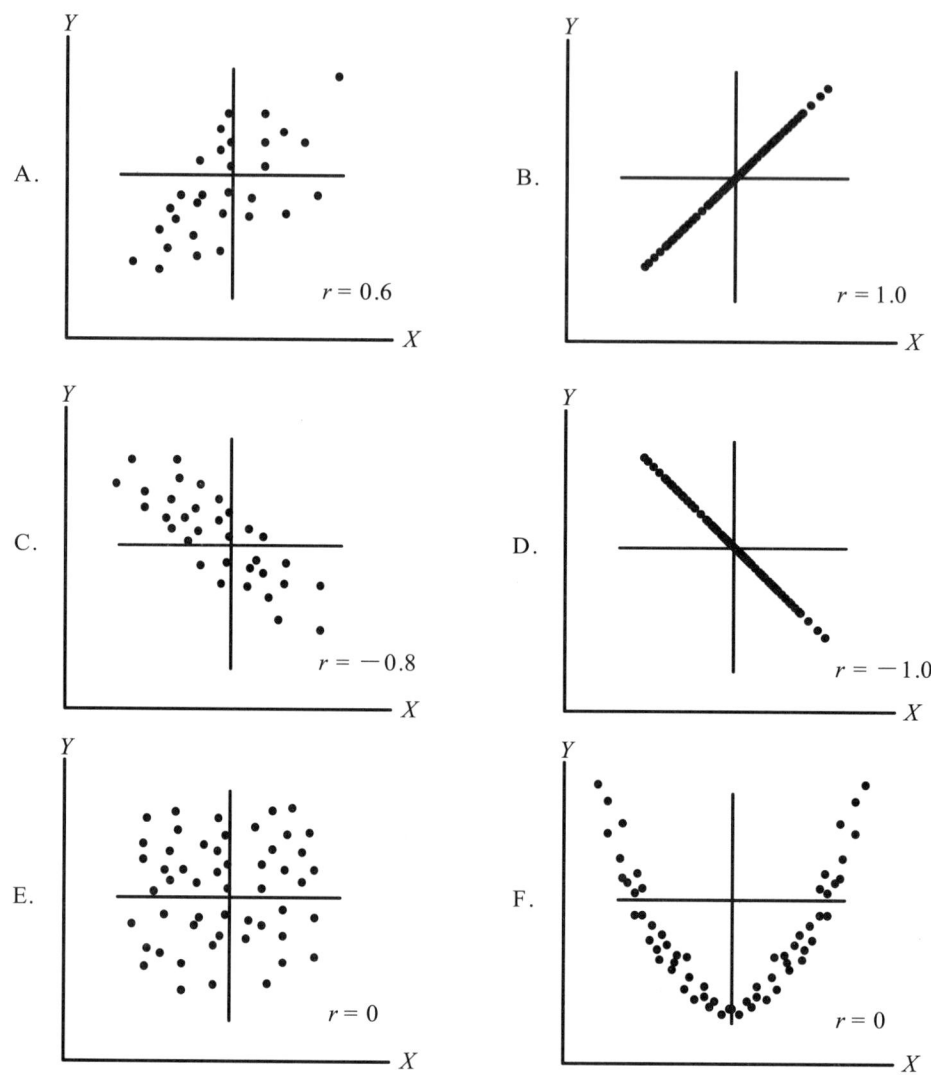

图 9-2　各种相关:分布得越散,r 越接近于 0

9.2　总体相关系数的检验

1.总体相关系数 ρ

求出样本相关系数 r 后,怎样利用它来对潜在的总体做推断呢？在我们前面的例子中,这就是所有学生的数学分数 X 和语文分数 Y 的关系。这一总体可能像图 9-3 所示的样子,散布图中有成千上万个圆点,每一个圆点都代表一名学生。

如果我们将总体中所有点的 x 和 y 代入公式(9-1)去计算,其结果就称为总体相关系数 ρ。当然,就像一般的统计问题那样,总体是未知的,问题是通过观测的样本 r 来推断 ρ,或对原假设 $\rho=0$ 进行检验。下面介绍最简单常用的图解法和 t 检验法。

2. ρ 的置信区间的图解法

在第五章中,我们曾利用图解法,通过样本的比例 P 来估计总体比例 π 的置信区间。类似地,在图 9-4 中,可以用样本相关系数 r 来进行关于总体相关系数 ρ 的推断(不过要使推

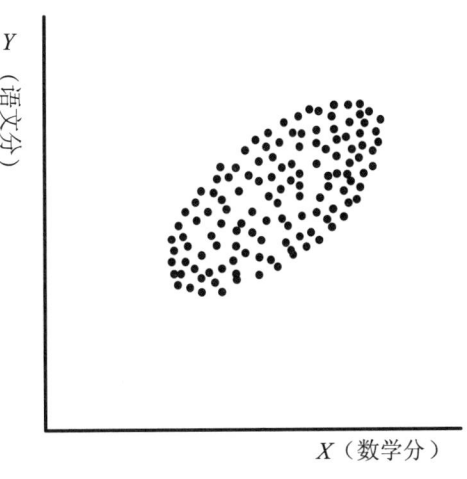

图 9-3 总体散点图

断严格有效,必须假定总体是二元正态分布的。关于两个随机变量二元正态分布的概念,请参考更高一级的统计课程)。

例如,对于 $n=10$,若样本相关系数 $r=0.60$,从图中可以垂直地读出 ρ 的 95% 置信区间为

$$-0.05 < \rho < +0.87$$

如图 9-4 中的黑粗线所示。

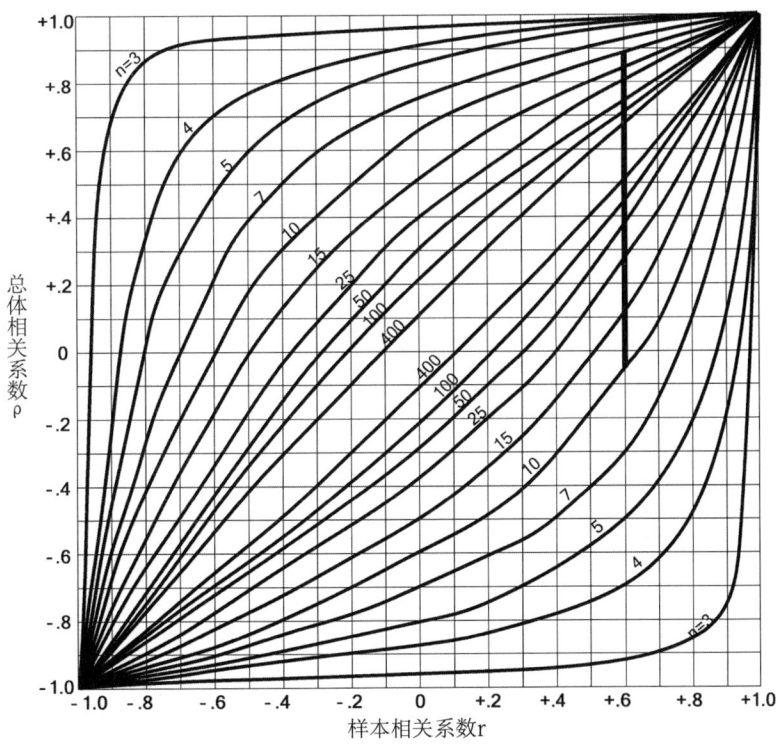

图 9-4 相关系数 ρ 的 95% 置信区间
(总体为二元正态,样本量为 n)

3. 利用 t 分布

样本相关系数 r 与样本比例 P、样本均值 $\overline{X}$、样本斜率 b 一样，也是一个随机变量。可以证明，如果总体相关系数 $\rho=0$，那么样本相关系数 r 的抽样分布是随着 n 的增大而越来越接近于自由度为 $n-2$ 的 t 分布，即

$$t=\frac{r}{\sqrt{\frac{1-r^2}{n-2}}} \tag{9-3}$$

服从自由度为 $n-2$ 的 t 分布。利用(9-3)式的 t 值作为检验统计量，就可以对原假设

$$H_0:\rho=0(X 与 Y 没有线性相关关系)$$

进行统计推断了。

例 9-1 对于 $n=10$ 名学生的数学和语文成绩，已求出样本相关系数 $r=0.60$。求原假设 $H_0:\rho=0$ 的概值。

解：$n=10, r=0.60, t$ 统计量为

$$t=\frac{r}{\sqrt{\frac{1-r^2}{n-2}}}=\frac{0.60}{\sqrt{\frac{1-0.6^2}{10-2}}}=\frac{0.60}{0.2828}=2.121$$

$df=n-2=8$，由 t 分布表 V 可以查得

$$0.025 < 概值 < 0.05。$$

应当注意的是，在检验水平 $\alpha=5\%$ 下，由于概值 <0.05，可以导致拒绝 H_0 的结论，这似乎与用图解法得出的结论相矛盾：利用图解法，$\rho=0$ 落入了 95% 的置信区间 $-0.05<\rho<0.87$ 之内，因此无法拒绝 $\rho=0$。问题在于，例 9-1 所求得的是单侧概值（对应于备选假设 $\rho_1>0$），其双侧概值为单侧概值的 2 倍（对应于 $H_1:\rho\neq 0$），

$$0.05 < 双侧概值 < 0.10$$

这一概值大于 0.05，因此无法拒绝 H_0，这与利用图解法求出的双侧置信区间的结论就一致了。

习　题

9-1 10 对夫妇的一个随机样本给出了如下的结婚年龄数据：

结婚时丈夫的年龄	24 22 26 20 23 21 24 25 22 23
结婚时妻子的年龄	24 18 25 22 20 23 19 24 23 22

1) 计算样本相关系数 r；
2) 求总体相关系数 ρ 的 95% 置信区间；
3) 以 5% 的水平，检验"夫妻的结婚年龄之间没有什么线性联系"这一原假设。

9-2 美国 6 个州的一个随机样本给出了如下的数据，其中 $X=$ 每年每人雪茄烟的消耗

量，Y＝每年每十万人中死于肺癌的人数。

州编号	1	2	3	4	5	6
X	3400	2600	2200	2400	2900	2100
Y	24	20	17	19	26	20

1）计算样本相关系数；
2）求总体相关系数的 95％置信区间；
3）计算肺癌死亡人数 Y 对雪茄烟消耗量 X 的回归系数，并求 β 的 95％置信区间；
4）画出对应的 6 个点以及估计的回归直线；
5）在 5％的错误水平下，你能否拒绝
①原假设 $\beta=0$?   ②原假设 $\rho=0$?

9.3　相关和回归

1.回归斜率 b 和相关系数 r 的关系

正如我们在本章开头所指出的那样，b 和 r 是很相似的。事实上，很容易证明 b 和 r 有如下的关系式：

$$b = r \frac{S_y}{S_x} \qquad (9-4)$$

其中 S_y 和 S_x 分别表示 Y 和 X 的标准差。这样，如果 b 和 r 中有一个是零，那么另一个也会是零。类似地，如果总体参数 β 和 ρ 中有一个为零，另一个也将为零。因此（在习题 9-2 中也就不会奇怪），检验 $\beta=0$ 和 $\rho=0$ 是考察"X 和 Y 之间没有线性联系"的等价的两种方法。

例 9－2　试用表 9-1 的数据验证（9－4）式。

解：$b = \dfrac{\sum xy}{\sum x^2} = \dfrac{654}{1304} \approx 0.50$

$$r = \frac{\sum xy}{\sqrt{\sum x^2}\sqrt{\sum y^2}} = \frac{654}{\sqrt{1304}\sqrt{836}} \approx 0.63$$

$$S_x^2 = \frac{\sum(X-\overline{X})^2}{n-1} = \frac{\sum x^2}{n-1} = \frac{1304}{8-1} \approx 186.3$$

$$S_y^2 = \frac{\sum y^2}{n-1} = \frac{836}{8-1} \approx 119.4$$

将以上计算结果分别代入（9－4）式的两边，

左边＝$b=0.50$

$$右边 = r\frac{S_y}{S_x} = 0.63\frac{\sqrt{119.4}}{\sqrt{186.3}} = 0.50 = 左边$$

由此验证了(9—4)式的成立[(9—4)式的证明在习题9—5中作为一个练习,请读者争取完成]。

2.可以解释的变差和不可解释的变差

下面我们将利用方差分析的观点来重新看待回归中的一些问题,采用的是与回归系数有密切关系的相关系数这一工具。

在图9-5中重新作出图9-1的数学、语文分数的样本点,同时作出 Y 对 X 的拟合的回归直线。假定我们想要预测某个学生(比如图9-5最右边的那名学生)的语文分数 Y,那么应该得到什么结果?

如果该学生的数学成绩 X 也是未知的,那么唯一可能的办法就是利用样本平均值 $\bar{Y}$ 来预测。这时预测的误差将是 $Y-\bar{Y}$。在图9-5中,就是用左边最长的那个箭头表示的那个误差。

不过,如果该学生的数学成绩 X 是已知的,则可以用回归线上对应的 $\hat{Y}$ 来预测 $\bar{Y}$,这样结果将好得多。这时候误差大大减小,因为大部分的偏差($\hat{Y}-\bar{Y}$)都可以用回归来解释了,只留下相对小的不能解释的偏差($Y-\hat{Y}$),这也就是用回归直线预测时的误差。那么,总偏差可以分解成两部分

$$Y-\bar{Y} = (\hat{Y}-\bar{Y}) + (Y-\hat{Y}) \tag{9-5}$$

总偏差＝可以解释的偏差＋不能解释的偏差

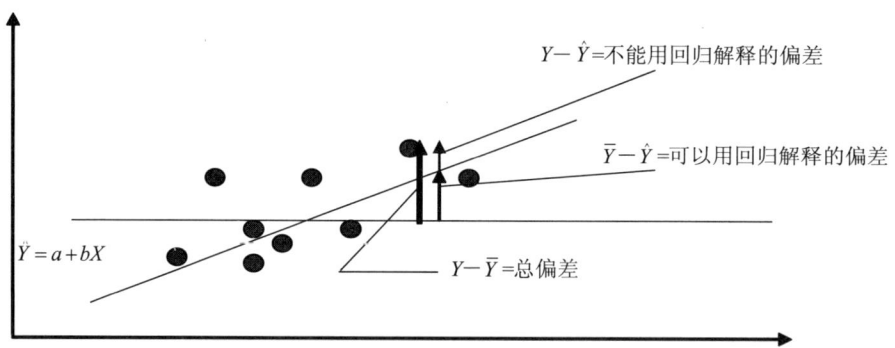

图 9-5 利用回归减少了偏差

将这些偏差平方并求和之后,可以证明类似的等式仍然成立,因此我们得到非常类似于第八章方差分析的如下结果:

$$\sum(Y-\bar{Y})^2 = b^2\sum x^2 + \sum(Y-\hat{Y})^2 \tag{9-6}$$

总变差＝可以由对 X 的回归解释的变差＋不能解释的变差

这种将总变差分解成以上两个分量之和的过程叫做应用于回归的方差分析。各个分量可以用表9-2那样的方差分析表来说明。根据方差分析的结果,可以对原假设 $\beta=0$ 进行检验,就像在第八章标准方差分析中的检验那样。问题可以表达成:可解释的方差

与不可解释的方差之比是否大得足以拒绝 H_0。即构造 F 比值：

$$F = \frac{可以由回归解释的方差}{不能解释的方差} \tag{9-7}$$

$$= \frac{b^2 \sum x^2}{S^2} \tag{9-8}$$

这个比式在表 9-2 的最后一列给出。参考附录三表 Ⅵ 的临界 F 值，可以求出 H_0 的概值。如果概值充分小，则拒绝 H_0。

F 检验是检验原假设 $\beta=0$ 的另一种方法。如果还同时想计算置信区间，那么利用 t 统计量 $(t=\frac{b}{SE})$ 的方法则更合适。t 检验和 F 检验是等价的，因为可以证明 t 统计量与 F 统计量有如下关系式：

$$t^2 = F \tag{9-9}$$

总结一下，可知检验 X 和 Y 没有线性联系这一原假设有四种等价的方法：$\beta=0$ 的 F 检验和 t 检验；$\rho=0$ 的图解法检验（利用图 9-4 构造置信区间）和 t 检验。下面通过一个例子来说明这几种方法。

表 9-2 线性回归的方差分析表

变差的来源	变差	自由度	方差	F 比值
可以解释的（用回归）	$\sum(\hat{Y}-\bar{Y})^2$ 或 $b^2\sum x^2$	1	$\frac{b^2\sum x^2}{1}$	$\frac{b^2\sum x^2}{S^2}$
不可解释的（残差）	$\sum(Y-\hat{Y})^2$	$n-2$	$S^2=\frac{\sum(Y-\hat{Y})^2}{n-2}$	
总计	$\sum(Y-\bar{Y})^2$	$n-1$		

例 9-3 1) 用一张方差分析表来分析表 9-1 的数据，包括求对原假设 $\beta=0$ 的概值以及进行 5% 水平下的检验；

2) 利用 t 分布构造置信区间检验同一原假设；

3) 利用对 ρ 的置信区间（已求出 $r=0.63$）检验等价的原假设 $\rho=0$；

4) 利用 t 统计量检验同一原假设 $\rho=0$。

解：1) 方差分析表在表 9-3 中给出，得到 $F=3.87$，查附录三表 Ⅵ 中对应 $df=1$ 和 $df=n-2=6$ 那一列的临界值，发现 3.87 超过了 $F_{.10}=3.78$，因此

$$0.05 < 概值 < 0.10$$

因为 H_0 的概值大于 5%，所以无法拒绝 H_0。

表 9-3 方差分析表（表 9-1 的数据）

变差来源	变差	自由度	方差	F 比值	概值
可以解释的（用回归）	328	1	328	3.87	$P<0.10$
不可以解释的（残差）	508	6	84.7		
总计	836	7			

2)利用置信区间的公式

$$\beta = b \pm t_{0.025} \frac{S}{\sqrt{\sum x^2}}$$

其中 $b = 0.50$(根据前面例 9-2 的结果)

$t_{0.025} = 2.447(df = n-2 = 6,查附录三表 V)$

$S^2 = 84.7$(由表 9-3 的计算结果)

$\sum x^2 = 1304$(由表 9-1 的计算结果)

求得 $\beta = 0.50 \pm 2.447 \frac{\sqrt{84.7}}{\sqrt{1304}} = 0.50 \pm 2.447(0.254) = 0.62$

因为 $\beta = 0$ 被包括在置信区间之内,所以无法在 5% 的水平下拒绝原假设。

3)在图 9-4 中,必须用插值法求得 $n = 8$ 和 $r = 0.63$ 的对应区间,所找到的近似的 95% 置信区间为

$$-0.15 < \rho < 0.90$$

因为 $\rho = 0$ 是包括在置信区间之内的,所以不能在 5% 的水平下拒绝原假设。这与 1)和 2)中的结论一致。

4) $t = \dfrac{r}{\sqrt{\dfrac{1-r^2}{n-2}}} = \dfrac{0.63}{\sqrt{\dfrac{1-0.63^2}{8-2}}} = 1.987$

查附录三表 V,得

$$0.025 < 单侧概值 < 0.05$$

因此

$$0.05 < 双侧概值 < 0.10$$

无法在 5% 的水平下拒绝原假设。

以上四种方法均得出了相同的结论。

3. 决定系数 r^2

可以证明,方差表中 Y 的变差与相关系数 r 之间可以建立以下关系式:

$$r^2 = \frac{Y 的可以解释的变差}{Y 的总变差} \tag{9-10}$$

这一等式对 r^2 的意义给出了很清楚的直观解释。注意到这是相关系数 r 的平方,通常叫做决定系数或可决系数,它等于 Y 的总变差中可以由拟合回归解释的部分所占的比例。由于分子不可能超过分母,(9-10)式右端的最大值为 1,因此 r 的极值为 ± 1。这两个极值已经在图 9-2 中给予了说明:在图 9-2B 中,$r = +1$,所有观测值都落在一条正向倾斜的直线上;在图 9-2D,$r = -1$,所有观测值都落在一条负向倾斜的直线上。在这两种情况中,回归拟合都将解释 Y 中 100% 的变差。也就是说,用 X 去估计 Y(按回归方程)可以达到最完美的效果。

另一个极端的情况是 $r = 0$。这时 Y 中变差可被回归解释的比例是 $r^2 = 0$,这时回归

直线什么也不能解释,回归的效果等于零。也就是说,当 $r=0$ 时,$b=0$,这恰好是正式陈述"X 与 Y 之间没有线性联系"的两种等价的方法。

4. 采用相关还是回归

回归模型和相关模型都要求 Y 是一个随机变量,但这两种模型在对 X 所做的假定上是不相同的:回归模型对 X 没有什么假定,但相关模型则要求 X 和 Y 一样也是随机变量。因此我们可以看到,回归模型有更广泛的应用,起码它对变量的要求不那么严格,可以用于描述第七章中列举的施肥量和产量的关系问题,其中 X 是固定在预先规定好的水平上的(由实验者决定),也可以用来描述本章举例说明的数学分数 X 和语文分数 Y 的总体。而相关模型却只能描述后者。

此外,回归回答了更有趣的问题。类似于相关,回归也可以说明两个变量是否一起变化和移动,同时它也可以估计这两个变量是如何一起移动的,并可给出具体的预测方程。而且,相关分析中的关键问题(两个变量之间是否有什么线性联系)是通过检验原假设 $\rho=0$ 来回答的,但它也可以直接由回归分析中通过检验等价的原假设 $\beta=0$ 来回答。如果仅仅为了回答这一问题(是否有联系),实际上不一定要引进相关分析。

总之,回归回答了一系列更广泛也更有意思的问题,因此回归是被更多人所采用的一种技术。相关主要则用作理解回归的一种辅助技术。

5. 补充说明

在回归分析或相关分析中,即使检验的结果是 $\beta\neq0$ 或 $\rho\neq0$,也不能得出 X 与 Y 之间存在因果关系的结论,即不能认为 Y 的增大(或减小)是由于 X 影响的结果。正如我们在第一章中所陈述的那样,要研究因果关系,就要进行有对照的(最好是双盲的)随机实验。即使不可能进行对照实验,对观测研究的数据也要进行多元回归分析才有可能(部分地)控制外来的影响,近似地分析出可能的因果关系。这一点将在后面讲述多元回归时进一步加以说明。例如在这几年期间,教师的工资与饮料消耗量之间的相关系数可能相当高,比如是 0.90(经检验与 $\rho=0$ 有显著的差异)。但这并不能证明教师们喝酒,也不能证明饮料的销售增加了教师的工资。又例如,春天小树的高度与婴儿的身高都在增长,它们之间将有显著的相关,但是这两者之间显然没有任何因果关系。实际上,两个变量之所以一起变化,可能因为两者都受到第三个变量的影响,例如小树和婴儿高度一起增长是受到时间等变量的影响。如果要确定因果关系,类似这样的外来因子的影响必须加以控制使之保持不变,如在对照实验中那样;或者考虑这些外来因子的影响,如在多元回归中的那样。上面所举两个例子中的相关,实际上是一种假相关,或者说是一种纯粹的共变关系。这一点在解释相关系数的意义时一定要十分注意。

不少教科书中将相关系数按其数值的大小分成几个绝对的等级,比如在某个范围之内,例如 $r<0.40$ 时认为是弱相关,$r>0.80$ 时则认为是强相关等等,这是片面的。事实上,从相关系数 $\rho=0$ 的检验中我们可以看到,不管是图表法还是 t 检验法,是否拒绝 H_0

都与 n 的大小有着密切的关系。对于 $r=0.30$ 这个相关系数,当 $n=15$ 时,它与 0 是没有什么显著差异的(不能拒绝 $H_0: \rho=0$),可以说是不相关或弱相关。可是如果 $n=100$,H_0 的概值将变得非常小,也就是说要拒绝 H_0,可以认为这时存在明显的相关。在各类调查中,样本量一般都较大,常常 $r=0.2$ 左右就是在 1‰ 或 1‱ 的水平下与 0 有显著差异,即是显著相关的。因此,脱离样本量而言的相关程度或等级是没有意义的。

习 题

9—3 7 名妇女的一个随机样本给出如下的数据,其中 $X=$ 年龄(单位年),$Y=$ 血液中胆固醇浓度(克/每升),相关系数已知为 $r=0.693$。

	X	Y
	30	1.6
	60	2.5
	40	2.2
	20	1.4
	50	2.7
	50	1.6
	30	2.0
平均值	40	2.0
偏差平方和	1200	1.46
方差	200	0.243
标准差	14.1	0.493

1) 计算 Y 对 X 回归直线(提示:最简单的办法是利用(9—4)式),画出这条直线以及 7 个样本点;

2) 计算 Y 对 X 回归的方差分析表(提示:最简单的方法是按如下的顺序——①计算可解释的变差,可利用 1)中求得的 b 以及数据表中给出的 $\sum(X-\overline{X})^2=1200$;②抄下数据表中的总变差 $\sum(Y-\overline{Y})^2=1.46$;③利用减法求残差),求出 H_0 的概值,利用 F 检验,能在 5% 的错误水平下拒绝 H_0 吗?

3) 利用 1)中求出的斜率以及 2)中求出的残差方差,求 β 的 95% 置信区间,能在 5% 的水平下拒绝 H_0 吗?

4) 求 ρ 的 95% 置信区间,能在 5% 的错误水平下拒绝 H_0 吗?

5) 在 2)、3)、4)中,问题"X 和 Y 是线性联系的吗?"的答案一致吗?

6) 由 2)中的方差分析表求由回归解释的变差的比例。它与 r^2 是否一致?并求余下的不可解释的变差的比例。它与 $(1-r^2)$ 是否一致?

9—4 对下面的样本数据重复习题 9—3 中的问题,其中 $r=0.690$

X	Y
60	2.9
20	2.0
50	1.7
20	1.5
50	2.4
平均值	2.1	40
偏差平方和	1.26	1400
方差	0.315	350
标准差	0.561	18.7

9—5 证明(9—4)式:$b=r\dfrac{S_y}{S_x}$,按以下步骤:

1) 用(9—1)式去除(7—5)式得 $=\dfrac{b}{r}=\dfrac{\sqrt{\sum y^2}}{\sqrt{\sum x^2}}$;

2) 在等式右边,分子分母分别除以$\sqrt{n-1}$,得到$\dfrac{b}{r}=\dfrac{S_y}{S_x}$;

3) 由上式解出b,可以得到(9—4)式。

9—6 如表 9-2 所示,可以解释的变差等于$\sum(\hat{Y}-\overline{Y})^2$或者$b^2\sum x^2$,用表 9-1 的数据验证这两个数是相等的。

9.4 其他相关系数及相关测量法简介

前面我们比较详细地介绍了相关系数的计算公式、实际意义和检验方法,它是最常用的一种相关系数,适用于考察定距变量与定距变量之间的线性联系程度。在社会科学、行为科学、管理科学中,所涉及的变量经常还可能是定类的(名义级)或定序的(顺序级),为此就有各种不同类型的"相关系数"。本节将简要介绍这些相关系数,并进行必要的小结和比较,读者可以按照实际问题的性质和要求,选择适当的相关系数。

1.基本概念

(1)交互分析表(列联表)

在研究两个变量(定类或定序的变量)的相互联系时,常常将调查数据整理成交互分析表(或叫列联表)的形式。例如,表 9-4 显示了 1998 年郑州市大瓶装纯水市场调查(问卷详见附录)中"教育程度"与"性别"的相互依赖关系,表中的数值表示频次。例如第 2 行第 1 列中的"151"表示样本中是"男性"而且是"高中(含中专、中技)"的人数为 151 人。最后 1 行的列总计说明样本中"男性"总数为 371 人,"女性"总数为 429 人。同理,最后 1 列的行总计给出了样本中各个文化层次的总人数。总样本量为 $n=800$ 人,在最右下角给出。表 9-4 中"性别"X 有两类,列数 $c=2$;"教育程度"Y 有 3 类,行数 $r=3$。称表 9-4 为一张 $3\times2(r\times c)$的交互分析表。这种类型的表在各类调查的统计分析中是大量使用的,我们将在下一章中专门介绍利用这种表所进行的有关分析和检验。

表 9-4　性别 X 与教育程度 Y 的交互分析表

观测频次　　性别 X 教育 Y	男	女	行总计
初中及以下	83	112	195
高中(含中专、中技)	151	188	339
大专及以上	137	129	266
列总计	371	429	800

(2) 减小"误差"(消灭误差)

在社会统计学中,有时会问所采用的相关系数是否具有某种减小误差(或"消灭"误差)的意义。这是什么意思呢?回想上一节(9.3节)讲述决定系数 r^2 的意义,我们知道

$$r^2 = \frac{可以解释的变差}{总变差} = \frac{总变差-不可以解释的变差}{总变差}$$

也就是说,如果 X 未知,不得不用 $\bar{Y}$ 来估计 Y 的话,这时候的"误差"等于 $\sum(Y-\bar{Y})^2$。将这个"误差"算成 100%。如果 X 已知,可以用 Y 对 X 的回归方程预测 Y 的话,"误差"将大大减小,变成 $\sum(Y-\hat{Y})^2$。那么利用 X 与 Y 的某种联系(这里指的是回归或相关)来预测 Y,比起只用 Y 的某种量值(这里指的是 $\bar{Y}$)来预测,所减小的"误差"是

$$\sum(Y-\bar{Y})^2 - \sum(Y-\hat{Y})^2$$

所减小的"误差"占原"误差"的比例为

$$\frac{\sum(Y-\bar{Y})^2 - \sum(Y-\hat{Y})^2}{\sum(Y-\bar{Y})} \tag{9-11}$$

根据(9-6)式,(9-11)正好等于决定系数 r^2。因此我们说 r^2 具有减小误差的意义。

下面我们介绍一系列的相关系数,尽管它们的定义不同,用 X 预测 Y 的方法以及"误差"的定义也各不相同,但其中一些系数具有类似 r^2 那样的作用,我们则称它们为"具有减小误差比例的意义",或简称为"减小误差的意义"。

2. 各种相关系数的适用范围及计算公式

1) Lambda 相关系数

Lambda 相关系数又叫 Guttman 的预测系数,适用于 X 和 Y 都是定类变量的情形。如果 X 和 Y 是相互对称的,则有

$$\lambda = \frac{\sum m_x + \sum m_y - (M_x + M_y)}{2n - (M_x + M_y)} \tag{9-12}$$

如果 X 和 Y 不是对称的,假定 X 为自变量,Y 为因变量,则有

$$\lambda_{yx} = \frac{\sum m_y - M_y}{n - M_y} \tag{9-13}$$

其中　$M_y = Y$ 变量的最大频次

　　　$M_x = X$ 变量的最大频次

　　　$m_y = X$ 变量固定在某个值时 Y 变量的最大频次

$m_x = Y$ 变量固定在某个值时 X 变量的最大频次

$n = $ 样本量

例 9—4 计算表 9-4 中 X 和 Y 的 λ 相关系数。

解：已知 $M_y = 339, M_x = 429$

$$\sum m_y = 151 + 188 = 339$$

$$\sum m_x = 112 + 188 + 137 = 437$$

$$n = 800$$

如果把性别和教育程度看成相互对称的变量，则

$$\lambda = \frac{437 + 339 - (429 + 339)}{2 \times 800 - (429 + 339)} = \frac{8}{832} \approx 0.0096$$

如果把性别当作自变量，教育程度作为因变量，则

$$\lambda_{yx} = \frac{339 - 339}{800 - 339} = 0$$

因此，由表 9-4 的数据说明性别与教育程度之间的相关程度是非常微弱的。

可以证明，λ 系数具有减小误差比例的意义。

λ 系数只利用了最大的频次，即众数相应的频次，因此是比较粗糙的。特别是当最大的频数集中于某一行时（例如表 9-4 的第 2 行），λ_{yx} 将等于 0。在这种情况下，可以采用下面所讲述的 $T_{au} - Y$ 系数。

2) $T_{au} - Y$ 相关系数 (τ_y)

τ_y 适用于 X 和 Y 都是定类变量且不对称的情形：X 是自变量，Y 是因变量。计算公式为

$$\tau_y = \frac{\sum\sum \frac{f^2}{f_x} - \sum \frac{f_y^2}{n}}{n - \sum \frac{f_y^2}{n}} \tag{9-14}$$

其中 $f = $ 交互分析表中的频次（共 $r \times c$ 个）

$f_x = $ 交互分析表中 X 变量的总频次（列总计 c 个）

$f_y = $ 交互分析表中 Y 变量的总频次（行总计 r 个）

例 9—5 计算表 9-4 数据的 $T_{au} - Y$ 系数 (τ_y)

解：已知 $\sum\sum \frac{f^2}{f_x} = \frac{83^2 + 151^2 + 137^2}{371}$

$$+ \frac{112^2 + 188^2 + 129^2}{429} = 281.03$$

$$\sum \frac{f_y^2}{n} = \frac{195^2 + 339^2 + 266^2}{800} = 279.63$$

因此 $\tau_y = \frac{281.03 - 279.63}{800 - 279.63} \approx 0.0027$

同样说明性别与教育程度的相关程度十分微弱。

由于 τ_y 利用了交互分析表中的所有频次,因此比 λ 系数更精细一些,而且可以证明 τ_y 也具有减小误差比例的意义,因此常常被社会科学工作者所采用。

3) 列联相关系数 C 和 Cramer 的 V 相关系数

这两种系数均适用于 X 和 Y 为定类变量且相互对称的情形。计算公式为

$$C = \sqrt{\frac{\chi^2}{\chi^2 + n}} \tag{9-15}$$

$$V = \sqrt{\frac{\chi^2}{\chi^2 + n}} \tag{9-16}$$

其中　$\chi^2 =$ 根据列联表计算出来的卡方值(详见第十章)

　　　$n =$ 样本量

　　　$m =$ 列联表的 r(行数)和 c(列数)中的较小者

例 9-6　按照表 9-4 数据计算 C 和 V 系数

解:由表 9-4 可以求出 $\chi^2 = 4.41$(详见第十章),已知

$$n = 800, m = \min(r, c) = \min(3, 2) = 2$$

因此　$C = \sqrt{\dfrac{4.41}{4.41 + 800}} \approx 0.074$

　　　$V = \sqrt{\dfrac{4.41}{800(2-1)}} \approx 0.074$

关于 C 和 V 系数的意义及应用,请进一步参考第十章中的说明。

以上几种相关系数均适用于测量定类变量与定类变量之间的联系。对于更高的测量级别,例如定序变量,当然也可以按定类变量看待,近似地使用这些相关系数。当然这在精度上可能会有一些损失。对于定序变量与定序变量之间的相关,主要用以下几种类型的相关系数来测量。

4) Spearman(斯皮尔曼)的等级(秩)相关系数 R

等级(秩)相关系数 R 适用于定序变量 X 和定序变量 Y 的相关测量,显然 X 与 Y 是对称的关系。在求秩相关系数以前,要先将 X 和 Y 的测量值换成等级值(或秩),当然如果 X 和 Y 已经用秩表示的话,则可直接计算。表 9-5 给出了美国某地年度男子选美比赛参选者的容貌 X 和才能 Y 的得分值,以及换算成等级(秩)值的结果。要了解容貌是否与才能相关,可计算秩相关系数 R,其计算公式为

不存在等值项时,　　　$R = 1 - \dfrac{6 \sum D^2}{n(n^2 - 1)}$ 　　　(9-17)

存在较多等值项时,　　　$R = \dfrac{n(n^2-1) - 6\sum D^2 - \dfrac{1}{2}(c_x + c_y)}{\sqrt{n(n^2-1) - c_x}\sqrt{n(n^2-1) - c_y}}$ 　　　(9-18)

其中 $D=X$ 的秩与对应的秩之差(满足 $\sum D=0$)

$c_x=\sum(d_i^3-d_i)$,是对 X 的所有等值组求和,d_i 表示第 i 个等值组的重复数

$c_y=\sum(e_j^3-e_j)$,是对 Y 的所有等值组求和,e_j 表示第 j 个等值组的重复数

$n=$ 样本量

表 9-5 某地男子选美比赛的结果

参赛者编号	容貌 X	才能 Y	X 的秩	Y 的秩	D	D^2
1	50	12	7	2	5	25
2	48	10	6	1	5	25
3	30	40	3	5	-2	4
4	47	13	5	3	2	4
5	20	50	1	7	-6	36
6	25	45	2	6	-4	16
7	40	20	4	4	0	0
$n=7$					$\sum D=0$	$\sum D^2=110$

例 9-7 计算表 9-5 容貌和才能的秩相关系数

解:由于 X 和 Y 都没有等值项,按(9-17)式

$$R=1-\frac{6\sum D^2}{n(n^2-1)}=1-\frac{6\times 110}{7(7^2-1)}=-0.96$$

从这一相关系数来看,猜测总体的秩相关系数应该是显著不为 0 的,这需进行假设检验。检验的方法将在下面小结的表中给出。检验的结果确实说明容貌与才能显著相关(容貌较差的倾向于有较高的才能)。

例 9-8 下表是若干名随机抽取的电视观众对 15 部电视剧的"艺术性"Y 及"娱乐性"X 的评分平均值,已表示成秩。相等的秩对应等值项,例如 Y 的第 4 名与第 5 名得分相同,因此都算第 4.5 名,即都赋予秩 4.5。求艺术性与娱乐性的秩相关系数。

表 9-6 15 部电视剧的"艺术性"与"娱乐性"评分结果

Y 的秩	1	2	3	4.5	4.5	6	7	8	9.5	9.5	11	12	13	14	15
X 的秩	3	2	1	7	8	5	4	6	14	15	12	9	10	11	13
D	-2	0	2	-2.5	-3.5	1	3	2	-4.5	-5.5	-1	3	3	3	2
D^2	4	0	4	6.25	12.25	1	9	4	20.25	30.25	1	9	9	9	4

解:由于 Y 有等值项,所以用(9-18)式

$n=15, \sum D^2=123, C_y=(2^3-2)+(2^3-2)=12, C_x=0$

因此 $R=\dfrac{15(15^2-1)-6\times 123-\dfrac{1}{2}(0+12)}{\sqrt{15(15^2-1)-0}\sqrt{15(15^2-1)-12}}=0.77996\approx 0.78$

在这个问题中,由于等值项不多,所以也可以用(9-17)式来近似地计算,得出 $R=1-\dfrac{6\times 123}{15(15^2-1)}=0.78035\approx 0.78$。结果与(9-18)式的几乎没有什么差别。

注意,如果我们对换算成秩后的定序数据计算其皮尔逊积矩相关系数 r,结果就等于斯皮尔曼的秩相关系数 R。R 与 r 都没有减小误差比例的意义。

5) Gamma 相关系数 G 和 Somers 的相关系数 D

两者都适用于求定序变量与定序变量的相关。前者适用于 X 和 Y 对称的情形;后者适用于不对称的情形。X 为自变量,Y 为因变量。公式为

$$G = \frac{N_s - N_d}{N_s + N_d} \tag{9-19}$$

$$D_{yx} = \frac{N_s - N_d}{N_s + N_d + T_y} \tag{9-20}$$

其中　$N_s = X$ 和 Y 的同序对数目

$N_d = X$ 和 Y 的异序对数目

$T_y = $ 因变量 Y 中同分对的数目

所谓同序对,是指变量大小顺序相同的两个样本点,即其 X 的等级高低顺序与 Y 的等级顺序相同,否则叫做异序对。

例如对表 9-5 的第 1、第 2 名参赛者,其 X 的等级分别是 7 和 6,Y 的等级是分别是 2 和 1,都是从高至低的顺序,因此这是一个同序对。对第 1、第 3 名参赛者,X 和 Y 的对应等级分别是 7-3 和 2-5,一个是从高至低,另一个是从低至高,因此这是一个异序对。同分对指的是等级相同的一对样本点,如果样本量为 n,那么样本点两两组对的话一共可以组 $\frac{1}{2}n(n-1)$ 对。

例 9-9　计算表 9-6 的 Gammer 相关系数 G 和 Somers 的相关系数 D。

解:由于 Y 已按由小到大的等级排列(有两个同分对),因此只需看 X 中的等级顺序,也是从小到大的即为同序对(除掉对应于 Y 中同分对的那两个外),例如第 3 和第 4 部电视剧就是一个同序对;反之,X 中的等级由大到小的即为异序对,例如第 1 和第 2 部电视剧是异序对。因此可得 $N_s = 80, N_d = 23, T_y = 2$

(所有 15 部电视剧可组成 $\frac{1}{2} \times 15 \times 14 = 105 = 80 + 23 + 2$ 对)

$$G = \frac{N_s - N_d}{N_s + N_d} = \frac{80 - 23}{80 + 23} \approx 0.55$$

$$D_{yx} = \frac{N_s - N_d}{N_s + N_d + T_y} = \frac{80 - 23}{80 + 23 + 2} \approx 0.54$$

可以证明,G 和 D 都具有减小误差比例的意义。

6) Kendall(肯德尔)的 tau 相关系数

这种相关系数适用于测量两个对称关系的定序变量 X 与 Y 的相关。共有 3 种形式:$T_{au}-a$,$T_{au}-b$,$T_{au}-c$,公式为

$$T_{au}-a = \frac{N_s - N_d}{\frac{1}{2}n(n-1)} \tag{9-21}$$

$$T_{au}-b=\frac{N_s-N_d}{\sqrt{\frac{1}{2}n(n-1)-T_x}\sqrt{\frac{1}{2}n(n-1)-T_y}} \qquad (9-22)$$

$$T_{au}-c=\frac{2m(N_s-N_d)}{n^2(m-1)} \qquad (9-23)$$

式中的 N_s,N_d,n,m,T_y,T_x(X 中的同分对数目)的意义都与前面公式中的符号相同。

一般情况下,如果有同分对,则时常用 $T_{au}-b$ 和 $T_{au}-c$;如果进一步,交互分析表中 X 与 Y 的行、列数也相同,则可用 $T_{au}-b$,否则用 $T_{au}-c$。$T_{au}-a$ 一般在没有同分对时采用,它表示同序对的数目与异序对的数目的差(N_s-N_d)在全部可能对数 $\frac{1}{2}n(n-1)$ 中所占的比例。

例 9—10 计算表 9-5 数据的 T_{au} 相关系数。

解:$n=7$,$\frac{1}{2}n(n-1)=21$,$N_s=1$,$N_d=20$,$T_x=T_y=0$,$m=min(r,c)=7$

因此 $T_{au}-a=T_{au}-b=\dfrac{1-20}{21}=0.90$

$$T_{au}-c=\frac{2\times 7(1-20)}{7^2(7-1)}=-0.90$$

三种形式的 T_{au} 相关系数都没有减小误差比例的意义。

7)相关比率 E^2

相关比率又叫做 eta 平方系数,适用于自变量 X 为定类变量、因变量 Y 为定距变量的情形。当然这是一种不对称的关系。计算公式为

$$E^2=\frac{\sum(Y-\overline{Y})^2-\sum(Y-\overline{Y}_i)^2}{\sum(Y-\overline{Y})^2} \qquad (9-24)$$

其中 $\overline{Y}_i$=自变量 X 等于 X_i 时因变量 Y 的平均值;

$\overline{Y}$=全样本的因变量 Y 的平均值。

在实际计算时还可以将(9—24)变成更简洁的形式:

$$E^2=\frac{\sum n_i \overline{Y}_i^2-n\overline{Y}^2}{\sum Y^2-n\overline{Y}^2} \qquad (9-25)$$

$$E=\sqrt{E^2} \qquad (9-26)$$

可以证明 E^2 具有减小误差比例的意义。

例 9—11 表 9-7 为三种不同家庭背景的 20 名随机抽取的学生的英语成绩,试求描述家庭背景 X 与英语成绩 Y 的适当的相关系数。

解:由于 X 为定类变量,Y 为定距变量,所以采用相关比率来描述它们之间的关系比较适当。由表 9-7,求得

表 9-7 三种不同家庭背景的学生的英语成绩 Y

干部家庭	工人家庭	农民家庭
78	70	78
85	58	84
81	51	81
90	63	74
84	62	75
86	59	80
	71	81
$n_1=6$	$n_2=7$	$n_3=7$
$\overline{Y}_1=84$	$\overline{Y}_2=62$	$\overline{Y}_3=79$

$$\sum n_i \overline{Y}_i^2 = 6(84)^2 + 7(62)^2 + 7(79)^2 = 112931$$

$$\overline{Y} = \frac{6(84)+7(62)+7(79)}{6+7+7} = 74.55$$

$$n\overline{Y}^2 = 20(74.55) = 111154.05$$

$$\sum Y^2 = (78^2+85^2+\cdots+86^2)+(70^2+58^2+\cdots+71^2)+(78^2+84^2+\cdots+81^2)$$
$$= 113385$$

因此，$\quad E^2 = \dfrac{112931-111154.05}{113385-111154.05} \approx 0.796$

$$E = \sqrt{0.796} = 0.892$$

相关比率也可以用来测量定序或定距变量 X 与定距变量 Y 的相关关系，只需将 X 分成几类，按定类变量来处理，或者按 X 的原来取值分类。比较计算 E^2 的(9—24)式与计算 r^2 的(9—11)式，两个公式所不同的只有一处（分别对应于 $\overline{Y}_i$ 和 $\hat{Y}$）。

实际上，r^2 测量的是一种直线相关的关系，而 E^2 测量的则是一种曲线相关的关系。当我们从样本点的散点图发现 X 与 Y 呈曲线关系，例如近似于图 9-2F 的抛物线的形状，就最好通过计算 E^2 来测量 X 与 Y 的联系。因为如果计算 r 或 r^2，会近似等于 0，由此如果得出 X 与 Y 没有联系，那就不符合事实了。

例 9—12 表 9-8 为中国台湾学者在研究青少年接触黄色书籍与其青春期性焦虑程度关系中，年龄与性焦虑程度的分析数据，试分别计算相关比率系数 E 和相关系数 r。

解：$\sum n_i \overline{Y}_i^2 = \dfrac{(183)^2}{9} + \dfrac{(347)^2}{11} + \dfrac{(681)^2}{18} + \dfrac{(875)^2}{20} + \dfrac{(928)^2}{19}$

$\qquad\qquad\qquad + \dfrac{(744)^2}{17} + \dfrac{(610)^2}{15} + \dfrac{(577)^2}{16} + \dfrac{(334)^2}{12} = 211510.5$

$$n\overline{Y}^2 = \dfrac{(5279)^2}{137} = 203414.9$$

$$\sum Y^2 = 217593$$

因此 $\quad E^2 = \dfrac{211510.5-203414.9}{217593-203414.9} = \dfrac{8095.6}{14178.1} \approx 0.571$

$$E=\sqrt{0.571}=0.756$$

在计算相关系数 r 时,我们采用另一个与公式(9-1)等价的公式:

$$r=\frac{n\sum XY-\sum X\sum Y}{\sqrt{n\sum X^2-(\sum X)^2}\sqrt{n\sum Y^2-(\sum Y)^2}} \quad (9-27)$$

表 9-8　青少年年龄与性焦虑程度

频次 f ＼ 年龄 X 焦虑分数 Y	10	11	12	13	14	15	16	17	18	f	fY	fY^2
57					3	1				4	228	12996
52			1	4	8	2	1	1		17	884	45968
47		1	2	5	4	6	4	0		22	1034	48598
42		0	3	7	2	4	5	3	1	25	1050	44100
37		1	7	3	1	2	2	6	1	23	851	31487
32	1	5	4	0	1	1	1	4	2	19	608	19456
27	1	3	0	1		1	2	1	5	14	378	10206
22	2	1	1				1	1		6	132	2904
17	4						2			6	102	1734
12	1									1	12	144
n_i	9	11	18	20	19	17	15	16	12	$137=n$	$\overline{Y}=\frac{5279}{137}$	217593
$\sum fY$	183	347	681	875	928	744	610	577	334		5279	
$\overline{Y}_1$	$\frac{183}{9}$	$\frac{347}{11}$	$\frac{681}{18}$	$\frac{875}{20}$	$\frac{928}{19}$	$\frac{744}{17}$	$\frac{610}{15}$	$\frac{577}{16}$	$\frac{334}{12}$			

根据表 9-8 的数据,求得

$\sum X=9\times10+11\times11+18\times12+20\times13+19\times14+17\times15+15\times16+16\times17+12\times18=1136$

$\sum X^2=9\times10^2+11\times11^2+18\times12^2+\cdots+12\times18^2=28104$

$\sum Y=5279$

$\sum Y^2=217593$

$\sum XY=10\times183+11\times347+12\times681+13\times875+14\times928$
$\qquad +15\times744+16\times610+17\times577+18\times334$
$\qquad =74927$

因此,$r=\dfrac{(137)(74927)-(1936)(5279)}{\sqrt{(137)(28104)-(1936)^2}\sqrt{(137)(217593)-(5279)^2}}$

$\qquad =\dfrac{44855}{\sqrt{102152}\sqrt{1942400}}=0.10$

经过显著性检验以后(方法见后面小结中的表 9-9)可知,$E=0.756$ 是与 0 之间有显著差异的,而 $r=0.10$ 则与 0 之间的差异不可分辨。说明年龄与性焦虑之间呈显著的曲线相关,因此不应该用直线相关来处理,否则将可能得到这两者没有联系的错误结论。

8) 点双列相关系数 r_b

点双列相关系数适用于只取两个值的定类变量 X(即 X 仅分两类)与定距变量 Y 的

相关关系。一般是 X 为自变量、Y 为因变量的不对称关系,当然也可以按对称关系来处理,计算公式为

$$r_b = \frac{\overline{Y}_1 - \overline{Y}_2}{S_y} \sqrt{pq} \qquad (9-28)$$

其中　$\overline{Y}_1$ 表示 $X=X_1$ 时 Y 的平均值;

$\overline{Y}_2$ 表示 $X=X_2$ 时 Y 的平均值;

p 表示 $X=X_1$ 的个案数占总样本量的比例($\frac{n_1}{n}$);

q 表示 $X=X_2$ 的个案数占总样本量的比例($q=1-p$);

S_y^2 表示 Y 的均方差。

例 9-13　下表为随机抽取的 15 名儿童(男 8 名、女 7 名)对暴力卡通片的反应数据,其中 1 表示最不强烈的反应,11 为最强烈的反应。试计算点双列相关系数 r_b,分析男女儿童对暴力卡通片的反应之间是否有联系。

男孩对暴力卡通片的反应 Y_1	3　2　4　5　4　2　3　4	$\sum Y_1 = 27$
女孩对暴力卡通片的反应 Y_2	4　5　7　8　5　9　10	$\sum Y_2 = 48$

解:$n_1 = 8$,$n_2 = 7$,$n=15$,$p=8/15$,$q=7/15$

$\overline{Y}_1 = 27/8 = 3.375$,$\overline{Y}_2 = 48/7 = 6.857$

$\overline{Y} = (27+48)/15 = 5$

$S_y^2 = \frac{1}{n}\sum(Y-\overline{Y})^2 = \frac{1}{15}[(-2)^2 + (-3)^2 + \cdots + (-1)^2 + (-1)^2 + 0^2 + \cdots + 5^2] = \frac{84}{15} = 5.6$

$S_y = \sqrt{5.6} \approx 2.3664$

因此,　$r_b = \frac{3.375 - 6.857}{2.3664} \sqrt{\frac{8}{15} \cdot \frac{7}{15}} = -0.7341$

经检验(方法见表 9-9)后知道,$r_b = -0.7341$ 与 0 之间有显著的差异,说明性别与对暴力卡通片的反应是有联系的,负的相关表示女孩的反应比男孩更为激烈(女孩的平均数 6.857,高于男孩的平均数)。

在调查研究中,这一类问题是大量出现的。在实际处理时,为了应用现有统计软件以及便于比较,经常近似地用一般的相关系数 r 来替上述的点双列相关 r_b,通常误差很小。可以证明,若取 $X_1 = 1$,$X_2 = 0$(或 $X_1 = 0$,$X_2 = 1$),那么(9-28)的点双列相关系数就是 X 与 Y 的积矩相关系数。例如在前面的例子中,先引进哑变量,

$$X = \begin{cases} 0 & \text{女孩} \\ 1 & \text{男孩} \end{cases}$$

然后根据下表中的数据计算积矩相关系数 r。

X	1 1 1 1 1 1 1 1 0 0 0 0 0 0 0	$\overline{X}=0.533$
Y	3 2 4 5 4 2 3 4 4 5 7 8 5 9 10	$\overline{Y}=5$

$$\sum x^2 = \sum(X-\overline{X})^2 = (.467)^2 \times 8 + (-.533)^2 \times 7 = 3.7333$$
$$\sum y^2 = \sum(Y-\overline{Y})^2 = (-2)^2 + (-3)^2 + (-1)^2 + \cdots + 5^2 = 84$$
$$\sum xy = \sum(X-\overline{X})(Y-\overline{Y}) = (.467)(-2) + (.467)(-3) + \cdots + (.533)5 = -12.999$$

因此 $r = \dfrac{\sum xy}{\sqrt{\sum x^2}\sqrt{\sum y^2}} = \dfrac{-12.999}{\sqrt{3.7333}\sqrt{84}} = -0.7341$

按照相关系数的显著性检验，$\left(t = \dfrac{r}{\sqrt{\dfrac{1-r^2}{n-2}}} = \dfrac{-0.7341}{\sqrt{\dfrac{1-.7341^2}{15-2}}} = -3.898\right.$，原假设 H_0 的概值小于 0.0005)，儿童的性别与对暴力卡通片的反应成显著负相关。由于 $X=1$ 表示男孩，说明男孩的反应较弱，也就是说女孩的反应更为激烈。

例 9—14 在 2004 年雅典奥运会媒介传播效果研究的事后调查中（问卷详见附录），为了研究男女居民"最喜爱的参加雅典奥运会的体育明星"有无不同，计算了性别与最喜爱的体育明星（问卷中共涉及 75 名运动员或运动队）的积矩相关系数（近似代替点双列相关系数），部分结果（针对被提及的频数最高的前 7 名的结果）如下。其中 * 表示在 0.05 水平下显著，** 表示在 0.01 水平下显著（单侧）。哑变量规定对男性 $X=1$、女性 $X=0$。试说明这一结果的意思。

"性别"与"最喜爱的参加雅典奥运会的体育明星"的相关系数（$n=1000$）

	刘翔	姚明	郭晶晶	田亮	张怡宁	王义夫	杜丽
	0.1231**	0.0879**	−0.1458**	−0.0424	−0.0844**	0.0791**	−0.0365
	(.0000)	(.0027)	(.0000)	(.0904)	(.0038)	(.0062)	(.1242)

注：括号内的数字为概率值 P
** 表示在 0.01 水平下显著（单侧尾部概值）；* 表示在 0.05 水平下显著（单侧尾部概值）

解：上面这一表格给出了 10 城市调查样本中前 7 位"最喜爱的参加雅典奥运会的体育明星"。从中可以看到，其中 5 位是男女性别选择明显不同的体育明星。如果将哑变量规定为对男性 $X=0$、女性 $X=1$，那么上表中的相关系数将全部改变符号，但绝对值大小不变。由此得知，在 10 城市中，男性居民比女性居民更为喜爱的前几位体育明星均为男性：刘翔、姚明、王义夫；而女性居民比男性居民更为喜爱的体育明星均为女性：郭晶晶、张怡宁。

在田亮和杜丽上，虽然相关系数的符号似乎显示女性居民对这两位体育明星更为喜爱，但是检验结果表明，女性居民和男性居民的喜爱差异没有达到统计上的显著程度。

3. 各种相关系数的小结

为了便于比较和选用合适的相关系数，现将它们的各种性状以及对应的检验方法（由于篇幅所限，不再加以说明）列表如下（见表 9-9）。

表 9-9 两个变量间的相关测量法小结

两个变量的测量级别	相关系数及计算公式	是否描述对称关系	取值范围	有无减小误差意义	检验方法	检验统计量	SPSS 11.5 for Windows 有无该系数	SPSS 11.5 for Windows 是否提供概值
定类—定类（定类—定序）	λ (9-12)	对称	[0,1]	有	是否拒绝 H_0 与独立性检验（χ^2 检验）（见第十章）等价	$\chi^2 = \sum \frac{(f_0-f_e)^2}{f_e}$ $df=(r-1)(c-1)$	有	有
	λ_{yx} (9-13)	不对称	[0,1]	有			有	有
	τ_y (9-14)	不对称	[0,1]	有			无	—
	C (9-15)	对称	$(0, m_e)$ $m_e<1$	无	常与 m_e 相比较（见第十章）		有	有
	V (9-16)	对称	(0,1)	无	无一般方法		有	有
	R (9-17) (9-18)	对称	[-1,1]	无	大样本时用 Z 检验法	$Z=R\sqrt{n-1}$	有	有
	G (9-19)	对称	[-1,1]	有	Z 检验	$Z=G\sqrt{\frac{N_s+N_d}{n(1-G^2)}}$	有	有
定序—定序	D_{yx} (9-20)	不对称	[-1,1]	有	同上		有	有
	τ_a (9-21)	对称	[-1,1]	无			无	—
	τ_b (9-22)	对称	[-1,1]	无	是否拒绝 H_0 与 G 的 Z 检验等价		有	有
	τ_c (9-23)	对称	[-1,1]	无			有	有
	E^2 (9-24) (9-25)	不对称	[0,1]	有	F 检验	$F = \frac{E^2/(k-1)}{(1-E^2)/(n-k)}$ k:分类数	有	无
	E (9-26)	不对称	[0,1]	无			有	无
定距—定距	r^2 (9-11)	对称	0,1	有	t 检验或 F 检验（等价）	$t = \frac{r}{\sqrt{\frac{1-r^2}{n-2}}}$ $F=t^2$	有	有
	r (9-1) (9-27)	对称	[-1,1]	无			有	有
	b (7-5)	不对称	$[-\infty, \infty]$	无	t 检验	$t=b/SE$	有	有
双类—定距	r_b (9-28)	不对称			可以近似地应用 r 的公式和检验		有	无

注：对于其他测量级别（例如"定序—定距"等），可以将测量级别降低后（例如降低为"定类—定距"或"定序—定序—定距"等）再选用表中的相应相关系数进行计算。

习　题

9－7 在 2001 年北京奥运申办传播效果研究的调查中,了解了不同职业的被访者"你目前最关心的是什么事情",假定某子样本的数据如下表所示:

100 名被访者的职业 X 与目前最关心的事 Y

频次 f ＼ 职业 X ／目前最关心的事 Y	工人	教科文卫人员	学生	行总计
北京申办 2008 年奥运会	14	13	13	40
北京的交通/住房/通讯	18	2	15	35
我自己的事	8	15	2	25
列总计	40	30	30	100

试根据上表的数据计算 X 与 Y 的 Lambda 相关系数(λ 和 λ_{yx})以及 $T_{au}-y$ 相关系数。

9－8 已经求出习题 9－7 中数据的 $\chi^2=22.30$(计算方法参见第十章),试求列联相关系数 C 和 Cramer 的 V 相关系数。

9－9 下表为随机抽取的 9 名学生的"进取心"得分与"依赖性"得分的数据。试计算斯皮尔曼秩相关系数 R。

学生编号	1	2	3	4	5	6	7	8	9
进取心 X	100	95	80	83	70	40	30	20	10
依赖性 Y	10	20	30	35	40	45	50	60	70

9－10 对于习题 9－9 的数据,计算 Gammer 相关系数 G,并检验原假设(提示:利用 Z 检验法,求概值)。

9－11 下表是对 1500 多名青年进行的社会调查,关于青年择业倾向与对社会经济生活的基本态度的数据。其中 X,Y,Z 分别表示青年认定的等级。

职业	社会地位等级 X	富裕程度等级 Y	择业理想等级 Z
大学生、研究生	1	9	1
行政事业单位干部	2	7	3
各类专业人员	3	8	2
企业干部与技术人员	4	2	4
中小学教师	5	10	5
商业服务业人员	6	3	7
工人	7	6	6
民办企业人员	8	4	9
个体户	9	1	8
农民	10	5	10
待业青年	11	11	11

1) 求 X 与 Y,X 与 Z,Y 与 Z 的斯皮尔曼秩相关系数 R_1,R_2,R_3;

2) 求 X 与 Y,X 与 Z,Y 与 Z 的 Gammer 相关系数 G_1,G_2,G_3,并分别检验三个

原假设；

3) 求 X 与 Y 的 Kendall 相关系数 $T_{au}-a$，$T_{au}-c$。

9—12 下表为三种不同家庭收入 X 的 20 名随机抽取的学生的英语成绩 Y，

1) 求 X 与 Y 的相关比率 E^2；

2) 求原假设 H_0 的概值；

3) 对于例 9—11 的数据（表 9-7），求原假设的概值；

4) 由 2)和 3)的结果说明了什么？

三种不同家庭经济收入的学生的英语成绩 Y

高收入家庭	中等收入家庭	低收入家庭
	81	74
74	76	70
76	75	65
69	67	83
80	69	69
73	79	76
78	85	74

本章小结

1. 积矩相关系数 r 度量了两个变量线性联系的紧密程度，它的值位于 -1 与 $+1$ 之间。

2. r 的显著性检验可采用图解法，也可以用 t 检验法（或 F 检验法）。

3. 决定系数 r^2 的值位于 0 与 1 之间，它等于 Y 变量中可以用 X 变量回归来解释的变差占 Y 变量总变差中的比例。回归与相关有密切的联系，例如，回归斜率 b 很容易用 r 来表示。对 b 的 t 检验等价于方差分析中的 F 检验。

4. 对于各种测量级别的两个变量，可以按表 9-9 选用适当的相关系数来度量它们之间的联系程度。

应用实例

相关系数是两个变量线性关系的最基本度量。在统计分析过程中，首先要分析并确定两变量之间存在着哪些显著的相关性，这是多变量数据分析的基础，很多高级统计分析方法都是从考察变量的相关系数矩阵出发的，例如回归分析、因子分析、判别分析等。

我们在对某报纸的读者满意度调查中，采用 10 级态度量表调查了 200 名报纸读者对该报 7 个方面的满意度和总体满意度。其中，1 表示非常不满意，10 表示非常满意，数字越大表示满意度越高。

相关问题：

【出示示卡】以下是我们对报纸在新闻事件的报道方面的一些描述,请针对这些描述,用 1 至 10 分评分,1 分表示非常不满意,10 分表示非常满意,分数越高表示您越满意。【单选】

	评价方面	非常不满意									非常满意
$X1$	内容丰富程度	1	2	3	4	5	6	7	8	9	10
$X2$	报道深入程度	1	2	3	4	5	6	7	8	9	10
$X3$	报道的及时性	1	2	3	4	5	6	7	8	9	10
$X4$	报道的准确性	1	2	3	4	5	6	7	8	9	10
$X5$	版面设计特点	1	2	3	4	5	6	7	8	9	10
$X6$	新闻图片	1	2	3	4	5	6	7	8	9	10
$X7$	广告刊登	1	2	3	4	5	6	7	8	9	10
$X8$	总体满意度	1	2	3	4	5	6	7	8	9	10

我们采用 SPSS11.5 For Windows 对调查数据进行相关分析,具体步骤如下:

首先,我们对评价指标 $X1 \sim X8$ 进行描述性分析,看一下各指标的均值和标准差,如果还要考虑更高级的多变量分析,则还应该考察各变量分布测量,例如峰度和偏度。如果可能,还应该针对每个变量进行探索性分析,主要目的是看一下数据的质量,包括缺失值、异常值等。缺失值和异常值都对相关分析有重要影响。

接下来我们就可以进行相关分析了,首先打开数据集:报纸读者调查.sav 文件;

选择 Analyze→Correlate→Bivariate 命令。

在弹出的对话框中,选中 $X1\sim X8$ 所要进行相关分析的变量,放入右边的变量集中,也可以按(CTRL)+A选择全部变量。

这时候,对话框中会默认相关分析,输出"Pearson"皮尔逊相关系数,"Two-tailed"双侧显著性 T 检验,"Flag Significance Correlation"要求在输出结果中相关系数

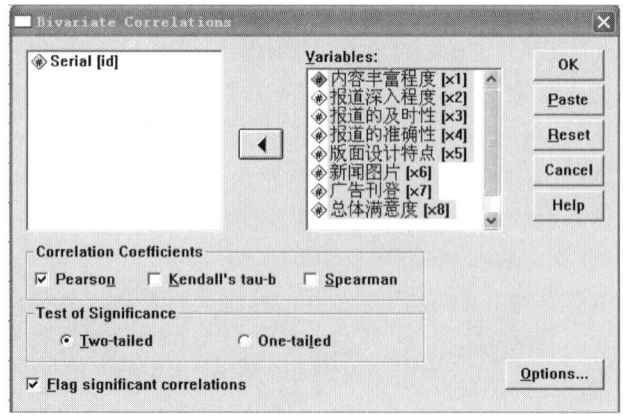

右上方用"*"表示显著性水平为5%下显著相关,用"**"表示显著性水平为1%下显著相关。以上三项都为SPSS的默认设置。如果需要,我们也可以选中"Kendall's tau-b"肯德尔或"Spearman"(斯皮尔曼)秩相关,对于数量型变量差异不大,选择完毕后按"OK"确认,系统将在Output窗体以相关矩阵形式给出相关分析结果。

注意:如果变量存在缺失值,可以选择"Options",在对话框中确定缺失值处理方法,系统默认是选择配对样本缺失的方法。如果需要,可以对分析变量存在缺失值,整条记录删除方法,也就是 Exclude cases listwise。

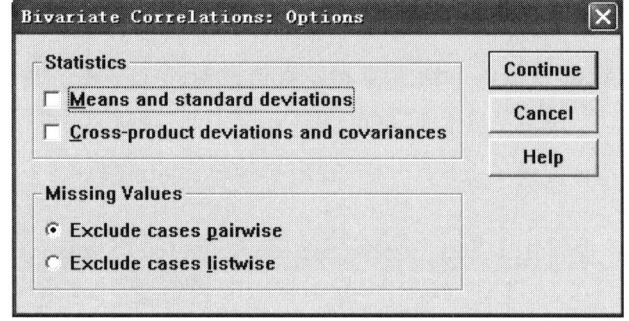

一般来讲,我们也可以将菜单选项和对话框过程的语法保留下来,只选择"Paste"即可。

SPSS Syntax 语法:

CORRELATIONS

/VARIABLES= x1 x2 x3 x4 x5 x6 x7 x8

/PRINT=TWOTAIL NOSIG

/MISSING=PAIRWISE.

输出结果如下:

相关矩阵给出了两个变量之间的相关系数,显著性检验概值(P_value)和样本量。

考察相关矩阵,我们发现:

总体满意度与内容丰富性(0.651)、版面设计特点(0.631)、报道及时性(0.513)、

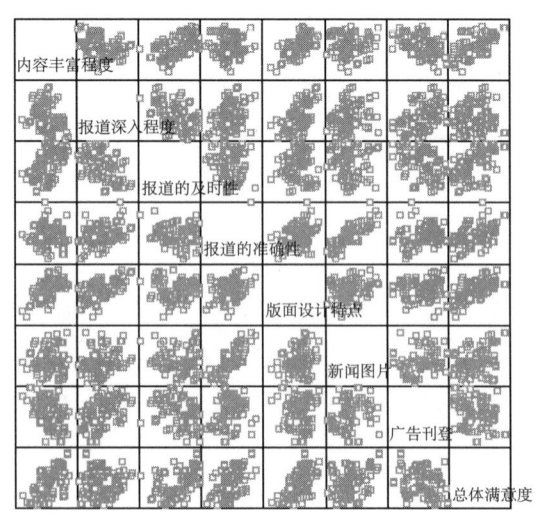

报道准确性(0.476)、新闻图片(0.341)等存在显著的正相关,与报道的深入程度没有显著的相关性(0.28,P_value=0.697>0.05);与广告刊登存在着显著的负相关(-0.283),这表明刊登广告对读者总体满意度存在着负面影响。

Correlations

	X1 内容丰富程度	X2 报道深入程度	X3 报道的及时性	X4 报道的准确性	X5 版面设计特点	X6 新闻图片	X7 广告刊登	X8 总体满意度
X1 内容丰富程度 Pearson Correlation Sig.(2-tailed) N	1 . 200	-.349** .000 200	.504** .000 200	.050 .478 200	.612** .000 200	.077 .278 200	-.482** .000 200	.651** .000 200
X2 报道深入程度 Pearson Correlation Sig.(2-tailed) N	-.349** .000 200	1 . 200	-.490** .000 200	.271** .000 200	.512** .000 200	.186** .008 200	.470** .000 200	.028 .697 200
X3 报道的及时性 Pearson Correlation Sig.(2-tailed) N	.504** .000 200	-.490** .000 200	1 . 200	-.130 .067 200	.059 .404 200	-.047 .512 200	-.435** .000 200	.513** .000 200
X4 报道的准确性 Pearson Correlation Sig.(2-tailed) N	.050 .478 200	.271** .000 200	-.130 .067 200	1 . 200	.299** .000 200	.788** .000 200	.201** .004 200	.476** .000 200
X5 版面设计特点 Pearson Correlation Sig.(2-tailed) N	.612** .000 200	.512** .000 200	.059 .404 200	.299** .000 200	1 . 200	.241** .001 200	-.054 .447 200	.631** .000 200
X6 新闻图片 Pearson Correlation Sig.(2-tailed) N	.077 .278 200	.186** .008 200	-.047 .512 200	.788** .000 200	.241** .001 200	1 . 200	.177* .012 200	.341** .000 200
X7 广告刊登 Pearson Correlation Sig.(2-tailed) N	-.482** .000 200	.470** .000 200	-.435** .000 200	.201** .004 200	-.054 .447 200	.177* .012 200	1 . 200	-283** .000 200
X8 总体满意度 Pearson Correlation Sig.(2-tailed) N	.651** .000 200	.028 .697 200	.513** .000 200	.476** .000 200	.631** .000 200	.341** .000 200	-.283** 000 200	1 . 200

** Correlation is significant at the 0.01 level (2-tailed)

* Correlation is significant at the 0.05 level (2-tailed)

同时,我们也可以看出,新闻图片与报道的准确性的相关性最高(0.788),表明新闻图片与报道的准确性之间有着最为显著的影响关系;同时报道的及时性与报道的深入程度存在着最为显著的负相关(-0.490),表面报道越及时,可能深入性越差。

考察这些变量的相关性,通过散点图是一种更为直观的方法。在菜单中选择 Graphs→Scatter,选择 Matrix 矩阵散点图。

相关性或者相关系数仅仅是两个变量之间是否存在线性关系的度量,也是进行后续多变量高级统计和明确数量关系的分析基础。在社会科学研究中,相关系数的大小有时候在 0.2 以上就是比较相关了。相关系数的显著性受到样本量的影响,相关性并不意味着因果关系,相关也可能存在假相关。

习 题

9—13 假定男子总是与比自己年轻 3 岁的女子结婚,那么丈夫和妻子之间的(积矩)相关系数是多少?

9—14 1) 参考表 9-1 中的数学和语文成绩。假定数学分数超过 65 分的学生才允许上大学,对这个由 8 名学生组成的子样本,计算 X 和 Y 的(积矩)相关系数 r;
2) 对于余下的 5 名学生的另一个子样本,计算 X 和 Y 的(积矩)相关系数;
3) 这两个子样本中的相关系数比整个样本的相关系数大还是小?你认为这是一般规律吗?

9—15 对于 12 件电视广告作品,聘请了两位专家对其播出后的宣传功能进行评价。两位专家分别根据自己的评分标准,对这些作品给出了以下的评分。若要问这两位专家的评分之间是否有相类似的评分形态,即两专家的评价是否有相似的倾向,采用什么样的相关分析比较适当?试求出相应的结果(注意:两位专家所用的标准是不同的)。

电视广告作品编号	1	2	3	4	5	6	7	8	9	10	11	12
专家甲的评分	75	80	60	91	85	64	73	86	52	48	24	66
专家乙的评分	83	91	78	92	96	79	81	94	77	76	74	75

9—16 在 2004 年陕西省广播听众调查中,对部分数据进行了相关分析。为了方便地应用相关矩阵表,得到一目了然的效果,做了一些在社会科学中常用的近似处理。例如对教育程度(最低为 1,最高为 6)、媒介接触频度(不接触为 1,天天接触为 4)等等,都近似地按定距变量对待(严格说应为定序变量);对于双类的定类变量(例如性别——男或女,拥有接收工具——有或无),引入哑变量(拥有为 1,没有为 0)再与其他变量做相关分析。其中关于"教育程度"与部分变量的相关系数 r 如下表所示(* 和 ** 分别代表在 0.05 和 0.01 的双侧检验下显著)。试尽你所能就下表的结果进行合理的分析(例如对于陕西城市:V273 与 V254 显著正相关,说明教育程度越高的人越倾向于多看报纸;V273 与 V20 无显著相关,说明教育程度不同的人在收听广播上没有什么联系或没有什么明显差异)。

教育程度 V273 与部分调查变量的相关系数（陕西城市 $n=700$）

变量	年龄 V271	是否有收音机 V5	是否有收录机 V6	是否有车内收音设备 V7	是否有可以收听广播的手机 V9
教育 V273	−.110 **	.220 **	.137 **	.071	.012
变量	是否参与与电台的互动 V81	看报频度 V254	听广播频度 V20	看电视频度 V260	接触互联网频度 V256
教育 V273	−.003	.303 **	.048	−.080 *	.343 **

教育程度 V273 与部分调查变量的相关系数（陕西农村 $n=563$）

变量	年龄 V271	是否有收音机 V5	是否有收录机 V6	是否使用收音机听广播 V22	是否使用收录机听广播 V23
教育 V273	−.270 **	.045	.044	−.251 **	.246 **
变量	是否参与与电台的互动 V81	看报频度 V254	听广播频度 V20	看电视频度 V260	接触互联网频度 V256
教育 V273	−.066	.369 **	.002	−.040	.260 **

注：①凡双类变量"是否……"："是"的值为1，"否"的值为0。

②其他变量：强度越高，取值越大。

第十章 卡方检验和交互分析

交互分析是传统调查研究中最为常用的方法之一,用于研究两个变量之间是相互独立还是存在某种关联性,它适用于分析两个定类变量的关系。当然,如果降低级别处理,也可以分析较高测量级别的变量。

交互分析中所采用的检验方法叫 χ^2(卡方)检验,它适用于拟合优度检验和变量间的独立性(是否有联系)检验。

10.1 拟合优度的检验

因为 χ^2(卡方)简单直观,所以是一种非常普及的假设检验形式。它建立在观测频次和期望频次之差的基础上,是一种易于理解的检验。我们通过一个例子来介绍这种方法。

假定我们希望检验原假设 H_0:"儿童对电视台提供的六种儿童节目没有偏好",为此随机抽取了 300 名经常收看电视的儿童,问他们最喜欢的是哪一种节目(每人只能选一种),数据如表 10-1 前两列所示。

表 10-1 $n=300$ 名儿童对不同电视节目的偏好分布

原始数据			χ^2 的计算		
节目编号	观测频次 f_0	概率 π(若 H_0 为真)	期望频次 $f_e = n\pi$	偏差 $f_0 - f_e$	偏差平方及加权结果 $(f_0-f_e)^2/f_e$
1	85	1/6	(1/6)(300)=50	35	24.5
2	80	1/6	50	30	18.0
3	55	1/6	50	5	0.5
4	10	1/6	50	−40	32.0
5	40	1/6	50	−10	2.0
6	30	1/6	50	−20	8.0
合计	300	1.00	300	0	$\chi^2=85.0$ 概值<0.001

所谓拟合优度,就是研究这一数据与原假设拟合的程度或一致的程度,我们可以通过以下几个步骤来完成:

1) 求 H_0 为真时发生在每一组的概率 π。

先考虑 H_0 的含义,原假设意思为"每一种节目被挑选的可能性是相同的",因此,发生在每一组的概率 π 都应该等于 1/6。

2) 求 H_0 为真时期望的频次 f_e。

如果 H_0 为真,那么选择各种节目的期望频次是什么?即如果儿童们对 6 种节目没有偏好,那么挑选各种节目的可能性应是相等的,因此 $n=300$ 名儿童中挑选各种节目的人数(期望频次)应该是

$$f_e = n\pi \tag{10-1}$$

在这个例子中,发生在各组的理论上的期望频次都相等;但也有不相等的情况(见例 10-1),不过公式(10-1)总是成立的。

1) 求观测频次 f_0 与期望频次 f_e 之间的偏差 (f_0-f_e)。

问题是,实际观测到的频次和 H_0 为真时的理论上的期望频次相差多少?例如对第一组,这一偏差为 $85-50=35$;类似地,所有的其他偏差都在表 10-1 的第 5 列中给出。

2) 求 χ^2 统计量。

偏差之代数和为 0,因此偏差之和不是一个好的基准。可以通过取偏差的平方来避免这一问题。然后,为了说明它的相对重要性,每一偏差平方都必须与本组中的期望频次 f_e 相比较。因此,我们求出了比值 $(f_0-f_e)^2/f_e$,如表 10-1 第 6 列所示。最后,我们将所有组的贡献相加,从而得到了度量全部偏差的一个量,叫做 χ^2(卡方):

$$\chi^2 = \sum \frac{(f_0-f_e)^2}{f_e} \tag{10-2}$$
$$= 85.0$$

很明显,以上整个讨论与我们在方差分析中所进行的讨论十分相似。也就是说,χ^2 统计量和 F 统计量(8-5式)很相似,都是度量对原假设的离异程度。因此 χ^2 统计量也可以用类似的方法来分析。首先,χ^2 是一个随机变量,它随样本的不同而波动;χ^2 的波动之所以产生,是因为构成其值的小组观测频次 f_0 是随样本而波动的。注意,这些频次并不是相互独立的。因为 $f_{01}+f_{02}+\cdots+f_{06}=n$,所以其中的任何一项都可以用其他项来表示。例如,$f_{06}=n-(f_{01}+\cdots+f_{05})$;这样,最后一组是由前面 5 组所决定的,它并没有提供新的信息。因此,在此例子中,χ^2 仅有 5 个自由度。一般来说,如果有 K 个组,

$$\text{自由度 } df = k-1 \tag{10-3}$$

如果 H_0 为真,那么 χ^2 分布的临界点($\chi^2_{.25}$, $\chi^2_{.10}$, $\cdots$)可以由附录三表Ⅶ给出,就像 t 分布的临界点由表Ⅴ给出那样。因为 $df=5$,我们沿表Ⅶ第 5 行看过去,发现 85.0 这个观测值超过了该行所有的值,因此

概值 <0.001

由于这一概值是如此之小,表示该数据与原假设的拟合程度十分差,即说明原假设是十分不可信的,因此拒绝原假设。换句话说,可以认为儿童对电视台播放的儿童节目

是有不同的偏好的。

以上例子中发生在所有各组的概率 π 是相等的,这样 χ^2 的计算十分简单。一般情况下,各组的概率不一定相同,如下例所示。

例 10-1 假定在瑞典,观测到分布在全年中的 88 次出生的一个随机样本。将一年分成长度不同的 4 个季节,数据如下表所示:

季节	春季 4~6月	夏季 7~8月	秋季 9~10月	冬季 11~次年3月
出生频次	27	20	8	33

1) 求 H_0 的概值, H_0 为:"在瑞典,一年中婴儿的出生情况自始至终是同等频繁的"(即新生儿的出生季节在一年之中是均匀分布的)。

2) 可以在 10% 的水平下拒绝 H_0 吗?

解: 1) 先计算当 H_0 为真时婴儿的出生发生在春季的概率。原假设的意思实际是: "每一次出生都可能发生在任何一个季节之中,其概率与该季节的长度成正比"。春季有 3 个月或 91 天,因此一次出生发生在春季(假定 H_0 为真)的概率为 $91/365=0.25$。同理,可以求得发生在其他季节的概率如表 10-2 所示。其次,按公式(10-1)求得期望频次。例如考虑春季,如果 H_0 为真, $\pi=0.25$,那么 $f_e=88\times 0.25=22$。类似地可以计算落入其他各组的期望频次。此后按照表 10-1 的格式,将计算结果总结在表 10-2 中。

表 10-2 $n=88$ 次出生在四个季节中的分布

季节	f_0	π	f_e	(f_0-f_e)	$(f_0-f_e)^2/f_e$
春(4~6月)	27	0.25	22.0	5	1.14
夏(7~8月)	20	0.17	15.0	5	1.67
秋(9~10月)	8	0.167	14.7	-6.7	3.05
冬(11~次年3月)	33	0.413	36.3	-3.3	0.30
合计	$n=88$	1.00	88	0	$\chi^2=6.16$

参考表Ⅶ, $df=4-1=3$,沿第 3 行查找,观测值 6.16 在 $\chi^2_{.25}=4.11$ 与 $=6.25$ 之间,因此

$$0.10 < 概值 < 0.25$$

2) 由于概值 $>\alpha=10\%$,因此不能拒绝 H_0。也就是说,不能做出"出生的分布是不均匀的"判断,即认为出生的分布还是相当均匀的。而所给的数据与理想情况之间的差别则可能只是由于偶然性引起的。

上面的例子说明 χ^2 检验可以广泛地应用于数据按几个组划分的情形(例如:6 种节目、4 个季节)。有时候称 χ^2 检验为多项分布检验,以表示它是二项分布的推广。对于二项分布,数据是按两组划分的(例如:男和女、赞成和不赞成、正面和反面等等)。

习 题

10—1 电视台要考虑电视节目的制作费用大小与观众的收视率高低是否相适应(即制作费用越高,收视人数亦成比例地增多),随机地抽取了250人进行收视情况调查,针对5个节目的调查数据如下表所示。试陈述原假设 H_0,求 H_0 的概值并说明结果的意义(检验水平规定为 $\alpha=5\%$)。

电视节目编号	制作费用比率	收看频次
1	1.0	25
2	1.3	30
3	1.6	56
4	2.0	65
5	2.1	74

10—2 有奖有息储蓄摇奖的办法一般采取刻有数码0~9的编号球投入摇奖机,然后按一定规则,把摇出的数码组合成兑奖号码。南京市自开办有奖有息储蓄以来,13期兑奖号码中各数码出现的频次如下表所示:

数码	0	1	2	3	4	5	6	7	8	9	合计
摇出的频次	21	28	37	36	31	45	30	37	33	52	350

根据上述数据,能否认为摇奖机工作正常?(提示:提出 H_0,求概值,得出结论)

10—3 某调研公司要了解受众对5种报纸的喜好是否相同,抽取了300名受众的简单随机样本进行调查,具体数据如下:

报纸类别	A	B	C	D	E
最喜欢看的人数	77	51	72	38	62

1)求 H_0(受众对5种报纸的喜好是相同的)的概值;
2)能否在5%的错误水平下拒绝 H_0?

10—4 根据孟德尔的遗传模型,某种植园内培植的豌豆类植物应生成有白花、粉花和红花的幼苗,从长远看来其概率分别是25%、50%和25%。一个1000棵这种幼苗的样本的颜色分布为:

白色21%、粉色52%、红色27%。

1)求孟德尔假设的概值;
2)能否在5%的水平下拒绝孟德尔的假设?

10—5 一个骰子投掷1000次,结果如下表所示:

出现的点数	相对频率
1	0.183
2	0.161
3	0.142
4	0.174
5	0.181
6	0.159

颜色	预测百分率	调查结果
黄	20%	35
红	30%	50
绿	10%	30
蓝	10%	10
白	30%	25

1) 求 H_0（骰子是均匀的）的概值。

2) 可以在 10% 的水平下拒绝 H_0 吗？

10—6 美国某小汽车经销商根据去年销售的小汽车颜色的百分率，认为今年顾客选择各种颜色的数目仍将不变，即，20%的人选择黄色，30%选择红色，10%选择绿色，10%选择蓝色，30%选择白色。他随机抽取了 150 名顾客，询问他们所喜好的颜色，结果如上表所示。问是否要拒绝这个经销商的假设。

10—7 某电视台为评价 4 位新闻节目主持人的表现，随机抽取了 100 名观众，询问他们最喜爱哪位主持人。结果如下表所示。根据这一数据，能否说明观众对这 4 位主持人有无偏好。请给出你的检验结果。

主持人编号	观众喜欢频次
1	35
2	25
3	20
4	20

10.2 列联表及交互分析

上一节中讨论的是用于表现一个特性的 χ^2，本节将讨论用于表现两个特性怎样相互依赖的 χ^2。数据用列联表或称交互分析表的表格来整理，应用 χ^2 检验总体中两个特性有无相关性，这种检验也叫做独立性检验。

1.独立性检验举例

表 10-3 显示了 2004 年雅典奥运会媒介传播效果研究事后调查中，890 个被访者（注：总样本量为 1000，其中有 110 个被访者没有回答）的一个样本中"个人月收入 X"对"地区 Y"（注：共调查了 10 个城市，其中"东部城市"包括北京、上海、广州、杭州、福州；"中西北部城市"包括济南、沈阳、长沙、重庆、西安）的关系。为了检验"在潜在总体中没有相关性"这一原假设，还是用 χ^2 来做拟合优度的检验。这种检验两个特性是否没有相关性的情况，实际上就是独立性检验。

表 10-3　按地区 X 和收入 Y 分类的 890 个被访者的观测频次

频次 f 地区 X 收入 Y		东部城市	中西北部城市	总频次
个人月收入 Y	0~500 元	146	172	318
	500~1000 元	66	100	166
	1000~1500 元	51	86	137
	1500 元以上	166	103	269
总频次		429	461	890
相对频次		0.482	0.518	1.00

统计的独立性意味着在每一地区的收入模式应该是相同的,即收入的高低不应随地区的不同而有所差异。例如,表 10-4 显示了一个有 6000 人口的具有这种独立性的假设小县,该县有 1/3 的人口在东部,2/3 在西部。很容易验证在这两个地区中收入有同样的相对频率分布:4 个组(按收入划分)的相对频率分别是 15%、35%、25% 和 25%,总计 100%。等价的说法是:独立性的意思是每一列(地区)的各个频次正好应与最后一列(整个县)的总频次成比例。例如,东部有 1/3 的人口,那么它在各组中的频次也分别应该是各个总频次的 1/3。

表 10-4　收入 Y 和地区 X 相互独立的一个假设的小县的总体频次

频次 f 地区 X 收入 Y		东部城市	中西北部城市	总频次
个人月收入 Y	0~500 元	300	600	900
	500~1000 元	700	1400	2100
	1000~1500 元	500	1000	1500
	1500 元以上	500	1000	1500
总频次		2000	4000	6000
相对频次		1/3	2/3	1

如果一个样本完美地反映了这一独立性,我们就应该可以观测到相同的模式:每一列都应该和最后一列(总频次)成比例。

我们看看对于表 10-3 的给定样本来说这意味着什么。为了得到东部城市的那一列的期望频次,我们用 0.482 去乘最后一列的总频次(因为 48.2% 的观测值都在东部城市);类似地,为了得到中西北部城市那一列,我们用 0.518 去乘最后一列,得到如表 10-5 所示的期望频次 f_e。这样我们就可以用 χ^2 统计量来比较期望频次和观测频次 f_0 了。

表 10-5　如果表 10-3 的样本取自一个有独立性的总体（若 H_0 为真），对应的期望频次 f_e

收入 Y ＼ 频次 f ＼ 地区 X	东部	西部
0～500 元	153.3	164.7
500～1000 元	80.0	86.0
1000～1500 元	66.0	71.0
1500 元以上	129.7	139.3

我们将检验独立性的原假设的一般步骤叙述如下：

1) 在给定的观测频次表中，计算两个边缘部分（即底部及右端）的总频次，在底部还要进一步计算相对频率；

2) 用每一个相对频率依次去乘右边的总频次那一列，从而得到期望频次的对应列；

3) 最后，利用 χ^2 统计量将观测到的频次 f_0 和期望频次 f_e 相比较，得

$$\chi^2 = \sum\sum \frac{(f_0 - f_e)^2}{f_e} \tag{10-4}$$

这里将 $\sum$ 符号写了两次，表示要将整个表的数按行、列全部相加。如果用 c 和 r 分别表示表中的列数和行数（不包括总频次），自由度为

$$df = (c-1)(r-1) \tag{10-5}$$

参照附录三表Ⅶ，用 χ^2 值可以求得原假设（独立性假设）的概值。

现在我们来完成这一例子的 χ^2 计算。将表 10-3 的观测频次 f_0 与表 10-5 的期望频次 f_e 重新简要地在表 10-6 中给出，从而完成 χ^2 的计算，得到

$$\chi^2 = 31.6$$

表 10-6　χ^2 的计算

(1) 观测频次 f_0		(2) 期望频次 f_e	
146	172	153.3	164.7
66	100	80.0	86.0
51	86	66.0	71.0
166	103	129.7	139.3

(3) 偏差 $(f_0 - f_e)$		(4) $(f_0 - f_e)^2 / f_e$	
−7.3	7.3	0.35	0.32
−14.0	14.0	2.45	2.28
−15.0	15.0	3.41	3.17
36.3	−36.3	10.16	9.46

由 (10-5)

$$df = (2-1)(4-1) = 3$$

顺着表Ⅶ第3行查看,发现观测到的 $\chi^2=31.6$ 超过了该行所有的临界值。因此,
$$概值<0.001$$
这一概值是如此之小,使得我们拒绝 H_0(检验水平可以是5%甚至是1%)。也就是说,这一检验说明,作为总体的人口,收入对地区有显著的依赖(相关)关系。也就是说,可以认为收入与地区并不是相互独立的两个特性。进一步比较观测频次和期望频次后可以认为,东部城市居民的个人月收入相对更高。

独立性检验在各类调查研究中应用得十分广泛,我们下面再举一些例子。

例 10-2 在电视的收视率调查中,得到性别与收视习惯的列联表如下。试分析性别与收视习惯的相互联系。

表 10-7 按性别 X 与电视收视习惯 Y 分类的观测频次

性别 X 收视习惯 Y	男	女	总频次
几乎天天看	38	24	62
偶尔看	31	7	38
总频次	69	31	100
相对频率	0.69	0.31	1.00

解:原假设 H_0 为"性别与收视习惯相互独立"。如果原假设成立,那么两列期望频次应通过 0.69 和 0.31 分别去乘最后总频次那一列得到。由此,按下面四张表求得
$$\chi^2=4.57$$

f_0		f_e		f_0-f_e		$(f_0-f_e)^2/f_e$	
38	24	42.8	19.2	−4.8	4.8	0.54	1.20
31	7	26.2	11.8	4.8	−4.8	0.88	1.95

自由度 $$df=(2-1)(2-1)=1$$

查附录三表Ⅶ知,观测值 4.57 大于 $\chi^2_{.05}=3.84$,那么
$$概值<0.05$$

因此拒绝原假设 H_0,从而认为(在5%的水平下)性别与收视习惯是有联系且不是相互独立的。如果进一步将表 10-7 的频次转化成列百分比,即男性和女性中"几乎天天看"和"偶尔看"的百分比如表 10-8 所示,可以比较清楚地看到女性"几乎天天看"的占 77.42%、男性占 55.07%。因此女性的电视收视习惯是更为频繁、积极的。

表 10-8 性别与收视习惯的观测频次百分比

性别 习惯	男	女
几乎天天看	55.07	77.42
偶尔看	44.93	22.58
总计	100.00	100.00

从上例中我们看到,要了解更细致的情况,计算列百分比很有好处。如果两个特性 X 和 Y 相互独立,那么行百分比也同样重要。其次,我们还希望知道列联表中每个频次占总样本含量的总百分比。因此行、列、总百分比都是必要的。

例10—3 表10-9是用SPSS软件计算的1998年郑州市大瓶装纯水市场调查中关于样本结构的一张交互分析表(频次已在表9-4中给出),试说明这张表所给数据的意义,并分析总体(郑州市居民)中"性别"与"教育程度"的关系。

表10-9 性别与教育程度的交互分析(郑州市)

教育程度	性 别		行总计(频次百分数)
	男	女	
初中及以下	83	112	195
	42.6	57.4	100.0
	22.4	26.1	24.4
	10.4	14.0	24.4
高中(含中专,中技)	151	188	339
	44.5	55.5	100.0
	40.7	43.8	42.4
	18.9	23.5	42.4
大专及以上	137	129	266
	51.5	48.5	100.0
	36.9	30.1	33.3
	17.1	16.1	33.3
列总计(频次百分数)	371	429	800
	46.4	53.6	100.0
	100.0	100.0	100.0
	46.4	53.6	100.0
$\chi^2=4.41$	$df=2$		$P=0.11$

解:先说明表10-9中数据的意义。这是一张3×2的列联表,每一格内有4个数字。第1个数是整数,表示频次(与表9-4完全相同),例如从表中可知:既是"男性"又是"初中及以下"程度的有83人,等等。行总计给出各种文化层次的人数,"初中及以下"总数为195人,"高中(含中专、中技)"339人,"大专及以上"266人;列总计给出各种性别的人数,"男性"总数为371人,"女性"总数为429人;总样本量 $n=800$ 人。

格中的第2个数为行百分数,是频次相对于行总计的百分比。例如,"初中及以下"程度中"男性"占42.6%,"大专或以上"中"女性"占48.5%,等等。每一行的两个行百分数之总和应等于100.0。

格中的第3个数为列百分数,是频次相对于列总计的百分数。例如,在"男性"中,"大专及以上"程度的占36.9%,"高中(含中专、中技)"的占40.7%,等等。每一列中的两个列百分数之总和等于 100.0。

格中的第 4 个数为总百分数,是频次相对于总样本含量 $n=800$ 的百分数。例如,既是男性又是初中文化程度的占样本含量的 10.4%,等等。三行二列的 6 个总百分数之和等于 100.0。

表下面的两行给出了检验统计量 χ^2 的值、自由度以及 H_0 的概值。原假设 H_0 和备选假设 H_1 要由读者自己给出(软件不输出 H_0 和 H_1):

H_0:性别与教育程度之间没有联系(即不同性别的居民在教育程度的分布上没有显著的差异,或不同教育程度的居民在性别的分布上没有显著的差异)。

H_1:性别与教育程度并不是相互独立而是有联系的(即不同性别的居民在教育程度的分布上有显著的差异,或不同教育程度的居民在性别的分布上有明显的差异)。

由于概值 $P=0.11$ 比较大,无法拒绝 H_0。因此不能认为性别与教育程度是有联系的,即认为郑州市男、女居民在教育程度的分布上没有什么显著的差异,或认为性别与教育程度是两个相互独立而没有什么联系的变量。

2. χ^2 检验的局限性及补救办法

由于 χ^2 检验简单直观,而且交互分析表又能提供十分丰富的信息,因此在各类调查统计中这种交互分析(列联表加 χ^2 检验)应用得十分广泛。实际应用者不但对定类变量采用此法,对定序甚至定距变量也粗略地划分成几类后做成列联表。虽然这样能从某种意义上简化数据,获取信息,但这种交互分析事实上有不少的局限性:

1)χ^2 值随分类的不同而改变

交互分析将数据按类别整理,分类的不同可以改变 χ^2 的值,甚至可能导致相反的结果(由于概值的不同)。例如表 10-3 的数据,也可以将收入分成 3 类:"高、中、低"而不是 4 类,其结果必然不同。表 10-9 中的教育程度也可以按高中为基准,只分成"高、低"两类。因此在分类时最好要有理论(非统计方面的理论)上的根据。如果没有,则需要有统计上的依据,例如利用中位数,将数据平分成两类,然后再做交互分析。

2)样本量不能太小,也不宜过大

样本量太小,采用 χ^2 分布为依据的检验便不再成立。一般要求 $n>30$。也有些书中要求 $n>50$。不过在各类调查中,样本量一般都超过 50,所以这个问题不必担心。

但是如果样本量过大,有时候得到的结果便会失去意义。因为 χ^2 的值受样本量大小的影响很大:样本量越大,越容易得到拒绝原假设 H_0 的结果。这里我们通过一个例子来说明。假定我们将表 10-3 的样本含量增至 4000 人,但是变量间的相互关系保持不变,也就是将数据变成表 10-10 的形式。为了方便比较,将原表 10-3 的数据也列在左边。

表 10-10 将表 10-9 的样本增大但保持变量间关系不变的分析比较

	原数据			新数据		
	男	女	合计	男	女	合计
初中及以下	83	112	195	830	1120	1950
高中(含中专,中技)	151	188	339	1510	1880	3390
大专及以上	137	129	266	1370	1290	2660
总频次	371	429	800	3710	4290	8000
相对频率	46.4	53.6	100.0	46.4	53.6	100.0
检验结果	$\chi^2=4.41, P>0.10$,不拒绝 H_0			$\chi^2=44.1, P\leqslant.001$,拒绝 H_0		

计算的结果表明,样本量增大至 10 倍,如果对应关系保持不变,χ^2 值也将增大至 10 倍。原来的结果是不拒绝 H_0,而样本量增大后却导致了拒绝 H_0 的相反结果。产生这一差别的原因并不是由于性别和教育程度这两个特性之间的关系发生了变化,只是由于样本量发生了变化。

为了解决这一问题,必须采用补救或修正的办法,最常用的就是列联系数 C。它可以消除样本含量的影响,揭示变量间真正关系的密切程度。对于表 10-10 的两个数据计算 C 值,得到

$$\text{原数据}: C_1 = \sqrt{\frac{\chi_1^2}{\chi_1^2+n_1}} = \sqrt{\frac{4.41}{4.41+800}} \approx 0.074$$

$$\text{新数据}: C_2 = \sqrt{\frac{\chi_2^2}{\chi_2^2+n_2}} = \sqrt{\frac{44.1}{44.1+8000}} \approx 0.074$$

由此可见,虽然这两个数据的 χ^2 值不同,但变量间的真正相关性是相同的,相关实际上并不显著。

因此,当值 χ^2 达到显著程度(即 H_0 的概值小于检验水平 α,导致拒绝 H_0 的结论)且样本量又很大时,最好参照 C 值的大小,如果 C 值也较大,才可以拒绝 H_0。

遗憾的是,对 C 值的显著程度没有可行的统计检验方法。有些社会科学研究者建议 C 值至少要超过 0.16,最好能达到 0.25,才能认为所考虑的两个特性有相关性(见杨孝滢:《传播研究与统计学》)。但是,C 值虽然能控制样本量的影响,其大小还是会受列联表的规模的影响。例如对于 2×2 的表,C 值不会超过 0.707,但对于 4×6 的表,C 值的上限则可以达到 0.877。因此也有些社会科学研究建议将实际 C 值与其理论上限相比较(见 V.F.夏普:《社会科学统计学》)。如果 C 值接近其上限,关系是显著的;否则就比较难判断了。C 值的上限如表 10-11 所示。

显然,后一种方法过于严格,对于社会调查等一般调查的大样本情况,C 值一般很难达到显著程度。笔者认为,在做社会调查的统计分析时,应根据问题本身的性质比较灵活地掌握,正如对概值的理解那样:对于那些要求精密的自然科学问题,概值的界限定为 0.001;而对于一般的社会调查问题,概值<0.05 或小于 0.10 就可以认为达到了显著的相关。

当然,如果 χ^2 是不显著的,C 值就不必计算了,结论将是不拒绝 H_0。

表 10-11 部分列联表 C 值的上限

表的规模	C 值上限	表的规模	C 值上限	表的规模	C 值上限
2×2	0.707	3×9	0.843	6×6	0.913
2×3	0.685	3×10	0.846	6×7	0.930
2×4	0.730	4×4	0.866	6×8	0.936
2×5	0.753	4×5	0.863	6×9	0.941
2×6	0.765	4×6	0.877	6×10	0.945
2×7	0.774	4×7	0.888	7×7	0.926
2×8	0.779	4×8	0.893	7×8	0.947
2×9	0.783	4×9	0.898	7×9	0.952
2×10	0.786	4×10	0.901	7×10	0.955
3×3	0.816	5×5	0.894	8×8	0.935
3×4	0.786	5×6	0.904	8×9	0.957
3×5	0.810	5×7	0.915	8×10	0.961
3×6	0.824	5×8	0.920	9×9	0.943
3×7	0.833	5×9	0.925	9×10	0.966
3×8	0.838	5×10	0.929	10×10	0.949

3)列联表中期望频数小于 5 的个数不能太多。建议所有期望频数不小于 5,即使放宽要求也不能超过 20%。例如对 3×5 的列联表,共有 15 个格,则期望频数小于 5 的格数不能超过 3 个。如果超过了 20%,则要对 χ^2 值加以修正。修正的公式比较复杂,这里不再给出。不过一般统计软件都会同时给出按公式(10-2)计算的 χ^2 值以及修正后的 χ^2 值。

4)对于数量型的变量(定比、定距或定序),χ^2 检验无法揭露其数量性质。

例如对表 10-3 的数据,χ^2 检验并没有揭示收入的数量性质,这就没有击中关键问题:区域之间的收入有多大的差别?甚至对于第二位的检验问题:区域之间的收入有没有差别?用 χ^2 检验都可能无法有效地回答。

为了补偿这些缺点,我们将表 10-3 的数据重新整理一下。因为收入是数量性的变量,我们可以近似地计算出东部城市和中西北部城市的平均收入 $\bar{Y}_1$ 和 $\bar{Y}_2$(只要用组中值代替各组的收入,最后一组没有上限,则以 2500 元代表收入的近似值),然后计算偏差平方和 $\sum(Y-\bar{Y})^2 f$ 以及联合方差 S_p^2。计算结果见表 10-12。最后,可以求出北部和南部地区总体平均收入之差的 95% 置信区间:

$$\mu_1 - \mu_2 = (\bar{Y}_1 - \bar{Y}_2) \pm t_{0.025} S_p \sqrt{\frac{1}{n_1} + \frac{1}{n_2}}$$

$$= (1316.43 - 1047.72) \pm 1.96 \sqrt{854,793.77} \sqrt{\frac{1}{429} + \frac{1}{461}}$$

$$= 268.71 \pm 121.56 \quad (元)$$

也就是说,东部城市居民的个人月收入平均比中西北部城市收入高,其差为

$$147 < \mu_1 - \mu_2 < 390 (元)$$

表 10-12　将表 10-3 的数据重新整理计算

地区 收入组中值(元)Y	北部		南部	
	f_1	$y_1 f_1$	f_2	$y_2 f_2$
250	146	36500	172	43000
750	66	49500	100	75000
1250	51	63750	86	107500
2500	166	415000	103	257500
合计	$n_1=429$	564750	$n_2=461$	483000
	$\overline{Y}_1=1316.43$		$\overline{Y}_2=1047.72$	
	$\Sigma(Y_1-\overline{Y}_1)^2 f_1$ $\cong 419,981,724$		$\Sigma(Y_2-\overline{Y}_2)^2 f_2$ $\cong 339,075,144$	
	$S_p^2=\dfrac{419,981,724+339,075,144}{429+461-2}=854,793.77$			

对于第二位的检验问题：检验 H_0（区域之间收入没有差别，即 $\mu_1-\mu_2=0$），现在也可以马上给予回答：在 5％ 的水平下，可以拒绝 H_0。因为 0 没有落入置信区间 $\mu_1-\mu_2=268.71\pm121.56$ 之内。也就是说，在地区之间，收入上存在一个可以分辨的差异。这与前面用 χ^2 检验得到的结论（认为收入与地区并不是相互独立的两个特性）是一致的。但由于是在 95％ 的置信度下具体地给出了这个差异的范围，因此是一个强得多的结论。

因此我们得出代替 χ^2 检验的一般原则：

只要有数量型的变量出现，就应该采用可以揭示其数量性质的统计工具（如两样本的 t 检验、方差分析或回归等）来分析。χ^2 检验更适用于定类变量。

事实上，即使某一个变量不是很自然的数量型变量（定比或定距），只是有一定的顺序（定序变量），例如表示社会级别、满意程度、频繁程度等的变量，较好的方法也常常是将该变量用 0,1,2,3,… 编码，然后再对这一新的（近似的）数量型变量进行分析。虽然由于分类的不同，这样做似乎带有一定的任意性，但通常会得到一个比 χ^2 检验更强更有力的对 H_0 的检验。而且对问题"各种情况相差是多少？"也至少可以给出一个粗略的现成回答。

习　题

对于习题 10-8 至习题 10-11 中给出的列联表，

  1) 陈述 H_0；

  2) 计算 H_0 的 χ^2 值及概值；

  3) 如有必要则计算列联系数；

  4) 根据以上 2), 3) 的结果做出一个尽可能合理的对 H_0 的推断。

10-8　北京市婚姻家庭调查，对"你认为是否可以同时和几个人谈恋爱？"问卷调查结果如下表所示：

频次\代别 答案	青年	中年	老年
可以	114	15	5
不知道	122	18	5
不可以	774	226	86

10—9 2004年雅典奥运会媒介宣传效果研究的问卷调查中,对"请问奥运会对您的睡眠时间有没有什么影响呢?您的睡眠时间是增加了,没有改变,还是减少了?"问卷调查结果如下表:

频次\代别 答案	4～14岁	15～24岁	25～34岁	35～44岁	45～54岁	55岁及以上
减少了	31	77	110	83	87	63
没有改变	65	107	104	65	78	93
增加了	9	7	5	5	6	5

10—10 2004年雅典奥运会宣传效果研究的问卷调查中,关于"您对2008年在北京成功举办奥运会有信心吗?"和"您是否经常参加体育活动?"之间的列联表如下表所示:

频次\信心程度 参与体育活动情况	非常有信心	比较有信心	一般	不太有信心	没信心
经常参加	282	30	8	5	6
偶尔参加	312	40	8	7	5
不参加	223	25	14	6	7

10—11 为了研究婆媳关系与住房条件之间的关系,在某城镇随机抽取了200户三代同堂的家庭,调查数据整理成如下的列联表:

频次\住房条件 婆媳关系	差	一般	好	合计
紧张	19	26	20	65
一般	15	29	21	65
和睦	16	15	39	70
合计	50	70	80	200

10－12　下表为美国一次民意调查中得到的关于社会各阶层读报种类的结果。

1) 用语言陈述 H_0；

2) 计算 H_0 的 χ^2 值及概值。问在 1% 的水平下，不同阶层的人所读报纸种类间的差异是可以分辨的吗？

频次　报纸种类 阶层	I	II	III
穷人	15	20	13
中下阶层	27	27	18
中等阶层	44	26	14
富人	22	11	3

10－13　假定将习题 10－12 中列联表的行和列交换一下，如下表所示。你认为 χ^2 值将会如何变化？

频次　阶层 报纸种类	穷	中下	中上	富
I	15	27	44	22
II	20	27	26	11
III	13	18	14	3

10－14　为了研究性别和"最希望看到的有关奥运会的电视节目类型"之间的关系，2004 年在 10 城市调查了 1000 个样本，调查数据如下：

频次　性别 希望看到的节目类型	男	女
赛事直播	261	235
新闻报道	69	42
专题报道	33	40
精彩赛事集锦	36	42
开幕式和闭幕式	87	108
其他	32	15

1) 陈述 H_0；

2) 计算 X^2 和 H_0 的概值。

10－15　1) 用一种可以揭示社会阶层的顺序性质的方法分析 10－12 题。因为 4 个阶层是由贫到富排列的，一种合理的办法就是把它们和 1, 2, 3, 4 这些数对应起来

(你也可以把它们称为"社会阶层得分")。将 240 人的社会阶层都转换成数量性的分数后,就可以分别计算报纸Ⅰ、Ⅱ和Ⅲ的平均得分,然后利用方差分析法对这些平均分数进行比较。

2) 在 0.01 的水平下检验 H_0。你会发现不同阶层的人所读报纸种类之间的差异是可以分辨的,这种方差分析检验是否比 χ^2 检验更精细?

本章小结

1. χ^2 检验是一种假设检验,它建立在比较观测值与期望值(在原假设下的期望值)的差的基础上。在最简单的情形下,χ^2 可以应用到分类数据上,这些数据按照某个因子如"电视节目",可以分成几个小组。

2. χ^2 检验也可以应用到按照两个因子(如收入和地区)分类的数据上,用于检验两个因子相互之间的独立性。虽然 χ^2 检验很容易计算,也比较直观,但它也有不少的局限性。因此有时候需要采取补救办法,例如求列联系数 C、计算修正的 χ^2 值等,或者用更生动精细的方法代替,如置信区间、方差分析或回归等。

应用实例

交互分析,也就是交叉表或列联表分析,是一种数据分析技术,能够帮助我们通过研究由定类变量构成的交互汇总表来揭示变量间的联系,是强有力的数据探索技术,主要适用于两个或多个类别的定类变量。利用交互分析的卡方 χ^2 检验,可以揭示同一个变量的各个类别之间的差异,以及两个变量各个类别之间的对应关系,一般适用于两个定类变量的独立性检验。对于测量级别高的变量,可以降低测量级别,转化成定类变量以后再做分析。

在城市居民媒介接触行为研究中,我们调查了 725 名被访者,为了研究城市居民的($A2$)"年龄"与($C2$)"平时听广播情况"之间的关系,需要进行交互分析。

我们采用 SPSS11.5 For Windows 对调查数据进行交互分析,具体步骤如下:

首先,对定类变量进行描述性分析,看一下各变量的频数表,主要目的是看一下数据的质量,包括缺失值、异常值等。缺失值和异常值都对因子分析有重要影响。一般来讲,在进行交互分析前,可能要对变量重新分组,以便确保各变量类别的样本在列联表中的期望值不小于 5。我们首先采用频数分析,看一下数据的频数表:

A2 年龄

		Frequency	Percent	Valid Percent	Cumulative Percent
Valid	1　13～18 岁	78	10.8	10.8	10.8
	2　19～25 岁	65	9.0	9.0	19.7
	3　26～35 岁	113	15.6	15.6	35.3
	4　36～45 岁	194	26.8	26.8	62.1
	5　46～55 岁	141	19.4	19.4	81.5
	6　56～65 岁	86	11.9	11.9	93.4
	7　66 岁以上	48	6.6	6.6	100.0
	Total	725	100.0	100.0	

C2 平时听广播情况

		Frequency	Percent	Valid Percent	Cumulative Percent
Valid	1　从不或极少接触	175	24.1	24.1	24.1
	2　很少(每月不少于 1 次)	169	23.3	23.3	47.4
	3　有时(每周不少于 1 次)	123	17.0	17.0	64.4
	4　经常(每周不少于 3 次)	80	11.0	11.0	75.4
	5　几乎每天	178	24.6	24.6	100.0
	Total	725	100.0	100.0	

我们用 Record 命令,将高年龄组 66 岁以上编码"7"与 56～65 岁编码"6"的样本先合并为年龄"56 岁及以上"。

选择 Analyze→Descriptive Statistics→Cross Table 命令。

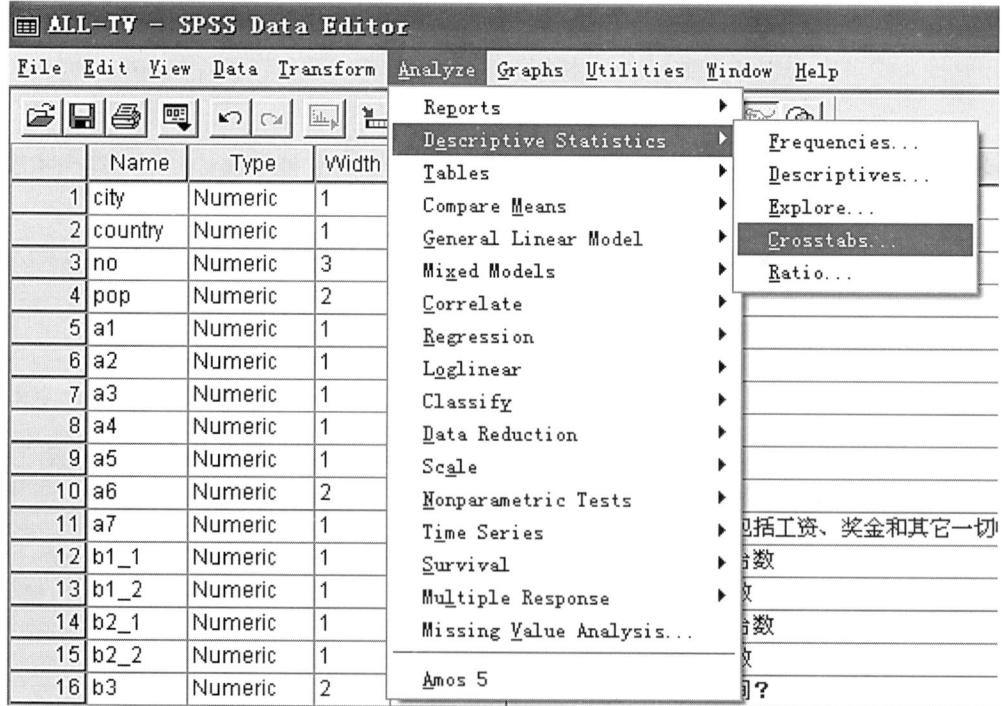

在弹出的对话框中,将"年龄"A2 放入行变量,"平时收听广播情况"C2 放入列变量。一般来讲,交互分析的行、列变量是对称关系,但有时候我们主要研究行变量与列变量之间的依赖关系,这时候应该考虑行、列变量的选择。同时,交互分析可以直接得到两个变量的分类直方图。

接下来我们点击 Statistics 选项,选择必要的检验统计量。

考虑到研究的变量 A2 和 C2 实际上都是定序变量,我们可以按照定类变量来看待,也可以近似地看作是定距变量,因此,很多统计量都可适用,对分析都有参考价值。

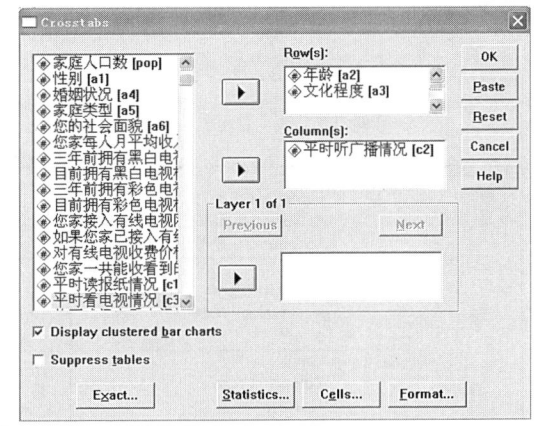

点选 Chi-square 卡方,Correlations 相关系数,Contingency coefficient 列联系数,Kendall's tau-b 和 Kendall's tau-c 肯德尔系数。

我们还要选择 Cells 选项,选择列联表的具体内容,主要包括:频数、期望值、行百分比和列百分比。

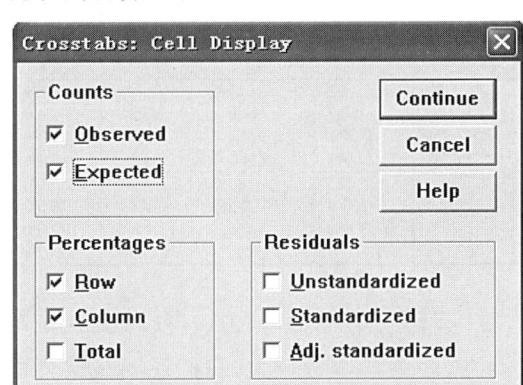
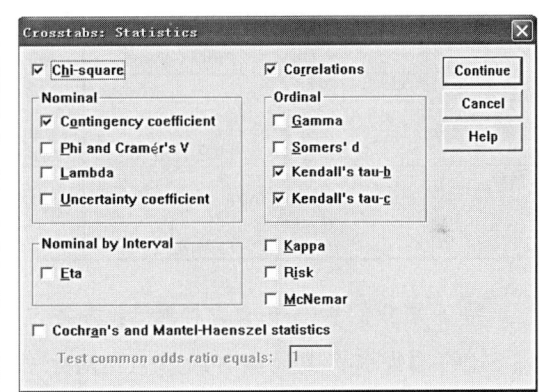

所有选项完成后,按 Paste 保存下运行语法,就可以按确定 OK,运行后,在 Output 中查看交互分析结果。

SPSS Syntax 语法:
CROSSTABS
  /TABLES=a2 a3　BY c2
  /FORMAT= AVALUE TABLES
  /STATISTIC=CHISQ CC CORR BTAU CTAU
  /CELLS= COUNT EXPECTED ROW COLUMN
  /BARCHART.

我们先看年龄与平时听广播情况之间的依赖关系。每一个交叉单元格给出了对应的频数、期望值、行百分比和列百分比。通过观察某一列的列百分比，可以发现某类收听广播的被访者的年龄分布；同样，观察某一行，可以发现某年龄段被访者在平时听广播情况方面的差异。

Crosstab

			C2 平时听广播情况				
			1 从不或极少接触	2 很少（每月不少于一次）	3 有时（每周不少于一次）	4 经常（每周不少于三次）	5 几乎每天	Total
A2 年龄	1 13～18岁	Count	19	23	16	8	12	78
		Expected Count	18.8	18.2	13.2	8.6	19.2	78.0
		% within A2 年龄	24.4%	29.5%	20.5%	10.3%	15.4%	100.0%
		% within C2 平时听广播情况	10.9%	13.6%	13.0%	10.0%	6.7%	10.8%
	2 19～25岁	Count	12	15	15	12	11	65
		Expected Count	15.7	15.2	11.0	7.2	16.0	65.0
		% within A2 年龄	18.5%	23.1%	23.1%	18.5%	16.9%	100.0%
		% within C2 平时听广播情况	6.9%	8.9%	12.2%	15.0%	6.2%	9.0%
	3 26～35岁	Count	37	29	17	7	23	113
		Expected Count	27.3	26.3	19.2	12.5	27.7	113.0
		% within A2 年龄	32.7%	25.7%	15.0%	6.2%	20.4%	100.0%
		% within C2 平时听广播情况	21.1%	17.2%	13.8%	8.8%	12.9%	15.6%
	4 36～45岁	Count	45	49	29	24	47	194
		Expected Count	46.8	45.2	32.9	21.4	47.6	194.0
		% within A2 年龄	23.2%	25.3%	14.9%	12.4%	24.2%	100.0%
		% within C2 平时听广播情况	25.7%	29.0%	23.6%	30.0%	26.4%	26.8%
	5 46～55岁	Count	26	34	24	16	41	141
		Expected Count	34.0	32.9	23.9	15.6	34.6	141.0
		% within A2 年龄	18.4%	24.1%	17.0%	11.3%	29.1%	100.0%
		% within C2 平时听广播情况	14.9%	20.1%	19.5%	20.0%	23.0%	19.4%
	6 56岁及以上	Count	36	19	22	13	44	134
		Expected Count	32.3	31.2	22.7	14.8	32.9	134.0
		% within A2 年龄	26.9%	14.2%	16.4%	9.7%	32.8%	100.0%
		% within C2 平时听广播情况	20.6%	11.2%	17.9%	16.3%	24.7%	18.5%
Total		Count	175	169	123	80	178	725
		Expected Count	175.0	169.0	123.0	80.0	178.0	725.0
		% within A2 年龄	24.1%	23.3%	17.0%	11.0%	24.6%	100.0%
		% within C2 平时听广播情况	100.0%	100.0%	100.0%	100.0%	100.0%	100.0%

接下来我们看一下卡方检验，卡方 $\chi^2=32.341$, $df=20$, 概值≈0.040，可以说卡方 χ^2 在 5% 的检验水平下是显著的。但是对于社会调查，因为样本量较大，我们还要观察列联系数，此处 $C=0.207$，虽然还不足够大，但也说明了年龄与平时听广播情况之间是有一定相关性的。

Chi-Square Tests

	Value	df	Asymp.Sig.(2-sided)
Pearson Chi-Square	32.341[a]	20	.040
Likelihood Ratio	32.868	20	.035
Linear-by-Linear Association	7.362	1	.007
N of Valid Cases	725		

a. 0 cells(.0%) have expected count less than 5. The minimum expected count is 7.17.

Symmetric Measures

		Value	Asymp.Std.Error^a	Approx.T^b	Approx.Sig.
Nominal by Nominal	Contingency Coefficient	.207			.040
Ordinal by ordinal	Kendall's tau-b	.079	.030	2.667	.008
	Kendall's tau-c	.079	.030	2.667	.008
	Spearman Correlation	.099	.037	2.668	.008^c
Interval by Interval	Pearson's R	.101	.036	2.725	.007^c
N of Valid Cases		725			

a. Not assuming the null hypothesis.
b. Using the asymptotic standard error assuming the null hypothesis.
c. Based on normal approximation.

因此,结论是:可以拒绝原假设 H_0(年龄与平时听广播情况是相互独立的)。也就是说,不同年龄的城市居民在平时听广播情况方面是有显著性差异的。

需要注意的是,卡方受样本量影响较大。只要样本量足够大,便能捕捉到两个变量的差异。当拒绝原假设时,需要考虑列联系数。此外,变量的分组不同,卡方检验的结果也可能会不同。

习　　题

10-16　某年出生的 10000 名婴儿的一个随机样本给出了如下的性别分类:男 5120 人、女 4880 人。

1) 利用 χ^2 检验,计算"男孩与女孩的出生是同等可能的"这一原假设的概值;
2) 计算男孩出生概率的 95% 置信区间;
3) 对于 1)和 2)中的分析,你认为哪一个更有意义?

10-17　对于 10 年前生育状况的一个 10000 名婴儿的样本,以及 10 年后生育状况的另一个 10000 名婴儿的随机样本,得到如下的列联表:

频次　　期间 性别	10 年前	10 年后
男	5060	5180
女	4940	4820
合计	10000	10000

1) 利用 χ^2 检验,计算"10 年期间男孩出生的概率保持不变"这一原假设的概值;
2) 计算男孩出生率变化的 95% 置信区间;
3) 你认为 1)和 2)的分析哪一个更有意义?

10-18　大学和研究生毕业的一个随机样本给出了学生所获学位类别与性别的分类数据,如下表所示。

1) 陈述原假设；
2) 计算 χ^2 值及 H_0 的概值；
3) 用比 χ^2 更具体的另一种方法,计算类中每种学位女性所占的比例,构造置信区间并画图表示。

频次　　学位　　　性别	学士	硕士	博士
男	501	162	37
女	409	143	8

第十一章 对应分析

对应分析(Correspondence Analysis)是一种分析定性数据的多变量分析技术,是一种强有力的数据图示化技术,是定性数据定量化分析手段,也是一种强有力的市场研究分析技术。本章主要使读者了解对应分析的基本概念,了解对应分析方法如何帮助探索数据之间的关系,分析列联表和卡方的独立性检验以及如何解释对应图,掌握对应分析对数据的格式要求,并学会如何使用 SPSS 进行简单的对应分析。

11.1 对应分析的基本概念

对应分析是一种主要用于分析定性变量的多变量分析技术,它能够帮助我们研究由定性变量构成的交互表(列联表)来揭示变量间的关系。在社会科学的调查数据中,交互分析是最常用的分析方法之一,可将交互表信息以直观的对应图加以展示。所以,对应分析是一种强有力的数据探索技术,主要适用于有多个类别的定类变量,可以揭示同一个变量的各个类别之间的差异,以及不同变量各个类别之间的对应关系。

对应分析主要适用于两个或多个定类变量。

在社会科学的调查数据中,对于定类变量的分析,最常用、最简单的方法是第十章介绍的交互分析。例如下面的列联表显示了三个地区的 120 名随机样本对 4 种品牌的使用情况:

表 11-1 Brand 品牌与 Area 地区的交互分析表(频数)

		Area 地区			合计
		地区 1	地区 2	地区 3	
Brand 品牌	品牌 A	5	5	30	40
	品牌 B	5	25	5	35
	品牌 C	15	5	5	25
	品牌 D	15	5	0	20
合计		40	40	40	120

在这个简单的例子中,列联表呈现的两个变量间的关系很容易解释,从直观上看,品牌 A 在地区 3 占统治地位;品牌 B 在地区 2 占统治地位;地区 1 的消费者比较偏好品牌

C 和 D;品牌 D 在地区 3 没有支持者。

以上结论,我们通常采用调查数据分析中最常用的交互分析过程就可以得到。行变量品牌共有 4 类;列变量地区共有 3 类,我们得到一张 4×3 的交互表。交互表是最常见的对应表的一种形式,通过交互分析得到行、列百分比,对于仅含有少量类别的变量,通过这样的简单统计就可以看出行、列变量之间的一些关系。如表 11-2 所示:

表 11-2 Brand 品牌与 Area 地区的交互分析表

			Area 地区			合计
			地区 1	地区 2	地区 3	
Brand 品牌	品牌 A	计数	5	5	30	40
		Brand 品牌 中的%	12.5%	12.5%	75.0%	100.0%
		Area 地区中的%	12.5%	12.5%	75.0%	33.3%
	品牌 B	计数	5	25	5	35
		Brand 品牌 中的%	14.3%	71.4%	14.3%	100.0%
		Area 地区中的%	12.5%	62.5%	12.5%	29.2%
	品牌 C	计数	15	5	5	25
		Brand 品牌中的%	60.0%	20.0%	20.0%	100.0%
		Area 地区中的%	37.5%	12.5%	12.5%	20.8%
	品牌 D	计数	15	5	0	20
		Brand 品牌中的%	75.0%	25.0%	0	100.0%
		Area 地区中的%	37.5%	12.5%	0	16.7%
合计		计数	40	40	40	120
		Brand 品牌中的%	33.3%	33.3%	33.3%	100.0%
		Area 地区中的%	100.0%	100.0%	100.0%	100.0%

通常我们可以采用列联表分析得到频数、行列百分比和期望值;卡方检验可以看出不同品牌和地区存在着显著的差异,可以进行独立性检验,但是,上述交互表不能为我们提供关于两个变量间关系的一个非常清楚明了的图示。

表 11-3 卡方检验

	值	df	渐进 Sig.(双侧)
Pearson 卡方	79.607[a]	6	.000
似然比	79.068	6	.000
线性和线性组合	44.958	1	.000
有效案例中的 N	120		

a. 0 单元格(.0%)的期望计数少于 5,最小期望计数为 6.67。

如果我们采用对应分析方法,就可以得到一张对应分析图,简称对应图(Correspondence Plot),就可以非常容易地看出不同品牌在不同地区的市场占有率情况,差异就可以清晰地显示出来。图 11-1 就是采用简单对应分析得到的对应图。

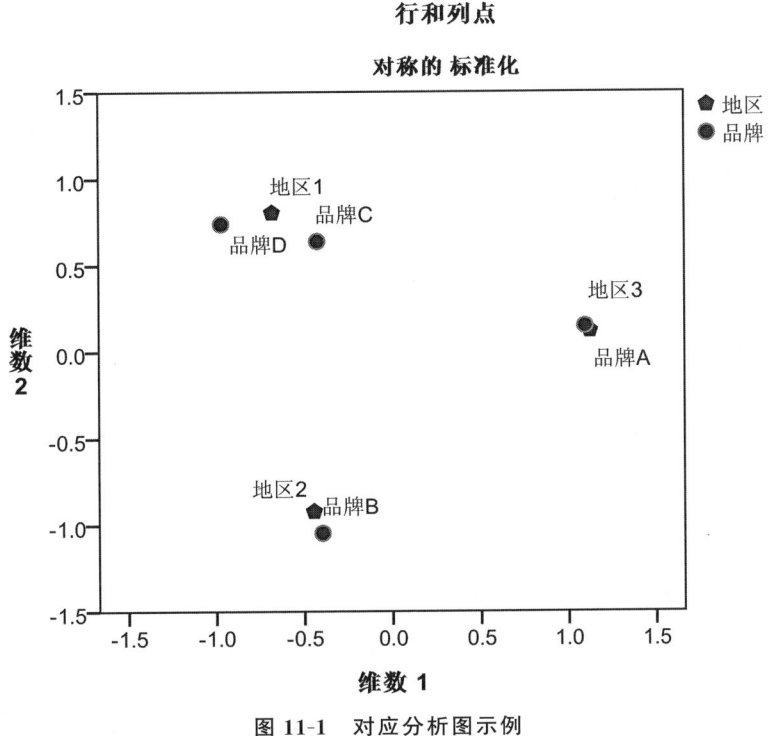

图 11-1 对应分析图示例

从图 11-1 中,我们很明显地可以看出:品牌 A 和地区 3 聚在一起;品牌 B 和地区 2 聚在一起;品牌 C、品牌 D 和地区 3 聚在一起。这和上面我们使用交互分析所得到的结果是一致的。

上面的例子是一个非常简单的情况,如果我们所感兴趣的定类变量含有许多的类,例如我们想考察不同性别、年龄的电视观众所喜欢看的影视剧类型,通过交互分析,得到一张 9×20 的交互表格,我们想要从这张表中得到哪些人群具有相似的影视剧收看品位和爱好,以及他们喜欢的影视剧类型是什么,就不那么容易了。在这种情况下,如果行、列变量是定类变量,并且它们之间存在着某种联系,也就是说,如果卡方值显著的话,采用对应分析技术就可以帮助我们很容易地看出变量中的哪些类具有关联性,进而揭示行、列变量之间的本质关系。而且通过对应图可以给出一目了然的图示结果。

例如:我们通过调查得到了不同电视观众选择电视节目类型的偏好,也知道这些人的性别和年龄,把性别年龄组合成为一个变量 Sexage,与变量 Movies 进行交互分析,就可以得到如表 11-4 的交互分析表:

表 11-4 电视观众选择影视剧节目类型的偏好交互分析

对应表

movies 电视节目	sexage 性别年龄																	有效边际
	F20	F25	F30	F35	F40	F45	F50	F55	F60	F65	M20	M25	M30	M35	M40	M45	M50	M55	M60	M65	
动作片	9	26	14	24	18	13	21	14	11	4	316	268	291	293	299	347	229	151	162	164	2674
喜剧片	78	86	92	98	103	95	129	92	140	156	109	109	123	134	78	103	63	66	92	115	2061
戏剧艺术片	111	125	178	272	343	447	691	527	702	785	699	648	825	1278	1273	1381	1282	972	1249	1360	15148
家庭片	24	33	42	64	76	94	184	163	245	271	44	52	74	87	89	71	87	49	83	75	1907
恐怖片	20	27	29	44	24	24	26	14	8	4	229	243	257	313	250	203	136	77	74	31	2033
神话剧	9	7	20	14	22	21	37	30	35	38	35	38	52	49	53	68	62	46	52	56	744
爱情片	540	454	530	688	566	716	942	723	820	740	808	789	916	1118	926	855	684	502	516	513	14346
科技探索	4	6	2	5	4	6	7	3	8	8	32	26	17	27	13	9	14	6	5	8	210
体育节目	47	75	78	110	86	88	131	92	114	90	289	226	281	268	198	190	146	77	122	95	2803
有效边际	842	839	985	1319	1242	1504	2168	1658	2083	2096	2561	2399	2836	3567	3179	3227	2703	1946	2355	2417	41926

通过上面的交互分析表,我们很难得到不同性别年龄的电视观众对电视节目的偏好关系,如果我们采用对应分析技术,就可以得到比较清晰的关系。

11.2 对应分析的基本原理

对应分析方法可以很容易地得到类似上面所示二维表中变量间某些内在的关系,在这种二维表中的行、列变量都是定类变量,变量的值表示的是无序的类,例如品牌名称和产品名称就是这样的变量。二维表的内容包括行、列变量之间的一些相应测量分析,可以是行、列变量之间的相似性、联合、交互等等,因此也可称之为对应表。例如列联表,最常见的对应表是包含频数分析的交互表。

列联表(交互表)是最常见的一种对应表形式,通过交互分析得到行、列百分比,对于仅含有少量类的变量,通过这样的简单统计就可以看出行、列变量之间的一些关系。

对应分析的基本原理就是将列联表(Contingency Table)中的每一行或每一列分别对应于一个行向量(点)或列向量(点);分别将行和列的概率(百分比)看成空间行点和列点的分量,称这些点为行轮廓和列轮廓。

通过主成分分析,在以两个主成分为坐标轴的空间中标出行轮廓或列轮廓,或同时标出行、列轮廓,从而探索它们之间的关系。这种近似地表示行、列轮廓的图形叫对应图。

如果要分析的二维表中有 r 行、c 列,即行变量有 r 类,列变量有 c 类,那么对应分析中所用的维度数目应为(r-1)和(c-1)中的最小值,我们将其记作:min(r,c)-1。也就是说,我们可以在 min(r,c)-1 维空间中非常好地描绘行变量的 r 类和列变量的 c 类。例如,某一列联表中有 5 行、4 列,则维度的最大值是 min(5,4)-1=3。但是从实用的角度来讲,我们可以在较低维度下,例如用二维空间来描绘行变量和列变量的类别。很显然,二维空间非常易于理解,而多维空间则不然。在通常情况下,两个维度就可以较好地解释行变量与列变量。所以说,对应分析也是一种多变量分析的降维技术。

在多维空间下,对应分析可以用图示的方法来检验两个定类变量之间的关系。对于某一个行、列变量都是定类变量的对应表,对应分析将会计算行、列变量各类的得分,并依此得分绘出图形。在图形中,相似的类会聚在一起,靠得较近,用这种方法,很容易看出一个变量的哪几类具有相似性或两个变量的哪些类相关。图形显然比数据表更明了易懂。

对于上面所举的不同性别年龄的电视观众对影视剧节目类型偏好的案例中包含频数的二维对应表,如果我们采用对应分析的方法,可以得到如图 11-2 的对应图。

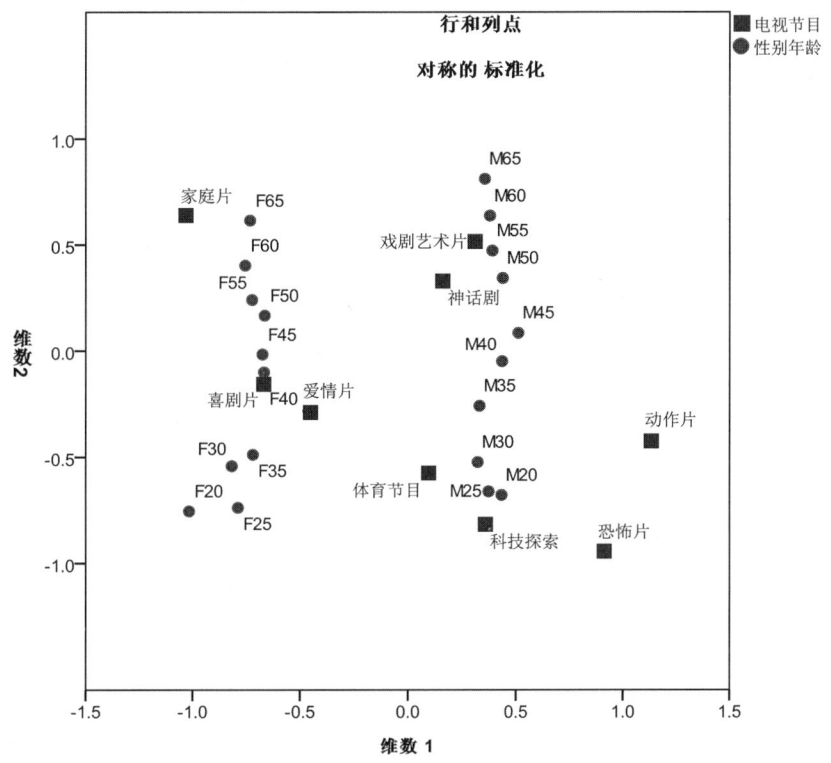

图 11-2 电视观众选择影视剧节目类型的偏好对应分析

从上面的对应图中,我们先添加两条坐标轴的中心线,可以看出:男女有显著差异,图的左侧都是 F 女性,右侧都是 M 男性;上半部分都是年龄较大的观众,下半部分都是年轻观众;在第一象限说明中老年男性观众更倾向于收看戏剧艺术片和神话剧,第二象限说明中老年女性观众更青睐家庭片,第三象限说明年轻女性观众更喜欢看喜剧片和爱情片,第四象限是年轻男性观众,他们更爱看体育节目、动作片、科技探索和恐怖片。当然,对应图也可以给我们更多的信息和数据洞察,我们将在接下来的部分详细介绍如何操作对应分析和解读对应图。

11.3 对应分析的基本方法

对应分析主要分析两个或更多定类变量构成的列联表,如果是两个定类变量的对应分析,我们称为简单对应分析;如果是多个定类变量,那就是多元对应分析。下面我们介绍简单对应分析方法。

首先，我们需要确定所研究的问题，对应分析往往用于揭示两个定类变量构成列联表的变量类别的内在关系。在社会科学研究中，我们有大量的交互分析需要做，采用对应分析的降维技术，可以让我们更好地通过对应图洞察变量的类别之间的对应关系。接下来，我们需要获得对应分析的数据。大部分情况下，我们得到的数据就是交互表或可以进行交互分析的原始数据。在上面的影视剧节目偏好数据中，我们假设得到的最初原始数据集如下：

图 11-3 电视观众选择影视剧节目类型的原始数据集

该数据包含两个定类变量：Movies 节目：1－动作片、2－喜剧片、3－戏剧艺术片、4－家庭片、5－恐怖片、6－神话剧、7－爱情片、8－科技探索、9－体育节目；Sexage 性别年龄：F－女性，M－男性，年龄从 20～65 分成 10 个年龄段，组合后编码是 1～20 类别，标记为 F20～M65，这样就构成了一个 9×20 的交叉表（列联表）数据。

在 SPSS 软件中，如果你得到的原始数据是交互表，则需将数据转换成 i、j、k 的数据格式：i＝行变量，j＝列变量，k＝单元格值。特别需要注意的是：在 SPSS 中需要设定 k 变量为权重变量。

首先，我们在 SPSS 菜单下选择：分析→降维→对应分析，选择行列变量后，分别定义范围：Movies 定义为 1～9、Sexage 定义为 1～20；如果事先无法确定两个变量的各类必须相等，我们就在类别约束中选择无；类别为补充型指的是表面某个变量的某些类不参与对应分析计算，而仅仅作为补充类附着在对应图中。下面，我们需要选择模型参数（也可采用默认选项）。

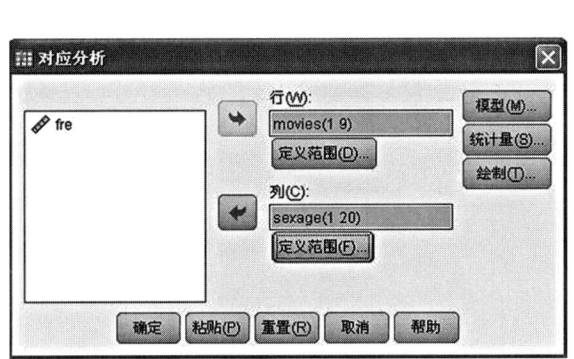
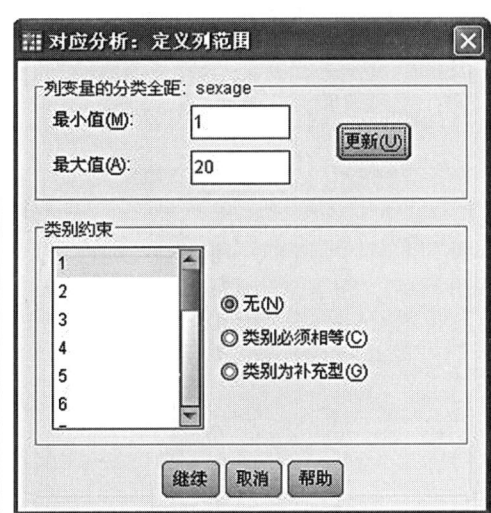

图 11-4　对应分析的 SPSS 操作界面

我们设定解的维数＝2。对应分析为分析者提供了不同的标准化方式选择。对应分析方法不仅可以用来分析一个变量不同类之间的差别，还可以用来分析两个变量之间的差别，这主要依赖于在做对应分析时对标准化方法的选择。如果我们主要是对对应表中行变量的类之间的关系感兴趣，应选择行标准化方法；如果主要是关注列变量的类之间的关系，则应选择使用列标准化方法。如果选择使用对称标准化方法，通过对应分析可以得到两个变量之间的关系。我们选择对称正态标准化方法。

其他设定参数的相关输出读者可以自己尝试操作；完成选项设定后，我们就可以执行对应分析了。

首先得到的是前面 9×20 的交互表，这张表应该与我们采用传统的交互分析得到的表是一致的。

接下来，我们得到对应分析摘要如下：

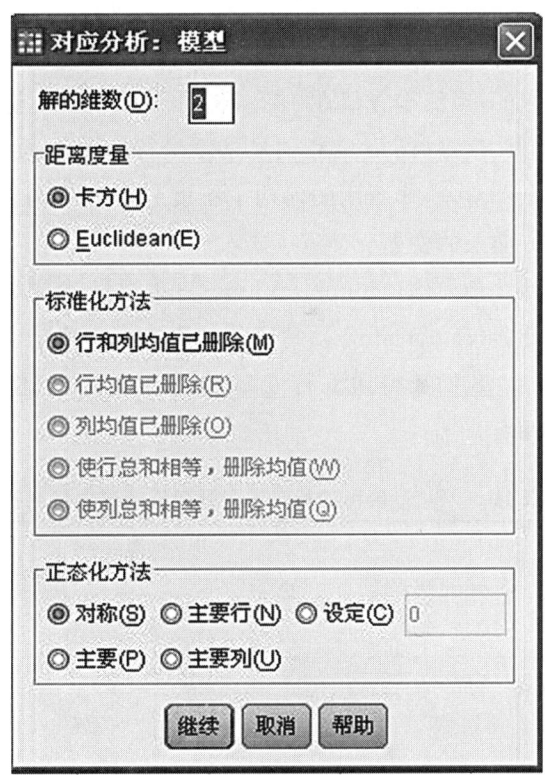

图 11-5　对应分析中的模型参数选择

表 11-4　SPSS 输出的对应分析摘要统计

维数	奇异值	惯量	卡方	Sig.	惯量比例		置信奇异值	
					解释	累积	标准差	相关
								2
1	.299	.089			.586	.586	.004	.003
2	.225	.051			.332	.918	.005	
3	.089	.008			.052	.970		
4	.048	.002			.015	.986		
5	.029	.001			.006	.991		
6	.026	.001			.004	.996		
7	.023	.001			.003	.999		
8	.012	.000			.001	1.000		
总计		.152	6386.864	.000ᵃ	1.000	1.000		

a. 152 自由度

这里我们可以看出：在二维空间的对应图中，第一维度解释了数据变差的 58.6%，第二维度解释了数据变差的 33.2%，二维空间共解释了数据变差的 91.8%。结果是非常理想的，当然卡方值在 152 个自由度下统计上会具有显著差异。

惯量(Inertias)：惯量是度量行轮廓和列轮廓的变差的统计量，总惯量表示轮廓点的全部变差；作图用的前两个维度分别对应两个主惯量(Principal Inertias)，表示在坐标轴方向上的变差。

奇异值(Singular Values)：主惯量就是对行轮廓和列轮廓作主成分分析时得到的特征值(Eigenvalues)，特征值的平方根叫做奇异值。

我们还得到了行变量和列变量的概述，其中维中的得分分别构成了对应图的坐标点。

表 11-5　SPSS 输出的行变量和列变量概述表概述行点ᵃ

Movies 电视节目	质量	维中的得分		惯量	贡献				
					点对维惯量		维对点惯量		
		1	2		1	2	1	2	总计
动作片	.064	1.129	−.420	.027	.272	.050	.885	.092	.978
喜剧片	.049	−.664	−.155	.008	.072	.005	.790	.032	.823
戏剧艺术片	.361	.304	.513	.032	.112	.423	.315	.676	.991
家庭片	.045	−1.028	.636	.024	.161	.082	.603	.173	.777
恐怖片	.048	.912	−.948	.023	.135	.194	.518	.421	.939

续表

Movies 电视节目	质量	维中的得分		惯量	贡献				
					点对维惯量		维对点惯量		
		1	2		1	2	1	2	总计
神话剧	.018	.158	.327	.001	.001	.008	.158	.512	.670
爱情片	.342	−.460	−.283	.029	.242	.122	.746	.213	.959
科技探索	.005	.353	−.823	.002	.002	.015	.111	.453	.564
体育节目	.067	.091	−.581	.006	.002	.100	.026	.795	.821
有效总计	1.000			.152	1.000	1.000			

a.对称标准化

概述列点[a]

Sexage 性别年龄	质量	维中的得分		惯量	贡献				
					点对维惯量		维对点惯量		
		1	2		1	2	1	2	总计
F20	.020	−1.016	−.756	.010	.069	.051	.600	.250	.850
F25	.020	−.789	−.739	.007	.042	.049	.555	.367	.922
F30	.023	−.818	−.542	.007	.053	.031	.682	.225	.908
F35	.031	−.719	−.488	.007	.054	.033	.707	.246	.953
F40	.030	−.667	−.101	.004	.044	.001	.932	.016	.948
F45	.036	−.674	−.017	.005	.055	.000	.933	.000	.933
F50	.052	−.664	.168	.007	.076	.006	.936	.045	.981
F55	.040	−.723	.241	.007	.069	.010	.876	.073	.950
F60	.050	−.755	.403	.011	.095	.036	.748	.160	.909
F65	.050	−.732	.615	.014	.090	.084	.569	.301	.870
M20	.061	.434	−.680	.011	.039	.125	.320	.589	.909
M25	.057	.374	−.663	.008	.027	.112	.283	.668	.951
M30	.068	.324	−.524	.007	.024	.082	.315	.618	.933
M35	.085	.332	−.259	.005	.031	.025	.597	.272	.869
M40	.076	.436	−.049	.005	.048	.001	.882	.008	.890
M45	.077	.512	.086	.007	.067	.003	.924	.020	.943
M50	.064	.439	.344	.006	.042	.034	.662	.305	.968
M55	.046	.391	.472	.005	.024	.046	.433	.474	.907
M60	.056	.380	.637	.008	.027	.101	.308	.651	.959
M65	.058	.357	.811	.012	.025	.169	.185	.718	.903
有效总计	1.000			.152	1.000	1.000			

a.对称标准化

最后，根据行点和列点的维中得分，我们就可以得到前面的对应图。

11.4　如何解读对应分析图

对应分析数据的典型格式是列联表或交互频数表,常用来表示不同背景的消费者对若干产品或产品的属性的选择频率。背景变量或属性变量可以并列使用或单独使用。

对应分析的主要应用领域为:
- 概念发展　　（Concept Development）
- 新产品开发　（New Product Development）
- 市场细分　　（Market Segmentation）
- 竞争分析　　（Competitive Analysis）
- 广告研究　　（Advertising Research）

主要回答以下问题:
- 谁是我的用户?
- 还有谁是我的用户?
- 谁是我竞争对手的用户?
- 相对于我的竞争对手的产品,我的产品的定位如何?
- 与竞争对手有何差异?
- 我还应该开发哪些新产品?
- 对于我的新产品,我应该将目标指向哪些消费者?

数据的格式要求为:

两个变量间——简单对应分析。

多个变量间——多元对应分析。

本章小结

1.对应分析是一种分析定性数据的多变量分析技术,它以强有力的数据图示化技术成为传播研究和市场研究分析中常用的数据分析技术之一。

2.对应分析主要分析两个或多个定类变量构成的列联表,它可以将类别联系直观地表现在二维图形中(对应分析图)。

应用实例

我们以一个经典的与自杀相关的数据分析来说明对应分析。下面的交互分析表主要收集了48961人的自杀方式以及自杀者的性别和年龄数据,其中自杀的方式包括:POISON(毒药)、GAS(煤气)、HANG(上吊)、DROWN(溺水)、GUN(开枪)、JUMP(跳楼)。

Count		Method Sexage Crosstabotation									
Sexage		11M15	12M30	13M45	14M60	15M80	21F15	22F30	23F45	24F60	25F80	Total
Method	1POISON	1180	2823	2465	1531	938	921	1672	2224	2283	1548	17585
	2GAS	335	883	625	201	45	40	113	91	45	29	2407
	3HANG	1524	2751	3936	3581	2948	212	575	1481	2014	1355	20377
	4DROWN	67	213	247	207	212	30	139	354	679	501	2649
	5GUN	512	852	875	477	229	25	64	52	29	3	3118
	6JUMP	189	366	244	273	268	131	276	327	388	383	2845
Total		3787	7888	8392	6270	4640	1359	2839	4529	5438	3819	48981

当然，我们拿到的最初原始数据可能是 SPSS 数据格式记录表：

如上表所示，其中，性别取值 1—male、2—female，年龄取值 1~5，分别表示不同年龄段。

要回答的问题是：

1.不同性别的人在选择自杀方式上有什么差别？

2.不同年龄的人在选择自杀方式上有什么差别？

3.不同性别年龄的人在选择自杀方式上有什么差别？

首先，我们把性别字段乘上 10 加上年龄字段生成新字段 Sexage，取值是 11~15、21~25，然后分别用 M/F 和年龄组中值代表 Sexage 字段的变量值标，这样我们就可以进行简单对应分析了。

如果你看到上面的 6×10 的矩阵一列联表，你能看出什么差异？现在我们采用 SPSS 软件进行对应分析，分别定义好行、列变量以及它们的取值范围。

Summary

Dimension	Singular Value	Inertia	Chi Square	Sig	Proportion of Inertia		Confidence Singular Value	
					Accounted for	Cumulative	Standard Deviation	Correlation 2
1	.321	.103			.604	.604	.004	.012
2	.237	.056			.330	.934	.004	
3	.094	.009			.051	.985		
4	.042	.002			.010	.995		
5	.029	.001			.005	1.000		
Total		.171	8371.283	.000^2	1.000	1.000		

对应分析中,6×10 的列联表(交互表)可以得到行列维度最小值减 1 的维度,即 5 个维度。我们看到第一维度 Dim1 解释了列联表的 60.4%,第二维度 Dim2 解释了列联表的 33.0%,说明在两个维度上已经能够说明数据的 93.4%,这是比较理想的,当然我们也可以看卡方检验等。

下面我们主要解释如何解读对应图。

首先对 SPSS 分析得到的对应图进行修饰和编辑,在 0 点增加两条中线。

解读方法:

1.总体观察。我们从 261 页上图左右可以看出,左边全部是 M * 男性,右边全部是女性 F *,说明男女有显著差异;同时看横轴中线上方都是年龄大的,下面都是年龄小的,说明年龄有差异;这样就一目了然看出和回答了前两个问题。

2.观察邻近区域。我们从该图上可以看出,老年男性比较"喜欢"HANG(上吊),GAS(煤气)和 GUN(开枪)是年轻男性的"偏好";老年女性比较"喜欢"DROWN(溺水),年轻女性比较"偏好"POISON(毒药)。

3.向量分析——偏好排序。我们可以从中心向任意点连线——向量(261 页下图),

第十一章 对应分析

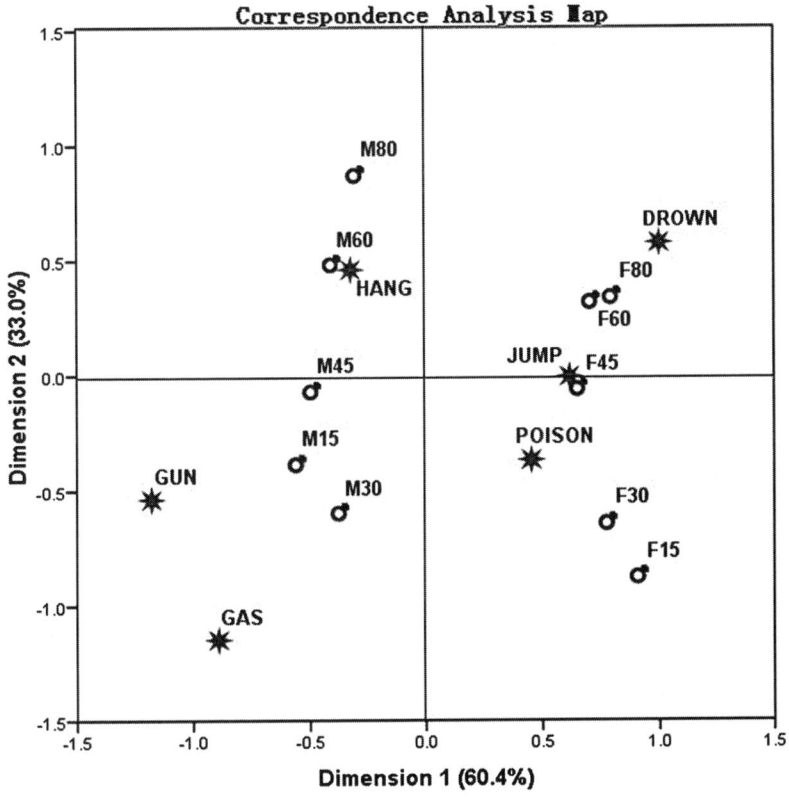

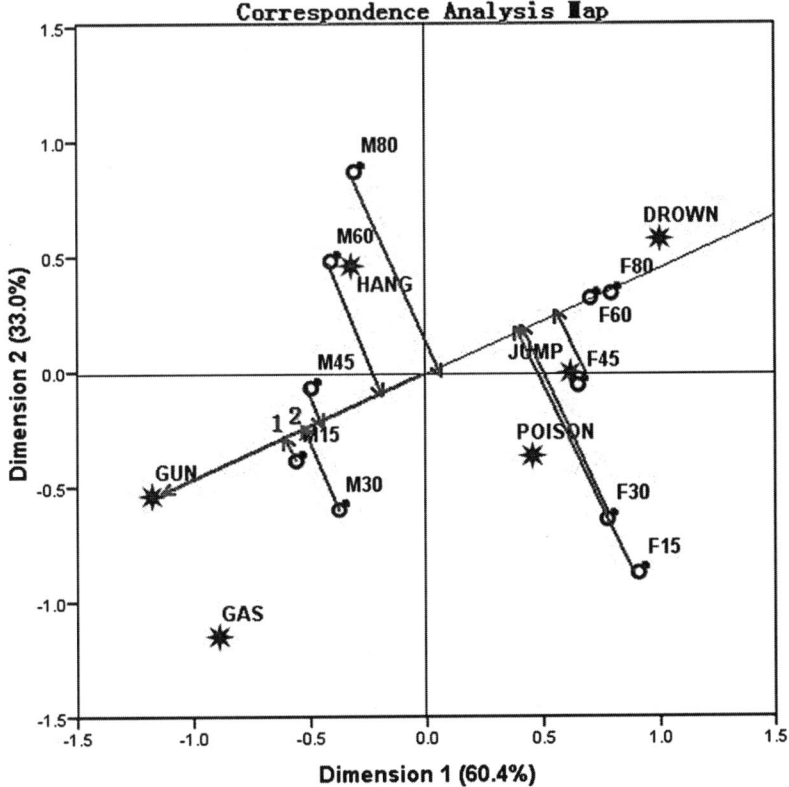

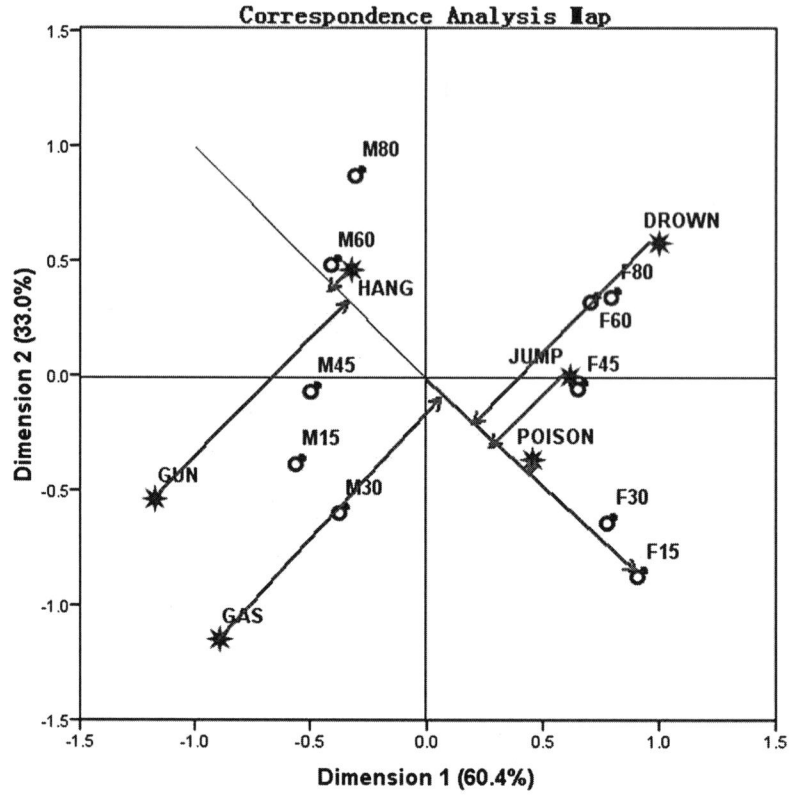

例如从中心向 GUN(开枪)做向量,然后让所有的人往这条向量及延长线上做垂线,垂点越靠近向量正向,表示越偏好这种方法。

记住:是垂点到 GUN(开枪)正向排名,从图中我们可以看出,"喜欢"GUN(开枪)方法的人依次是 M15、M30、M45、M60、M80、F15 等等;依此类推,我们还可以从中心向任意一种方法做垂线,均可以排出每种方法选择人群的"偏好"次序;当然,也可以从中心往所有的人做向量,得到每一类人在选择 6 种方法上的"偏好"排名(见本页上图)。

你是否可以看出 F15 年轻女性对 6 种方法的"偏好"?

4.向量的夹角——余弦定理。接着,我们可以从向量夹角的角度看不同方法或不同人之间的相似情况,从余弦定理的角度看相似性。

从本页上图我们可以看出,当我们从中心向任意两个点(相同类别)做向量的时候,夹角是锐角的话,表示两个方法具有相似性,锐角越小越相似。也就是说,GUN 和 GAS 是相似"品牌",当然它们之间也是竞争"品牌",也具有替代性,如果这次开枪没有自杀成功,下次他可能就选择毒气啦。我们也看出 F15 和 F30 的人比较相似,但 F15 与 M80 就有非常大的差异了,因为如果做向量,它们是钝角,几乎是平角了。

5.从距离中心的位置看,越靠近中心,越没有特征;越远离中心,说明特征越明显。从 263 页这张对应图中我们看到,有些点远离中心,有些点靠近中心,这说明什么呢?从几

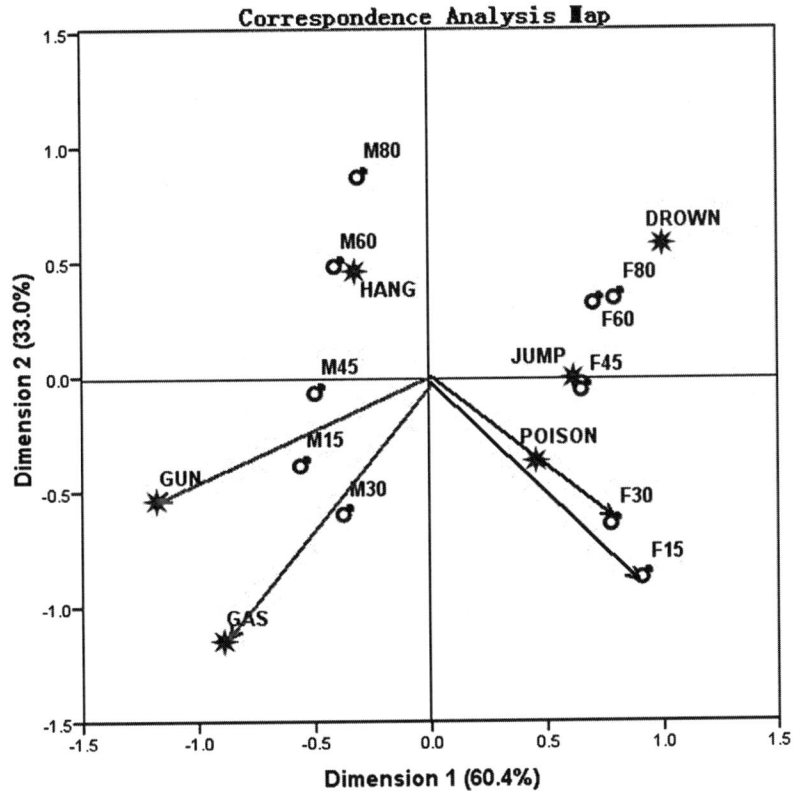

何空间的角度,如果一个人对其他每人都一样好,在规整图上就应该站在大家的中心。这说明越靠近中心的点,越没有差异(记住:没有差异并不代表不重要,只是没有差异,因为统计的技术是研究差异的技术,差异越大往往特征就越显著),越远离中心特征越明显。从品牌角度思考,说明越远离中心的品牌,消费者越容易识别,说明品牌特征(特色、特点)明显;越靠近中心的品牌,消费者越不易识别,也说明该品牌定位没有显著可识别的特征,没有差异认知。

6. 坐标轴定义和象限分析。我们还没有定义坐标轴呢?通过第一点的分析,其实我们很快就可以定义坐标轴的含义了(当然有时候对应图的坐标轴是非常难定义的)。

因此,落在264页上图第四象限的是年轻女性所喜欢的"品牌"。

7. 产品定位:理想点与反理想点模型。我们可以在264页下图以POISON为定位点,以POISON为圆心画圆,可以得出这样的结论:越先圈进来的人就是越喜欢这个"品牌"的消费群,越先圈进来的"品牌"越可能是竞争"品牌";当然,也可以以某类人作为圆心进行解读;如果POISON是市场中不存在的,在调查中可以设定为理想点,这样我们就可以得到理想点模型,同理也可以得到反理想点模型分析。

264 调查研究中的统计分析法·基础篇

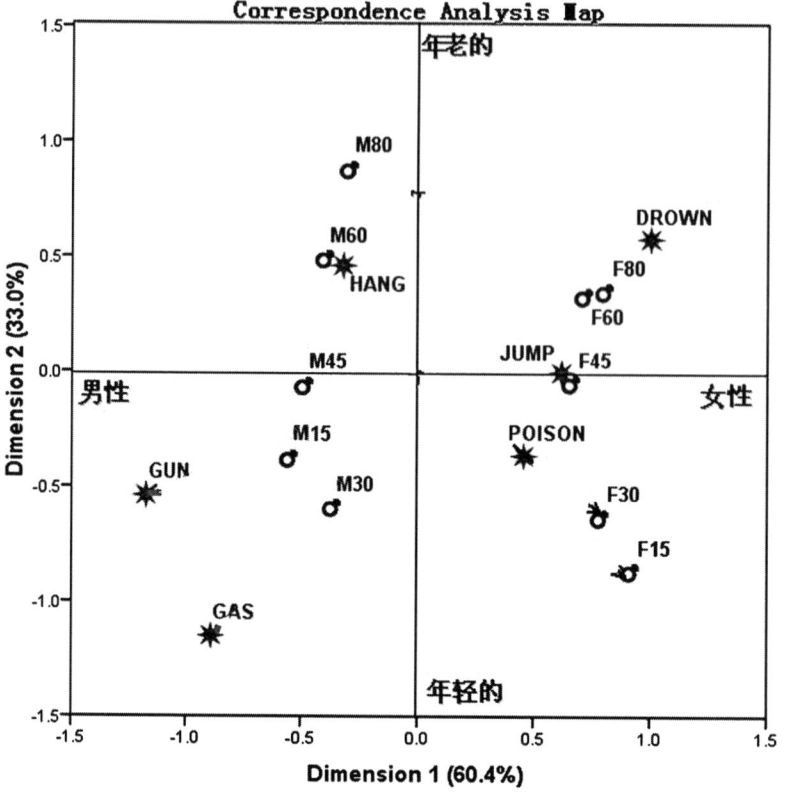

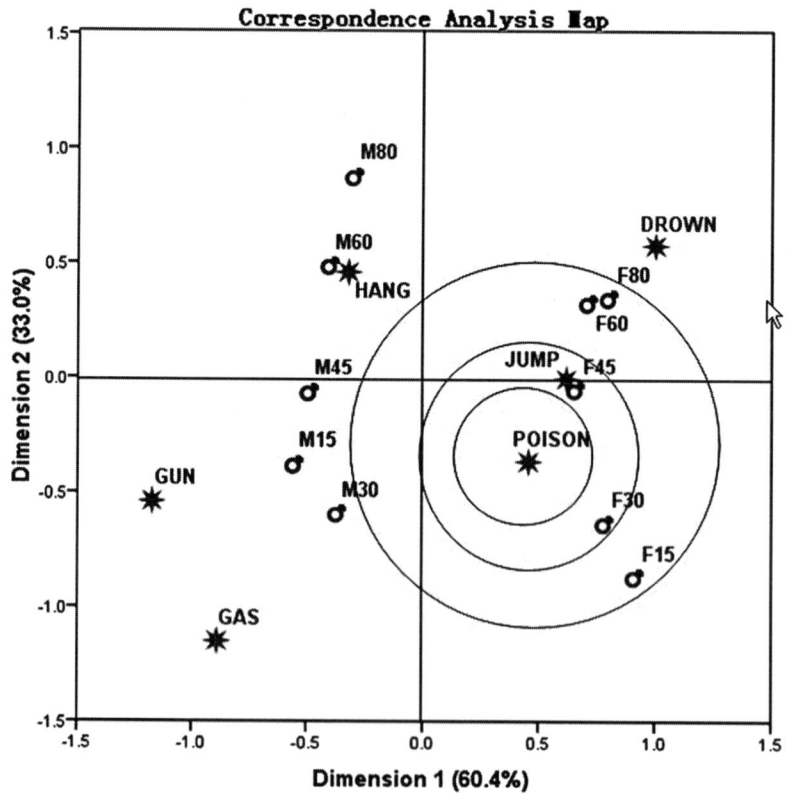

8.市场细分和定位。最后,研究人员可以根据前面的分析和自身市场状况进行市场细分,找到目标消费群,然后定位进行分析,最终选择不同的目标市场并制定有针对性的营销策略和市场投放。

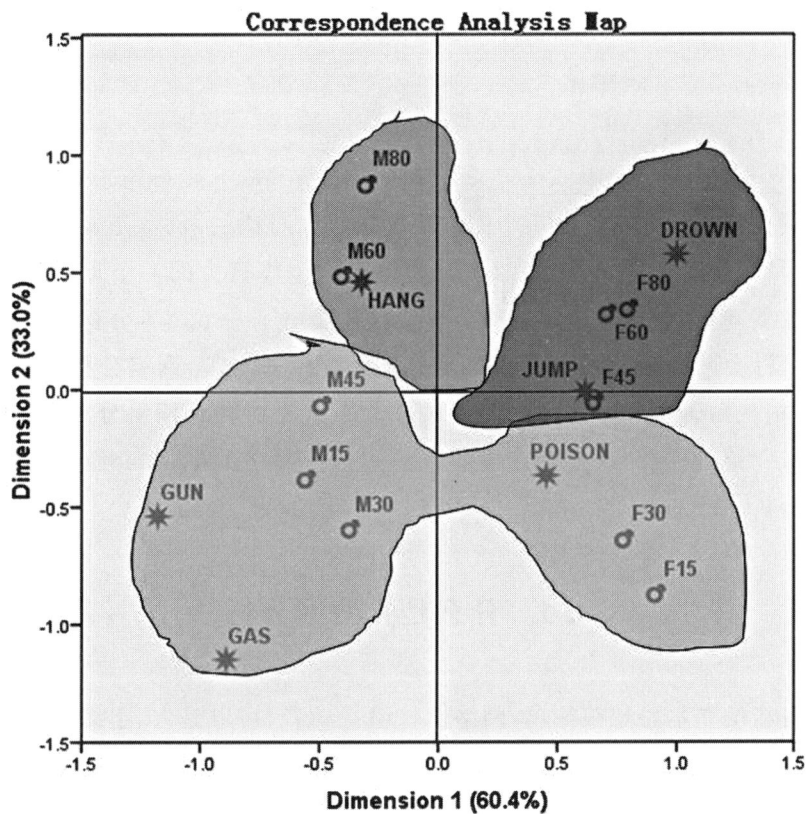

我们也可以尝试采用多元对应分析,但不如简单对应分析有意义。

简单对应分析的优点:定性变量划分的类别越多,这种方法的优势就越明显,就越有利于揭示行变量类别间与列变量类别间的联系,可将类别联系直观地表现在二维图形中(对应图),可以将名义变量或次序变量转变为间距变量。

简单对应分析的缺点:不能用于相关关系的假设检验,维度要由研究者决定,有时候对应图解释起来比较困难,对极端值比较敏感。

习 题

11—1 以本章表11-1(Brand品牌与Area地区的交互分析表)中的数据为例进行对应分析的实际操作。

11—2 以本章"应用实例"中的自杀相关数据进行对应分析的实际操作。

第十二章　社会网分析

一般的调查和统计分析都是从个体的角度来研究对象的,也就是说分析的是属性数据;而在社会科学研究中,个体之间的关系也是影响个体行为的一个重要因素。而关系数据与属性数据有很大不同,早期从社会学领域发展出了一个用于分析关系数据的调查研究方法——社会网络分析(Social Network Analysis)。社会网络分析(以下简称社会网分析)从结构视角研究个体之间的互动关系。本章将对社会网络分析的基本概念、方法和应用进行介绍,以帮助读者学会如何收集和分析网络数据,并介绍如何应用网络分析软件进行分析。

12.1　什么是社会网分析

社会网分析的基本思想很简单:网络由一组行动者(可以是人、组织、国家等)和他们之间的关系组成。在这个研究领域中,研究者们研究的焦点是行动者的关系模式反映出的现象或数据。他们关注关系,而不是行动者的属性,研究网络结构对真实世界存在的影响。同时,社会网分析也有其自身独特的一套分析方法,包括用矩阵记录数据,用社群图对数据进行可视化展现,以及运用一系列计算指标用来描述网络等。

1. 社会网分析与传统社会科学方法的不同

社会网分析与传统社会科学研究最大的不同点,在于前者特别强调社会关系,即社会结构对行为的影响。传统的社会科学对人类行为的解释主要基于主流的统计学逻辑及其影响,大多将人类行为的成因归于行为者本身所具有的属性(Attributes)。例如,在解释电视传播对人的影响时,一般都从性别、年龄、教育程度、个人或家庭收入等方面来分析这些属性如何影响个人的态度或者局限个人的发展;即使考虑社会关系因素,在分析上也常将这些因素当成个体从群体中得来的派生属性(Derived Attributes)来处理,例如考虑个人的工作环境、个人及家庭的社会经济地位等对个人成长的影响。这种混合了个人社会脉络(Social Context)和个人社会属性特征的做法,最多仅能将个人所处的社会关系当成可控制的变量(Control Variables)来处理,并不能清楚地描述出影响个体行为的社会结构机制(Social Structural Mechanism)。因此,传统的社会科学分析方法考虑问题的最大局限性,在于研究者将各种外在因素分门别类后,有意无意地扭曲了个体所处的社会关系(Social Relations)(Wellman,1988)。

举例来说,图12-1是由一组复杂的人际关系所组成的社会群体网络,图中的点代表个人,连接点的线代表人与人之间的关系。假设我们想了解性别对投票选举行为的影响,在传统的统计方法中,为了分析上的方便,一般会先将这群人按照他们的属性分组,然后再比较男性和女性在投票行为上的差异。比较此图的差异,我们可以发现所要观察的对象产生了一个重大的改变。图12-1中上半部分的复杂社会网络结构,在图12-1中下半部分已经不复存在了。这种分析仅能让我们知道男性与女性在整体投票行为上的差异,但我们已无法探究性别之所以造成投票差异的原因了。从社会网分析的观点来研究个体行为,主要目的就是在于保留个体间互动模式的完整性,从原本的社会关系结构来理解个体所处的结构位置、关系以及互动模式是如何影响投票行为的。

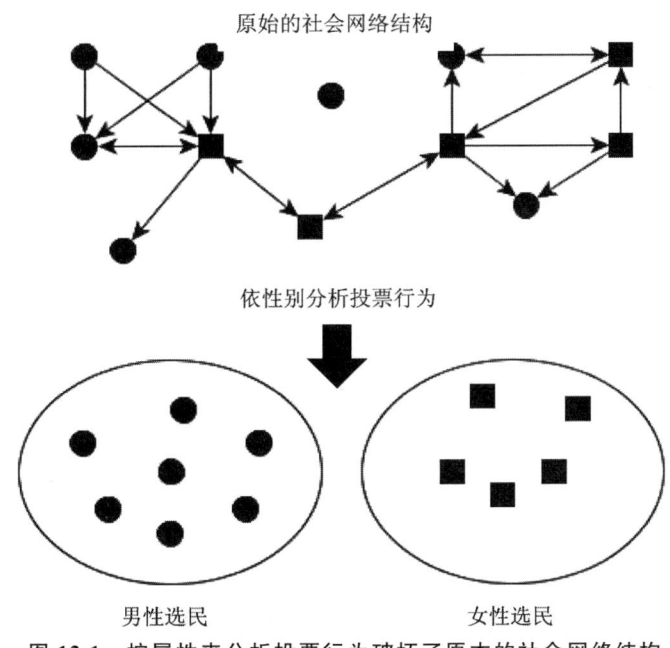

图12-1 按属性来分析投票行为破坏了原本的社会网络结构

英国社会人类学家Elizabeth Bott(1955;1957)对于婚姻角色的分化研究可以说明这一点。Bott观察了英国20对夫妻的婚姻角色行为,提出了一个有趣的问题:何以有些夫妻对于家中事务的决定和分担大多采用共同协商的方式,而另外一些夫妻则有强烈的"男主外,女主内"的性别角色分化现象? Bott并没有像过去的社会科学家那样,从夫妻双方的个别属性如人格、教育背景和家庭背景等个人因素来理解这种现象,而是将分析的焦点放在夫妻的人际网络上。她发现:婚姻角色分化较明显的夫妻大多分别拥有一个关系紧密的社交圈(图12-2上部);先生极少参与妻子的社交活动,而且先生的朋友通常不认识妻子的朋友;相反,角色分化较不明显的夫妻,其社交圈的成员彼此关系较为松散(图12-2下部)。Bott认为第一种夫妻由于先生和妻子分别透过两个重叠性很低的社交圈被社会化,因此受到两种不同角色规范的影响,在家中的角色分化现象自然较为明显。第二种夫妻虽然分别拥有各自的人际网络,但其成员彼此之间并没有紧密的互动行为,由于这种松散的人际网络难以形成强大的社会规范,因此先生和妻子较不易具有特定的角色期望。

这个简单的观察对我们理解社会网络中的关系有着极大的帮助。同时,对于构成关系的双方,个别关系的意义需通过社会网络的整体结构来理解。简单地说,两个行动者A和B之间的关系,常常取决于A和B与其他人的关系,只有从个别关系所处的网络脉络中,才能把握和理解网络中关系的实质意义。

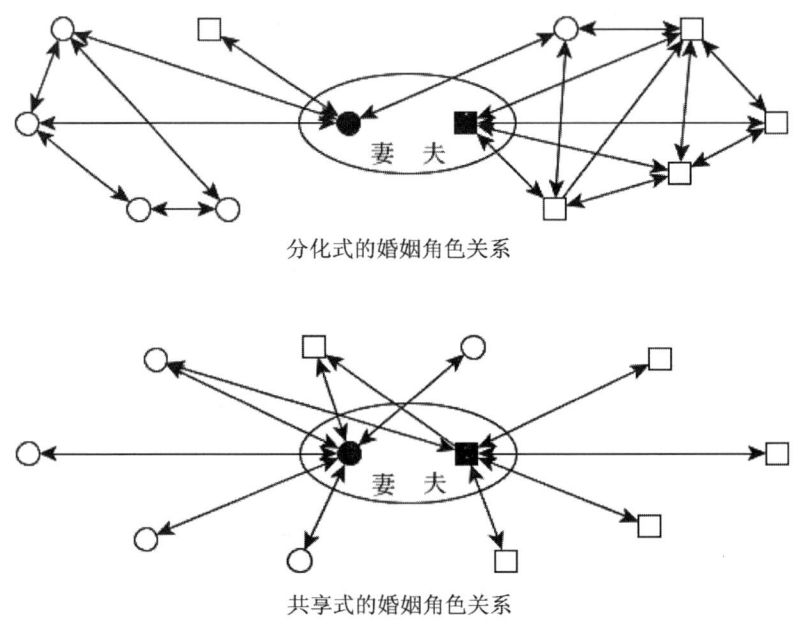

图 12-2　夫妻的人际网络与婚姻角色关系

2. 网络数据的表现形式

"传统的"社会科学数据是一个由一组观察组成的矩阵,其行为个案,列为属性变量的取值(可能是定量或者定性的)。每个单元格都描述了某个行动者在某个指标上的得分。在某些情况下,矩阵还可能包含第三个维度,它表示个案的组别。

表 12-1　社会科学数据示例

编号	性别	年龄	变量 A 得分
001	男	31	4
002	女	27	2
003	女	35	1
004	男	29	3

这样的数据结构使我们可以通过变量值(行的比较)来研究行动者之间的相似性,也

可以通过变量在所有行动者上的分布来研究变量之间的相似性（列的比较）。

网络数据同样也是一个矩阵，但是与传统数据不同的是，这个矩阵是一个方阵，行和列都表示同一组个案，每个单元格表示对应的行和列的一对行动者之间的关系。这是网络数据的基本形式，被称为邻接矩阵（Adjacent Matrix）。

表 12-2 网络数据示例（无向的、无值的邻接矩阵）

谁曾经和谁交谈？				
行动者 A	行动者 B	行动者 C	行动者 D	
行动者 A	——	0	1	1
行动者 B	0	——	0	0
行动者 C	1	0	——	1
行动者 D	1	0	0	——

在一个网络数据的矩阵中，假设 x_{ij} 表示第 i 行 j 列的元素，则 x_{ij} 的值表示由行动者 i 指向行动者 j 的关系。如果该值为 0，则说明此关系不存在。如上所示的矩阵中，以主对角线分开的两部分是对称的，说明此网络中的关系是无向（Undirected）的。也就是说，只要行动者 i 和行动者 j 有关系，我们就认为行动者 j 和行动者 i 也有关系，例如互动关系就是这样的一种关系。另外还有一种有向（Directed）关系，例如借款关系，A 借钱给 B，B 不一定同时借钱给 A，因此有向网络的邻接矩阵一般是不对称的[①]。

关系还可以分为有值关系和无值关系。如果行动者之间的关系没有强度，只有"存在"和"不存在"两种，我们就说这是无值关系，分别用"1"和"0"表示。而有值关系是有强度的，例如在互动关系中，我们可能把"5～7 天交流一次"视作关系强度为 1，"3～5 天交流一次"视作关系强度为 2，"1～3 天交流一次"视作关系强度为 3，这样形成的网络就是有值的。

除了邻接矩阵，社会网分析中还有一种重要的矩阵叫做隶属矩阵（Affiliation Matrix）。顾名思义，这是一种用来表示隶属关系的矩阵。隶属矩阵的行表示节点，列则表示属性、群体等事件，矩阵中的元素 a_{ij} 表示第 i 个节点隶属于第 j 个事件。由于行和列代表的对象不同，隶属矩阵一般不是方阵。隶属矩阵和邻接矩阵也可以互相转化，隶属矩阵在分析 2－模（Mode）网络[②]时用途较多。2－模网络数据一般意义上是描述两类不同层面的群体，比如 n 个行动者和所在的组织或群体层面的特征，特殊情况下描述的是 n 个行动者与 m 个事件之间的关系，我们可以将一个 2－模网络转换成基于事件 m×m 或基于行动者 n×n 的两个邻接矩阵。但一般社会网分析还是使用邻接矩阵。

可以用与传统数据类似的方法来看网络数据。通过比较矩阵的行，我们可以看到哪

[①] 矩阵的运算及相关理论，有兴趣的读者可进一步参考有关线性代数的相关资料。
[②] 2－模（Mode）网络描述两类群体，既有个体之间的关系，也有个体所属群体之间的关系；特殊情况可以描述一群行动者与若干事件之间的互动关系，由此可以分析个体之间的关系和事件之间的关系。

些行动者在选择其他行动者上相似;而通过比较矩阵的列,我们可以看到谁和谁是以相似的模式被他人选择的。这是一种很有效的观察数据的方式,因为它可以帮助我们看到哪些行动者在网络中占据着相似的位置。这是社会网分析的第一个重点:行动者是如何"嵌入"整个网络中的。

社会网分析学者也可能以整体的角度看待数据,他们可能会注意到矩阵中的"0"和"1"的数量几乎相等,这表明网络有一个适中的"密度(Density)";也可能会比较对角线上下的单元格,看看选择中是否存在互惠关系。这是社会网分析的第二个重点:个人选择是如何形成整体模式的。

虽然网络数据和传统数据在形式上有类似的地方,很多传统数据分析中应用的技术(如计算相关系数和距离)也同样可以应用于网络数据。但是,社会网分析学者们看待数据的方式有本质的不同,行动者之间的连带不会被描述为"自我"的属性,他们关注连接的结构以及行动者是如何嵌入其中的。行动者以关系描述而不是属性,并且关系本身也是基本的分析元素。这种差异导致研究者在进行研究设计时必须做出相应的选择,包括抽样、测量和对数据的处理。这并不意味着社会网分析学者们使用的研究工具和其他社会科学研究者完全不同,但是,社会网分析强调一些特别的目的,因此需要特别的考虑。

除了矩阵,还有一种表示网络数据的方式——图论方法。图论包括一系列要素构成的集合以及这些要素之间的关系。要素被表示为点,而关系被表示为边。这样,一个表示群体中成员关系的矩阵就可以转换为一个由点和线组成的图。

图 12-3a 给出了一个基本的网络图形,网络中有 6 个节点,包括的关系有(A、B)(A、C)(B、D)(B、E)(C、D)(C、E)和(D、E)。需要注意的是:图形上两个节点间连线的长度是没有意义的,因为两个节点的连线只是表明它们之间存在关系;同样,图形中的节点方位也是没有意义的,例如,节点 E 也可以画在节点 B 和 D 的中间,并没有什么不同。

同样,图也包括有向图和无向图,图 12-3a 是无向图,A 和 B 之间有一种关系,同样的关系也存在于 B 和 A 之间,二者并没有差异;但在有向图中,关系是有方向的,一般用带箭头的有向线段表示,例如图 12-3b 是有向图,假定关系的定义是"谁喜欢谁",图中可以看出,A、D、E 几个人都说喜欢 C,注意到 C 并没有说他喜欢 A、E,但 C 喜欢 D,因此 C 与 D 之间满足相互性。

此外,图也分为有值图和无值图,我们可以将数字标示在有值图的关系上,用以表明两个节点之间关系的强度,或者是它们之间的频度、力度等表示关系强度的量化指标。

图形理论和社会计量学中有一些基本概念是社会网分析的基础,下面就介绍一些比较重要的概念。

(1)途径(Walk):网络图中的一系列节点和线,开始于一个节点,终止于一个节点,其中所有节点和线都相连;

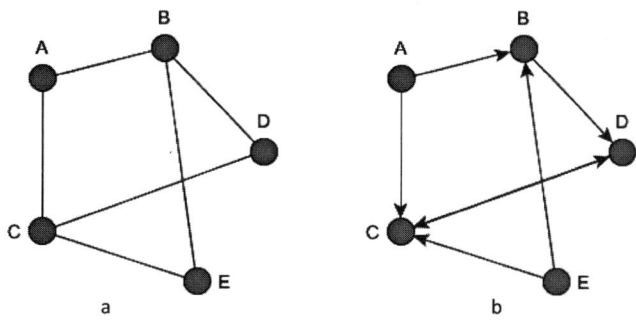

图 12-3 用图表示的网络

(2) 步径(Trail):经过的所有线都不重复的途径;
(3) 路径(Path):所有节点和线都不重复的途径;
(4) 捷径(Geodesic):两节点间最短的路径;
(5) 距离(Distance):两节点间捷径的长度;
(6) 直径(Diameter):一个图形中距离最远的两节点之间的捷径长度;
(7) 规模(Size):网络中包含的行动者数量,网络规模大小可能会影响到网络中的关系和结构;
(8) 密度(Density):社会网络中行动者之间的联系程度,密度越大,说明这一群行动者之间的联系越紧密。

12.2 社会网分析的步骤

应用社会网分析有六个主要步骤:

1. 明确社会网分析的目的和假设

确定采用社会网分析之前,研究人员要明确社会网分析所要达到的目的是什么?是分析个人网络、组织网络还是组织间网络?

社会生活中的一些特定个体,他们之间的关系背后其实是一张关系网络,他们的网络结构是什么?不同的网络、不同的结构会带来怎样不同的资源和利益?例如,考虑消息是如何通过研究者所关注的网络施展影响力的?一种新的概念、信仰、新发明是如何透过网络传播的?一个组织(企业)文化是如何创造、维护并被网络不断增强的?人们对组织中的规范及行为特征的思考并不是独立存在的,也就是说他们并不是以同一种眼光来看待世界的;而往往恰恰相反,他们会从相当多不同的角度来看待我们的社会。网络是否能够扮演个人的传播渠道,使之能与他人分享这些观点,相互影响、相互妥协以达成一致见解?网络结构是否是组织中组织文化传播渠道的一张地图?这些问题都可以从社会网分析的角度来研究。

在这一阶段,我们还需要确定,我们要进行的研究是自我中心网(Ego Network)分析还是整体网(Whole Network)分析。自我中心网分析是个体行动者层次,就是从自我(Ego)出发,研究与自我相连的节点间联系的特征。它只能分析社会连带,却不能分析网络结构;而整体社会网正好相反,整体社会网是一个有明确边界,由一个群体及群体成员间联系组成的网络,它分析社会连带的能力较差,但是却很适合用来分析网络结构。

当我们研究的着眼点是网络结构模式的变化时,还要考虑在不同的时间轴上,这种网络的结构模式是如何随时间而改变的。

2.确定网络的成员及关系

当我们明确了研究的目的并建立了理论假设后,就要明确网络的分析对象以及它们之间的关系。网络成员是个人、公司、组织还是国家?研究的网络应该包括那些成员,或者说,哪些成员应该属于我们所研究的网络?社会网分析的中点是行动者之间的关系,而不是个体和他们的属性,这意味着网络研究的抽样不能像大多数其他研究(典型的调查)一样是独立的。比如说假设我们研究朋友关系,行动者 A 被选中成为我们的样本,当询问 A 的朋友时,他给出了 5 个人,我们同样需要追查这 5 个人中的每一个,询问他们的朋友关系。这 5 个人因为 A 在我们的样本中而成为了我们的研究对象(反之亦然),所以样本之间不再是独立的。

传统的调查研究中选出的行动者通常是独立概率抽样的结果,而网络研究则更可能包含在某些边界(通常是自然产生的)下的所有行动者。很多情况下,网络研究根本不使用传统意义上的"样本"。相反,它们倾向于使用某些群体中的全部成员。当然,这里的群体可能是较大的集合中的样本。例如,如果我们要研究班级中学生的互动模式,我们就会研究一个班级中所有的学生,而这个班级可能是按照某种概率方法从全校的班级中抽出来的。

不同社会网分析学者研究的群体有非常显著的不同,他们可能研究一段文本中所有的名词,也可能研究共同属于某个世界组织的国家,更一般的情况下,他们研究个人组成的群体。然而,无论研究什么,被研究的群体都需要定义一个边界。网络研究中的群体边界通常有两种类型:一般最常用的边界是由行动者自动形成的,一个班级、组织、俱乐部或社区的全部成员可以组成一个群体,这是自然形成的聚类;但是在有些情况下,研究者们可能也需要通过某种"人口学的"或者"生态的"方法去定义群体边界。我们可能把一个空间范围中的所有人或者满足一些标准(例如年收入在 10 万元以上)的人当作要研究的群体。在这种情况下,由于被研究的实体是研究者强加的抽象聚类,而不是由行动者本身确定的制度化社会行动模式,因而我们有理由怀疑他们之间的网络是否存在。

另一个重要方面就是定义成员间的关系,社会网分析的基本点是建立在关系基础上的二元属性,这种关系的概念要明确,同时要考虑是否能够在这种关系定义下收集到所有成员间的这种关系数据,这种关系的强度如何定义,是否有方向性、传递性,关系是否具有相互性和多重性。另外,我们也要考虑,如果一个网络中的所有成员间都存在着同样强度的关系,也就是说,网络中的成员彼此之间都有连接,那么,社会网分析就将无法区分不同成员的地位、角色和团体组成员。反过来,如果网络中的成员彼此之间只存在着较少的连接,那么,社会网分析也只能将每个成员作为一个个孤立的个体来对待。

在确定了研究对象之后,我们需要决定是否进行抽样。研究的一个极端是"整体网"的方法,这种方法能产生最大数量的信息,但是也可能花费最高、难以推广,并且不易实施。除此之外,我们也可以用类似传统调查研究的方法进行抽样,抽样明显减少了获得的网络结构信息,但是通常情况下更便宜、更容易实施。没有哪种方法是万能的,因此,需要根据不同的研究目的选取不同的方法。

整体网的方法要求我们收集每一对行动者之间的连带信息,相当于一次普查,而不是抽样。例如,我们可以从国际货币基金组织的记录中收集世界上所有国家间铜的货运量;也可以检查所有公司的董事会以寻找重复的董事;还可以计算一个国家中所有城市间的车辆运行数;我们可以看一个公司所有职员之间的电子邮件来往,还可以询问一个班级中每一个学生以找出他们的朋友。由于我们收集所有行动者的信息,整体网数据可以给我们一个群体中关系最全面的图景。大多数社会网分析的特殊方法都是基于整体网数据发展起来的,它是正确定义和测量许多社会网分析中的结构概念(例如中介中心性)所必须的。

整体网数据能对社会结构进行非常有力的描述和分析,遗憾的是,它的成本也很高,并且难以收集。从一个群体的每一个成员那里获取数据,让每一个成员对其他成员进行评级是一件非常有挑战的任务,只能在小群体中进行。为了让这项任务更易于处理,我们可以让被访者给出一个有限的数量,这些人与他们有关系。虽然如此,在一些大型群体中(比如说一个城市中的所有人),这项任务实际上是不可能的。好在许多情况下,这个问题并不像我们想象的那样严重。大多数人、团体和组织倾向于有限数量的关系——或者至少有限数量的强关系。这可能是因为社会行动者只拥有有限的资源、精力、时间和协作能力,因此不能维持大量强关系。事实上,社会能够在相对少的链接下发展出一个具有相当程度的秩序和团结的结构。

如果对网络节点进行抽样,通常情况下我们选用的是一种称为"滚雪球(Snowball)"的方法。滚雪球抽样从选定的一个行动者或行动者集合开始,每一个行动者被要求给出一些(或所有)他们与其他行动者的关系,然后,所有被给出的行动者(不在原来列表上的)也被要求给出同样的行动者,这个过程一直继续下去,直到没有新的行动者被给出或我们决定停止(通常由于时间和资源的限制,或者给出的新行动者处于我们试图研究的团体的非常边缘的位置)。滚雪球抽样在追踪某些"特殊"群体(通常是大量小的子集混合在很多其他成员中)时十分有效。业务联系网络、社会精英、越轨亚文化、集邮爱好者、亲属网络,还有许多其他的结构,用滚雪球抽样都可以很有效地进行定位和描述。有时,决定何时停止滚雪球抽样是很困难的,需要仔细思考。如果限制大部分行动者的强连带数量和倾向于得到回报的关系,我们便容易找到界限。

滚雪球抽样有两个主要的潜在局限性或弱点。首先,没有连接,即"孤立点(Isolates)"的行动者不会被抽到。孤立点的存在和数量是群体的一个非常重要的特征,尤其对于某些分析目的来说。滚雪球抽样也倾向于夸大群体的"连通性"和"团结"程度。其次,这种方法不能保证发现群体中所有连接的个体。雪球从哪里开始滚动?如果我们选择了错误的第一个行动者,我们就可能错过一整个不与开始点连接的行动者子集。

在运用滚雪球抽样时,应思考如何选择初始节点。在许多研究中,可能有一个自然的起点。比如在共同体权力研究中,最常见的方式是从大型经济、文化、政治组织的首席执行官开始。但是这样的方法会错失大部分共同体(那些孤立于精英网络之外的),这种方法很可能在捕捉精英网络时非常有效。

3.收集关系数据

在明确了网络要分析的成员并定义了他们之间的关系后,就要收集基于关系的二元属性数据了。

关系数据的收集方法主要有:二手资料法、调查法、内容分析法、日记(志)法和实验法。

(1)二手资料法

该方法通过收集有关政府、行业部门发布的定期统计资料,获得社会网分析数据。例如,利用世界上各国经贸(进出口)数额,研究国家间国际经济贸易网络;利用各国电信流量,研究国家间电信流动模式(网络结构)等。二手资料收集数据的方法主要在社会网分析中采用。

(2)调查法

可以通过调查方法,询问每一个成员谁是他们获得可靠信息的对象,信息的来源就可以被识别。一般在调查过程中,需界定信息的来源是什么,通过社会网分析描绘某个特定群体成员中的沟通模式,研究发生在群体成员间的信息传播的相互影响。

调查法多使用问卷获得数据,常用的是提名生成法(Name Generator),顾名思义,就是通过让被访者列出与自己有某种关系的那些人的名字来生成网络资料。罗家德认为,提名生成法适合收集自我中心网资料(罗家德,2010)。但事实上,只要把提名范围限制在整体网研究的整体当中,提名生成法同样可以用来收集整体网资料。这可以配合回忆法和名册法来完成。所谓回忆法(Recall Survey),就是让被访者自己回忆与自己有关系的人有哪些;而名册法(Check-list Survey),就是利用名册让被访者从中选出与自己有关系的人。在提名时,有自由提名和限制提名数量两种,前者对被访者提名的数量没有限制,有时结合名册法使用,以免提名的范围太过广泛;后者则会对被访者提名的数量给出一个确定数目或范围。这两者之间最大的差别是:要求一个定数,被访者就可能选择亲密的或者最有帮助的人;而要求一个范围,正好相反,从被访者给出的人数上可以看出受访者在这个问题上的积极程度。除了提名,还可让被访者对关系进行评价或划分等级,从而得到连带强度的数据。例如"一般来说,您和所列的人多久交流一次,是每天、每周还是每月一次?"在测量社会资本时,有时也会让被访者列出职位等信息。

(3)内容分析法

研究者采用非介入性的方式,将大众传播信息如报刊、电影、广播和电视等内容以及文献、档案或二手资料,经过抽样和编码等过程进行客观、系统和量化描述的一种研究方法。例如,在研究我国各省之间新闻报道的模式时,可以通过收集特定时期内全国各省市的每一份当地主要报纸在报道另一个省的新闻事件的情况,从而得到一个省报道另一个省新闻事件的数量、类型、关注程度等信息,从而研究全国新闻流动的网络模式。

(4)日记(志)法

对于一些特定的群体,通过收集他们之间信息交流的日常记录,从而获得社会网分析的数据。例如,电话程控交换机中记录了每一个成员彼此通过电话交流的信息次数。电子邮件系统记录了每一个成员收发电子信件的次数和内容量的大小等。

(5)实验法

通过研究人员事先设计好的实验过程获得社会网分析的数据。例如,许多人都有这样的经验,当在外遇见一个陌生人并逐渐熟悉起来时,可能都会认识一个共同的人,我们往往会感叹"这个世界真小"。早在20世纪六七十时年代就有研究人员通过实验法来研究这个问题,他们从美国洛杉矶选择一些人作为"起点"样本,在另一个城市纽约选择另一些人作为"目标"样本,要求每一位起点参与者按照事先规定好的指令和规则将一个礼品包裹转交到目标参与者的手中。这意味着一个起点参与者将把包裹传递到他所认识的某个人手中,这个人又将包裹传递到他所认识的人手中,直到最后一个人将包裹直接传递到最终目标参与者手中。整个实验过程要求每一个人都提供他和他所转交人的姓名、地址等相关信息,从而得到一个可以追踪,并可用网络技术来分析的联系链(关系链)。

4.数据整理和分析

无论采用哪种数据收集方法获得的数据,最终都要转化为社会网分析软件可以接受和处理的数据格式。社会网分析最基本的数据格式是矩阵,不同的社会网分析软件对数据集的要求略有不同,但可以相互转换。一般行节点代表关系的起点,列节点代表关系的终点。如果不考虑关系的方向,则矩阵是对称的;如果考虑方向,则是非对称的。如果只考虑是否有关系,则矩阵元素是0~1;如果考虑关系的强度,则矩阵元素值代表了关系的强度。

传统的多元统计分析方法——聚类分析(Cluster Analysis)和多维尺度分析(MDS, Multidimensional Scaling)也适用于对矩阵数据的分析。聚类分析是一种分类方法,目的在于将相似的个体归类,使同类中的个体相对于关系的强度是相同的、相似的或同质的;

而类与类之间却有着显著的差异或是异质的。多维尺度分析(MDS)是探索网络个体之间相似性(或不相似性)程度的一种专用技术,这种相似(或不相似)程度可在低维的空间中用个体与个体(节点与节点)之间的距离表示出来。

5. 网络的解释和展示

针对不同的社会网分析水平,可以将网络中的每一个成员划分为不同的地位和角色,一部分成员组成了小团体,他们彼此间关系的纽带强于其他成员或非团体成员;有些成员是网络的中心,有些是孤立点,有些成员起到搭桥的作用。另一方面,社会网络分析会给出每一个成员的中心性值以及密度(连通性)大小,也会给出整个网络的密度等指标。

6. 与传统统计方法结合做进一步分析

当我们可以得到网络中每一个成员的中心性值、密度大小指标时,就可以将这些指标作为因变量或自变量,与传统的属性变量,例如年龄、教育程度等变量进行回归分析,从另一个角度进一步分析网络的定量化变量与其他因素之间的依赖关系。

上面我们对社会网分析的主要步骤进行了简单的介绍,相对于传统的社会科学研究方法,社会网分析的数据收集实施难度更大而且成本较高。

12.3 社会网分析的基本方法

根据分析层次,社会网络可以划分为两类:自我中心社会网和整体社会网。自我中心社会网就是从自我(Ego)出发,研究与自我相连的节点间联系的特征。它只能分析社会连带,却不能分析网络结构,主要用来描述个体在"局部"结构中嵌入的方式,计算与之相关的网络指标;而整体社会网则正好相反,整体社会网是一个有明确边界、由一个群体及群体成员间联系组成的网络,它分析社会连带的能力较差,但是却很适合用来分析网络结构。

本章对社会网分析的介绍以整体网为主,分中心性分析、小团体分析和角色位置分析来介绍具体的方法。

1. 中心性分析

研究行动者在其网络中的中心性这一思想是社会网分析学者们最早探讨的问题之一。中心性的观点最初体现在社会计量学的"明星"概念中,也就是群体中最受欢迎或者说最受人们关注的中心人物。行动者的中心性决定了他所拥有的渠道、占据的资源及可能拥有的权力。下面是中心性分析中最常用的指标:

(1)点度中心性(Degree Centrality)

在社会网分析中,与一个节点相连的边数称为节点的点度中心性,又称中心度。也

就是说,设网络具有 n 个节点,则节点 n_i 的点度中心性定义为:

$$C_D(n_i) = d(n_i) = \sum_j x_{ij} = \sum_j x_{ji}$$

其中,表示 i 节点的中心度,Xij 或 Xji 表示 i 节点与 j 节点存在无方向的关系。

为了便于不同网络之间节点中心性的比较,有时候也对点度中心性进行标准化处理,处理方法是除以网络中最大可能的节点中心度,如下:

$$C_D'(n_i) = \frac{d(n_i)}{n-1}$$

这是无向网的中心度计算。对于有向网,点度中心性要分为入度(In Degree)和出度(Out Degree)来计算。

点度中心性基于行动者的直接社会联系,反映的是个人在网络中的直接影响力。中心度越高,行动者能直接影响到的节点就越多,而中心度低的行动者可选的信息交换渠道较少,只能依靠点度中心性高的行动者来获取信息。

除了点的中心度之外,社会网分析中还有图的点度中心势。例如在星形网络中,有一个核心点具有最大的点度中心性,除它之外所有的节点中心度都是1,这样的网络集中程度很高,因此具有较大的中心势。而在完备网络中,因为每一个节点的点度中心性都相等,网络没有集中趋势,因此点度中心势为0。计算点度中心势的公式如下:

$$C = \frac{\sum_{i=1}^{n}(C_{max} - C_i)}{max\left[\sum_{i=1}^{n}(C_{max} - C_i)\right]}$$

其中:C 表示图的点度中心势,C_{max}、C_i 和表示所有节点的最大中心性和 i 节点的中心性。

(2)接近中心性(Closeness Centrality)

接近中心性基于节点之间的距离。一个节点的接近中心性是该节点与图中所有其他节点的捷径距离之和。也就是说,对于有 n 个节点的网络,其中第 i 个节点的接近中心性为:

$$C_C(n_i) = \left[\sum_{j=1}^{n} d(n_i, n_j)\right]^{-1}$$

其中 $d(n_i, n_j)$ 表示节点 i 和节点 j 之间的捷径距离(即捷径中包含的线数)。

同样,为了便于不同网络之间比较,有时候会对接近中心性进行标准化处理,方法是除以可能存在的最大接近中心度值。对于给定节点数量的网络,最大接近中心性出现在网络结构为星形时的核心节点[①],其值为 $1/(n-1)$。由此,标准化的接近中心性公式如下:

---

① 设有包含 n 个节点的星形网络,其核心点为 O,则 O 与其余 $n-1$ 个点的捷径距离均为 1,其接近中心性为 $1/(n-1)$。而对其他形式的网络,任意节点与其他节点捷径距离之和一定大于 $n-1$,因此只有星形网络中的核心节点接近中心性可以达到最大值。

$$C_C'(n_i) = (n-1)\,C_C(n_i) = \frac{n-1}{\left[\sum_{j=1}^{n} d(n_i, n_j)\right]}$$

在网络中,接近中心性越高的行动者越处于整体的中心位置,因此在信息资源、权力、声望及影响等方面可能有较强的实力。

同样,一个图也有接近中心势,计算方法如下:

$$C_C = \frac{\sum_{i=1}^{n}(C_{Cmax}' - C_{C_i}')}{\max\left[\sum_{i=1}^{n}(C_{Cmax}' - C_{C_i}')\right]}$$

(3) 特征向量中心性 (Eigenvector Centrality)

特征向量中心性是一种特殊的中心化指标,它以分析与相邻节点是否具有高影响力节点来计算节点的影响力。一个节点的影响力并不只是由它自身所决定的,若它与影响力高的节点相连,则它的影响力也应该较高。就像考察一个人的知名度,他的朋友的知名度也会是一个很重要的指标,一个被权力很大的人认为有权力的人显然权力会更大。

进行特征向量中心性计算时,首先会用因子分析找出行动者之间距离包含的"维度",行动者对应每个维度上的位置是网络邻接矩阵的特征值(Eigenvalue)。通常情况下,因子分析的第一个维度表示行动者距离的全局结构,而其他的维度则用来表示局部子结构。第一个维度上的特征值也称作主特征值,根据主特征值对应的特征向量就可以计算节点的特征向量中心性。由于特征向量中心性建立在主特征值的基础上,因此因子分析得到的第一个维度对数据有多大的解释力就成了这个指标是否有意义的一个标准。一般情况,第一因子的百分比最好在 70% 以上,并且要远大于第二个因子(Hanneman and Riddle,2005),这样才表明网络中存在主导地位的结构,否则就要谨慎对待下一步的结果。

特征向量中心性适合研究高积聚网络,它不受网络中路径传播的限制,适合研究对网络产生长期或间接影响的问题,尤其是信息并行复制的情况,例如思想或流言的传播,用特征向量中心性可以分析其长期影响力。在这些网络中,如果节点有较高的特征向量中心性,说明它距离信息源或者高扩散的节点很近,是需要重点注意或重点利用的关键节点。

(4) 中介中心性 (Betweenness Centrality)

中介中心性刻画了网络节点对信息流动的影响力。设网络有 n 个节点,则第 i 个节点的中介中心性定义为:

$$C_B(n_i) = \sum_{j<k} g_{jk}(n_i) / g_{jk}$$

其中 g_{jk} 表示节点 j 和节点 k 之间的最短路径数;$g_{jk}(n_i)$ 则表示节点 j 和 k 之间经过节点 i 的最短路径数。

为了便于比较不同规模网络的中介中心性,同样也可以对其进行标准化:除以可能

存在的中介中心性最大值[①]——星形网络的核心节点$(n)^2-3n+2)/2$,也就是:

$$C_B'(n_i) = \frac{\sum_{j<k} 2g_{jk}(n_i)/g_{jk}}{n^2-3n+2}$$

如果一个行动者位于许多网络路径上,他就可以控制其他两个人之间的信息交换,弗里曼认为,处于这种位置的个人可以通过控制或曲解信息的传递,从而影响群体。这样的人可能并不在网络的几何中心上,但是他仍然占据重要的地位,对网络中信息的流通有着重要的意义。

2. 小团体分析

在社会网分析早期的一些研究,例如霍桑实验和扬基城研究中,研究者们已经把"派系"的思想看作自己的核心理论发现。他们认为人与人之间的非正式关系把他们联络成了具有共同规范、价值、导向和亚文化的凝聚子群(Cohesive Sub-group),这是人的身份和归属感的一个重要来源。当研究者们试图把派系思想形式化并进行测量时,他们意识到,派系并不限于非正式关系,而对其进行操作化测量的方法也有很多种,例如可以看作相互联系的子群或者密度高的群体,等等。因此我们仍然需要根据具体的研究目的和网络结构特性选择合适的概念。

小团体分析需要回答下面几个主要问题:

1)是什么把子群体分隔开的? 它们之间是否有重叠或共享成员? 它们是否分隔开或派系化了整个网络?
2)连通的子群都是多大规模? 网络中是有几个较大的群体,还是有很多小群体?
3)是否有行动者扮演着特别的网络角色? 例如桥或者孤立点?

在网络规模较小的情况下,可能通过观察社群图就能得出以上问题的答案。但是,对于比较复杂的图形,社会网分析学者们也开发出了很多指标用以分析。接下来介绍几个比较常用的指标。关于小团体分析的其他指标,可以参见社会网分析的经典著作,由 Stanley Wasserman 和 Katherine Faust 合著的 *Social Network: Methods and Applications* 一书。

(1)基于中心度的小团体

以节点中心度计算的小团体关心的是与节点相邻的节点数,常用的有两种:K-丛(K-plex)和 K-核(K-core)。

K-丛是一个这样的子群,其中每个节点都至少与除了 k 个点之外的其他节点直接相连。也就是说,如果一个凝聚子群的规模为 n,则只有当该子群中任何一个节点中心度

[①] 设星形网络有 n 个节点,其中核心节点为 O,那么除 O 之外的任何边缘点对间最短路径都通过 O,所以星形网络核心节点有最大的中介中心性。并且,对任何一个边缘节点,它和除了它本身和节点 O 之外的 n-2 个节点之间各有一条最短路径,且通过节点 O。总的来说,对 n-1 个边缘节点,共有(n-1)(n-2)/2 条捷径且都通过节点 O,也就是说,节点 O 的中介中心性为(n-1)(n-2)/2=(n2-3n+2)/2。

都不小于 n－k 的时候,这个子群才是一个 K－丛。

在分析 K－丛的时候,确定 K 的取值非常重要。很明显,当 K 取值较小的时候,K－丛的规模相对较小,并随着 K 的增大而增大。但是,过大的 K 值可能会产生无意义的团体。

另一个建立在中心度基础上的凝聚子群概念是 K－核,K－核要求子群体中的全部节点都至少与其中 k 个其他节点连接。这个概念其实与 K－丛大同小异,在这个小团体中,每个人都至少与团体中其他 k 个人保持联系。

(2) 基于距离的小团体

基于现实网络中行动者之间不一定都有直接联系,但是,即便不是都有直接联系,如果一个小群体的每个行动者都能只通过几个行动者很快地到达其他的行动者,这个小群体也可能很有意义。因此,研究者们提出了基于距离的小团体分析——N－派系(N-clique)和 N－宗派(N-clan)等概念。

在社会网分析中,派系(Clique)指最大的完备子图,也就是说,派系中的任意两个节点都直接相连。这个概念要求很严格,而 N－派系是在派系概念上的扩大,它要求子图中任意两节点的距离(捷径距离)不能大于 n。当 n＝1 时,一个 1－派系其实就是最大完备子图,也就是派系。n 越大,派系成员之间的联系就越松散。

另一个在 N－派系基础上扩大的概念是 N－宗派,N－宗派就是一个所有捷径都包含在子图里的 N－派系。因此,所有的 N－宗派都是 N－派系,但反之不一定成立。

(3) 小团体的密度

前面我们介绍过网络密度的概念,这里再介绍一个衡量大网络中分派现象严重程度的指标——E－I 指数(External-internal Index),它等于子群的密度除以整体的密度,取值范围为[－1,＋1],越接近 1,表示关系越倾向于发生在子群之外,网络分派程度越小;越接近－1,说明关系更多地发生在子群之内,网络分派程度越严重;如果 E－I 指数接近 0,则说明子群内外关系数量差别不大,趋向于随机分布。E－I 指数对于企业和组织的管理者非常重要,因为如果整体的连接非常松散,但是内部包含大量高度凝聚的小团体,对管理是非常不利的。

3. 角色与位置分析

前面讨论的中心性和小团体分析,关注的都是行动者之间联系的模式,现在我们要转向以更抽象的方式来关注这些模式的意义,也就是"等价类(Equivalence Classes)分析"。在这种分析中,我们需要把行动者按相似性分组,并说明为什么同一类中的行动者类似,而又是什么使不同类的行动者不同。

在传统的经验分析中,社会学家使用的分类标准基于"属性",例如"男性、24～35 岁、年收入在 10 万元以上的人",属于该分类的成员共享这些属性。但是在结构分析中,我们不关注行动者的属性,而是寻找参与者之间的关系模式的相似性,并以此定义类别。在社会网分析学者的眼中,社会角色和社会地位本质上是"关系"。

社会网分析一般用等价性来代替相似性,主要有两种形式:结构等价性(Structural Equivalence)和规则等价性(Regular Equivalence)。这两种等价性有着不同的严格程度,测量方法也有所不同。

首先,如果两个节点在结构上完全等同,也就是说它们和其他节点的关系完全一致,我们就说这两个节点具有结构等价性。这个概念非常严格,两个行动者必须完全可代替。结构等价的行动者在网络中占据相同的位置,无论是机会还是制约对他们来说都是相同的。

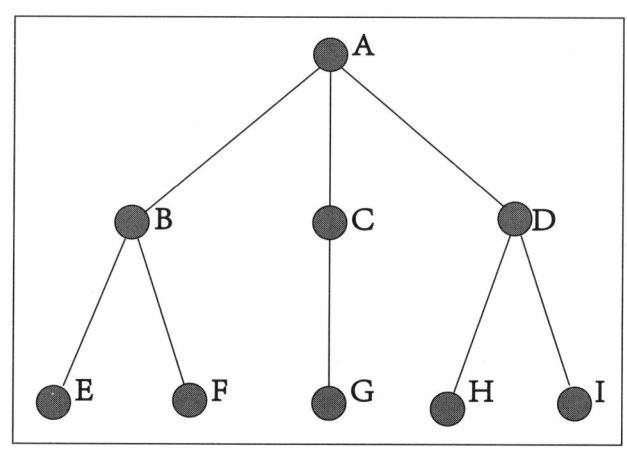

图 12-4　等价性示意

考虑图 12-4,图中有 7 个结构等价类,其中 A、B、C、D、G 分别单独成一类,而节点 E 和 F 以及节点 H 和 I 分别结构等价,因为 E 和 F 都只与节点 B 相连,H 和 I 只与 D 相连。结构等价性是一种要求非常严格的等价形式。由于精确的结构等价可能非常罕见,尤其对于大规模的网络而言,因此更多的时候我们是检验结构等价的程度而不是简单的等价与否。

规则等价性只要求行动者以相同的方式相关联,或者说,规则等价的行动者可能和不同的行动者以相同的关系联系起来。再次看图 12-4,其中共有 3 个规则等价类,节点 A 自成一类,节点 B、C、D 是一类,节点 E、F、G、H、I 是一类。规则等价性是非常有意义的,因为它可以定义社会角色。例如两个已婚的男人是规则等价的,因为他们都有妻子和孩子,尽管他们的孩子数量可能不同。从这里我们也可以看出结构视角的社会角色和以属性为基础的社会角色的不同。

具体分析等价性的时候,学者们发展了很多分析程序,例如块模型、CONCOR 等,由于这些程序的原理很复杂,在本章我们不再讨论,这些分析都可以借由社会网分析软件完成。

本章小结

本章简要介绍了社会网络分析的基本思想,解释了如何从结构主义思想去思考个体之间基于关系所形成的社会网络。本章还讲解了社会网络分析收集的数据是社会关系的信息,简称关系数据。本章在介绍社会网络分析的概念和类型基础上,结合研究设计具体说明了社会网络分析的测量及其收集方法。关系数据不同于属性数据,矩阵用来表示社会网络的关系数据,以线(边)和点来表示行动者及其关系的网络方法,采用社群图表示社会关系的结构、特征等属性。如何计算社会网络的中心度、中心势概念,重点说明了点度中心性、接近中心性、中介中心性以及位置、角色和其他测量方法。

下面的应用案例部分将通过介绍社会科学较流行的 Ucinet 6 软件,展示某 MBA 班内同学互动关系的应用实例和操作方法。

应用实例

在社会网分析中,中心性分析可以看出一个节点的中心化程度:节点中心化程度越高,说明节点的影响力越高。因此对网络做中心性分析可以有效地找到明星节点,之后便可以根据不同的研究目的对明星节点进行进一步分析。我们以中心性分析为例,来看看社会网分析的实际软件操作。

例如,某校 2005 级 MBA 班部分同学的社会网络由如下两个问题得到数据:"我最常联络的两个 2005 级 MBA 同学"和"最常联络我的两个 2005 级 MBA 同学",并对数据进行对称化处理。所有同学都以化名出现,数据分析采用社会网分析软件 Ucinet 6 完成,数据展现采用 Netdraw 完成。

首先,把录入的问卷数据导入 Ucinet 6。类似这种问卷获得的节点列表数据可以用 DL 语言进行导入,具体语法可参见 Ucinet 自带的使用指南。然后启动 Netdraw,绘制网络图如下:

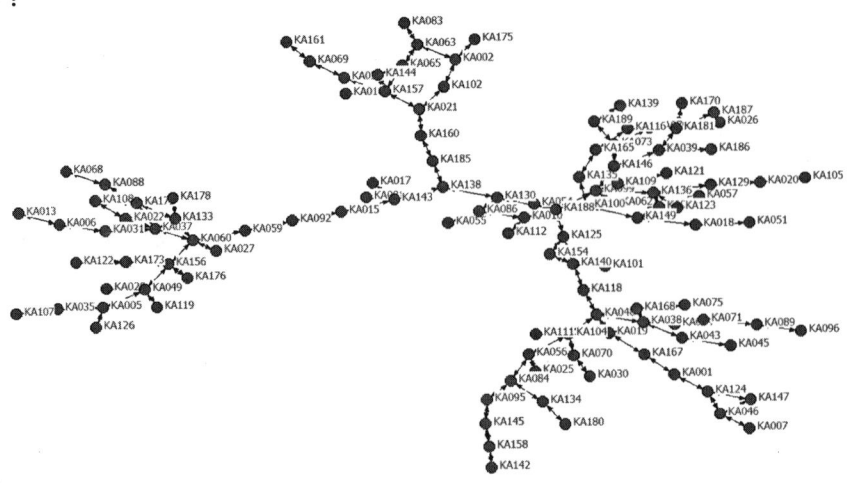

网络中共有117名行动者，通过网络图我们可以直观地得到一些结论。该同学网络只有一个成分，是全联通的，其中没有孤立点。网络中的关系比较稀疏。

接下来计算网络节点的各中心性指标。

点度中心性通过 Network > Centrality > Degree 计算。

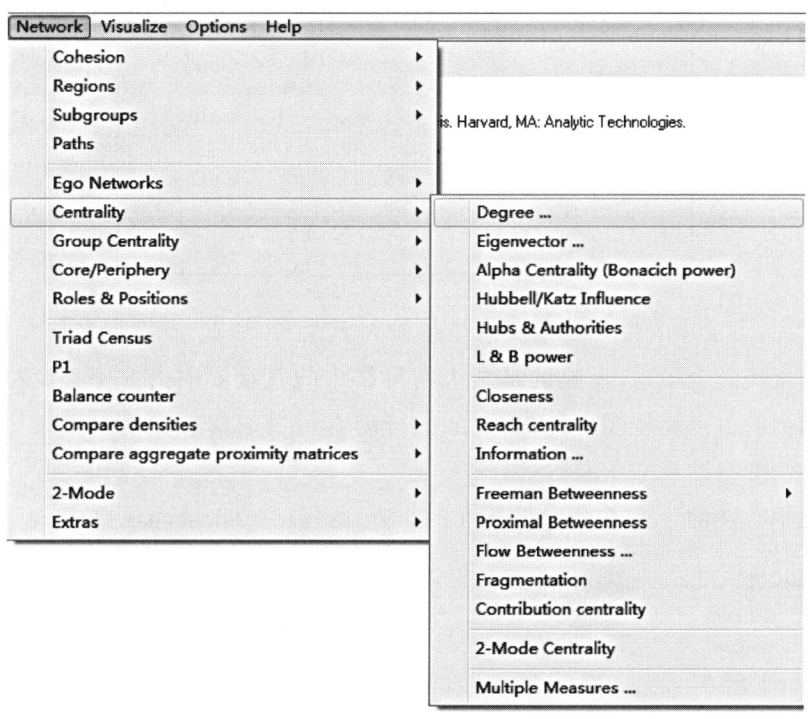

在弹出的对话框中选择参数：第1行是输入数据集；第2行选择是否将数据看作对称矩阵，如果是有向网络，选择No，则程序会分别计算入度和出度；第3行选择是否包含对角线元素；第4行则选择输出数据集。都选择好后，单击"OK"。

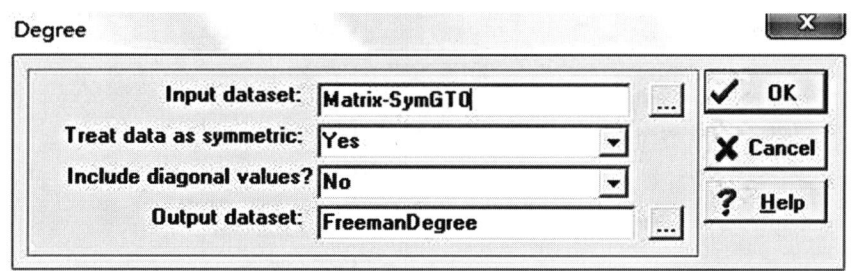

计算结果会自动生成 Ucinet 文件，可以通过 Data > Export > Excel 将其导出为 Excel 文件。下表为中心度排名前10的节点：

	Degree	NrmDegree
KA188	6	5.172
KA038	6	5.172
KA048	5	4.310
KA060	5	4.310
KA099	5	4.310
KA104	5	4.310
KA136	5	4.310
KA037	5	4.310
KA157	5	4.310
KA181	5	4.310

可以看到,点度中心性排名最高的是编号为 KA188 和 KA038 两名同学。中心度基于行动者的直接社会联系,反映的是个人在网络中的直接影响力。中心度越高,行动者能直接影响到的节点就越多,而中心度低的行动者可选的信息交换渠道较少,只能依靠点度中心性高的行动者来获取信息。

对接近中心性的计算通过 Network > Centrality > Closeness 完成。

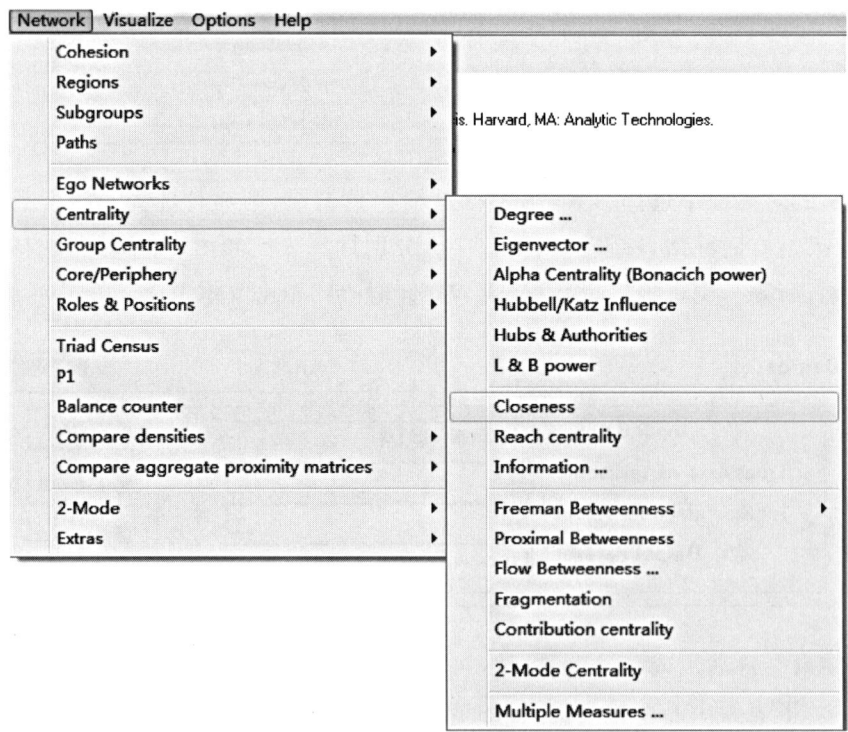

同样要进行参数的选择:第 1 行和第 3 行分别选择输入和输出数据集;第 2 行则选择计算接近性时所基于的"距离"的种类。其中最常用的是测地线距离,也就是捷径距离。选择好后单击 OK。

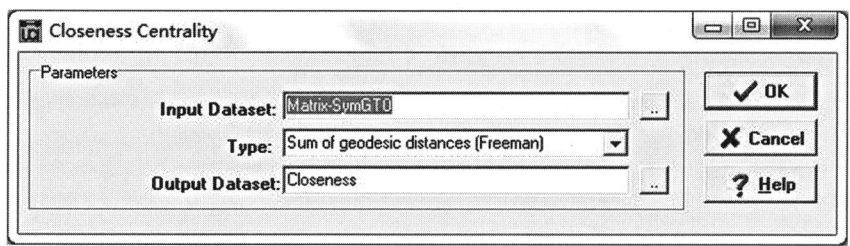

同样导出为 Excel 文件,接近中心性排名前 10 的节点如下表:

	Farness	Closeness
KA188	685	16.934
KA130	704	16.477
KA138	729	15.912
KA125	732	15.847
KA099	757	15.324
KA100	778	14.910
KA140	782	14.834
KA143	786	14.758
KA010	794	14.610
KA054	800	14.500

在这个输出结果中,Farness 表示节点到其他所有节点的捷径之和,因此该值越小,中心性越强。Closeness 是标准化后的接近中心性。在 MBA 网络中,接近中心性排第一的仍然是 KA188,但是排第二的是 KA130,第三的是 KA138。我们可以看到,接近中心性高的节点和点度中心性高的节点差异很大。事实上,中心度衡量更多是"局部中心性",强调节点的直接影响。而接近性更像是"全局中心性",强调节点的间接影响。

我们举例的 MBA 网络是全连通的,对于非全连通网络,从理论上说,由于存在无法到达的节点,其距离为无穷大,接近性没有办法计算。但是在 Ucinet 中,程序会自动为不连的节点赋予网络中可能的最大距离+1,实际上就是网络节点数的值作为距离,以此计算接近性。

特征向量中心性通过 Network > Centrality > Eigenvector 计算,需要注意的是,它只适用于对称矩阵计算,如果是不对称矩阵,程序会自动对称化。

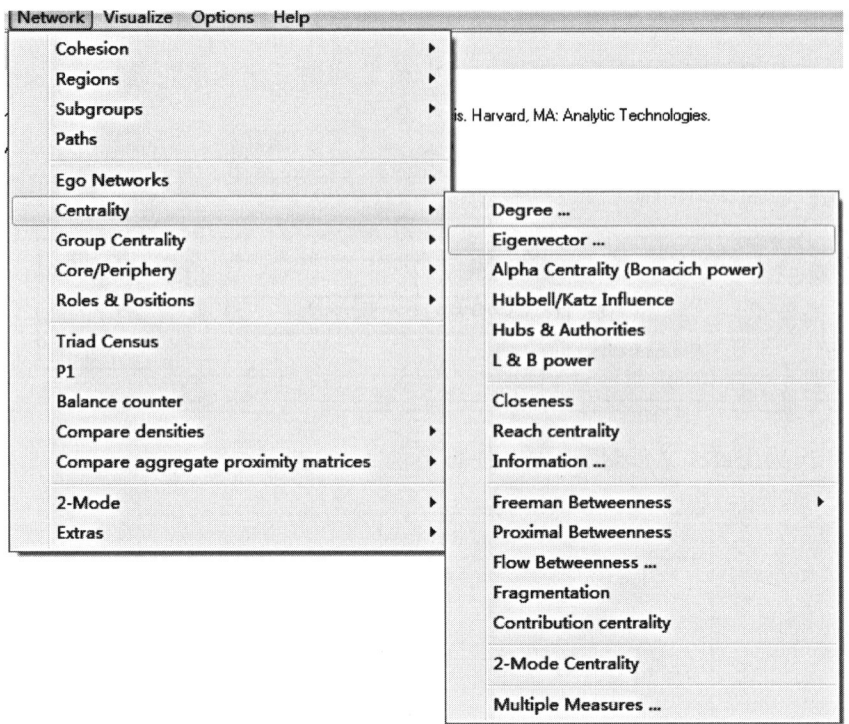

下图是计算特征向量中心性时的参数选择对话框。

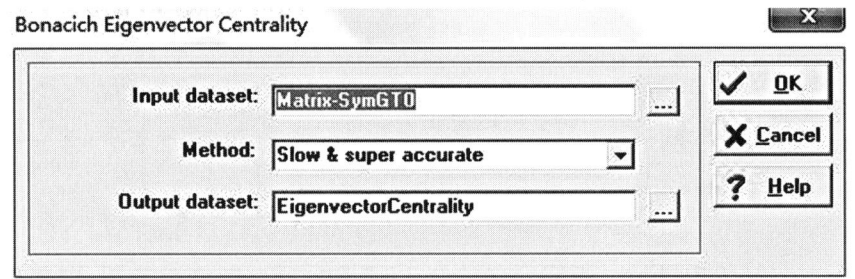

第 1 行和第 3 行同样是选择输入和输出文件的,第 2 行可以选择提取特征向量的方法:一种是慢但非常精确的方法,另一种是适用于大矩阵的快速方法,可根据自身需要选择。选好后单击 OK。

特征向量中心性计算的输出结果较为复杂,在日志文件中会显示计算的特征值。特征向量中心性和接近中心性在某种程度上都是衡量"全局"的中心性的。进行特征向量中心性计算时,首先会用因子分析找出行动者之间距离所包含的"维度",行动者对应的每个维度上的位置是网络邻接矩阵的特征值(Eigenvalue)。通常情况下,因子分析的第一个维度表示行动者距离的全局结构,而其他的维度则用来表示局部子结构,第一个维度上的特征值也被称作主特征值。根据主特征值对应的特征向量就可以计算节点的特征向量中心性。下图是计算出的 MBA 网络特征值。

```
BONACICH CENTRALITY
--------------------------------------------------------------
-------

Method:                 Slow
Input dataset:          Matrix-SymGT0 (D:\SocialNetworkAnalysis
\Matrix-SymGT0)

EIGENVALUES
  FACTOR    VALUE   PERCENT   CUM %   RATIO
    1:      3.758     3.2      3.2    1.147
    2:      3.275     2.8      5.9    1.029
    3:      3.182     2.7      8.6    1.154
    4:      2.757     2.3     10.9    1.044
    5:      2.641     2.2     13.2    1.050
    6:      2.515     2.1     15.3    1.051
    7:      2.392     2.0     17.3    1.019
    8:      2.348     2.0     19.3    1.004
    9:      2.338     2.0     21.3    1.015
   10:      2.304     1.9     23.2    1.079
   11:      2.135     1.8     25.0    1.018
   12:      2.098     1.8     26.8    1.100
   13:      1.907     1.6     28.4    1.024
   14:      1.862     1.6     29.9    1.004
   15:      1.855     1.6     31.5    1.027
   16:      1.806     1.5     33.0    1.081
```

由于特征向量中心性建立在主特征值的基础上，因此因子分析得到的第一个维度对数据有多大的解释力就成了这个指标是否有意义的一个标准。一般情况，第一因子的百分比最好在70%以上，并且要远大于第二个因子（Hanneman and Riddle，2005），这样才表明网络中存在主导地位的结构，否则就要谨慎对待进一步的结果。遗憾的是，对本次调查所得到的MBA网络，第一个因子的解释力只有3.2%，说明行动者之间的距离几乎没什么主导结构可言，特征向量中心性的意义不大。

接下来计算中介中心性，通过中介中心性我们可以找到网络中的"桥"节点。中介中心性的计算方法在 Network > Centrality > Freeman Betweenness > Node Betweenness。

在中介中心性的计算中，我们只需选择输入和输出数据集，其余的都交由程序完成。

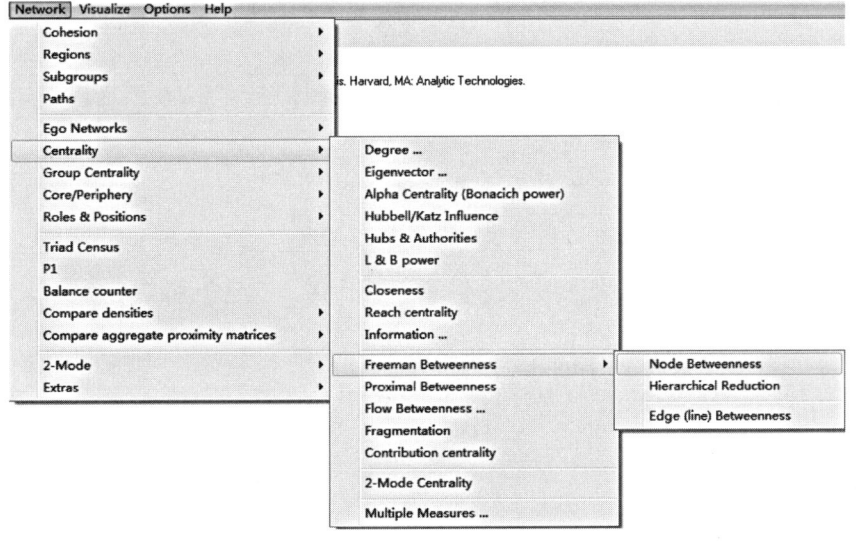

下表是计算出的中介中心性前 10 名的节点。

	Betweenness	nBetweenness
KA188	4470.6	67.025
KA138	3645	54.648
KA130	3286	49.265
KA125	2788	41.800
KA140	2719	40.765
KA048	2601.5	39.003
KA118	2580	38.681
KA143	2578	38.651
KA015	2340	35.082
KA060	2282	34.213

我们可以看到,排名前 3 的是 KA188、KA138 和 KA130 三名同学。中介中心性高的节点位居网络中的中介要道,占据了控制网络中信息资源流动的关键位置。从前面的网络图中我们也可以看到,如果去掉这几名中介中心性高的行动者,网络就会四分五裂,变成几个互不连接的小群体。

习 题

1. 试从社会网分析视角解释人与人所构成的各种社会关系,举例说明。
2. 试解释属性数据与关系数据的差异点。
3. 请说明社会网分析所需数据的主要收集方法。
4. 请从社会网分析的视角说明位置、角色对态度和行为的影响。
5. 请针对你所在班级同学之间的某种合作关系进行一次社会网分析。

附录一　纯净水市场调查问卷

您好！我是中国传媒大学调查统计研究所委托的调查员。郑州市的自来水污染比较严重，许多居民已经开始饮用纯水。针对郑州市纯水市场的现况，我想就纯水这个话题征询您的宝贵意见，以便将来纯水行业能够更好地为居民的生活服务。请您客观地陈述自己的观点，回答无所谓对错，我们将对您的回答严格保密，请您不必有任何顾虑。

请您在百忙之中抽出一点时间，为了感谢您的配合，我们将在访问结束时向您提供一件礼品。谢谢！

中国传媒大学调查统计研究所

筛选题

问 1：请问您在最近 6 个月之内是否接受过市场调查？
　　1 有　　（中断访问）
　　2 没有

问 2：请问您或您家中有没有在下列公司中工作的人？
　　1 市场调查公司/广告代理公司　　（若有，中断访问）
　　2 纯水公司　　　　　　　　　　　（若有，中断访问）
　　3 没有

访问地点：　　　区　　　　街道　　　　居委会
访问日期：1998 年＿＿月＿＿日上/下午＿＿点＿＿分开始用时共计＿＿分

（调查员注意：以下三项请在调查结束后填写，以备复查时使用）
受访者姓名：＿＿＿＿＿＿＿
受访者电话：＿＿＿＿＿＿＿
受访者住址：＿＿＿＿＿＿＿＿＿＿＿＿＿

调查员声明：
　　我确信我对上述地址和具有上述姓名的被访者进行了调查，在调查中我按照规定及调查程序向被调查者如实询问了所有相关问题并如实记录了相应的所有答案。

调查员签名：＿＿＿＿＿

入户抽样表

家庭中 18 岁—75 岁人口数_____ 样本（家庭）户编号_____

		家庭户编号尾数									
		1	2	3	4	5	6	7	8	9	0
调查范围内家庭人口数	1	1	1	1	1	1	1	1	1	1	1
	2	2	1	2	1	1	2	1	2	2	1
	3	1	3	2	2	3	1	3	1	1	2
	4	2	2	4	1	3	4	1	3	3	2
	5	2	5	3	3	4	4	1	1	5	3
	6	3	1	4	1	5	2	6	2	3	6
	7	4	5	6	5	7	2	3	1	7	3
	8	4	5	6	2	7	1	8	3	4	5
	9	2	4	9	5	8	3	7	6	1	8
	10	5	2	3	4	10	7	9	8	9	1

说明：把家中 18—75 岁的成员按照年龄从大到小进行排序，依次编号为 1、2、3、……，然后根据调查员在问卷上标好的"家庭户编号尾数"及"家中 18—75 岁的人口数"的情况，对照上表确定由家庭中的哪个成员来独立回答问卷。

例如：某户有四口人，夫妻两人，一个 60 岁的老人，一个孩子，孩子不满 18 岁，不在调查之列，则"家中 18—75 岁的人口数"为"3"，其中，三人按年龄从大到小排列依次为：老人（1）、夫（2）、妻（3）；设家庭户编号为 18（由调查员告之），则"家庭户编号尾数"为"8"，依据入户抽样表，人口数与户号尾数的垂直交叉点是 1，则问卷回答人代码为 1，即为老人。

A　对纯水公司和品牌的认知

A11 提到"纯水公司"这个词，请问您首先会想到郑州市的哪一家纯水公司或品牌？（单选）

A12（追问）除此以外还想起哪些公司和品牌呢？请把想到的都说出来。（可多选）

A13 请问对卡片上的这些公司或品牌，还有哪些您是知道的？（出示卡片,可多选）

A2 您曾经购买过哪些牌子的纯水？（追问）还有呢？（可多选）

A3 您最近一次购买的纯水是什么牌子的？（单选）

A4 您最近一次购买的纯水是几桶？

	A11 首先想到的(单选)	A12 追问后想到的(多选)	A13 提示后想到的(多选)	A2 曾购买过的牌子(多选)	A3 最近购买的牌子(单选)	A4 最近购买的数量(桶)
1. 双喜						
2. 天龙泉						
3. 奥克						
4. 沃特						
5. 中美						
6. 森氏						
7. 沃力						
8. 联大						
9. 大正						
10. 洁伊						
11. 格瑞达						
12. 亚美						
13. 美星						
14. 华星						
15. 巨星食品						
16. 金泉						
17. 奥瑞						
18. 期望						
19. 正牌						
20. 巨星						
21. 觉醒						
22. 点滴爽						
23. 家乐						
24. 金义						
25. 大圣						
26. 埃德						
27. 裕丰						
28. 三宁						
29. 中亚						
30. 风豪						
31. 白晶						
32. 雪峰						
33. 99						
34. 蓝玫瑰						
35. 小黑子						
36. 大富豪						
37. 宝宝康						
38. 舒波特						
39. 太阳雨						
40. 其他						
99. 没买过						

A5 假如购买纯水的话,您一定会考虑很多因素。那么,请问您首先考虑的因素是什么(不提示,单选)?其次考虑的因素是什么(不提示,单选)?第三考虑的因素是什么(不提示,单选)?您还有其他要考虑的因素吗(出示卡片,可多选)?

	第一考虑的因素	第二考虑的因素	第三考虑的因素	提示后想到的因素
1. 纯水水质				
2. 纯水口感				
3. 纯水价格				
4. 纯水公司的服务				
5. 纯水公司的信誉				
6. 纯水公司的知名度				
7. 纯水广告的宣传力度				
8. 纯水公司的美誉度				
9. 纯水公司的规模				
10. 技术部门的质量认证				
11. 纯水公司离家的距离				
12. 其他(注明)				

B 目前纯水的使用情况

B1 在过去的 3 个月里,您家是否使用了纯水?
1 是,使用了
2 没有,没有使用   (跳答 D1)
B2 在过去的三个月里,您家使用过什么牌子的纯水(可多选)?分别用了多少桶?
B3 在过去的三个月里,您家使用的纯水的价格分别是每桶多少钱?

B2 过去三个月使用过的品牌及桶数		B3 纯水的价格(元/每桶)	
1. 双喜 ( )桶	21. 觉醒 ( )桶	1. 双喜 ( )元	21. 觉醒 ( )元
2. 天龙泉( )桶	22. 点滴爽( )桶	2. 天龙泉( )元	22. 点滴爽( )元
3. 奥克 ( )桶	23. 家乐 ( )桶	3. 奥克 ( )元	23. 家乐 ( )元
4. 沃特 ( )桶	24. 金义 ( )桶	4. 沃特 ( )元	24. 金义 ( )元
5. 中美 ( )桶	25. 大圣 ( )桶	5. 中美 ( )元	25. 大圣 ( )元
6. 森氏 ( )桶	26. 埃德 ( )桶	6. 森氏 ( )元	26. 埃德 ( )元
7. 沃力 ( )桶	27. 裕丰 ( )桶	7. 沃力 ( )元	27. 裕丰 ( )元
8. 联大 ( )桶	28. 三宁 ( )桶	8. 联大 ( )元	28. 三宁 ( )元
9. 大正 ( )桶	29. 中亚 ( )桶	9. 大正 ( )元	29. 中亚 ( )元
10. 洁伊 ( )桶	30. 风豪 ( )桶	10. 洁伊 ( )元	30. 风豪 ( )元

续表

B2 过去三个月使用过的品牌及桶数				B3 纯水的价格(元/每桶)			
11. 格瑞达( )桶		31. 白晶 ( )桶		11. 格瑞达( )元		31. 白晶 ( )元	
12. 亚美 ( )桶		32. 雪峰 ( )桶		12. 亚美 ( )元		32. 雪峰 ( )元	
13. 美星 ( )桶		33. 99 ( )桶		13. 美星 ( )元		33. 99 ( )元	
14. 华星 ( )桶		34. 蓝玫瑰( )桶		14. 华星 ( )元		34. 蓝玫瑰( )元	
15. 巨星食品( )桶		35. 小黑子 ( )桶		15. 巨星食品( )元		35. 小黑子( )元	
16. 金泉 ( )桶		36. 大富豪 ( )桶		16. 金泉 ( )元		36. 大富豪( )元	
17. 奥瑞 ( )桶		37. 宝宝康 ( )桶		17. 奥瑞 ( )元		37. 宝宝康( )元	
18. 期望 ( )桶		38. 舒波特 ( )桶		18. 期望 ( )元		38. 舒波特( )元	
19. 正牌 ( )桶		39. 太阳雨 ( )桶		19. 正牌 ( )元		39. 太阳雨( )元	
20. 巨星 ( )桶		40. 其他(注明)		20. 巨星 ( )元		40. 其他(注明)	

B4 您是从什么时间开始使用纯水的:( )年( )月

B5 您购买纯水最主要的原因是什么? （不提示,单选）

　　1 为了孩子健康　　2 为了老人健康　　3 为了全家人的健康

　　4 为了饮用方便　　5 为了提高生活质量　6 其他(注明　　　　　)

B6 您第一次购买纯水时,一次性购买了多少张水票:( )张

B7 您家最早购买的是什么牌子的纯水?（单选）

1. 双喜	11. 格瑞达	21. 觉醒	31. 白晶
2. 天龙泉	12. 亚美	22. 点滴爽	32. 雪峰
3. 奥克	13. 美星	23. 家乐	33. 99
4. 沃特	14. 华星	24. 金义	34. 蓝玫瑰
5. 中美	15. 巨星食品饮料公司	25. 大圣	35. 小黑子
6. 森氏	16. 金泉	26. 埃德	36. 大富豪
7. 沃力	17. 奥瑞	27. 裕丰	37. 宝宝康
8. 联大	18. 期望	28. 三宁	38. 舒波特
9. 大正	19. 正牌	29. 中亚	39. 太阳雨
10. 洁伊	20. 巨星	30. 风豪	40. 其他(注明)

B8 是谁最先提议购买的?

B9 是谁最后决定购买的?

B10 是谁选定的牌子?

提议购买者:	1 老人(第一代)	2 父母(第二代)	3 儿女(第三代)	4 全家人	5 其他
决定购买者:	1 老人(第一代)	2 父母(第二代)	3 儿女(第三代)	4 全家人	5 其他
品牌决定者:	1 老人(第一代)	2 父母(第二代)	3 儿女(第三代)	4 全家人	5 其他

B11 当时是怎么知道这个牌子的？（出示卡片，可多选）

  1 电视/广播广告　　　　　　　　8 传单/宣传册
  2 报纸/杂志广告　　　　　　　　9 户外广告
  3 电视/广播节目报道　　　　　　10 听亲戚、朋友说过
  4 报纸/杂志报道　　　　　　　　11 推销人员上门推荐
  5 交通广告　　　　　　　　　　12 本人或家人的工作单位用这种纯水
  6 纯水公司的送水车　　　　　　13 在其他地方喝过这种纯水
  7 赞助广告　　　　　　　　　　14 其他（请注明＿＿＿＿＿＿）

B12 当时为什么会选择这个牌子？（出示卡片，可多选）

  1 纯水水质好　　　　　　　　　8 纯水公司的美誉度高
  2 纯水口感好　　　　　　　　　9 纯水公司的规模大
  3 纯水价格便宜　　　　　　　　10 通过了技术部门质量认证
  4 纯水公司的服务好　　　　　　11 纯水公司离家的距离近
  5 纯水公司的信誉高　　　　　　12 当时只有这个牌子
  6 纯水公司的知名度高　　　　　13 其他（注明＿＿＿＿＿＿）
  7 广告宣传打动我

B13 您刚才说您最近一次购买的纯水的品牌是（调查员加：A3 中的答案），如果用非常满意、比较满意、一般满意、不太满意、非常不满意来评价，针对下面列出的各种因素，您对这个品牌的纯水及对其公司的满意程度怎样？（出示卡片）

	非常满意	比较满意	一般	不太满意	非常不满意	不知道
水质	5	4	3	2	1	9
口感	5	4	3	2	1	9
价格	5	4	3	2	1	9
送水的及时程度	5	4	3	2	1	9
送水员的态度举止	5	4	3	2	1	9
送水员的服务（例如擦饮水机、换水桶）	5	4	3	2	1	9
拨通订水热线的难易程度	5	4	3	2	1	9
电话订水时接线员的态度	5	4	3	2	1	9
纯水公司的信誉	5	4	3	2	1	9
纯水公司的知名度	5	4	3	2	1	9
广告宣传力度	5	4	3	2	1	9
纯水公司的美誉度	5	4	3	2	1	9
其他（注明＿＿＿＿＿＿）	5	4	3	2	1	9

B14 在春季您一般平均隔多长时间要一次水？每次要多少？夏季呢？秋季呢？冬季呢？

	隔多长时间要一次(天)	每次要多少桶
春 季	（　　）天	（　　）桶
夏 季	（　　）天	（　　）桶
秋 季	（　　）天	（　　）桶
冬 季	（　　）天	（　　）桶

C 今后购买意向(一)

C1 您今后会继续使用纯水吗？

　　1 是

　　2 否　（跳答 E1）

C2 今年夏季您家大概每月要用多少桶纯水？（　　　）桶/月

C3 您家现在还有多少张(调查员加：A3 中的答案)纯水的水票？（　　）张

C4 水票用完后,您还会继续购买现在使用的(调查员加：A3 中的答案)的纯水吗？

　　1 肯定会继续使用（跳答 C6）

　　2 可能会继续使用

　　3 不一定

　　4 可能会换用另一个牌子

　　5 肯定会换用另一个牌子

C5 您最有可能会选择什么牌子的纯水？（不提示,单选）

　　（如果被访者说试着来,调查员追问最先可能试哪个品牌）

1.双喜	11.格瑞达	21.觉醒	31.白晶
2.天龙泉	12.亚美	22.点滴爽	32.雪峰
3.奥克	13.美星	23.家乐	33.99
4.沃特	14.华星	24.金义	34.蓝玫瑰
5.中美	15.巨星食品饮料公司	25.大圣	35.小黑子
6.森氏	16.金泉	26.埃德	36.大富豪
7.沃力	17.奥瑞	27.裕丰	37.宝宝康
8.联大	18.期望	28.三宁	38.舒波特
9.大正	19.正牌	29.中亚	39.太阳雨
10.洁伊	20.巨星	30.风豪	40.其他

C6 您选择这个牌子的最主要原因是:(不提示,可追问至最多 3 个)

　　1 纯水水质好　　　　　8 纯水公司的美誉度高

　　2 纯水口感好　　　　　9 纯水公司的规模大

　　3 纯水价格便宜　　　　10 通过了技术部门质量认证

4 纯水公司的服务好　　　　11 纯水公司离家的距离近

　　5 纯水公司的信誉高　　　　12 租用的是这个公司的饮水机,不好去用别的牌子的纯水

　　6 纯水公司的知名度高　　　13 已经习惯了用这个牌子

　　7 广告宣传打动我　　　　　14 其他(注明＿＿＿＿＿＿)

（跳答 E1）

D 购买意向(二)

D1 您家今后打算购买纯水吗？

　　1 是

　　2 否　　（跳答 E1）

D2 您打算在多长时间之后购买？（出示卡片,单选）

　　1 马上就会购买　　　2 一个月之内　　　3 三个月之内

　　4 半年之内　　　　　5 一年之内　　　　6 一年以后

　　7 还没决定

D3 您最有可能购买什么品牌的纯水？（出示卡片,单选）

　　（如果被访者说试着来,调查员追问最先可能试哪个品牌）

1.双喜	11.格瑞达	21.觉醒	31.白晶
2.天龙泉	12.亚美	22.点滴爽	32.雪峰
3.奥克	13.美星	23.家乐	33.99
4.沃特	14.华星	24.金义	34.蓝玫瑰
5.中美	15.巨星食品饮料公司	25.大圣	35.小黑子
6.森氏	16.金泉	26.埃德	36.大富豪
7.沃力	17.奥瑞	27.裕丰	37.宝宝康
8.联大	18.期望	28.三宁	38.舒波特
9.大正	19.正牌	29.中亚	39.太阳雨
10.洁伊	20.巨星	30.风豪	40.其他

D4 您是通过什么渠道知道这个牌子的？（出示卡片,可多选）

　　1 电视/广播广告　　　　　8 传单/宣传册

　　2 报纸/杂志广告　　　　　9 户外广告

　　3 电视/广播节目报道　　　10 听亲戚、朋友说过

　　4 报纸/杂志报道　　　　　11 推销人员上门推荐

　　5 交通广告　　　　　　　 12 本人或家人的工作单位用这种纯水

　　6 纯水公司的送水车　　　 13 在其他地方喝过这种纯水

　　7 赞助广告　　　　　　　 14 其他(请注明)＿＿＿＿＿＿＿＿

D5 您选购这个品牌的最主要原因是:(不提示,可追问至最多三个)

　　1 纯水水质好　　　　　　　7 广告宣传打动我

　　2 纯水口感好　　　　　　　8 纯水公司的美誉度高

　　3 纯水价格便宜　　　　　　9 纯水公司的规模大

　　4 纯水公司的服务好　　　　10 通过了技术部门质量认证

　　5 纯水公司的信誉高　　　　11 纯水公司离家的距离近

　　6 纯水公司的知名度高　　　12 其他(注明_____)

D6 您家准备购买纯水最主要的原因是什么？（不提示,单选)

　　1 为了孩子健康　　2 为了老人健康　　　3 为了全家人的健康

　　　　4 为了饮用方便　5 为了提高生活质量　6 其他(注明_____)

D7 您家中是谁最先提议要购买纯水的？

D8 最后将由谁来决定是否购买？

D9 纯水的牌子会由谁来决定？

提议购买者：	1.老人(第一代)	2.父母(第二代)	3.儿女(第三代)	4.全家人	5.其他
决定购买者：	1.老人(第一代)	2.父母(第二代)	3.儿女(第三代)	4.全家人	5.其他
品牌决定者：	1.老人(第一代)	2.父母(第二代)	3.儿女(第三代)	4.全家人	5.其他

E 企业形象

E1 针对下列每一种说法或评价,请选择您认为最合适的一个公司。(出示卡片,单选)

	中美	森氏	沃力	亚星	美星	沃特	天龙泉	中亚	其他(　　)
1.您最喜欢的纯水公司	1	2	3	4	5	6	7	8	9
2.最值得信赖的纯水公司	1	2	3	4	5	6	7	8	9
3.规模最大的纯水公司	1	2	3	4	5	6	7	8	9
4.能保证纯水质量的公司	1	2	3	4	5	6	7	8	9
5.服务质量最好的公司	1	2	3	4	5	6	7	8	9
6.价格最合理的纯水公司	1	2	3	4	5	6	7	8	9
7.慎重承诺的纯水公司	1	2	3	4	5	6	7	8	9
8.技术最先进的纯水公司	1	2	3	4	5	6	7	8	9
9.最有发展潜力的公司	1	2	3	4	5	6	7	8	9

E2 下面我列出一些名词,请您判断一下它们最像是什么商品的名称？(出示卡片,单选)

　　1 雪糕　　　　2 纯水　　　3 碳酸饮料　　4 果汁饮料

　　5 保健食品　　6 空调　　　7 洗衣机　　　8 毛毯　　　9 其他

E3 这些名称最能使您产生什么感觉？(出示卡片,单选)

　　1 清爽　　2 甘甜　　3 欢快　　4 纯净　　5 安闲　　6 个性　　7 兴奋　　8 高档　　9 其他

名词	E2 商品名称编号	E3 产生什么感觉								
玉泉	( )	1	2	3	4	5	6	7	8	9
雪源	( )	1	2	3	4	5	6	7	8	9
春溪	( )	1	2	3	4	5	6	7	8	9
期望	( )	1	2	3	4	5	6	7	8	9
波澜	( )	1	2	3	4	5	6	7	8	9
天山绿	( )	1	2	3	4	5	6	7	8	9
中美纯	( )	1	2	3	4	5	6	7	8	9
雪浪花	( )	1	2	3	4	5	6	7	8	9

F 纯水广告评价

F1 您以前曾经看到过(或听到过)纯水广告吗？

   1 看到过(或听到过)

   2 没看过(或没听过)　（跳答 G1）

F21 您看到过(或听到过)的纯水广告是关于什么品牌的？请把看到过(或听到过)的品牌全说出来〖不提示〗,〖追问〗还有吗？还有吗？

F22 除了刚才说过的哪些,您还见到过(或听到过)什么品牌的纯水广告？（出示卡片）

F21 广告品牌(不提示)		F22 广告品牌(提示)	
1.双喜	21.觉醒	1.双喜	21.觉醒
2.天龙泉	22.点滴爽	2.天龙泉	22.点滴爽
3.奥克	23.家乐	3.奥克	23.家乐
4.沃特	24.金义	4.沃特	24.金义
5.中美	25.大圣	5.中美	25.大圣
6.森氏	26.埃德	6.森氏	26.埃德
7.沃力	27.裕丰	7.沃力	27.裕丰
8.联大	28.三宁	8.联大	28.三宁
9.大正	29.中亚	9.大正	29.中亚
10.洁伊	30.风豪	10.洁伊	30.风豪
11.格瑞达	31.白晶	11.格瑞达	31.白晶
12.亚美	32.雪峰	12.亚美	32.雪峰
13.美星	33.99	13.美星	33.99
14.华星	34.蓝玫瑰	14.华星	34.蓝玫瑰
15.巨星食品饮料公司	35.小黑子	15.巨星食品饮料公司	35.小黑子
16.金泉	36.大富豪	16.金泉	36.大富豪
17.奥瑞	37.宝宝康	17.奥瑞	37.宝宝康
18.期望	38.舒波特	18.期望	38.舒波特
19.正牌	39.太阳雨	19.正牌	39.太阳雨
20.巨星	40.其他(注明　　)	20.巨星	40.其他(注明 _____)

F3 您能记得起(调查员对被访者看过或听过的前三个广告逐个提问,如果中美纯水在第3个以后,要另加一行,追问中美纯水的情况)的广告画面和广告语吗?(记下品牌的编号,再写广告画面广告语)

品牌编号	广告画面	广告语

F4 在何处看过或听过这个广告的?(出示卡片,记下品牌的编号,再在对应的广告类别上划圈)

品牌编号	1 电视	2 广播	3 报纸	4 交通	5 户外	6 赞助	7 传单	8 送水车	9 其他
	1	2	3	4	5	6	7	8	9
	1	2	3	4	5	6	7	8	9
	1	2	3	4	5	6	7	8	9

F5 您认为哪种形式的纯水广告或宣传给您的印象会最深?(出示卡片)

1 电视/广播广告　　　　　　7 赞助广告

2 报纸/杂志广告　　　　　　8 传单/宣传册

3 电视/广播节目报道　　　　9 户外广告

4 报纸/杂志报道　　　　　　10 亲戚、朋友、熟人的推荐

5 交通广告　　　　　　　　　11 推销人员上门推荐

6 纯水公司的送水车　　　　　12 其他(请注明)_____

G 对纯水和矿泉水的看法

G1 对下面的种种说法,请阐述您的观点:您是非常同意、一般同意、无所谓、有点不同意、还是非常不同意?(出示卡片)

	非常同意	有些同意	无所谓	有些不同意	非常不同意	不知道/无回答
1. 矿泉水无污染,而且含有丰富的矿物质	5	4	3	2	1	9
2. 矿泉水虽然含有丰富的矿物质,但并不一定适合每个人身体不同的需要	5	4	3	2	1	9
3. 矿泉水中的有些矿物质人体难以直接吸收,饮用后容易得病	5	4	3	2	1	9
4. 纯净水虽然不含有害离子,但有益离子也滤掉了,没有营养	5	4	3	2	1	9
5. 纯净水中虽然没有有益离子,但人体所需矿物质主要从食物中而来,并非来自饮水	5	4	3	2	1	9
6. 长期饮用纯净水会造成各种疾病,如免疫力下降、掉头发等	5	4	3	2	1	9

续表

	非常同意	有些同意	无所谓	有些不同意	非常不同意	不知道/无回答
7. 纯净水或矿泉水,都不如自来水有益健康	5	4	3	2	1	9
8. 如果能保证纯水的质量,价格高一些也可以接受	5	4	3	2	1	9
9. 纯水的质量无所谓好坏,哪个牌子便宜我就会买哪个	5	4	3	2	1	9
10. 纯水质量无所谓好坏,我会选择服务好的纯水公司	5	4	3	2	1	9
11. 如果服务好,即使价格稍微有点高我也会考虑使用	5	4	3	2	1	9
12. 如果质量不好,价格再便宜,服务再好,我都不会考虑使用	5	4	3	2	1	9
13. 使用纯水的家庭,都是收入不错的家庭	5	4	3	2	1	9
14. 即使收入不太高,为了孩子的健康,也应该使用纯水	5	4	3	2	1	9
15. 使用纯水,是一种体面的标志	5	4	3	2	1	9
16. 将饮用水和其他用水分开是一种时尚	5	4	3	2	1	9
17. 使用纯水的家庭,都是注重健康的家庭	5	4	3	2	1	9
18. 即使有钱,为了孩子的健康,也不要喝纯水	5	4	3	2	1	9
19. 一旦习惯了一种品牌,我不会轻易改变	5	4	3	2	1	9
20. 我会轮换使用各种品牌,不会固定使用某一品牌	5	4	3	2	1	9
21. 广告做得越多,说明纯水公司越有实力	5	4	3	2	1	9
22. 广告做得越多,越说明它的产品卖不出去	5	4	3	2	1	9
23. 广告做得多少,对我选择品牌没有影响	5	4	3	2	1	9

H 媒体接触

H1 您家现在是否订阅或经常购买河南当地的报纸?

    1 是

    2 不是 （跳答 H3）

H2 订阅或经常购买的是什么报纸?

    1 河南日报   2 河南商报

    3 郑州晚报   4 大河报

    5 河南广播电视报   6 郑州广播电视报

    7 质量时报   8 其他(注明_____)

H3 请问您通常是从什么渠道得到新闻和消息的?

    1 电视   2 广播

    3 报纸   4 杂志

    5 别人谈论   6 其他(注明_____)

H4 您喜爱的电视节目有哪些?（出示卡片）

　　1 体育　　　　　　　　　7 旅游节目
　　2 新闻　　　　　　　　　8 广告
　　3 戏剧　　　　　　　　　9 经济信息
　　4 大陆电影,大陆电视剧　　10 综合文艺节目
　　5 外国电影,外国电视剧　　11 服务性节目
　　6 香港、台湾的电影和电视剧　12 其他(注明_____)

I 有关中美纯水的提问

I1 下面我列出一些关于中美纯水的说法,请问您对这些说法是非常同意、有些同意、无所谓、有些不同意或非常不同意?

	非常同意	有些同意	无所谓	有些不同意	非常不同意	不知道/无回答
1. 中美纯水的水质最好,价格高一些是可以接受的	5	4	3	2	1	9
2. 中美纯水虽然最早成立,但质量不见得最好	5	4	3	2	1	9
3. 中美纯水用的设备最先进,用中美纯水比较放心	5	4	3	2	1	9
4. 中美纯水的价格最高,但我相信是物有所值	5	4	3	2	1	9
5. 中美纯水的口感并不比其他纯水好多少	5	4	3	2	1	9
6. 很少看到中美纯水的广告,好像是皇帝的女儿不愁嫁	5	4	3	2	1	9
7. 如果中美纯水降价,我担心它的质量也会下降	5	4	3	2	1	9
8. 虽然中美纯水的水质量好,但生产水的工艺并不复杂,成本不太高,价格没必要那么高	5	4	3	2	1	9
9. 中美纯水在服务质量上并不占优势	5	4	3	2	1	9
10. 使用中美纯水的家庭是生活质量较高的家庭	5	4	3	2	1	9
11. 使用中美纯水的家庭是不太注意节约的家庭	5	4	3	2	1	9
12. 因为中美纯水最贵,所以使用中美纯水的家庭有一种优越感	5	4	3	2	1	9
13. 跟其他纯水相比,中美纯水是精品,是名牌	5	4	3	2	1	9
14. 如果不要求中美纯水公司送水到家,它的价格能便宜一些的话,我们愿意自己去公司取水	5	4	3	2	1	9
15. 白天家中人都不在,如果送水时间延长到晚8点,我肯定会选择使用或继续使用中美纯水	5	4	3	2	1	9

I2 如果不考虑价格的因素,您有多大可能会购买中美纯水?（出示卡片）

　　1 一定会买　　　　　　2 可能会买
　　3 可能买也可能不买　　4 可能不会买
　　5 一定不会买　　　　　9 不知道/无回答

I3 如果中美纯水的售价保持在 15 元/桶,您会购买吗(出示卡片)？如果降为 14 元/桶,您会购买吗？降到 13 元呢？12 元呢？11 元呢？10 元呢？9 元呢？8 元呢？再低呢？

	一定会买	可能会买	可能会买也可能不会买	可能不会买	一定不会买	不知道/无回答
15 元/桶	1	2	3	4	5	9
14 元/桶	1	2	3	4	5	9
13 元/桶	1	2	3	4	5	9
12 元/桶	1	2	3	4	5	9
11 元/桶	1	2	3	4	5	9
10 元/桶	1	2	3	4	5	9
9 元/桶	1	2	3	4	5	9
8 元/桶	1	2	3	4	5	9
再低些	1	2	3	4	5	9

J 背景资料

J1 请问您家里每周平均住在家里 5 天以上的人有几位？　　共（　　）位

　　其中 14 岁以下的儿童有几位？　　　　　　　　　　　　　（　　）位

　　60 岁以上的老人有几位？　　　　　　　　　　　　　　　（　　）位

J2 请问您的教育程度是：

　　1 初中及以下　　　2 高中(含中专,中技)　　　3 大专及以上

J3 请问您家中教育程度最高的成员的学历是什么？

　　1 初中及以下　　　2 高中(含中专,中技)　　　3 大专及以上

J4 请问您的职业是什么？（出示卡片）

　　1 工人　　　　　　　　　　　7 三资企业雇员

　　2 商业、服务业人员　　　　　8 科、教、文、体、卫工作者

　　3 学生　　　　　　　　　　　9 个体及私营业主

　　4 公务员　　　　　　　　　　10 军人,警察

　　5 企事业单位一般工作人员　　11 无职业及退休人员

　　6 国有企业管理干部　　　　　12 其他（注明_____）

J5 请问您全家平均月收入(所有的收入)的大概范围是多少？（让被访者自己在问卷上选择一个答案）

　　1　500 元以下　　　2　501 元～1000 元之间　　　3　1001 元～2000 元

　　4　2001 元～3000 元　　5　3000 元以上

J6（观察其性别,不要问）性别

　　1 男　　　2 女

谢谢您的合作！

附录二　青少年上网行为调查问卷

问卷编号：_____　　　　　　　　访问时间：_____

地　　区：_____　　　　　　　　问卷来源：_____

亲爱的朋友：

您好！我是中国青少年网络协会的访问员，目前正在进行一项有关青少年上网行为方面的研究项目，想了解您使用网络的一些情况，请在符合您自己情况的选项上画圈。

本次调查的结果仅作统计分析使用，有关个人信息的内容，我们会严格保密。非常感谢您的支持与配合！

甄别题：

Q1.你在半年之内是否使用过互联网？

　　1.是　　　　　2.否（只填答 A1~A5 题即可）

A1.你的年龄：_____（网络调查与面访中，被访者年龄大于 29 岁则终止访问；若是电话调查，被访者年龄大于 29 岁，则询问家中是否有 29 岁以下的成员可以接受我们访问）

A2.你的性别(面访与电话访问中由访员判断，不要直接询问)：1.男　　　　2.女

A3.你当前的职业：(若被访者未选择"1.在校学生"，则 A5、D3 题不需回答。)

　　1.在校学生　　　　　　2.商业服务业人员　　　　3.党政机关干部

　　4.工人　　　　　　　　5.企事业单位领导或管理　6.医务、财会人员

　　7.现役军人、武警　　　8.公、检、法人员　　　　9.教师、科技人员

　　10.文化艺术界人员　　　11.失业/无业/下岗　　　 12.私营和外企员工

　　13.无固定职业者/自由职业　14.私营企业主或个体劳动者　15.农林牧副渔业人员

　　16.其他（请注明_____）

A4.你的文化程度是：

　　1.小学　　　2.初中　　　3.高中　　　4.职高/中专/职专/技校

　　5.大专　　　6.本科　　　7.研究生或以上

A5.你觉得你自己在班级中：(若 A3 题未选择"1.在校学生"，则此题不需回答。)

　　1.成绩很好　　2.成绩较好　　3.成绩一般　　4.成绩较差　　5.成绩不好

B1-1.你平时(周一到周五)每天除工作学习以外的上网时间是：_____；

B1-2.你周末/节假日每天除工作学习以外的上网时间是：_____。

　　1.30 分钟以内　　　　　　2.30 分钟~1 小时(不包括 1 个小时)

3.1～2 小时(不包括 2 个小时)　　　4.2～3 小时(不包括 3 个小时)

5.3～4 小时(不包括 4 个小时)　　　6.4～5 小时(不包括 5 个小时)

7.5～6 小时(不包括 6 个小时)　　　8.6 小时以上

B2.你最经常在哪里上网？(单选)

1.自己家里　　2.学校/单位　　3.网吧　　4.同学/朋友家里　　5.其他(请注明：＿＿＿＿)

B3—1.你上网的主要目的是：＿＿＿＿＿＿(可多选)

1.玩网络游戏　　2.聊天或交友　　3.看动漫.电影.下载音乐等

4.获取信息　　5.学习或工作　　6.通讯或联络　　7.其他(请注明：＿＿＿＿)

B3—2.上网时,你会在上述哪项活动中花费最长时间：＿＿(单选),平均每天大概多长时间：＿＿分钟
(若被访者在 B3—1 中选择了 1,则继续回答 B4 题;若被访者在 B3—1 中未选择 1,则跳答至 B9 题。)

B4.你一般喜欢玩什么类型的网络游戏？(可多选)

1.角色扮演(如魔兽世界、天龙八部、征途)　　2.即时战略(如英雄连 Online)

3.体育竞技(如体育帝国、FIFA Online 2)　　4.模拟经营(如游戏人生)

5.竞速游戏(如 QQ 飞车、跑跑卡丁车)　　6.音乐游戏(如劲舞团、劲舞世界)

7.第一人称射击(如穿越火线、CS Online)　　8.回合策略(如梦幻西游、问道)

9.横板格斗游戏(如龙与地下城、鬼吹灯)　　10.棋牌游戏(如 QQ 游戏、联众)

11.其他(请注明：＿＿＿＿＿＿＿＿)

B5.你最喜欢玩的网络游戏是：＿＿＿＿＿＿＿(请写出具体的游戏名称)

B6.你最经常在哪里玩网络游戏？(单选)

1.自己家里　　2.学校/单位　　3.网吧　　4.同学/朋友家里　　5.其他(请注明：＿＿＿＿)

B7.你是否参加过网络游戏公会？

1.是　　　2.否(跳答至 B9)

B8.参加网络游戏公会后,你的上网时间是否增加？

1.是　　　2.否

B9.你在网上有自己的个人主页吗？(可多选)

1.没有　　2.博客(Blog)　　3.即时通讯工具的个人空间(如 QQ、MSN、飞信等)

4.SNS 上的个人主页(如校内、开心等)　　5.其他(请注明＿＿＿＿＿)

B10.你会利用网络来帮助自己实践一些有创意的想法吗？

1.会　　2.不会　　3.没想过

B11.你一般通过哪些方式从网络获取信息？(可多选)

1.浏览门户网站新闻　　2.浏览 BBS/论坛　　3.浏览博客　　4.搜索引擎

5.微博(如 Twitter、饭否)　　6.SNS 社区(如校内网、开心等)　　7.其他(请注明：＿＿＿＿)

B12.你在网络中一般通过哪些方式聊天或交友？(可多选)

1.QQ/MSN、飞信等即时通讯工具　　2.聊天室　　3.论坛/BBS　　4.博客

5.SNS 社区(如校内网、开心网等)　　6.微博(如 Twitter、饭否)　　7.其他(请注明：＿＿＿＿)

B13.你是否总是想着去上网？

1.是　　　2.否

B14.每当因特网的线路被掐断或由于其他原因不能上网时,你是否会感到烦躁不安、情绪低落或无所适从?

    1.是　　　2.否

B15.你是否觉得在网上比在现实生活中更快乐或更能实现自我?

    1.是　　　2.否

B16.你实际的上网时间是否常常比自己预期的时间长?

    1.是　　　2.否

B17.上网是否给你的学习、工作或现实中的人际交往带来不良影响?

    1.是　　　2.否

B18.你是否向亲人隐瞒了自己的上网时间?

    1.是　　　2.否

B19-1.你是否认为上网有可能对自己造成生理或心理危害?

    1.是　　　2.否(跳答至C1)

B19-2.你在知道上网有可能造成生理或心理危害的情况下,是否会控制自己的上网时间?

    1.是　　　2.否

C1.下面有一些关于你上网行为的描述语句,请在符合你情况的选项上画圈。(1分表示完全不符合,2分表示不太符合,3分表示不太清楚,4分表示基本符合,5分表示非常符合。)

	非常符合	基本符合	不太清楚	不太符合	完全不符合
1.一旦上网,我不会再去想其他烦心的事情了。	5	4	3	2	1
2.我必须花更多的时间上网才能获得满足感。	5	4	3	2	1
3.在网上与他人交流时,我感觉更自信。	5	4	3	2	1
4.在网上与他人交流时,我感觉更舒适。	5	4	3	2	1
5.当我情绪低落时,上网可以让我感觉好一点。	5	4	3	2	1
6.网上的朋友对我更好一些。	5	4	3	2	1
7.网络可以让我从不愉快的情绪中摆脱出来。	5	4	3	2	1
8.没有网络我的生活就毫无乐趣可言。	5	4	3	2	1

D1.你平常是否主动与人交往?

    1.是　　2.否

D2.下面有一些描述语句,请在符合你情况的选项上画圈。(1分表示完全不符合,2分表示不太符合,3分表示不太清楚,4分表示基本符合,5分表示非常符合。)

	非常符合	基本符合	不太清楚	不太符合	完全不符合
1.朋友在遇到困难时经常找我帮忙。	5	4	3	2	1
2.我很难与周围的人相处好。	5	4	3	2	1

D3.(若 A3 题选择"1.在校学生",则回答此题;若 A3 题选择了其他选项,则跳答至 D4。)

下面有一些描述语句,请在符合你情况的选项上画圈。(1 分表示完全不符合,2 分表示不太符合,3 分表示不太清楚,4 分表示基本符合,5 分表示非常符合。)

	非常符合	基本符合	不太清楚	不太符合	完全不符合
1.我喜欢我的老师。	5	4	3	2	1
2.老师常误解我的行为而批评我。	5	4	3	2	1
3.在学校里交新朋友对我来说不是一件容易的事情。	5	4	3	2	1
4.我和班上其他同学相处很愉快。	5	4	3	2	1

D4.在你家里和你一起住的人有:(可多选)

　　1.爸爸　　2.妈妈　　3.祖父母　　4.兄弟姐妹

　　5.配偶　　6.住校或一个人住　其他(请注明＿＿＿＿＿＿)

D5.下面有一些关于家庭的描述语句,请在符合你情况的选项上画圈。(1 分表示完全不符合,2 分表示不太符合,3 分表示不太清楚,4 分表示基本符合,5 分表示非常符合。若被访者目前不与父母住在一起,可以让其回忆作答。)

	非常符合	基本符合	不太清楚	不太符合	完全不符合
1.妈妈非常理解我。	5	4	3	2	1
2.平常生活中,我经常与我妈妈交流。	5	4	3	2	1
3.爸爸非常理解我。	5	4	3	2	1
4.平常生活中,我经常与爸爸交流。	5	4	3	2	1
5.爸爸和妈妈经常吵架。	5	4	3	2	1
6.爸爸妈妈可以分享彼此的兴趣和爱好。	5	4	3	2	1

D6.下面有一些描述语句,请在符合你情况的选项上画圈。(1 分表示完全不符合,2 分表示不太符合,3 分表示不太清楚,4 分表示基本符合,5 分表示非常符合。若被访者目前不与父母住在一起,可以让其回忆作答。)

	非常符合	基本符合	不太清楚	不太符合	完全不符合
1.有时甚至为一点儿鸡毛蒜皮的小事,妈妈也会严厉惩罚我。	5	4	3	2	1
2.我觉得妈妈干涉我所做的每一件事。	5	4	3	2	1
3.我觉得妈妈对我可能出事的担心是夸大的.过分的。	5	4	3	2	1
4.当我遇到不顺心的事时,我能感到妈妈在尽力鼓励我,使我得到一些安慰。	5	4	3	2	1

	非常符合	基本符合	不太清楚	不太符合	完全不符合
5.有时甚至为一点儿鸡毛蒜皮的小事,爸爸也会严厉惩罚我。	5	4	3	2	1
6.我觉得爸爸干涉我所做的每一件事。	5	4	3	2	1
7.我觉得爸爸对我可能出事的担心是夸大的、过分的。	5	4	3	2	1
8.当我遇到不顺心的事时,我能感到爸爸在尽力鼓励我,使我得到一些安慰。	5	4	3	2	1

D7.你爸爸的教育程度是:
    1.小学   2.初中   3.高中/中专/技校   4.大学及以上   5.我不知道

D8.你妈妈的教育程度是:
    1.小学   2.初中   3.高中/中专/技校   4.大学及以上   5.我不知道

D9.你爸爸和妈妈一个月的大致收入共计是:
    1.10000元或以上   2.8000到9999   3.6000到7999   4.4000到5999
    5.2000到3999   6.不到2000   7.我不知道

D10.下面列举了一些行为,请在符合你对这些行为态度的选项上画圈。(1分表示绝对不可以,2分表示视情况而定,3分表示个人自由。若被访者为12岁及以下,则不需回答此题和E部分,直接跳答F1)

	个人自由	视情况而定	绝对不可以
1.吸烟	3	2	1
2.旷课、逃学	3	2	1
3.打人	3	2	1
4.吸食毒品	3	2	1
5.色情交易	3	2	1
6.抢劫他人财物	3	2	1
7.毁坏公物	3	2	1
8.偷东西	3	2	1
9.赌博	3	2	1
10.恶语伤人	3	2	1
11.浏览色情网站	3	2	1
12.网恋	3	2	1
13.从网络发展的一夜情	3	2	1
14.网上结婚	3	2	1
15.离家出走	3	2	1
16.喝酒	3	2	1

(12 岁以下不需回答 E 部分)

E1.你认为应该由谁来出资建立国家级网瘾预防和救助基金?(可多选)
　　1.网络游戏公司　　　2.政府　　　3.社会公益组织　　　4.其他(请注明:_____)

E2.你认为网络游戏公司在缓解和解决网瘾问题上可以做出哪些改进?
_____
_____
_____

E3.你希望国家有关部门对网瘾的预防戒除等工作做哪些具体的工作?(可多选)
　　1.设立国家级网瘾预防和救助中心　　　　2.制定《未成年人网络保护法》
　　3.设立家庭网络心理导师新职业　　　　　4.实行网络实名制
　　5.实行网络内容分级　　　　　　　　　　6.其他(请注明:_____)

E4.你是否认为网络成瘾应该被列为广义的精神疾病,并纳入全国疾病预防控制体系?
　　1.是　　　　　　　2.否

E5.你对青少年上网问题.网络游戏发展.青少年网站的建设还有什么其他意见或建议?
_____
_____
_____

F1.你是否使用过手机上网?
　　1.是　　2.否(访问结束)

F2.你一天平均用手机上网多长时间:
　　1.30 分钟以内　　　　　　　　　2.30 分钟~1 小时(不包括 1 个小时)
　　3.1 小时~2 小时(不包括 2 个小时)　4.2 小时以上

F3.你用手机上网一般会做什么:(若选 1、2 则继续答 F4;若选其余选项则访问结束。)
　　1.玩网络游戏　　2.玩单机游戏　　3.通讯或联络
　　4.获取信息　　　5.其他(请注明_____)

F4.你一般喜欢玩什么类型的手机游戏?(可多选)
　　1.角色　　2.棋牌　　3.赛车　　4.动作　　5.益智　　6.射击　　7.冒险
　　8.策略　　9.运动　　10.养成　　11.模拟　　12.其他(请注明_____)

附录三 常用统计用表

表 I 随机数字表

39 65 76 45 45	19 90 69 64 61	20 26 36 31 62	58 24 97 14 97	95 06 70 99 00
73 71 23 70 90	65 97 60 12 11	31 56 34 19 19	47 83 75 51 33	30 62 38 20 46
72 20 47 33 84	54 67 47 97 19	98 40 07 17 66	23 05 09 51 80	59 78 11 52 49
75 17 25 69 17	17 95 21 78 58	24 33 45 77 48	69 81 84 09 29	93 22 70 45 80
37 48 79 88 74	63 52 06 34 30	01 31 60 10 27	35 07 79 71 53	28 99 52 01 41
02 89 08 16 94	85 53 83 29 95	56 27 09 24 43	21 78 55 09 82	72 61 88 73 61
87 18 15 70 07	37 79 49 12 38	48 13 93 55 96	41 92 45 71 51	09 18 25 58 94
98 83 71 70 15	89 09 39 59 24	00 06 41 41 20	14 36 59 25 47	54 45 17 24 89
10 08 58 07 04	76 62 16 48 68	58 76 17 14 86	59 53 11 52 21	66 04 18 72 87
47 90 56 37 31	71 82 13 50 41	27 55 10 24 92	28 04 67 53 44	95 23 00 84 47
93 05 31 03 07	34 18 04 52 35	74 13 39 35 22	68 95 23 92 35	36 63 70 35 33
21 89 11 47 99	11 20 99 45 18	76 51 94 84 86	13 79 93 37 55	98 16 04 41 67
95 18 94 06 97	27 37 83 28 71	79 57 95 13 91	09 61 87 25 21	56 20 11 32 44
97 08 31 55 73	10 65 81 92 59	77 31 61 95 46	20 44 90 32 64	26 99 76 75 63
69 26 88 86 13	59 71 74 17 32	48 38 75 93 29	73 37 32 04 05	60 82 29 20 25
41 47 10 25 03	87 63 93 95 17	81 83 83 04 49	77 45 85 50 51	79 88 01 97 30
91 94 14 63 62	08 61 74 51 69	92 79 43 89 79	29 18 94 51 23	14 85 11 47 23
80 06 54 18 47	08 52 85 08 40	48 40 35 94 22	72 65 71 08 86	50 03 42 99 36
67 72 77 63 99	89 85 84 46 06	64 71 06 21 66	89 37 20 70 01	61 65 70 22 12
59 40 24 13 75	42 29 72 23 19	06 94 76 10 08	81 30 15 39 14	81 83 17 16 33
63 62 06 34 41	79 53 36 02 95	94 61 09 43 62	20 21 14 68 86	94 95 48 46 45
78 47 23 53 90	79 93 96 38 63	34 85 52 05 09	85 43 01 72 73	14 93 87 81 40
87 68 62 15 43	97 48 72 66 48	53 16 71 13 81	59 97 50 99 52	24 62 20 42 31
47 60 92 10 77	26 97 05 73 51	88 46 38 03 58	72 68 49 29 31	75 70 16 08 24
56 88 87 59 41	06 87 37 78 48	65 88 69 58 39	88 02 84 27 83	85 81 56 39 38
22 17 68 65 84	87 02 22 57 51	68 69 80 95 44	11 29 01 95 80	49 34 35 86 47
19 36 27 59 46	39 77 32 77 09	79 57 92 36 59	89 74 39 82 15	08 58 94 34 74
16 77 23 02 77	28 06 24 25 93	22 45 44 84 11	87 80 61 65 31	09 71 91 74 25
78 43 76 71 61	97 67 63 99 61	80 45 67 93 82	59 73 19 85 23	53 33 65 97 21
03 28 28 26 08	69 30 16 09 05	53 58 47 70 93	66 56 45 65 79	45 56 20 19 47
04 31 17 21 56	33 73 99 19 87	26 72 39 27 67	53 77 57 68 93	60 61 97 22 61
61 06 98 03 91	87 14 77 43 96	43 00 65 98 50	45 60 33 01 07	98 99 46 50 47
23 68 35 26 00	99 53 93 61 28	52 70 05 48 34	56 65 05 61 86	90 92 10 70 80
15 39 25 70 99	93 86 52 77 65	15 33 59 05 28	22 87 26 07 47	86 96 98 29 06
58 71 96 30 24	18 46 23 34 27	85 13 99 24 44	49 18 09 79 49	74 16 32 23 02
93 22 53 64 39	07 10 63 76 35	87 03 04 79 88	08 13 13 85 51	55 34 57 72 69
78 76 58 54 74	92 38 70 96 92	52 06 79 79 45	82 63 18 27 44	69 66 92 19 09
61 81 31 96 82	00 57 25 60 59	46 72 60 18 77	55 66 12 62 11	08 99 55 64 57
42 88 07 10 05	24 98 65 63 21	47 21 61 88 32	27 80 30 21 60	10 92 35 36 12
77 94 30 05 39	28 10 99 00 27	12 73 73 99 12	49 99 57 94 82	96 88 57 17 91

表 II　随机正态字表，$\mu=0, \sigma=1$

.5	.1	2.5	−.3	−.1	.3	−.3	1.3	.2	−1.0
.1	−2.5	−.5	−.2	.5	−1.6	.2	−1.2	.0	.5
1.5	−.4	−.6	.7	.9	1.4	.8	−1.0	−.9	−1.9
1.0	−.5	1.3	3.5	.6	−1.9	.2	1.2	−.5	−.3
1.4	−.6	.0	.3	2.9	2.0	−.3	.4	.4	.0
.9	−.5	−.5	.6	.9	−.9	1.6	.2	−1.9	.4
1.2	−1.1	.0	.8	1.0	.7	1.1	−.6	−.3	−.7
−1.5	−.5	−.2	−.1	1.0	.2	.4	.7	−.4	−.4
−.7	.8	−1.6	−.3	−.5	−2.1	−.5	−.2	.9	−.5
1.4	.2	.4	.8	.2	−.7	1.0	−1.5	−.3	.1
−.5	1.7	−.1	−1.2	−.5	.9	−.5	−2.0	−2.8	−.2
−1.4	−.2	1.4	−.6	−.3	−.2	.2	.8	1.0	−.9
−1.0	.6	−.9	1.6	.1	.4	−.2	.3	−1.0	−1.0
.0	−.9	.0	−.7	1.1	−.1	1.1	.5	−1.7	.4
1.4	−1.2	−.9	1.2	−.2	−.2	1.2	−2.6	−.6	.1
−1.8	−.3	1.2	1.0	−.5	−1.6	−.1	−.4	−.6	.6
−.1	−.4	−1.4	.4	−1.0	−.1	−1.7	−2.8	−1.1	−2.4
−1.3	1.8	−1.0	.4	1.0	−1.1	−1.0	.4	−1.7	2.0
1.0	.5	.7	1.4	1.0	−1.3	1.6	−1.0	.5	−.3
.3	−2.1	.7	−.9	−1.1	−1.4	1.0	.1	−.6	.9
−1.8	−2.0	−1.6	.5	.2	−.2	.0	.0	.5	−1.0
−1.2	1.2	1.1	.9	1.3	−.2	.2	−.4	−.3	.5
.7	−1.1	1.2	−1.2	−.9	.4	.3	−.9	.6	1.7
−.4	.4	−1.9	.9	−.2	.6	.9	−.4	−.2	−.1
−1.4	−.2	.4	−.6	−.6	.2	−.3	.5	.7	−.3
.2	.2	−1.1	−.2	−.3	1.2	1.1	.0	−2.0	−.6
.2	.3	−.3	.1	−2.8	−.4	−.8	−1.3	−.6	−1.0
2.3	.6	.6	−.7	.2	1.3	.1	−1.8	−.7	−1.3
.0	−.3	.1	.8	−.6	.5	.5	−1.0	.5	1.0
−1.1	−2.1	.9	.1	.4	−1.7	1.0	−1.4	−.6	−1.0
.8	.1	−1.5	.0	−2.1	.7	.1	−.9	−.6	.6
.4	−1.7	−.9	.2	−.7	.3	−.1	−.2	−.1	.4
−.5	−.3	.2	−.7	1.0	.0	.4	−.8	.2	.1
.3	−.5	1.3	−1.2	−.9	.1	−.5	−.8	.0	.5
1.0	3.0	−.6	−.5	−1.1	1.3	−1.4	−1.3	−3.0	.5
−1.3	1.3	−.6	−.1	−.5	−.6	2.9	.5	.4	.3
−.3	−.1	−.3	.6	−.5	−1.2	−1.2	−.3	−.1	1.1
.2	−.9	−.9	−.5	1.4	−.5	.2	−.4	1.5	1.1
−1.3	.2	−1.2	.4	−1.0	.8	.9	1.0	.0	.8
−1.2	−.2	−.3	1.8	1.4	.6	1.2	.7	.4	.2
.6	−.5	.8	.1	.5	−.4	1.7	1.2	.9	−.3
.4	−1.9	.2	−.5	.7	−.1	−.1	−.5	.5	1.1
−1.4	.5	−1.7	−1.2	.8	−.7	−.1	1.0	−.8	.2
−.2	−.2	−.4	−.8	.3	1.0	1.8	2.9	−.8	−.1
−.3	.5	.4	−1.5	1.5	2.0	−.1	.2	.0	−1.2
.4	−.4	.6	1.0	−.1	.1	.5	−1.3	1.1	1.1
.6	.7	−1.1	−1.4	−1.6	−1.6	1.5	1.3	.7	−.9
.9	−.9	−.1	−.5	.5	1.4	.0	−.3	−.3	1.2
.2	−.6	.0	−.5	−.9	−.4	−.5	1.7	−.2	−1.2
−.9	.4	.8	.8	.4	−.3	−1.1	.6	1.4	1.3

表ⅢA 二项系数 C_n^k

	k＝成功次数										
N	0	1	2	3	4	5	6	7	8	9	10
0	1										
1	1	1									
2	1	2	1								
3	1	3	3	1							
4	1	4	6	4	1						
5	1	5	10	10	5	1					
6	1	6	15	20	15	6	1				
7	1	7	21	35	35	21	7	1			
8	1	8	28	56	70	56	28	8	1		
9	1	9	36	84	126	126	84	36	9	1	
10	1	10	45	120	210	252	210	120	45	10	1
11	1	11	55	165	330	462	462	330	165	55	11
12	1	12	66	220	495	792	924	792	495	220	66
13	1	13	78	286	715	1287	1716	1716	1287	715	286
14	1	14	91	364	1001	2002	3003	3432	3003	2002	1001
15	1	15	105	455	1365	3003	5005	6435	6435	5005	3003
16	1	16	120	560	1820	4368	8008	11440	12870	11440	8008
17	1	17	136	680	2380	6188	12376	19448	24310	24310	19448
18	1	18	153	816	3060	8568	18564	31824	43758	48620	43758
19	1	19	171	969	3876	11628	27132	50388	75582	92378	92378
20	1	20	190	1140	4845	15504	38760	77520	125970	167960	184756

公式：$C_n^k = \dfrac{n(n-1)(n-2)\cdots(n-k+1)}{k(k-1)(k-2)\cdots 3 \cdot 2 \cdot 1}$

$C_n^k = C_n^{n-k}$，例如 $C_{16}^{12} = C_{16}^4 = 1820$

表ⅢB 二项分布概率 P(k)

n	k	π .10	.20	.30	.40	.50	.60	.70	.80	.90
1	0	.9000	.8000	.7000	.6000	.5000	.4000	.3000	.2000	.1000
	1	.1000	.2000	.3000	.4000	.5000	.6000	.7000	.8000	.9000
2	0	.8100	.6400	.4900	.3600	.2500	.1600	.0900	.0400	.0100
	1	.1800	.3200	.4200	.4800	.5000	.4800	.4200	.3200	.1800
	2	.0100	.0400	.0900	.1600	.2500	.3600	.4900	.6400	.8100
3	0	.7290	.5120	.3430	.2160	.1250	.0640	.0270	.0080	.0010
	1	.2430	.3840	.4410	.4320	.3750	.2880	.1890	.0960	.0270
	2	.0270	.0960	.1890	.2880	.3750	.4320	.4410	.3840	.2430
	3	.0010	.0080	.0270	.0640	.1250	.2160	.3430	.5120	.7290
4	0	.6561	.4096	.2401	.1296	.0625	.0256	.0081	.0016	.0001
	1	.2916	.4096	.4116	.3456	.2500	.1536	.0756	.0256	.0036
	2	.0486	.1536	.2646	.3456	.3750	.3456	.2646	.1536	.0486
	3	.0036	.0256	.0756	.1536	.2500	.3456	.4116	.4096	.2916
	4	.0001	.0016	.0081	.0256	.0625	.1296	.2401	.4096	.6561
5	0	.5905	.3277	.1681	.0778	.0313	.0102	.0024	.0003	.0000
	1	.3281	.4096	.3602	.2592	.1563	.0768	.0284	.0064	.0005
	2	.0729	.2048	.3087	.3456	.3125	.2304	.1323	.0512	.0081
	3	.0081	.0512	.1323	.2304	.3125	.3456	.3087	.2048	.0729
	4	.0005	.0064	.0284	.0768	.1563	.2592	.3602	.4096	.3281
	5	.0000	.0003	.0024	.0102	.0313	.0778	.1681	.3277	.5905
6	0	.5314	.2621	.1176	.0467	.0156	.0041	.0007	.0001	.0000
	1	.3543	.3932	.3025	.1866	.0938	.0369	.0102	.0015	.0001
	2	.0984	.2458	.3241	.3110	.2344	.1382	.0595	.0154	.0012
	3	.0146	.0819	.1852	.2765	.3125	.2765	.1852	.0819	.0146
	4	.0012	.0154	.0595	.1382	.2344	.3110	.3241	.2458	.0984
	5	.0001	.0015	.0102	.0369	.0938	.1866	.3025	.3932	.3543
	6	.3543	.3932	.3025	.1866	.0938	.0369	.0102	.0015	.0001
7	0	.4783	.2097	.0824	.0280	.0078	.0016	.0002	.0000	.0000
	1	.3720	.3670	.2471	.1306	.0547	.0172	.0036	.0004	.0000
	2	.1240	.2753	.3177	.2613	.1641	.0774	.0250	.0043	.0002
	3	.0230	.1147	.2269	.2903	.2734	.1935	.0972	.0287	.0026
	4	.0026	.0287	.0972	.1935	.2734	.2903	.2269	.1147	.0230
	5	.0002	.0043	.0250	.0774	.1641	.2613	.3177	.2753	.1240
	6	.0000	.0004	.0036	.0172	.0547	.1306	.2471	.3670	.3720
	7	.0000	.0000	.0002	.0016	.0078	.0280	.0824	.2097	.4783

(续表)

n	k	π								
		.10	.20	.30	.40	.50	.60	.70	.80	.90
8	0	.4305	.1678	.0576	.0168	.0039	.0007	.0001	.0000	.0000
	1	.3826	.3355	.1977	.0896	.0313	.0079	.0012	.0001	.0000
	2	.1488	.2936	.2965	.2090	.1094	.0413	.0100	.0011	.0000
	3	.0331	.1468	.2541	.2787	.2188	.1239	.0467	.0092	.0004
	4	.0046	.0459	.1361	.2322	.2734	.2322	.1361	.0459	.0046
	5	.0004	.0092	.0467	.1239	.2188	.2787	.2541	.1468	.0331
	6	.0000	.4305	.4305	.4305	.4305	.4305	.4305	.4305	.4305
	7	.0000	.0001	.0012	.0079	.0313	.0896	.1977	.3355	.3826
	8	.0000	.0000	.0001	.0007	.0039	.0168	.0576	.1678	.4305
9	0	.3874	.1342	.0404	.0101	.0020	.0003	.0000	.0000	.0000
	1	.3874	.3020	.1556	.0605	.0176	.0035	.0004	.0000	.0000
	2	.1722	.3020	.2668	.1612	.0703	.0212	.0039	.0003	.0000
	3	.0446	.1762	.2668	.2508	.1641	.0743	.0210	.0028	.0001
	4	.0074	.0661	.1715	.2508	.2461	.1672	.0735	.0165	.0008
	5	.0008	.0165	.0735	.1672	.2461	.2508	.1715	.0661	.0074
	6	.0001	.0028	.0210	.0743	.1641	.2508	.2668	.1762	.0446
	7	.0000	.0003	.0039	.0212	.0703	.1612	.2668	.3020	.1722
	8	.0000	.0000	.0004	.0035	.0176	.0605	.1556	.3020	.3874
	9	.0000	.0000	.0000	.0003	.0020	.0101	.0404	.1342	.3874
10	0	.3487	.1074	.0282	.0060	.0010	.0001	.0000	.0000	.0000
	1	.3874	.2684	.1211	.0403	.0098	.0016	.0001	.0000	.0000
	2	.1937	.3020	.2335	.1209	.0439	.0106	.0014	.0001	.0000
	3	.0574	.2013	.2668	.2150	.1172	.0425	.0090	.0008	.0000
	4	.0112	.0881	.2001	.2508	.2051	.1115	.0368	.0055	.0001
	5	.0015	.0264	.1029	.2007	.2461	.2007	.1029	.0264	.0015
	6	.0001	.0055	.0368	.1115	.2051	.2508	.2001	.0881	.0112
	7	.0000	.0008	.0090	.0425	.1172	.2150	.2668	.2013	.0574
	8	.0000	.0001	.0014	.0106	.0439	.1209	.2335	.3020	.1937
	9	.0000	.0000	.0001	.0016	.0098	.0403	.1211	.2684	.3874
	10	.0000	.0000	.0000	.0001	.0010	.0060	.0282	.1074	.3487

表ⅢC 二项分布的右侧尾部累积概率

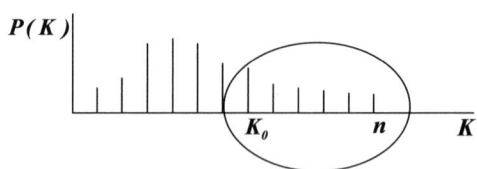

n	k_0	π								
		0.1	0.2	0.3	0.4	0.5	0.6	0.7	0.8	0.9
2	1	0.1900	0.3600	0.5100	0.6400	0.7500	0.8400	0.9100	0.9600	0.9900
	2	0.0100	0.0400	0.0900	0.1600	0.2500	0.3600	0.4900	0.6400	0.8100
3	1	0.2710	0.4880	0.6570	0.7840	0.8750	0.9360	0.9730	0.9920	0.9990
	2	0.0280	0.1040	0.2160	0.3520	0.5000	0.6480	0.7840	0.8960	0.9720
	3	0.0010	0.0080	0.0270	0.0640	0.1250	0.2160	0.3430	0.5120	0.7290
4	1	0.3439	0.5904	0.7599	0.8704	0.9375	0.9744	0.9919	0.9984	0.9999
	2	0.0523	0.1808	0.3483	0.5248	0.6875	0.8208	0.9163	0.9728	0.9963
	3	0.0037	0.0272	0.0837	0.1792	0.3125	0.4752	0.6517	0.8192	0.9477
	4	0.0001	0.0016	0.0081	0.0256	0.0625	0.1296	0.2401	0.4096	0.6561
5	1	0.4095	0.6723	0.8319	0.9222	0.9688	0.9898	0.9976	0.9997	1.0000
	2	0.0815	0.2627	0.4718	0.6630	0.8125	0.9130	0.9692	0.9933	0.9995
	3	0.0086	0.0579	0.1631	0.3174	0.5000	0.6826	0.8369	0.9421	0.9914
	4	0.0005	0.0067	0.0308	0.0870	0.1875	0.3370	0.5282	0.7373	0.9185
	5	0.0000	0.0003	0.0024	0.0102	0.0313	0.0778	0.1681	0.3277	0.5905
6	1	0.4686	0.7379	0.8824	0.9533	0.9844	0.9959	0.9993	0.9999	1.0000
	2	0.1143	0.3446	0.5798	0.7667	0.8906	0.9590	0.9891	0.9984	0.9999
	3	0.0159	0.0989	0.2557	0.4557	0.6562	0.8208	0.9295	0.9830	0.9987
	4	0.0013	0.0170	0.0705	0.1792	0.3438	0.5443	0.7443	0.9011	0.9842
	5	0.0001	0.0016	0.0109	0.0410	0.1094	0.2333	0.4202	0.6554	0.8857
	6	0.0000	0.0001	0.0007	0.0041	0.0156	0.0467	0.1176	0.2621	0.5314
7	1	0.5217	0.7903	0.9176	0.9720	0.9922	0.9984	0.9998	1.0000	1.0000
	2	0.1497	0.4233	0.6706	0.8414	0.9375	0.9812	0.9962	0.9996	1.0000
	3	0.0257	0.1480	0.3529	0.5801	0.7734	0.9037	0.9712	0.9953	0.9998
	4	0.0027	0.0333	0.1260	0.2898	0.5000	0.7102	0.8740	0.9667	0.9973
	5	0.0002	0.0047	0.0288	0.0963	0.2266	0.4199	0.6471	0.8520	0.9743
	6	0.0000	0.0004	0.0038	0.0188	0.0625	0.1586	0.3294	0.5767	0.8503
	7	0.0000	0.0000	0.0002	0.0016	0.0078	0.0280	0.0824	0.2097	0.4783

(续表)

n	k_0	\multicolumn{9}{c	}{π}
		0.1	0.2	0.3	0.4	0.5	0.6	0.7	0.8	0.9
8	1	0.5695	0.8322	0.9424	0.9832	0.9961	0.9993	0.9999	1.0000	1.0000
	2	0.1869	0.4967	0.7447	0.8936	0.9648	0.9915	0.9987	0.9999	1.0000
	3	0.0381	0.2031	0.4482	0.6846	0.8555	0.9502	0.9887	0.9988	1.0000
	4	0.0050	0.0563	0.1941	0.4059	0.6367	0.8263	0.9420	0.9896	0.9996
	5	0.0004	0.0104	0.0580	0.1737	0.3633	0.5941	0.8059	0.9437	0.9950
	6	0.0000	0.0012	0.0113	0.0498	0.1445	0.3154	0.5518	0.7969	0.9619
	7	0.0000	0.0001	0.0013	0.0085	0.0352	0.1064	0.2553	0.5033	0.8131
	8	0.0000	0.0000	0.0001	0.0007	0.0039	0.0168	0.0576	0.1678	0.4305
9	1	0.6126	0.8658	0.9596	0.9899	0.9980	0.9997	1.0000	1.0000	1.0000
	2	0.2252	0.5638	0.8040	0.9295	0.9805	0.9962	0.9996	1.0000	1.0000
	3	0.0530	0.2618	0.5372	0.7682	0.9102	0.9750	0.9957	0.9997	1.0000
	4	0.0083	0.0856	0.2703	0.5174	0.7461	0.9006	0.9747	0.9969	0.9999
	5	0.0009	0.0196	0.0988	0.2666	0.5000	0.7334	0.9012	0.9804	0.9991
	6	0.0001	0.0031	0.0253	0.0994	0.2539	0.4826	0.7297	0.9144	0.9917
	7	0.0000	0.0003	0.0043	0.0250	0.0898	0.2318	0.4628	0.7382	0.9470
	8	0.0000	0.0000	0.0004	0.0038	0.0195	0.0705	0.1960	0.4362	0.7748
	9	0.0000	0.0000	0.0000	0.0003	0.0020	0.0101	0.0404	0.1342	0.3874
10	1	0.6513	0.8926	0.9718	0.9940	0.9990	0.9999	1.0000	1.0000	1.0000
	2	0.2639	0.6242	0.8507	0.9536	0.9893	0.9983	0.9999	1.0000	1.0000
	3	0.0702	0.3222	0.6172	0.8327	0.9453	0.9877	0.9984	0.9999	1.0000
	4	0.0128	0.1209	0.3504	0.6177	0.8281	0.9452	0.9894	0.9991	1.0000
	5	0.0016	0.0328	0.1503	0.3669	0.6230	0.8338	0.9527	0.9936	0.9999
	6	0.0001	0.0064	0.0473	0.1662	0.3770	0.6331	0.8497	0.9672	0.9984
	7	0.0000	0.0009	0.0106	0.0548	0.1719	0.3823	0.6496	0.8791	0.9872
	8	0.0000	0.0001	0.0016	0.0123	0.0547	0.1673	0.3828	0.6778	0.9298
	9	0.0000	0.0000	0.0000	0.0017	0.0107	0.0464	0.1493	0.3758	0.7361
	10	0.0000	0.0000	0.0000	0.0001	0.0010	0.0060	0.0282	0.1074	0.3487

表 Ⅳ　标准正态分布的右侧尾部累积概率

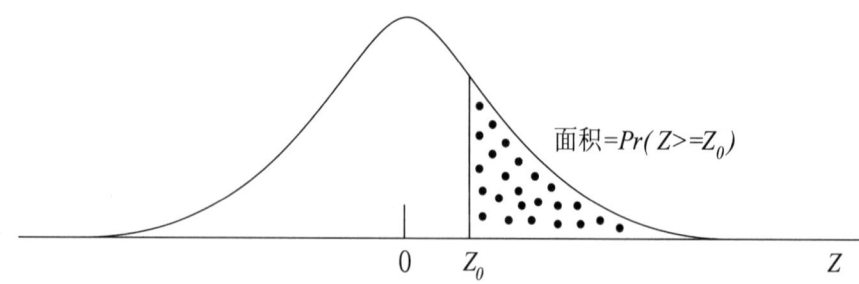

Z_0	0	0.01	0.02	0.03	0.04	0.05	0.06	0.07	0.08	0.09
0.0	0.5000	0.4960	0.4920	0.4880	0.4840	0.4801	0.4761	0.4721	0.4681	0.4641
0.1	0.4602	0.4562	0.4522	0.4483	0.4443	0.4404	0.4364	0.4325	0.4286	0.4247
0.2	0.4207	0.4168	0.4129	0.4090	0.4052	0.4013	0.3974	0.3936	0.3897	0.3859
0.3	0.3821	0.3783	0.3745	0.3707	0.3669	0.3632	0.3594	0.3557	0.3520	0.3483
0.4	0.3446	0.3409	0.3372	0.3336	0.3300	0.3264	0.3228	0.3192	0.3156	0.3121
0.5	0.3085	0.3050	0.3015	0.2981	0.2946	0.2912	0.2877	0.2843	0.2810	0.2776
0.6	0.2743	0.2709	0.2676	0.2643	0.2611	0.2578	0.2546	0.2514	0.2483	0.2451
0.7	0.2420	0.2389	0.2358	0.2327	0.2296	0.2266	0.2236	0.2206	0.2177	0.2148
0.8	0.2119	0.2090	0.2061	0.2033	0.2005	0.1977	0.1949	0.1922	0.1894	0.1867
0.9	0.1841	0.1814	0.1788	0.1762	0.1736	0.1711	0.1685	0.1660	0.1635	0.1611
1.0	0.1587	0.1562	0.1539	0.1515	0.1492	0.1469	0.1446	0.1423	0.1401	0.1379
1.1	0.1357	0.1335	0.1314	0.1292	0.1271	0.1251	0.1230	0.1210	0.1190	0.1170
1.2	0.1151	0.1131	0.1112	0.1093	0.1075	0.1056	0.1038	0.1020	0.1003	0.0985
1.3	0.0968	0.0951	0.0934	0.0918	0.0901	0.0885	0.0869	0.0853	0.0838	0.0823
1.4	0.0808	0.0793	0.0778	0.0764	0.0749	0.0735	0.0721	0.0708	0.0694	0.0681
1.5	0.0668	0.0655	0.0643	0.0630	0.0618	0.0606	0.0594	0.0582	0.0571	0.0559
1.6	0.0548	0.0537	0.0526	0.0516	0.0505	0.0495	0.0485	0.0475	0.0465	0.0455
1.7	0.0446	0.0436	0.0427	0.0418	0.0409	0.0401	0.0392	0.0384	0.0375	0.0367
1.8	0.0359	0.0351	0.0344	0.0336	0.0329	0.0322	0.0314	0.0307	0.0301	0.0294
1.9	0.0287	0.0281	0.0274	0.0268	0.0262	0.0256	0.0250	0.0244	0.0239	0.0233
2.0	0.0228	0.0222	0.0217	0.0212	0.0207	0.0202	0.0197	0.0192	0.0188	0.0183
2.1	0.0179	0.0174	0.0170	0.0166	0.0162	0.0158	0.0154	0.0150	0.0146	0.0143
2.2	0.0139	0.0136	0.0132	0.0129	0.0125	0.0122	0.0119	0.0116	0.0113	0.0110
2.3	0.0107	0.0104	0.0102	0.0099	0.0096	0.0094	0.0091	0.0089	0.0087	0.0084
2.4	0.0082	0.0080	0.0078	0.0075	0.0073	0.0071	0.0069	0.0068	0.0066	0.0064
2.5	0.0062	0.0060	0.0059	0.0057	0.0055	0.0054	0.0052	0.0051	0.0049	0.0048
2.6	0.0047	0.0045	0.0044	0.0043	0.0041	0.0040	0.0039	0.0038	0.0037	0.0036
2.7	0.0035	0.0034	0.0033	0.0032	0.0031	0.0030	0.0029	0.0028	0.0027	0.0026
2.8	0.0026	0.0025	0.0024	0.0023	0.0023	0.0022	0.0021	0.0021	0.0020	0.0019
2.9	0.0019	0.0018	0.0018	0.0017	0.0016	0.0016	0.0015	0.0015	0.0014	0.0014
3.0	0.00135									
3.5	0.00023									
4.0	0.0000317									
4.5	0.00000340									
5.0	0.000000287									

表 V　t 分布临界值点

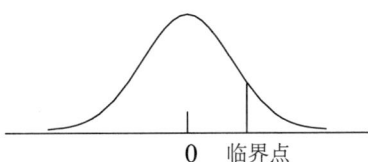

0　临界点

d.f.	t.25	t.10	t.05	t.025	t.010	t.005	t.0025	t.0010	t.0005
1	1.000	3.078	6.314	12.706	31.821	63.637	127.320	318.310	636.620
2	0.816	1.886	2.920	4.303	6.965	9.925	14.089	22.326	31.598
3	0.765	1.638	2.353	3.182	4.541	5.841	7.453	10.213	12.924
4	0.741	1.533	2.132	2.776	3.747	4.604	5.598	7.173	8.610
5	0.727	1.476	2.015	2.571	3.365	4.032	4.773	5.893	6.869
6	0.718	1.440	1.943	2.447	3.143	3.707	4.317	5.208	5.959
7	0.711	1.415	1.895	2.365	2.998	3.499	4.020	4.785	5.408
8	0.706	1.397	1.860	2.306	2.896	3.355	3.833	4.501	5.041
9	0.703	1.383	1.833	2.262	2.821	3.250	3.690	4.297	4.781
10	0.700	1.372	1.812	2.228	2.764	3.169	3.581	4.144	4.587
11	0.697	1.363	1.796	2.201	2.718	3.106	3.497	4.025	4.437
12	0.695	1.356	1.782	2.179	2.681	3.055	3.428	3.930	4.318
13	0.694	1.350	1.771	2.160	2.650	3.012	3.372	3.852	4.221
14	0.692	1.345	1.761	2.145	2.624	2.977	3.326	3.787	4.140
15	0.691	1.341	1.753	2.131	2.602	2.947	3.286	3.733	4.073
16	0.690	1.337	1.746	2.120	2.583	2.921	3.252	3.686	4.015
17	0.689	1.333	1.740	2.110	2.567	2.898	3.222	3.646	3.965
18	0.688	1.330	1.734	2.101	2.552	2.878	3.197	3.610	3.922
19	0.688	1.328	1.729	2.093	2.539	2.861	3.174	3.579	3.883
20	0.687	1.325	1.725	2.086	2.528	2.845	3.153	3.552	3.850
21	0.686	1.323	1.721	2.080	2.518	2.831	3.135	3.527	3.819
22	0.686	1.321	1.717	2.074	2.508	2.819	3.119	3.505	3.792
23	0.685	1.319	1.714	2.069	2.500	2.807	3.104	3.485	3.767
24	0.685	1.318	1.711	2.064	2.492	2.797	3.091	3.467	3.745
25	0.684	1.316	1.708	2.060	2.485	2.787	3.078	3.450	3.725
26	0.684	1.315	1.706	2.056	2.479	2.779	3.067	3.435	3.707
27	0.684	1.314	1.703	2.052	2.473	2.771	3.057	3.421	3.690
28	0.683	1.313	1.701	2.048	2.467	2.763	3.047	3.408	3.674
29	0.683	1.311	1.699	2.045	2.462	2.756	3.038	3.396	3.659
30	0.683	1.310	1.697	2.042	2.457	2.750	3.030	3.385	3.646
40	0.681	1.303	1.684	2.021	2.423	2.704	2.971	3.307	3.551
60	0.679	1.296	1.671	2.000	2.390	2.660	2.915	3.232	3.460
120	0.677	1.289	1.658	1.980	2.358	2.617	2.860	3.160	3.373
∞	.674 $=Z_{.25}$	1.282 $=Z_{.10}$	1.645 $=Z_{.05}$	1.960 $=Z_{.025}$	2.326 $=Z_{.010}$	2.576 $=Z_{.005}$	2.807 $=Z_{.0025}$	3.090 $=Z_{.0010}$	3.291 $=Z_{.0005}$

表Ⅵ F分布的临界值点

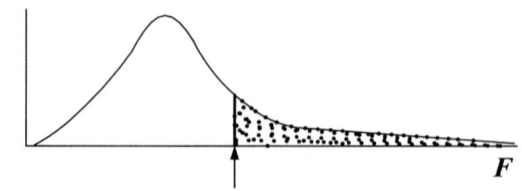
临界点

			分子的自由度									
			1	2	3	4	5	6	8	10	20	40	∞
1	$F_{.25}$		5.83	7.50	8.20	8.58	8.82	8.98	9.19	9.32	9.58	9.71	9.85
	$F_{.10}$		39.90	49.50	53.60	55.80	57.20	58.20	59.40	60.20	61.70	62.50	63.30
	$F_{.05}$		161.00	199.00	216.00	225.00	230.00	234.00	239.00	242.00	248.00	251.00	254.00
2	$F_{.25}$		2.57	3.00	3.15	3.23	3.28	3.31	3.35	3.38	3.43	3.45	3.48
	$F_{.10}$		8.53	9.00	9.16	9.24	9.29	9.33	9.37	9.39	9.44	9.47	9.49
	$F_{.05}$		18.50	19.00	19.20	19.20	19.30	19.30	19.40	19.40	19.40	19.50	19.50
	$F_{.01}$		98.50	99.00	99.20	99.30	99.30	99.30	99.40	99.40	99.40	99.50	99.50
	$F_{.001}$		998.00	999.00	999.00	999.00	999.00	999.00	999.00	999.00	999.00	999.00	999.00
3	$F_{.25}$		2.02	2.28	2.36	2.39	2.41	2.42	2.44	2.44	2.46	2.47	2.47
	$F_{.10}$		5.54	5.46	5.39	5.34	5.31	5.28	5.25	5.23	5.18	5.16	5.13
	$F_{.05}$		10.10	9.55	9.28	9.12	9.01	8.94	8.85	8.79	8.66	8.59	8.53
	$F_{.01}$		34.10	30.80	29.50	28.70	28.20	27.90	27.50	27.20	26.70	26.40	26.10
	$F_{.001}$		167.00	148.00	141.00	137.00	135.00	133	131.00	129.00	126.00	125.00	123.00
4	$F_{.25}$		1.81	2.00	2.05	2.06	2.07	2.08	2.08	2.08	2.08	2.08	2.08
	$F_{.10}$		4.54	4.32	4.19	4.11	4.05	4.01	3.95	3.92	3.84	3.80	3.76
	$F_{.05}$		7.71	6.94	6.59	6.39	6.26	6.16	6.04	5.96	5.80	5.72	5.63
	$F_{.01}$		21.20	18.00	16.70	16.00	15.50	15.20	14.80	14.50	14.00	13.70	13.50
	$F_{.001}$		74.10	61.20	56.20	53.40	51.70	50.50	49.00	48.10	46.10	45.10	44.00
5	$F_{.25}$		1.69	1.85	1.88	1.89	1.89	1.89	1.89	1.89	1.88	1.88	1.87
	$F_{.10}$		4.06	3.78	3.62	3.52	3.45	3.40	3.34	3.30	3.21	3.16	3.11
	$F_{.05}$		6.61	5.79	5.41	5.19	5.05	4.95	4.82	4.74	4.56	4.46	4.37
	$F_{.01}$		16.30	5.79	5.41	5.19	5.05	4.95	4.82	4.74	4.56	4.46	4.37
	$F_{.001}$		47.20	37.10	33.20	31.10	29.80	28.80	27.60	26.90	25.40	24.60	23.80
6	$F_{.25}$		1.62	1.76	1.78	1.79	1.79	1.78	1.78	1.77	1.76	1.75	1.74
	$F_{.10}$		3.78	3.46	3.29	3.18	3.11	3.05	2.98	2.94	2.84	2.78	2.72
	$F_{.05}$		5.99	5.14	4.76	4.53	4.39	4.28	4.15	4.06	3.87	3.77	3.67
	$F_{.01}$		13.70	5.14	4.76	4.53	4.39	4.28	4.15	4.06	3.87	3.77	3.67
	$F_{.001}$		35.50	27.00	23.70	21.90	20.80	20.00	19.00	18.40	17.10	16.40	15.70
7	$F_{.25}$		1.57	1.70	1.72	1.72	1.71	1.71	1.70	1.69	1.67	1.66	1.65
	$F_{.10}$		3.59	3.26	3.07	2.96	2.88	2.83	2.75	2.70	2.59	2.54	2.47
	$F_{.05}$		5.59	4.74	4.35	4.12	3.97	3.87	3.73	3.64	3.44	3.34	3.23
	$F_{.01}$		12.20	9.55	8.45	7.85	7.46	7.19	6.84	6.62	6.16	5.91	5.65
	$F_{.001}$		29.20	21.70	18.80	17.20	16.20	15.50	14.60	14.10	12.90	12.30	11.70
8	$F_{.25}$		1.54	1.66	1.67	1.66	1.66	1.65	1.64	1.63	1.61	1.59	1.58
	$F_{.10}$		3.46	3.11	2.92	2.81	2.73	2.67	2.59	2.54	2.42	2.36	2.29
	$F_{.05}$		5.32	4.46	4.07	3.84	3.69	3.58	3.44	3.35	3.15	3.04	2.93
	$F_{.01}$		11.30	8.65	7.59	7.01	6.63	6.37	6.03	5.81	5.36	5.12	4.86
	$F_{.001}$		25.40	18.50	15.80	14.40	13.50	12.90	12.00	11.50	10.50	9.92	9.33
9	$F_{.25}$		1.51	1.62	1.63	1.63	1.62	1.61	1.60	1.59	1.56	1.54	1.53
	$F_{.10}$		3.36	3.01	2.81	2.69	42.61	2.55	2.47	2.42	2.30	2.23	2.16
	$F_{.05}$		5.12	4.26	3.86	3.63	3.48	3.37	3.23	3.14	2.94	2.83	2.71
	$F_{.01}$		10.60	8.02	6.99	6.42	6.06	5.80	5.47	5.26	4.81	4.57	4.31
	$F_{.001}$		22.90	16.40	13.90	12.60	11.70	11.10	10.40	9.89	8.90	8.37	7.81

（续表）

		分子的自由度										
		1	2	3	4	5	6	8	10	20	40	∞
10	$F_{.25}$	1.49	1.60	1.60	1.59	1.59	1.58	1.56	1.55	1.52	1.51	1.48
	$F_{.10}$	3.28	2.92	2.73	2.61	2.52	2.46	2.38	2.32	2.20	2.13	2.06
	$F_{.05}$	4.96	4.10	3.71	3.48	3.33	3.22	3.07	2.98	2.77	2.66	2.54
	$F_{.01}$	10.00	4.10	3.71	3.48	3.33	3.22	3.07	2.98	2.77	2.66	2.54
	$F_{.001}$	21.00	14.90	12.60	11.30	10.50	9.93	9.20	8.75	7.80	7.30	6.76
12	$F_{.25}$	1.56	1.56	1.56	1.55	1.54	1.53	1.51	1.50	1.47	1.45	1.42
	$F_{.10}$	3.18	2.81	2.61	2.48	2.39	2.33	2.24	2.19	2.06	1.99	1.90
	$F_{.05}$	4.75	3.89	3.49	3.26	3.11	3.00	2.85	2.75	2.54	2.43	2.30
	$F_{.01}$	9.33	6.93	5.95	5.41	5.06	4.82	4.50	4.30	3.86	3.62	3.36
	$F_{.001}$	18.60	13.00	10.80	9.63	8.89	8.38	7.71	7.29	6.40	5.93	5.42
14	$F_{.25}$	1.44	1.53	1.53	1.52	1.51	1.50	1.48	1.46	1.43	1.41	1.38
	$F_{.10}$	3.10	2.73	2.52	2.39	2.31	2.24	2.15	2.10	1.96	1.89	1.80
	$F_{.05}$	4.60	3.74	3.34	3.11	2.96	2.85	2.70	2.60	2.39	2.27	2.13
	$F_{.01}$	8.86	6.51	5.56	5.04	4.69	4.46	4.14	3.94	3.51	3.27	3.00
	$F_{.001}$	17.10	11.80	9.73	8.62	7.92	7.44	6.80	6.40	5.56	5.10	4.60
16	$F_{.25}$	1.42	1.51	1.51	1.50	1.48	1.47	1.45	1.44	1.40	1.37	1.34
	$F_{.10}$	3.05	2.67	2.46	2.33	2.24	2.18	2.09	2.03	1.89	1.81	1.72
	$F_{.05}$	4.49	3.63	3.24	3.01	2.85	2.74	2.59	2.49	2.28	2.15	2.01
	$F_{.01}$	8.53	6.23	5.29	4.77	4.44	4.20	3.89	3.69	3.26	3.02	2.75
	$F_{.001}$	16.10	11.00	9.01	7.94	7.27	6.80	6.20	5.81	4.99	4.54	4.06
18	$F_{.25}$	1.41	1.50	1.49	1.48	1.46	1.45	1.43	1.42	1.38	1.35	1.32
	$F_{.10}$	3.01	2.62	2.42	2.29	2.20	2.13	2.04	1.98	1.84	1.75	1.66
	$F_{.05}$	4.41	3.55	3.16	2.93	2.77	2.66	2.51	2.41	2.19	2.06	1.92
	$F_{.01}$	8.29	6.01	5.09	4.58	4.25	4.01	3.71	3.51	3.08	2.84	2.57
	$F_{.001}$	15.40	10.40	8.49	7.46	6.81	6.35	5.76	5.39	4.59	4.15	3.67
20	$F_{.25}$	1.40	1.49	1.48	1.47	1.45	1.44	1.42	1.40	1.36	1.33	1.29
	$F_{.10}$	2.97	2.59	2.38	2.25	2.16	2.09	2.00	1.94	1.79	1.71	1.61
	$F_{.05}$	4.35	3.49	3.10	2.87	2.71	2.60	2.45	2.35	2.12	1.99	1.84
	$F_{.01}$	8.10	5.85	4.94	4.43	4.10	3.87	3.56	3.37	2.94	2.69	2.42
	$F_{.001}$	14.80	9.95	8.10	7.10	6.46	6.02	5.44	5.08	4.29	3.86	3.38
30	$F_{.25}$	1.38	1.45	1.44	1.42	1.41	1.39	1.37	1.35	1.30	1.27	1.23
	$F_{.10}$	2.88	2.49	2.28	2.14	2.05	1.98	1.88	1.82	1.67	1.57	1.46
	$F_{.05}$	4.17	3.32	2.92	2.69	2.53	2.42	2.27	2.16	1.93	1.79	1.62
	$F_{.01}$	7.56	5.39	4.51	4.02	3.70	3.47	3.17	2.98	2.55	2.30	2.01
	$F_{.001}$	13.30	8.77	7.05	6.12	5.53	5.12	4.58	4.24	3.49	3.07	2.59
40	$F_{.25}$	1.36	1.44	1.42	1.40	1.39	1.37	1.35	1.33	1.28	1.24	1.19
	$F_{.10}$	2.84	2.44	2.23	2.09	2.00	1.93	1.83	1.76	1.61	1.51	1.38
	$F_{.05}$	4.08	3.23	2.84	2.61	2.45	2.34	2.18	2.08	1.84	1.69	1.51
	$F_{.01}$	7.31	5.18	4.31	3.83	3.51	3.29	2.99	2.80	2.37	2.11	1.80
	$F_{.001}$	12.60	8.25	6.59	5.70	5.13	4.73	4.21	3.87	3.15	2.73	2.23
60	$F_{.25}$	1.35	1.42	1.41	1.38	1.37	1.35	1.32	1.30	1.25	1.21	1.15
	$F_{.10}$	2.79	2.39	2.18	2.04	1.95	1.87	1.77	1.71	1.54	1.44	1.29
	$F_{.05}$	4.00	3.15	2.76	2.53	2.37	2.25	2.10	1.99	1.75	1.59	1.39
	$F_{.01}$	7.08	4.98	4.13	3.65	3.34	3.12	2.82	2.63	2.20	1.94	1.60
	$F_{.001}$	12.00	7.77	6.17	5.31	4.76	4.37	3.86	3.54	2.83	2.41	1.89
120	$F_{.25}$	1.34	1.40	1.39	1.37	1.35	1.33	1.30	1.28	1.22	1.18	1.10
	$F_{.10}$	2.75	2.35	2.13	1.99	1.90	1.82	1.72	1.65	1.48	1.37	1.19
	$F_{.05}$	3.92	3.07	2.68	2.45	2.29	2.18	2.02	1.91	1.66	1.50	1.25
	$F_{.01}$	6.85	4.79	3.95	3.48	3.17	2.96	2.66	2.47	2.03	1.76	1.38
	$F_{.001}$	11.40	7.32	5.78	4.95	4.42	4.04	3.55	3.24	2.53	2.11	1.54
∞	$F_{.25}$	1.32	1.39	1.37	1.35	1.33	1.31	1.28	1.25	1.19	1.14	1.00
	$F_{.10}$	2.71	2.30	2.08	1.94	1.85	1.77	1.67	1.60	1.42	1.30	1.00
	$F_{.05}$	3.84	3.00	2.60	2.37	2.21	2.10	1.94	1.83	1.57	1.39	1.00
	$F_{.01}$	6.63	4.61	3.78	3.32	3.02	2.80	2.51	2.32	1.88	1.59	1.00
	$F_{.001}$	10.80	6.91	5.42	4.62	4.10	3.74	3.27	2.96	2.27	1.84	1.00

表Ⅶ X^2 分布的临界值点

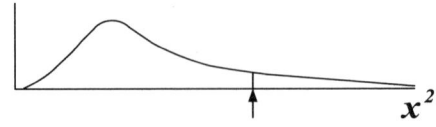

d.f.	$X^2_{.25}$	$X^2_{.10}$	$X^2_{.05}$	$X^2_{.025}$	$X^2_{.010}$	$X^2_{.005}$	$X^2_{.001}$
1	1.32	2.71	3.84	5.02	6.63	7.88	10.8
2	2.77	4.61	5.99	7.38	9.21	10.6	13.8
3	4.11	6.25	7.81	9.35	11.3	12.8	16.3
4	5.39	7.78	9.49	11.1	13.3	14.9	18.5
5	6.63	9.24	11.1	12.8	15.1	16.7	20.5
6	7.84	10.6	12.6	14.4	16.8	18.5	22.5
7	9.04	12	14.1	16	18.5	20.3	24.3
8	10.2	13.4	15.5	17.5	20.1	22	26.1
9	11.4	14.7	16.9	19	21.7	23.6	27.9
10	12.5	16	18.3	20.5	23.2	25.2	29.6
11	13.7	17.3	19.7	21.9	24.7	26.8	31.3
12	14.8	18.5	21	23.3	26.2	28.3	32.9
13	16	19.8	22.4	24.7	27.7	29.8	34.5
14	17.1	21.1	23.7	26.1	29.1	31.3	36.1
15	18.2	22.3	25	27.5	30.6	32.8	37.7
16	19.4	23.5	26.3	28.8	32	34.3	39.3
17	20.5	24.8	27.6	30.2	33.4	35.7	40.8
18	21.6	26	28.9	31.5	34.8	37.2	42.3
19	22.7	27.2	30.1	32.9	36.2	38.6	43.8
20	23.8	28.4	31.4	34.2	37.6	40	45.3
21	24.9	29.6	32.7	35.5	38.9	41.4	46.8
22	26	30.8	33.9	36.8	40.3	42.8	48.3
23	27.1	32	35.2	38.1	41.6	44.2	49.7
24	28.2	33.2	36.4	39.4	43	45.6	51.2
25	29.3	34.4	37.7	40.6	44.3	46.9	52.6
26	30.4	35.6	38.9	41.9	45.6	48.3	54.1
27	31.5	36.7	40.1	43.2	47	49.6	55.5
28	32.6	37.9	41.3	44.5	48.3	51	56.9
29	33.7	39.1	42.6	45.7	49.6	52.3	58.3
30	34.8	40.3	43.8	47	50.9	53.7	59.7
40	45.6	51.8	55.8	59.3	63.7	66.8	73.4
50	56.3	63.2	67.5	71.4	76.2	79.5	86.7
60	67	74.4	79.1	83.3	88.4	92	99.6
70	77.6	85.5	90.5	95	100	104	112
80	88.1	96.6	102	107	112	116	125
90	98.6	108	113	118	124	128	137
100	109	118	124	130	136	140	149

表Ⅷ 两个独立样本的 W 检验

n=2			
m			
1		2	
W	P_r	W	P_r
1	0.333	3	0.167
		4	0.333

较大样本, n=3					
较小样本, m					
1		2		3	
W	P_r	W	P_r	W	P_r
1	.250	3	.100	6	.050
2	.500	4	.200	7	.100
		5	.400	8	.200
				9	.350
				10	.500

较大样本, n=5							
较小样本, m							
1		2		3		4	
W	P_r	W	P_r	W	P_r	W	P_r
1	0.200	3	0.067	6	0.029	10	0.014
2	0.400	4	0.133	7	0.057	11	0.029
		5	0.267	8	0.114	12	0.057
		6	0.400	9	0.200	13	0.100
				10	0.314	14	0.171
				11	0.429	15	0.243
						16	0.343

较大样本, n=5									
较小样本, m									
1		2		3		4		5	
W	P_r	W	P_r	W	P_r	W	P_r	W	P_r
1	0.167	3	0.048	6	0.018	10	0.008	15	0.004
2	0.333	4	0.095	7	0.036	11	0.016	16	0.008
3	0.500	5	0.190	8	0.071	12	0.032	17	0.016
		6	0.286	9	0.125	13	0.056	18	0.028
		7	0.429	10	0.196	14	0.095	19	0.048
				11	0.286	15	0.143	20	0.075
				12	0.393	16	0.206	21	0.111
				13	0.500	17	0.278	22	0.155
						18	0.365	23	0.210
						19	0.452	24	0.274
								25	0.345
								26	0.421
								27	0.500

较大样本, n=6											
较小样本, m											
1		2		3		4		5		6	
W	P_r	W	P_r	W	P_r	W	P_r	W	P_r	W	P_r
1	.143	3	.036	6	.012	10	.005	15	.002	21	.001
2	.286	4	.071	7	.024	11	.010	16	.004	22	.002
3	.429	5	.143	8	.048	12	.019	17	.009	23	.004
		6	.214	9	.083	13	.033	18	.015	24	.008
		7	.321	10	.131	14	.057	19	.026	25	.013
		8	.429	11	.190	15	.086	20	.041	26	.021
				12	.274	16	.129	21	.063	27	.032
				13	.357	17	.176	22	.089	28	.047
				14	.452	18	.238	23	.123	29	.066
						19	.305	24	.165	30	.090
						20	.381	25	.214	31	.120
						21	.457	26	.268	32	.155
								27	.331	33	.197
								28	.396	34	.242
								29	.465	35	.294

附录四 参考答案

第一章习题

1—1 0.625±0.034, 0.339±0.033, 0.173±0.026, 0.169±0.026, 0.158±0.025, 0.211±0.028, 0.196±0.028

1—2 0.49±0.0400, 0.58±0.0395*, 0.48±0.0692, 0.55±0.0308*

1—3 肯尼迪 0.51干0.0253, 约翰逊 0.64±0.0243*, 汉弗莱 0.50±0.0253
麦戈文 0.38±0.0246, 卡 特 0.51±0.0253, 卡 特 0.48±0.0253*,

第二章习题

2—1 1) 名称级   2) 离散型
3)

x	频数 f	f/n
0	6	0.01
1	147	0.30
2	97	0.20
3	94	0.20
4	57	0.12
5	13	0.03
6	69	0.14
合计	483	1.00

2—2 3) 第 10 百分位数,第 20 百分位数

2—3 众数为 1。中位数和均值无定义

2—4 1) 16, 16, 15.43;

2) 15, 15, 15.3;

3) 14, 14, 15.2;和 19, 19, 16;

4) 众数、中位数的取值受分组情况的影响较大,精细分组时能给出更好的近似值。

5) 第 40 百分位数,不算高。

2—5 1) 平均数, 2) 中位数, 3) 中位数

2—6 2) 2.45, 2.5, 3   3) 45

2—7 1) 60, 2) 0, 3) 0, 4) 对中位数不成立。

2—8 1) 8, 5, 2.90; 2) 10, 6.5, 3.74; 3) 5, 3, 2.16

2—9 31.17

2—10 147.10, 15.65, 21.17

2—11 0.21(%)

2—12　1) 7.5％,2) 6.2％,3) 6.7％,4) 可以

2—13　1) 6.58（％）,0.740（％）;2) 4.92（％）,0.589（％）;3) 5.75（％）,1.078（％）

2—14　1) 约 4166667 小时;2) 分布不对称,右边有一长尾巴

第三章习题

3—1　1) 0.0352,2) 0.9648

3—2　1) 0.03,2) 0.97

3—3　1) 0.01,2) 0.99

3—4　1)

x	0	1	2
P(x)	0.36	0.48	0.16

2)

x	0	1	2	3
P(x)	0.22	0.42	0.30	0.06

3—5　1)

x	0	1	2
P(x)	0.48	0.40	0.12

2)

x	0	1	2	3
P(x)	0.38	0.40	0.18	0.04

3—7　16.7％

3—8　1) 4,2;2) 4.47,1.99;3) 4.94,1.38

3—9　1)

x	0	1	2	3	4	5
P(x)	.153	.174	.248	.170	.103	.152

　　　2) 2.51　3) 1.88

3—10　1) 0.2734;2) 0.3634;3) 0.0039

3—11　1) 3％；　2) 62％

3—12　1) 0.8263；　2) 0.4305；　3) 0.2541

3—13　能生存下来的概率约为 36％

3—14　2) 3， 1.54

　　　3) 3， 1.5

3—15　1) 0.0735;2) 0.0586;3) 0.9495;4) 0.1057

　　　5) 0.4495;6) 0.8990;7) 0.0082

3—16　1) $Z_0 \approx 2.33$, Z_0 是第 99 百分位数点,2) $Z_0 \approx 1.64$

3—17　1) 0.1469;2) 0.8849;3) 0.6826;4) 0.8978

3—18　1) 0.0034;2) 0.1587;3) 0.8379

3—19　1) 0.2638； 2) 477； 3) 343； 4) 134

3—20　1) 0.0918；2) 第 91 百分位数；3) 第 99 百分位数。

3—21　1) 0.2335； 2) 0.8507； 3) 0.0282

3—22　1) 0.7102； 2) 0.9321； 3) 4.2,1.30

3—23　1) 0.60； 2) 0.6480； 3) 0.7334

3—24　1) 0.9772； 2) 115 分钟

3-25　1) 0.0498；2) 0.8438；3) 0.0168

3-26　1) 3；2) 0.85

3-27　1) 2.4；2) 0.98

3-28　1) 0.0352；2) 怀疑该假设

第四章习题

4-4　1) 正确；2) 不正确

4-5　1) 1500元，90元，近似正态；2) $P_r(\bar{X})150 \times \dfrac{110}{100} = 0.0475$

4-6　1) 0.3085；2) 0.1587；3) 0.0228；4) 0.0000317

4-7　0.8854

4-8　0.0475

4-9　1) 108个；2) 大于0.999994

4-10　0.0018

4-11　0.0183,连续性修正值0.0367

4-12　大于0.999767,0.6516

4-13　0.9217,连续性修正值0.9406

4-14　1)0.5646, 2)0.7286, 3)0.9544

4-15　0.9926

4-16　1)0.1719, 2)0.1020, 3)0.1711, 4)对

4-18　样本大小相同,因为P的标准误差仅与样本数有关,与总体数无关。

4-19　1)0.3192, 2)0.0301

4-20　1)0.2033, 2)0.0016, 3)0.0485

4-21　0.0823

4-22　1)约33人, 2)约等于100%

4-23　0.4286

4-24　1)0.0071, 2)载重量应大于3545公斤

第五章习题

5-2　1)8500±930 或 (7570,9430)

5-3　1)(2.9,3.7),2)(2.8,3.8)

5-4　1)170.2±1.57,2)n=171,4)是原样本量的625倍

5-5　1)44.9±1.89,2)44.9±2.58

5-6　1)76<μ<90

　　2)X-$\bar{X}$=98-83=17<S=20;并不令人吃惊;所求置信区间是总体平均值μ的置信区间,不是指一次观测值的置信区间。

5-7　62<μ<69

5-8　1)$\bar{X}$=39.5,S=14.53;2) μ=39.5±5.4

5—9　1) 6±8.17,2) 6±6.74

5—10　6±2.54

5—11　1) 12±4.97,2) 10±4.21,3) 2±5.41

5—12　40±57.56

5—13　1) Δ=3±1.35

5—14　1) 220±360.6,2)不能

5—15　1) 220±211.6,2)自然不能,因为这是一个没有对照实验的观察研究。

5—16　$\mu_B - \mu_A = 6 \pm 4.49$,B类种子更好。

5—17　1)21±14.23,2)对于观察研究,结论不一定成立。因为可能有一些不受控制的因子引起了偏差。在这种情况下最好采用"多元回归"方法来分析。

5—18　1)0.11<π<0.67,2)0.40±0.19,
　　　3)0.40±0.096,4)0.40±0.019

5—19　彩电(86.5%±2.7%),　　黑白电视机(52.2%±4.0%),
　　　录像机(43.5%±4.0%)　收音机(81.2%±3.1%),
　　　录音机(87.3%±2.7%)　成人报纸(62.7%±3.9%),
　　　少儿报纸(73.3%±3.5%)

5—20　1)0.05±0.034,2)0.08±0.034

5—21　67.7%±4.2%

5—22　1)μ>1427.6,2)可以(以95%的置信度)

5—23　μ>54.04

5—24　$\mu_{男} - \mu_{女} > 44.2$

5—25　$\mu_B - \mu_A > 2.43, \mu_1 - \mu_2 > 9.1$

5—26　14±9.1

5—27　45%±8.6%

5—28　1)公安 4.32±0.156,清华 3.78±0.204,北大 3.58±0.182
　　　2)0.74±0.236(或 $\mu_1 - \mu_2 > 0.55$),3)0.20±0.269

5—29　1)72.1%±7.5%;2)63.2%±8.1%;3)77.2%±7.1%

5—30　2)118.0±3.16;3)13%±6.6%

5—31　1)28.5;71;46.2;2)42±14

5—32　$\mu_{服} - \mu_{不服} > 0.54$

第六章习题

6—1　5～26题中,H_0:Δ=0 在5%的错误水平下被拒绝,即认为差异在统计上是可以分辨的。
　　　5～27题中,H_0:Δ=0 在5%的错误水平下被拒绝,即认为差异在统计上是不可以分辨的。

6—2　1)可以分辨;2)可以分辨;3)不可以分辨。

6—3　1):新灯泡没有降低损耗率,H_0:π=0.07;
　　　2)概值=0.0268<0.05,拒绝原假设。

6—4　概值<0.05,坏账均值增长显著。

6—5　1)△>9.89,2) H_0:短跑前后脉律没有变化,H_0:△=0;概值<0.0025

6—6　1) H_0:含酒精和不含酒精的司机之间没有什么差异;△=0;概值约等于0;

2)>19%;

3)原假设几乎没有什么可信度;可以认为酒精增加了事故的发生率。

6—7　1)对;2)对。

6—8　1)4.3±3.3,2)概值=0.02,3)可以分辨(①,②的答案均为"是")。

6—9　1) $\pi_男 - \pi_女 > 0.049$,2)概值<0.000233

3)可以分辨(①,②的答案均为"是")。

6—10　1) $\pi_2 - \pi_1 > -0.0196$;2)概值>0.2877

3)不可以分辨(①,②的答案均为"否")。

6—11　1) H_0:缺陷手套的比例和过去一样;π=0.10;

H_1:缺陷手套的比例大于过去;π>0.10;

2) p_c=0.1402;3)拒收 P=25%,16%,24%,21%的那4批货。

6—12　α=0.2639,α太高,卖主会吃亏。

6—13　一,α,　二,β,α,β

6—14　n=2500

6—15　1)不会拒绝 H_0,因为 $\overline{X} < \overline{X}_c$;

2)还是遵循自己的感觉,因为经典检验是偏于保守的;

3)这时可以拒绝 H_0;是样本数不足的问题。

4)是的;是的(这又显示了经典检验的另一弱点)。

6—18　1)伪;2)伪

6—19　1) H_0:π=0.10;H_1:π=0.30,2)β=0.1493

6—20　1) H_1:π=0.30;2)β=0.000233,可以这么说。

6—21　1) 上午班 $\overline{X}_1$,S_1=0.756;下午班 $\overline{X}_2$=3.2,S_2=1.22。

6—22　H_0:$\mu_1 - \mu_2 = 0$,H_1:$\mu_1 - \mu_2 > 0$

$\mu_1 - \mu_2 > 0.2339$,概值<0.025,拒绝 H_0,有真正差异。

6—23　1) π=82.6%±4.4%,与50%是统计上可以分辨的;

2) $\pi_1 - \pi_2 = 5.02\% \pm 15.04\%$,是统计上不可以分辨的。

6—24　1) $\mu_1 - \mu_2 > 32$;2) 概值≈0.0005;

3) 拒绝原假设,均值之差在统计上是可以分辨的。

6—25　说到某总体时,指的是出生在同一时间、地点和环境下的婴儿总体,对这个总体来谈论置信区间和概值的。不过即使没有一个这样的总体,概值也可以合情合理地得到解释,因为处理和对照是完全随机地安排的。

6—26　不显著。

第七章习题

7—1　1) $\hat{Y}$=2.434+1.799X,3) ①38.4,②47.4,③1.8

7—2　$\hat{Y}$=−1.238+0.334X

7—3 1) $\hat{Y}=119+9X$,2) $X=5$ 时,$\hat{Y}\approx164$;$X=0$ 时,$\hat{Y}\approx119$
  4) 因为这是一个没有对照试验的观察研究,所以仍不能提供证据。

7—4 1) $\hat{Y}=391-2.35X$,两省的死亡率分别是 304 和 191。
  2) 因为这是一个没有对照试验的观察研究,所以仍不能提供证据。

7—6 7—1 题 $\beta=1.799\pm0.277$;7—2 题 $\beta=0.334\pm0.233$

7—7 1) $\hat{Y}=-1.053+0.514X$;2) $\beta=0.514\pm0.482$

7—8 $\beta=0$ 这个假设将被拒绝。

7—9 1) $H_0:\beta=0,H_1:\beta>0$;2) 概值<0.025,3) $\beta>0.187$;
  4) 拒绝原假设(①和②的答案均为"是")

7—10 1) $H_0:\beta=0,H_1:\beta>0$;2) 概值<0.010,3) $\beta>0.162$;
  4) 拒绝原假设

7—11 3) $\hat{Y}=2360+280X$;
  4) $\beta=280\pm390$,β 以 95% 的置信度落在区间$(-110,670)$之中;
  5) 无法拒绝"收入与性别无关"的假设;6) 没有度量出对女性的歧视。

7—12 3) 由方程估计,$\Delta Y=20.4$

7—13 1) 9200 美元;2) $\beta=800\pm492$;3) 可以分辨;
  4) 不公平。因为这只是一个观察研究,许多其他因素的影响也可能被包含在内。比如受过较高教育的男性一般倾向于有更大的抱负和进取心,这也可能是产生较高收入的一个原因。

7—14 1) $\hat{Y}=-120.5+0.498X$
  3) $\beta=0.498\pm0.028$ $(0.470<\beta<0.526)$

第八章习题

8—1

变差来源	变差	自由度	方差	F 比值	概值
机器间	130	2	65	8.3	$P<0.01$
机器内	94	12	7.83		
总和	224	14			

8—2

变差来源	变差	自由度	方差	F 比值	概值
组间	12	2	6	2.37	$0.10<P<0.25$
组内	38	15	2.53		
总和	50	17			

8-3

变差来源	变差	自由度	方差	F比值	概值
性别间	121000	1	121000	1.98	$0.10<P<0.25$
性别内	489000	8	61125		
总和	610000	9			

8-4

变差来源	变差	自由度	方差	F比值	概值
组间	1009	2	504.5	8.255	$P<0.001$
组内	8984	147	61.116		
总和	9993	149			

8-5

变差来源	变差	自由度	方差	F比值	概值
地区间	8	3	2.667	0.16	$P\gg 0.25$
地区内	114	7	16.286		
总和	122	10			

8-6

变差来源	变差	自由度	方差	F比值	概值
时段间	18	2	9	3.6	$P<0.25$
工人间	78	2	39	15.6	$P<0.05$
残差	10	4	2.5		
总和	106	8			

8-7

变差来源	变差	自由度	方差	F比值	概值
组间	90	3	30	2.727	$0.10<P<0.25$
组内	88	8	11		
总和	178	11			

8-8　1)对；2)对

8-9　$\hat{Y}=2260=220X$；

$\beta=-220\pm 360.6$，不能拒绝原假设，不能认为收入与性别有线性联系。

8-10　1)对；2)对

第九章习题

9-1　1) $\gamma=0.34$，2) $-0.35<\rho<0.78$

3) 双侧概值)0.20；0在置信区间之内,不能拒绝原假设。

9-2　1) $\gamma=0.7876$ ，2) $-0.05<\rho<0.96$

3) $\hat{Y}=7-0.0054X$，$\beta=0.0054\pm 0.0059$

5) 两个原假设都不能拒绝。

9-3 1) $\hat{Y}=1.03+0.0242X$

2)

变差来源	变差	自由度	方差	F比值	概值
回归	0.70	1	0.70	4.6	$0.05<P<0.10$
残差	0.76	5	0.152		
总和	1.46	6			

3) $\beta=0.0242\pm0.029$,不能拒绝 H_0;4)$-1.0<\rho<0.93$,不能拒绝 $\rho=0$;

5) 所有答案都是一致的,不能证明"X 和 Y 是线性联系的";

6) 可用回归解释的变差的比例$=0.4794=\gamma^2$

不可解释的变差的比例$=0.5206=1-\gamma^2$

9-4 1) $\hat{Y}=1.272+0.0207X$

2)

变差来源	变差	自由度	方差	F比值	概值
回归	0.60	1	0.60	2.73	$0.10<P<0.25$
残差	0.66	3	0.22		
总和	1.26	4			

3) $\beta=0.0242\pm0.029$,不能拒绝 $\beta=0$;

4) $-0.38<\rho<0.93$,不能拒绝 $\rho=0$;

5) 答案一致,不能证明"X 和 Y 有线性联系";6)均为一致

9-7 $\lambda=0.125,\lambda_{YX}=0.133,\tau_Y=0.101$

9-8 $C=0.427,V=0.334$

9-9 $R=-0.967$

9-10 $G=-0.889,Z=-3.89$,概值<0.000233

9-11 1) $R_1=-0.173,R_2=0.973,R_3=-0.182$

2) $G_1=-0.127,G_2=0.891,G_3=-0.164$

3) $\tau_a=-0.127$

9-12 1) $E^2=0.0587$;2)概值$>>0.25$;3)概值$<<0.001$

4) 说明家庭经济收入不同的学生的英语成绩没有明显的差异,但是家庭职业背景不同的学生的英语成绩有明显的差异。

9-13 1

9-14 1) $\gamma=0.44,\gamma=0.26$

9-15 用秩相关系数比较合适;$R=0.9021$

第十章习题

10-1 H_0:制作费用的大小与收视率高低相适应。概值>0.10,不能拒绝 H_0,可以认为制作费用的大小与收视率的高低是相适应的($x^2=5.92$)。

10-2 H_0:工作正常,$x^2=19.66$,概值<0.025,拒绝 H_0,不能认为摇奖机工作正常。

10—3　1) 概值<0.005；2) 拒绝 H_0 ($x^2=16.15$)

10—4　1) 概值<0.025；2) 拒绝该假设

10—5　1) 0.10<概值<0.25；2) 不能拒绝 H_0

10—6　拒绝该假设($x^2=26.94$)

10—7　H_0:无偏好,检验结果:H_0 的概值>0.10,不能拒绝 H_0(不能认为有偏好)。

10—8　1) H_0:不同年龄层次的人对该恋爱问题的态度没有什么差异(相互独立)；
　　　2) $x^2=20.76$,概值<0.001, 3) $C=0.122$, 4) x^2 显著,C 不显著,要慎重。

10—9　1) H_0:不同年龄段的人在雅典奥运会期间睡眠时间的变化没有差异(相互独立)；
　　　2) $x^2=29.92$,概值<0.001, 3) $C=0.17$, 4) x^2 与 C 都显著,拒绝 H_0。

10—10　1) H_0:参加体育活动的程度与对北京成功举办奥运会的信心程度没有关系(相互独立)；
　　　　2) $x^2=7.74$,概值>0.25; 3) C 值没有必要计算, 4) 不能拒绝 H_0。

10—11　1) H_0:住房条件与婆媳关系没有什么联系(相互独立)；
　　　　2) $x^2=13.22$,概值<0.025
　　　　3) $C=0.249$, 4) x^2 与 C 都显著,拒绝 H_0。

10—12　1) H_0:不同阶层的人所读的报纸没有什么差异；
　　　　2) $x^2=12.37$, $0.05<$概值<0.10,不可分辨

10—13　完全相同

10—14　1) H_0:性别与最希望看到的有关奥运会的电视节目类型之间没有什么联系(相互独立)；
　　　　2) $x^2=16.20$,概值<0.01
　　　　3) $C=0.126$; 4) x^2 显著,C 不显著,要慎重。

10—15　1)

变差来源	变差	自由度	方差	F 比值	概值
报纸间	11.102	2	5.551	6.09	$P<0.01$
报纸内	216.303	237	0.913		
总和	227.405	239			

　　　　2) 在 0.01 水平下,各种报纸得分之间的差异是可以分辨的。这种检验比 x^2 检验精细。

10—16　1) $x^2=5.76$,$p<0.025$; 2) $\pi=0.512\pm0.010$; 3) 2)的分析更有意义

10—17　1) $x^2=2.88$,$p<0.10$
　　　　2) $\pi_1-\pi_2=0.012\pm0.014$(双侧)或 $\pi_1-\pi_2>0.012$(单侧)；
　　　　3) 2)的分析给出了更具体的数量性的回答

10—18　1) H_0:性别与所获学位的种类无关; 2) $x^2=7.36$, $0.025<$概值<0.05；
　　　　3) $\pi_{学士}=0.45\pm0.03$, $\pi_{硕士}=0.47\pm0.06$, $\pi_{博士}=0.23\pm0.14$

主要参考文献

[1] Anderson, T.W., *An Introduction to Multivariate Statistical Analysis*, John Wiley & Sons, 1971.

[2] Dillon, W.R. and Goldstein, M., *Multivariate Analysis*, John Wiley & Sons, 1984.

[3] Everitt, B.S., *An Introduction to Latent Variable Models*, Chapman and Hall, 1984.

[4] Joreskog, K.G. and Sorbom, D., *LISREL 7: User's Reference Guide*, Mooresville, IN: Scientific Software, Inc., 1989.

[5] Joreskog, K.G. and Sorbom, D., *Advances in Factor Analysis and Structural Equation Models*, Cambridge, MA: ABT, 1979.

[6] Seber, G.A.F. *Multivariate Observations*, John Wiley & Sons, 1984.

[7] Wonnacott, T.H. and Wonnacott, R.J., *Introductory Statistics for Business and Economics*, John Wiley & Sons, 1984.

[8] Norusis, M.J., SPSS/PC PLUS FOR IBM-PC/XT/AT, SPSS Inc.

[9] 〔日〕浅野长一郎:《因子分析法通论》,〔日〕共立出版株式会社1971年版。

[10] 〔日〕泷好英:《経済分析のための因子分析法》,共立出版株式会社1971年版。

[11] 〔日〕林知巳夫、多贺保志:《調査とサンプリンダ》,东京同文书院1985年版。

[12] 〔日〕芝祐顺、南风原朝和:《行动科学における統計解析法》,东京大学出版会1990年版。

[13] 〔日〕水野坦、林知己夫、青山博次郎:《数量化と予測》,1953年版。

[14] 冯士雍:《抽样调查》,《现代管理科学手册》,1991年版。

[15] 黄良文:《抽样调查原理》,中央广播电视大学出版社1984年版。

[16] 王学仁、王松桂:《实用多元统计分析》,上海科学技术出版社1990年版。

[17] 程书肖、李仲来:《教育统计方法》,辽宁大学出版社1988年版。

[18] 张厚粲:《心理与教育统计学》,北京师范大学出版社1990年版。

[19] 郑日昌:《心理测量》,湖南教育出版社1988年版。

[20] 唐守正:《多元统计分析方法》,中国林业出版社1986年版。

[21] 张伦俊:《社会统计方法》,中国科学技术大学出版社1988年版。

[22] 现代质量管理统计方法编写组:《现代质量管理统计方法》,学术期刊出版社1988年版。

[23] 赵水福主编:《中国社会心理的轨迹——亚运宣传效果调查报告集》,北京广播学院出版社1991年版。

[24] 柯惠新:《因果关系模型的估计与检验》,《数理统计与管理》,1991年第1~4期。

[25] 柯惠新、黄京华、陈崇山、金文雄:《广播电视传播效果的模型研究》,《数理统计与管理》,1991年第4期。

[26] 张帆、柯惠新:《影响广播电视突发性重大新闻报道效果之因素研究——广播电视"海湾战争"报道效果调查》,《北京广播学院学报》,1991年第3期。

[27] 李沛良:《社会研究的统计分析》,湖北人民出版社1980年版。

[28] 汤旦林:《医学统计基础》,人民卫生出版社 1989 年版。

[29] 杨孝濚:《传播研究与统计学》,台湾商务印书馆 1981 年版。

[30] 杨孝濚:《传播研究方法纵论》,台湾三民书局 1977 年版。

[31] 苏蘅:《传播研究调查法》,台湾三民书局 1986 年版。

[32] 约翰·内特等著,张勇等译:《应用线性回归模型》,中国统计出版社 1990 年版。

[33] W. F. 夏普著,王崇德译:《社会科学统计学》,科学技术文献出版社 1990 年版。

[34] W. G. 科克伦著,张尧庭等译:《抽样技术》,中国统计出版社 1977 年版。

[35] 李仲来:《应用多元统计分析》,北京师范大学校内用教材。

[36] Lawley, D. N. and Maxwell, A. E., *Factor Analysis as a Statistical Method*, Butterworths.

[37] Brown, M. W., "Asymptotically Distribution—Free Method for the Analysis of Covariance Structures", *British Journal of Mathematical and Statistical Psychology*, 1984.

[38] 李绍山:《语言研究中的统计学》,西安交通大学出版社 2001 年版。

[39] 戴维·S.穆尔著,郑惟厚译:《统计学的世界》,西安交通大学出版社 2001 年版。

[40] 郭良:《开放思维:互联网的历史及影响》,《年度学术 2004》,中国人民大学出版社 2004 年版。

[41] 柯惠新、丁立宏:《市场调查与分析》,中国统计出版社 2000 年版。

[42] 柯惠新、祝建华、孙江华:《传播统计学》,北京广播学院出版社 2003 年版。

[43] 柯惠新、孙江华:《郑州市大瓶装纯水市场调查统计应用案例》,《统计教学案例》,中国统计出版社 2004 年版。

[44] 柯惠新等:《媒介与奥运——一个传播效果的实证研究(北京奥申篇)》,中国传媒大学出版社 2005 年版。

[45] 郭志刚:《社会统计分析方法——SPSS 软件应用》,中国人民大学出版社 1999 年版。

[46] 刘宇:《顾客满意度测评》,社会科学文献出版社 2003 年版。

[47] IPSOS(中国):《顾客满意度研究手册》,IPSOS(中国)市场研究公司培训资料。

[48] James L. Arbuckle & Werner Wothke, *AMOS User's Guide Version* 4.0.

[49] *AMOS User's Guide Version* 3.6, Small Waters Corporation.

[50] Geoffrey M., *BASICS of Structural Equation Modeling*, MARUYAMA SAGE Publications, Inc.

图书在版编目(CIP)数据

调查研究中的统计分析法·基础篇(第3版)/柯惠新,沈浩编著.—北京:中国传媒大学出版社,2015.10(2018.5 重印)

ISBN 978-7-5657-1287-6

Ⅰ.①调… Ⅱ.①柯… ②沈… Ⅲ.①统计调查—统计分析—方法 Ⅳ.①C812

中国版本图书馆 CIP 数据核字（2015）第 029001 号

调查研究中的统计分析法·基础篇(第3版)

编　　著	柯惠新　沈　浩
策划编辑	欣　雯
责任编辑	愚　言
责任印制	阳金洲
封面设计	魏　东
出 版 人	王巧林
出版发行	中国传媒大学出版社
社　　址	北京市朝阳区定福庄东街1号　邮编:100024
电　　话	86—10—65450528　65450532　传真:65779405
网　　址	http://www.cucp.com.cn
经　　销	全国新华书店
印　　刷	北京玺诚印务有限公司
开　　本	787mm×1092mm　1/16
印　　张	22
版　　次	2015 年 10 月第 3 版　2018 年 5 月第 2 次印刷
书　　号	ISBN 978-7-5657-1287-6/C·1287　　定　价　58.00元

版权所有　　翻印必究　　印装错误　　负责调换